智慧企业
——框架与实践（第二版）

INTELLIGENT ENTERPRISE
FRAMEWORK AND PRACTICE

涂扬举 等 著

经济日报出版社

图书在版编目（CIP）数据

智慧企业：框架与实践 / 涂扬举等著. -- 2版. -- 北京：经济日报出版社，2018.8
　　ISBN 978-7-5196-0406-6

　　Ⅰ．①智… Ⅱ．①涂… Ⅲ．① 企业管理—现代化管理—研究 Ⅳ．①F272.7

中国版本图书馆CIP数据核字（2018）第168733号

智慧企业：框架与实践（第二版）

作　　　者	涂扬举等
责任编辑	范静泊
责任校对	李　丹
出版发行	经济日报出版社
社　　　址	北京市西城区白纸坊东街2号（邮政编码：100054）
电　　　话	010-63584556（编辑部）63516959（发行部）
网　　　址	www.edpbook.com.cn
E-mail	edpbook@126.com
经　　　销	全国新华书店
印　　　刷	四川科德彩色数码科技有限公司
开　　　本	787*1092mm 小16开
印　　　张	22
字　　　数	350千字
版　　　次	2018年8月第二版
印　　　次	2018年8月第一次印刷
书　　　号	ISBN 978-7-5196-0406-6
定　　　价	68.00元

版权所有　　盗印必究　　印装有误　　负责调换

本书著者简介

涂扬举 教授级高级工程师，工学博士，国电大渡河流域水电开发有限公司总经理、党委副书记。拥有30多年的工程项目、企业管理经验。曾参加国家自然科学基金等重点科研生产项目10余项，获得省部级以上科技成果奖励10余项，在国内核心期刊发表学术论文30多篇，出版了《水电企业电力营销风险管理》、《瀑布沟水电站》等专著。对智慧企业建设有深入研究，在业界首次系统提出了建设智慧企业的思路，首次系统阐述了智慧企业理论体系和框架，首次在大型国有企业进行探索与实践并被评为第24届国家级管理创新成果一等奖。曾多次获得四川省劳模、四川省杰出企业家、2016年全国十大管理创新实践者和思想者，2017年度中国能源创新企业家、2018年全国优秀企业家等荣誉称号。

郑小华 高级工程师。长期从事能源/电力行业咨询规划、系统设计、软件开发及工程实施工作，专注于能源互联网、智能电网、资产寿命周期管理、设备健康管理以及工业大数据领域，拥有ISO 55000主任审核员资格。在智慧企业咨询，IT规划、信息资源规划及数据治理，企业管理系统设计及开发，大数据工程应用、云计算技术等方面具有资深的专业能力和丰富的工程实践经验。

何仲辉 教授级高级工程师，研究生，国电大渡河流域水电开发有限公司党委书记、副总经理。长期从事水电工程建设管理，先后参与、负责了南桠河姚河坝、冶勒、栗子坪水电站的建设、运营和西藏尼洋河多布水电站的开发建设。

周业荣　高级工程师，水电自动化、信息化专家，国电大渡河流域水电开发有限公司副总经理。长期从事水电生产管理，先后主持完成了瀑布沟、深溪沟、大岗山、枕头坝电厂"无人值班（少人值守）、远方集控"工作。曾参加《水轮机筒形阀技术规范》等标准的编写。

温伟军　毕业于清华大学，是一位资深的企业信息化领域和管理领域的咨询专家，先后供职于埃森哲等跨国咨询公司。主要致力于传统企业在数字化浪潮下的战略转型、组织变革、管理创新、商业模式、数字化设计、新IT等领域的研究和实践。负责和参与了中国首家智慧水电企业的规划设计和应用落地。

陈　刚　教授级高级工程师，四川大学工学博士，国电大渡河流域水电开发有限公司总经理助理、企业管理与法律事务部部长、公司智慧企业研究发展中心副主任。统筹本书的总体策划、编辑与统稿，具体负责大渡河公司案例实践章节的撰写工作。

本书在编写过程中得到了潘云鹤院士的亲切指导，也借鉴了清华大学陈劲教授部分管理新思想。同时刘菁、董怡、胡小明、方群、钱晓栋、张洪涛、晋健、唐茂颖、贺玉彬、张海滨、古剑南、段斌、商春海、冯治国、耿清华、钟青祥、王骞、吴双江等以及四川省企业联合会的部分同志为本书的编著提供了大量帮助。

序

近年来，中国智能城市建设蓬勃发展的势头正在扩展到经济领域。企业作为产业经济发展的基本单元和主体，亦提出了智慧企业的概念，并开始进行探索与实践。

智慧企业的出现，首先是企业信息化深入发展的结果。信息化一般可分为数字化、网络化和智能化等由浅到深的若干阶段，凡信息化先进的企业迟早都会望到智能化这一座山峰。其次是与智能城市的建设相比，智慧企业因业务空间和区域范畴相对较小，借鉴智能城市建设的体系框架相对容易，且随着中国大型企业自动化和数字化水平的提高，在短期内容易达到较好的建设效果。

智慧企业是站在企业角度，根据企业所处内外环境以及产业链分工的要求和挑战，通过运用一系列先进的技术，实现企业要素的数字化感知、网络化传输、大数据处理和智能化计算，打造企业大脑，进而建立一种组织柔性和战略应变能力，实现企业即时的智能决策、优化运行和风险应对。本书作者通过近几年的企业实践，通过运用合理的研究方法，对智慧企业的概念内涵、体系架构、内容和功能、技术路径以及建设方法开展了大量的实践。对智慧企业和智慧城市、智能制造等相关概念进行了比较研究，就其概念特征、内涵和外延、价值作用进行了阐述；提出了相对系统的体系框架、建设方法和评价模型；在国内相关行业中具有积极的指导意义。

在本书中，可以看到智慧企业的体系框架模型和智能城市体系框架模型体现了相似的结构特征，与中国工程院在智能城市和城市大数据战略研究课题中提出的 I-City 模型具有类似的层次结构，都包含了数字化感知层、通信网络层、智能应用（系统）层、云计算及大数据层和分析、预测、决策、规划层，可以理解为 I-city 模型在企业系统对象上的参考实现。在本书阐述的建设实践中，能欣喜地看到，国电大渡河水电开发公司已经初步建成了智慧工程、智慧电厂、智慧调度、智慧检修四大单元工程，由大数据和云计算中心支撑的工程管控中心、生产运行监测及风控中心、财务共享中心等企业大脑系统正有序开展并初见成效。

智慧企业的建设是当前中国大中型企业开展转型和升级的极好抓手。其关键在于要充分利用物联网、大数据、人工智能等新的技术特点，站在企业整体的高度进行规划和实施，而不是仅仅着眼于单个工程比如信息化工程的建设。在本书中，作者独到地提出了将信息技术（IT）、工业技术（OT）、管理技术（MT）三元融合的技术策略，既响应了国家两化融合的号召，又开展了管理创新实践，实现了信息化、工业化和企业管理创新的三元互动，因此具有创新性的意义。从实际实践来看，在业务数字化基础上，提出并形成单元脑、专业脑和企业脑不同层级的智能化能力，实现了有效的组织模式创新和管理变革，有望对企业实现可持续发展形成新的有力支撑。

希望国电大渡河流域水电开发有限公司的智慧企业建设能够进一步深入地展开，产生更好的社会效益和经济效益，为水电能源相关企业的智能化发展提供富有价值的经验。

潘云鹤

2016 年 11 月 9 日于北京

注：潘云鹤，全国政协常委、外事委员会主任、中国工程院原常务副院长、院士。

再版前言

《智慧企业——框架与实践》一书于2016年出版问世以来,智慧企业探索与实践者不断增多,对智慧企业的认识也日渐丰满。智慧企业的转型实践,已经从最初个别公司的战略探索,发展成为行业转型的新方向。

《智慧企业——框架与实践》出版的本意,是将智慧企业的命题向各界抛出,期望与各界共同探索在技术新生、环境巨变的时代,传统企业如何转型、企业何去何从的问题。本书发行后,智慧企业引起的瞩目让我们始料未及,业界提出订购、研习本书的热情,让我们备受振奋和鼓舞。为此,在第一次印刷版本售罄之际,我们决定结合近期新技术的发展现状和对智慧企业的深入认识,对原书做了些许修订,再版发行。几点新的感悟,愿与读者分享。

从被机器取代到机器再造者

人工智能无疑是近期最热门的技术,正如我们所想象的那样,人工智能使得机器逐渐能够感受、理解、学习并且采取行动。随着人工智能上升到国家战略产业布局层面,"机器代人"正式成为企业的重要命题。

中国劳动力价格的上涨,使得制造业的"人口红利"正在消失,发达国家推进"再工业化""制造业回归",全球制造业高端化竞争趋势日益明显，这种格局使得企业不得不通过"技术红利"代替"人口红利"。然而，关于"机器代人"，这些背景仅揭露了部分事实。

  通过自动化的装备提升传统产业的思路甚至可以追溯到20世纪，流水作业员工"被机器取代"的恐慌在这个时代既成事实。人工智能时代的"机器代人"则从生产线蔓延到管理层，甚至波及所有行业。但这并不意味人工智能将带来更大范围的恐慌，在智慧企业实践中，员工与其说是"被机器取代者"，不如说是"机器再造者"。

  在智慧企业中，机器不仅仅是技术，而且是企业的新员工，与人共存。即使在人工智能普及的时代，技术能力固然重要，但人才是制胜之本，企业与时俱进的文化能力和拥抱技术驱动的战略能力，是企业在不确定性中生存的关键。我们更愿意让机器参与人类所参与的企业活动，使之感受、理解、学习，最终接纳机器"采取行动"。只有通过人的经验再造机器，机器方能"自食其力"；同时，只有打造这样"人机结合"的员工队伍，企业在未来才能接纳更多的新技术。

  这个过程，不仅不意味着淘汰，反而意味着释放人类被禁锢的价值。

释放人的价值

  埃森哲卓越绩效研究院的 Mark Purdy 认为："人工智能预示着社会经济和人类潜能将取得巨大增长和深度开发。"人工智能赋予机器的能力，使其成为能够为企业带来经济增长的新生产要素，在改变人的工作方式的同时，也在强化人的作用。

  在"人机结合、自主决策"的企业中，人作为员工，将与规程与统计性的工作渐行渐远；预测与评估等工作将在智能技术的支持下走向科学与精确；规划与决策等价值创造工作成为人的新领域。人和机器将共同编入企业的一张价值网络中，不仅"人机结合"，而且"互通协作"。

作为企业的员工，对号入座的将不再是一个个的"岗位"，而是横向的能力和纵向的经验。纵向的经验传递通过机器为企业带来重复性的经济价值；横向的能力挖掘将为企业带来创新的经济价值，它们分别决定了企业在当下的生存能力和未来的发展能力。

这张价值网络，通过数据驱动发挥生机。

解放数据动能

众多研究机构已经揭示了当今经济增长中令人沮丧的真相：生产的传统杠杆（资本投资和劳动力）推动经济增长的能力显著下降；数据作为新的生产要素正在崛起。

在多年的探索与实践中，我们认为智慧企业的关键便是"数据驱动"。数据驱动不仅代表着企业的技术升级，更代表了企业深刻的管理变革。在不确定性的时代，智慧企业的管理重点，从目标控制转向了风险管控，这就要求企业从过去的控制"反馈"能力转向通过预先感知而获得的"前馈"能力。只有遍及企业价值网络中所有节点的数据才拥有如此动能。

解放数据，实现以人为主体、在机器参与下系统性的自主管理，使得智慧企业整体成为一个有机的生命体，数据作为引擎驱动企业走向未来。

慧非远、智已至

从人工智能在各界广泛引起关注开始，企业对未来的求索从未像现在这般热切。在可以预见的未来里，智能、智慧等趋势几乎成为确定的路标。智慧企业也有幸搭上了"智慧"的航班。但我们向来摒弃新技术的简单拼凑，更看重企业这个系统背后的整体运转方式。

我们认为，企业的本质是人和物围绕特定目标所结合而成的资源配置方式。如今，人工智能的"搅局"使得人和物均发生了巨大变化，阻碍企业发展的症结或许已经从资源的匮乏转向了资源配置方式的落后。因此，我们研究智慧企业理论，试图解决传统管理理论所无法解决的新问题。从智能到智慧，我们更看重人的因素和管理的变革。

在与业界交流、分享的过程中，智慧企业得到了各方的肯定与支持，也为我们打开了新的思路，因此，我们将新的理论和实践经验修订再版。智慧企业本质上是一个汇智的过程，愿与各界共同探索。

本书导图

第1章 新时代的挑战和机遇

新时代挑战与机遇并存——变革&新兴技术颠覆一切

复杂多变的环境
- 政策：量化、两创
- 行业：跨界、融合
- 产业：互联网+、智能制造、大数据

巨变的打造者
- 数字化时代的人：员工、消费者
- 互联网中的企业：创新模式不断涌现
- 传统理论面临失效

变革中的企业
- 互联网企业线下延伸
- 传统企业互联网转型
- 大型央企转型

新兴技术颠覆一切

技术演化的五大趋势
- 万物数字化
- 控制向远程发展
- 计算都将向两端：一端嵌入式，一端集成化
- 开放互动
- 走向智能2.0

层出不穷的新技术
- 云计算
- 大数据
- 物联网
- 移动互联网
- 人工智能
- 区块链等

第 2 章　智慧企业呼之欲出

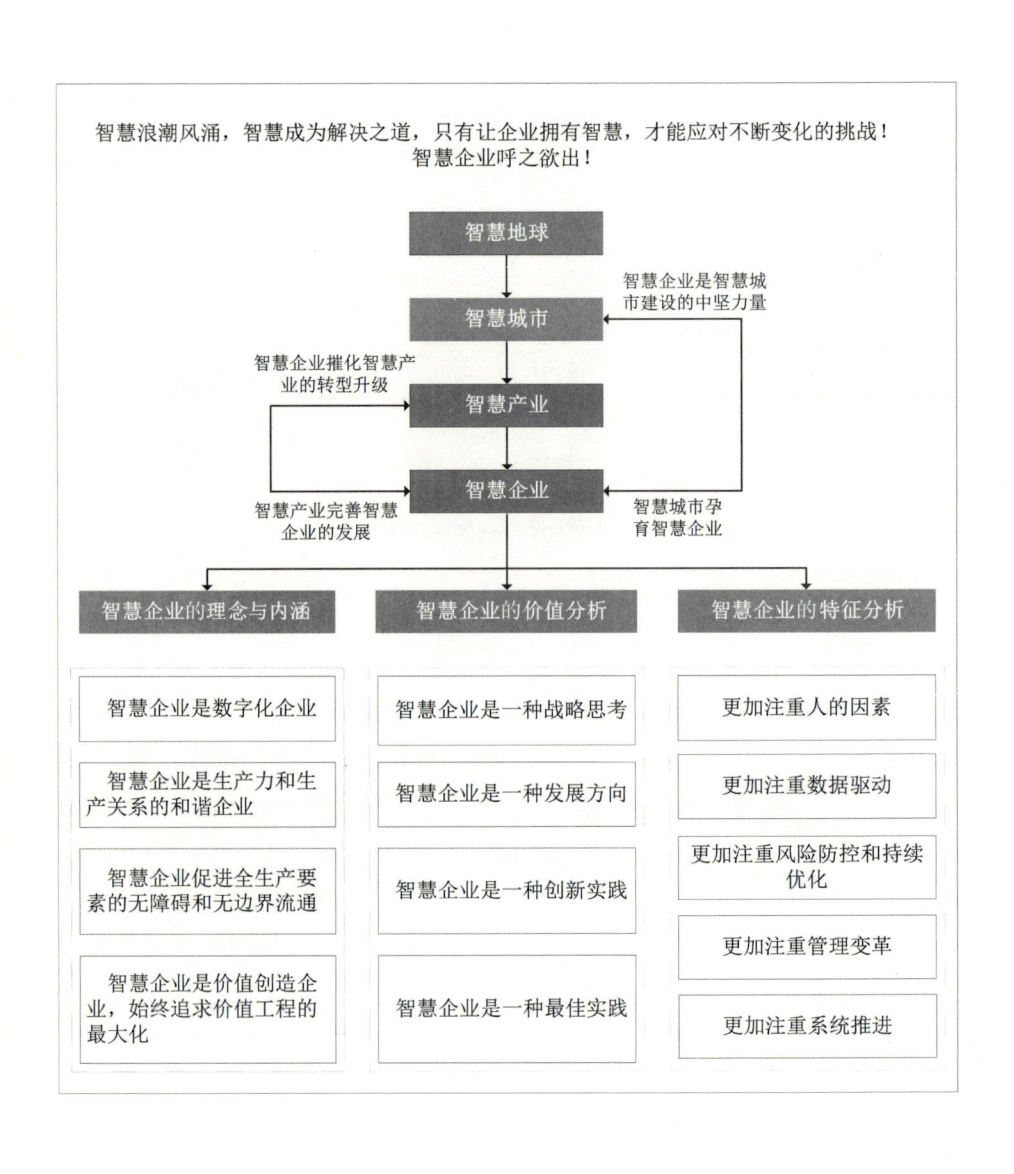

智慧浪潮风涌，智慧成为解决之道，只有让企业拥有智慧，才能应对不断变化的挑战！
智慧企业呼之欲出！

```
                        ┌──────────┐
                        │ 智慧地球 │
                        └────┬─────┘
                             ↓
                        ┌──────────┐      智慧企业是智慧城
                        │ 智慧城市 │←──   市建设的中坚力量
                        └────┬─────┘
     智慧企业推化智慧产       ↓
     业的转型升级        ┌──────────┐
              ─────────→│ 智慧产业 │
                        └────┬─────┘
                             ↓
     智慧产业完善智慧    ┌──────────┐      智慧城市孕
     企业的发展          │ 智慧企业 │←──   育智慧企业
                        └────┬─────┘
```

智慧企业的理念与内涵	智慧企业的价值分析	智慧企业的特征分析
智慧企业是数字化企业	智慧企业是一种战略思考	更加注重人的因素
智慧企业是生产力和生产关系的和谐企业	智慧企业是一种发展方向	更加注重数据驱动
智慧企业促进全生产要素的无障碍和无边界流通	智慧企业是一种创新实践	更加注重风险防控和持续优化
智慧企业是价值创造企业，始终追求价值工程的最大化	智慧企业是一种最佳实践	更加注重管理变革
		更加注重系统推进

第 3 章 智慧企业理论探索

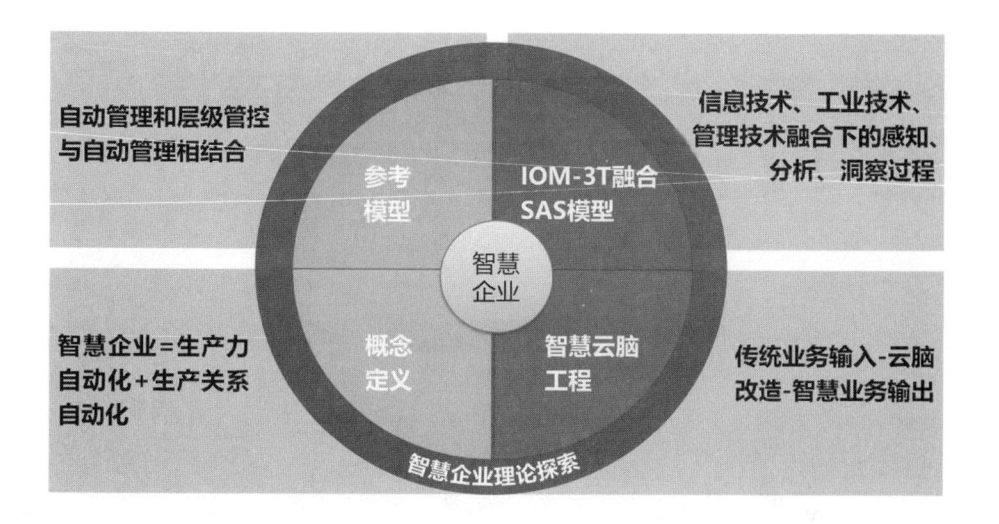

自动管理和层级管控与自动管理相结合

信息技术、工业技术、管理技术融合下的感知、分析、洞察过程

参考模型

IOM-3T融合 SAS模型

智慧企业

智慧企业=生产力自动化+生产关系自动化

概念定义

智慧云脑工程

传统业务输入-云脑改造-智慧业务输出

智慧企业理论探索

第 4 章 智慧企业战略管理

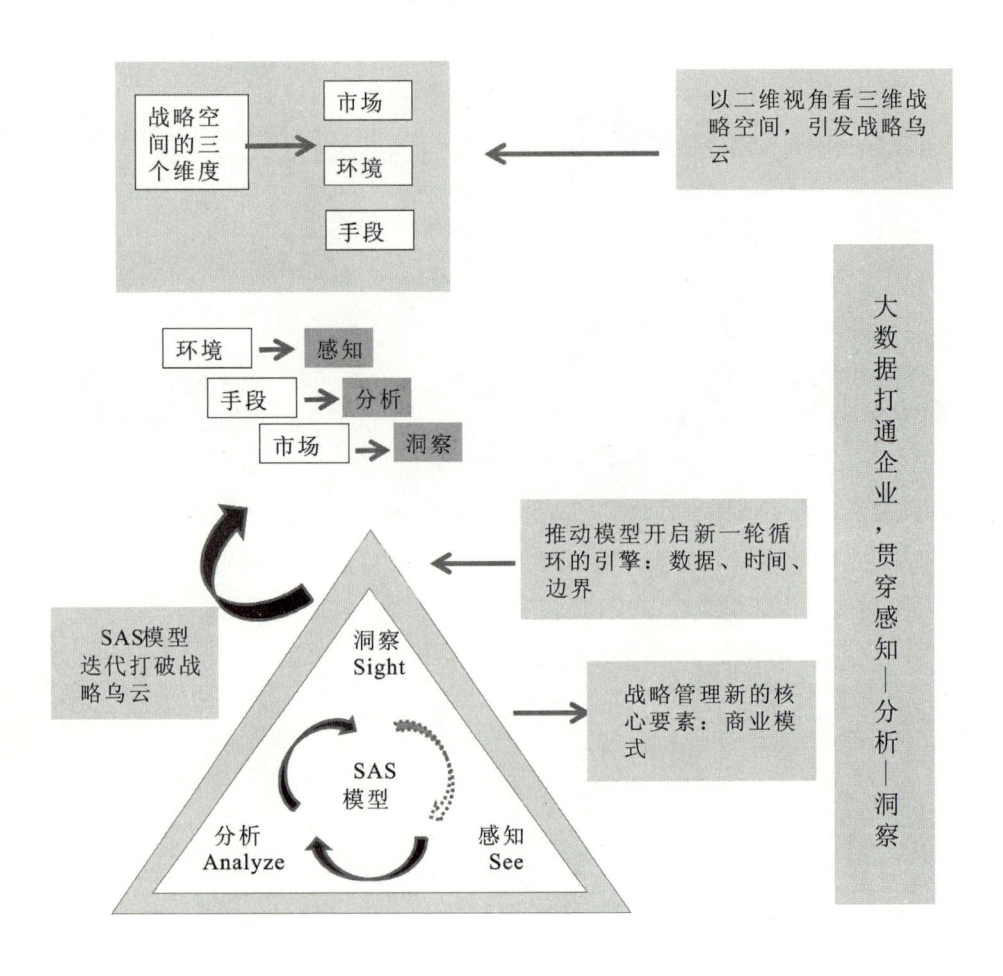

第 5 章 智慧企业组织和运营管理

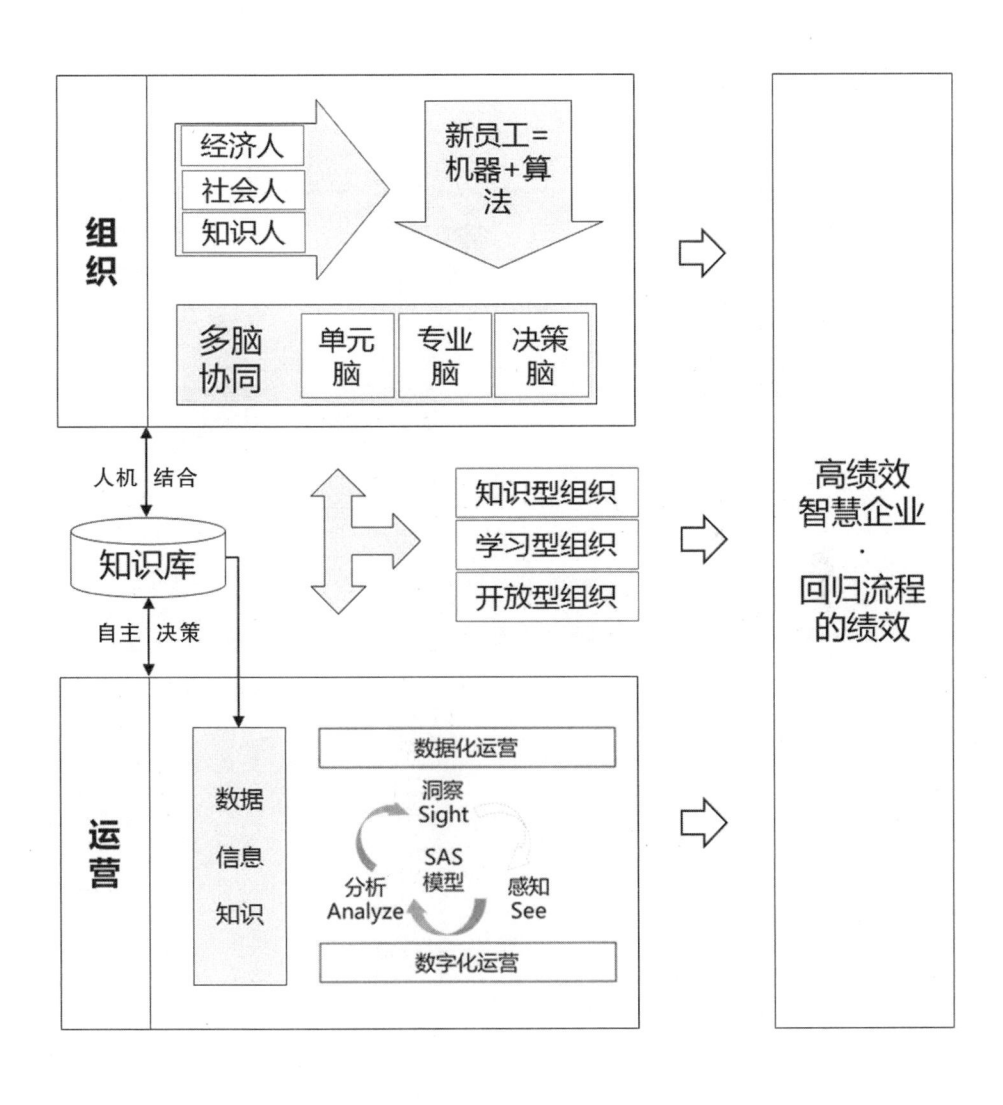

第 6 章 智慧企业技术框架

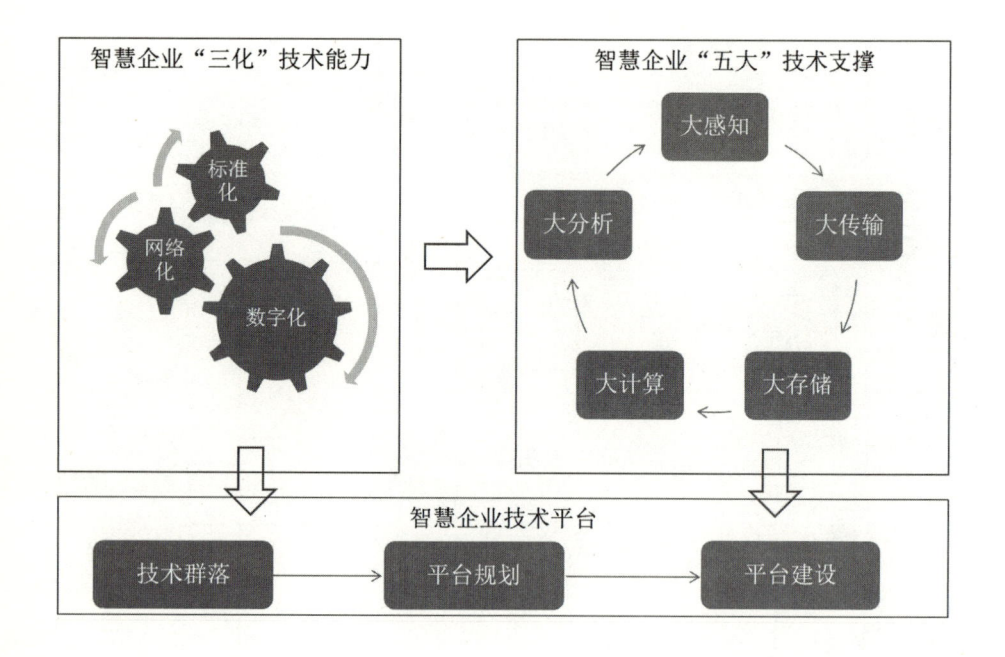

第 7 章 智慧企业建设方法

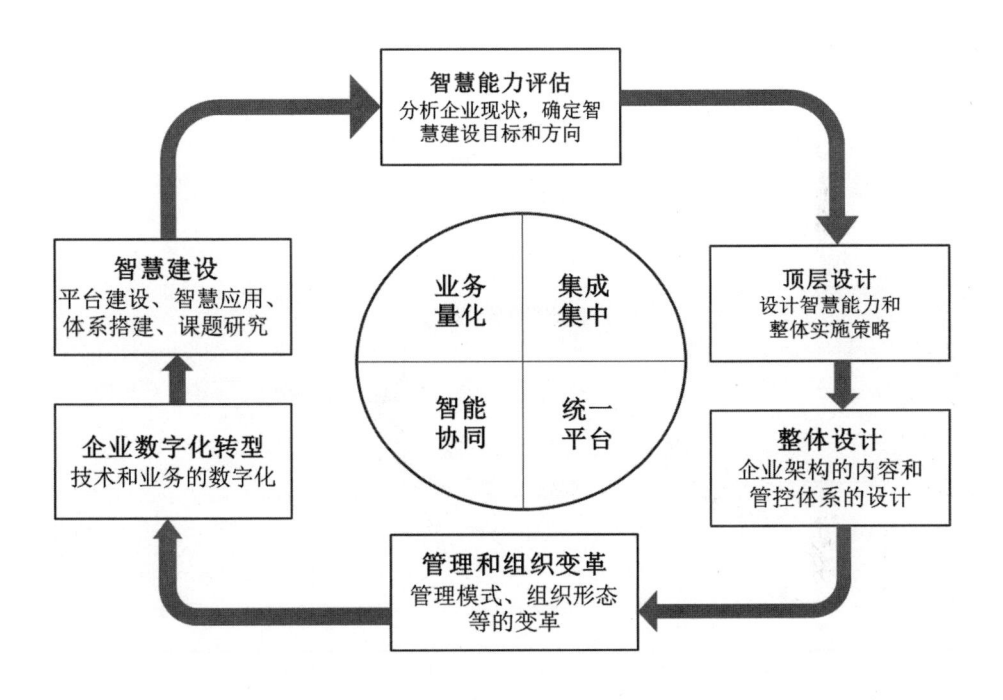

```
         ┌──────────────────────┐
         │      智慧能力评估      │
    ┌───▶│ 分析企业现状,确定智    │────┐
    │    │ 慧建设目标和方向       │    │
    │    └──────────────────────┘    ▼
┌────────┐                        ┌────────┐
│智慧建设 │    ┌──────────┐        │ 顶层设计│
│平台建设、│   │业务  集成 │        │设计智慧能力和│
│智慧应用、│   │量化  集中 │        │整体实施策略│
│体系搭建、│   │──────────│        └────────┘
│课题研究 │   │智能  统一 │           │
└────────┘   │协同  平台 │           ▼
    ▲        └──────────┘        ┌────────┐
┌────────┐                        │ 整体设计│
│企业数字化转型│                   │企业架构的内容和│
│技术和业务的数字化│                │管控体系的设计│
└────────┘                        └────────┘
    ▲    ┌──────────────────────┐    │
    │    │      管理和组织变革    │    │
    └────│ 管理模式、组织形态     │◀───┘
         │ 等的变革              │
         └──────────────────────┘
```

第8章 智慧企业评价模型

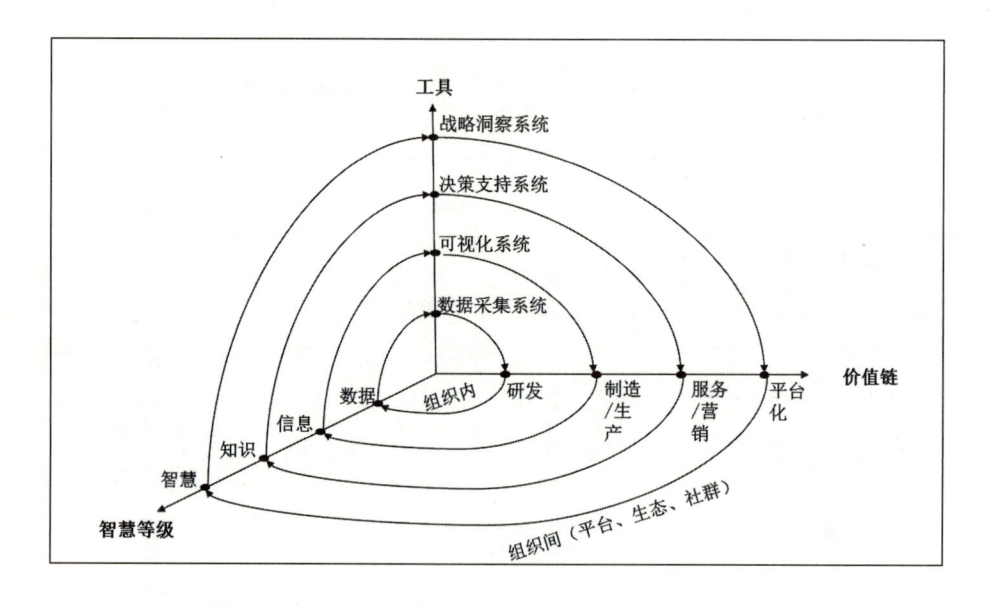

第 9 章　智慧企业建设实践

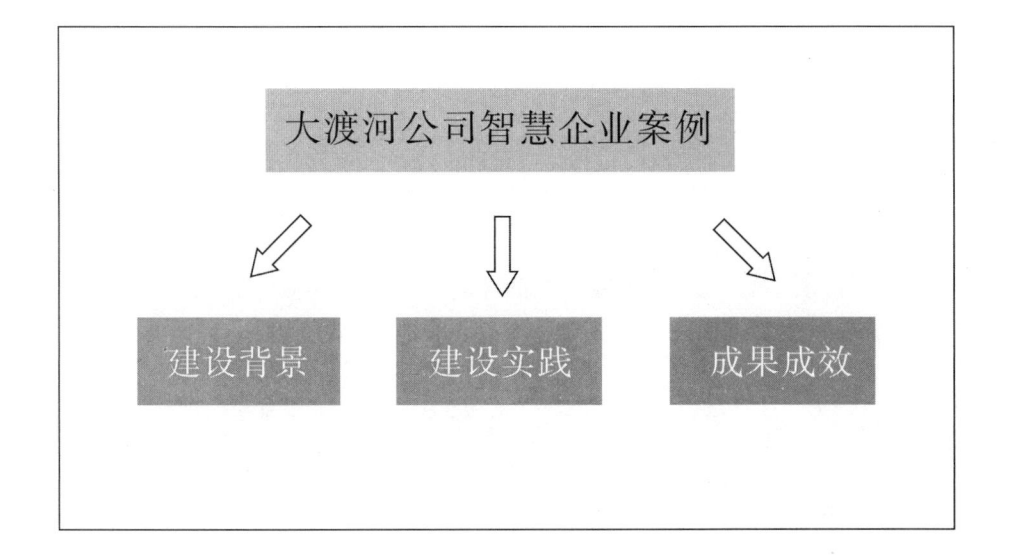

大渡河公司智慧企业案例
- 建设背景
- 建设实践
- 成果成效

目 录

序 ……………………………………………………（1）
再版前言 ……………………………………………（1）
本书导图 ……………………………………………（1）

第1章 新时代的挑战和机遇 ……………………（1）
  1.1 复杂多变的环境 ……………………………（2）
  1.2 巨变的打造者 ………………………………（10）
  1.3 变革中的企业 ………………………………（20）
  1.4 技术演化的五大趋势 ………………………（26）
  1.5 层出不穷的新技术 …………………………（33）

第2章 智慧企业呼之欲出 ………………………（44）
  2.1 智慧浪潮风起云涌 …………………………（45）
  2.2 呼之欲出的智慧企业 ………………………（52）
  2.3 智慧企业的理念与内涵 ……………………（57）
  2.4 智慧企业的价值分析 ………………………（67）
  2.5 智慧企业的特征分析 ………………………（74）

第3章　智慧企业理论探索 ……………………………………（76）
3.1　智慧企业的理论基础 ………………………………（77）
3.2　智慧企业的理论研究 ………………………………（90）
3.3　智慧企业的方法体系 ………………………………（103）

第4章　智慧企业战略管理 ……………………………………（109）
4.1　三维战略空间上的乌云 ……………………………（110）
4.2　智慧企业战略管理模型 ……………………………（114）
4.3　绕不过的战略大数据 ………………………………（127）

第5章　智慧企业组织和运营管理 ……………………………（131）
5.1　多脑协同的智慧组织 ………………………………（132）
5.2　数字化时代的新员工 ………………………………（140）
5.3　随"数"演变的运营管理 …………………………（145）
5.4　组织与运营文化协同创造价值 ……………………（157）

第6章　智慧企业技术框架 ……………………………………（163）
6.1　智慧企业"三化"技术能力 ………………………（164）
6.2　智慧企业"五大"技术支撑 ………………………（169）
6.3　智能化技术平台建设 ………………………………（178）

第7章　智慧企业建设方法 ……………………………………（184）
7.1　智慧企业建设关键路径 ……………………………（185）
7.2　智慧企业建设路线图 ………………………………（199）
7.3　智慧企业规划设计 …………………………………（204）
7.4　管理和组织变革 ……………………………………（213）
7.5　企业数字化转型 ……………………………………（218）
7.6　智能化工程建设 ……………………………………（221）
7.7　建设任务 SIPOC 表 …………………………………（226）

第 8 章 智慧企业评价模型 ……………………………………… (227)
8.1 评价意义和原则 …………………………………………… (228)
8.2 评价模型和方法 …………………………………………… (230)
8.3 评价工作流程 ……………………………………………… (236)

第 9 章 智慧企业建设实践 ……………………………………… (240)
9.1 公司的基本情况 …………………………………………… (241)
9.2 大渡河公司智慧企业建设的背景 ………………………… (242)
9.3 大渡河公司智慧企业建设的主要做法 …………………… (247)
9.4 大渡河公司智慧企业建设实践成果 ……………………… (254)
9.5 大渡河公司智慧企业管理成果 …………………………… (315)

参考文献 ………………………………………………………… (319)

第 1 章　新时代的挑战和机遇

> 我们正处在一个巨变的时代——创业者如同文艺复兴时代的罗马人和威尼斯人一样备受庇佑，他们在创造一个新的时代——虚拟现实、人工智能、DT 时代，这些富有想象力的新名词与富有诱惑力的媒体和资本并存着；企业如同处于封神之战，时刻眼观六路耳听八方，方能在竞争中占据一席之地；消费者却成为既能载舟亦能覆舟的掌权人，直接推动、引领甚至决定着市场的变化。
>
> 挑战与机遇向来并存，新时代下层出不穷的新技术与新理念正在不断挑战曾经的权威，模式创新、跨界融合等已经有了一个个典型案例令企业倾心研究，成为企业在新时代的发展羽翼。关于"变革"的呐喊，从未如此生动。

1.1 复杂多变的环境

我们所处的环境：产业周期不断缩短、技术创新步伐加快，融合多种因素的不确定性造就了一个巨变的环境。政府政策、产业行情以及行业趋势，看似宏观，却对企业有巨大的杠杆之力，一定程度上可以引导企业"走正确的路"。

1.1.1 巨变之上层有政策之牵引

政府政策构成了每个时代的运行规则。巨变环境下，政策不仅以一条条纲领的形式在国家发展中占据基础性的指导地位，而且日益发展出了企业可望也可及的牵引之灯。

2017年，国务院印发的《新一代人工智能发展规划》，指出我国必须抢抓人工智能发展的重大战略机遇，构筑人工智能发展的先发优势，加快建设创新型国家和世界科技强国；提出我国将大力发展智能企业，大规模推动企业智能化升级，支持和引导企业在设计、生产、管理、物流和营销等核心业务环节应用人工智能新技术，构建新型企业组织结构和运营方式，形成制造与服务、金融智能化融合的新业态模式。所以，2018年，我们看到企业已经开始从"上云"纷纷转向人工智能了，尝试通过人工智能手段提升组织能力。

向上追溯，企业的很多举措都受到政策的牵引。君不见，"两化"和"双创"政策已经成为企业挂在嘴边的谈词，政策不再是冰冷的条条框框，而是摇身一变成为新时代的一股股雨露甘霖浇灌着企业的成长。

1. "两化"融合

"两化融合"是信息化和工业化高层次的深度结合，是指以信息化带动工业化、以工业化促进信息化的新型工业化道路。"两化"融合的核心就是信息化支撑，追求可持续发展模式，主要包括技术融合、产品融合、业务融合、产业衍生四个方面。

技术融合是指工业技术与信息技术融合，产生新的技术，推动技术创新。例如，汽车制造技术和电子技术融合产生的汽车电子技术，工业和计算机控制技术融合产生的工业控制技术。

产品融合是指电子信息技术或产品渗透到产品中，增加产品的技术含量。例如，普通机床加上数控系统之后就成为数控机床，传统家电采用了智能化技术之后就成为智能家电，普通飞机模型增加控制芯片之后就成为遥控飞机。信息技术含量的提高使产品的附加值大大提高。

业务融合是指信息技术应用到企业研发设计、生产制造、经营管理、市场营销等各个环节中，推动企业业务创新和管理升级。例如，计算机管理方式改变了传统手工台账，极大地提高了管理效率；信息技术应用提高了生产自动化、智能化程度，进而大大提高了生产效率；网络营销成为一种新的市场营销方式，受众大量增加，营销成本大大降低。

产业衍生是指两化融合可以催生出的新产业，形成一些新兴业态，如工业电子、工业软件、工业信息服务业等。工业电子包括机械电子、汽车电子、船舶电子、航空电子等；工业软件包括工业设计软件、工业控制软件等；工业信息服务业包括工业企业B2B电子商务、工业原材料或产成品大宗交易、工业企业信息化咨询等。

关于"两化融合"的解读，工业和信息化部部长苗圩认为："两化"的深度融合与德国提出的工业4.0战略如出一辙、异曲同工、殊途同归。

从核心理念上看："两化"融合和工业4.0所秉持的核心理念都是集成、互联、数据、创新、服务和转型。以"集成"为例，在推进两化融合的实践中，业界普遍的共识是，"两化"融合的重点在集成、难点在集成、要取得显著成效也在集成，引导企业向集成应用跨越已经成为当前推进两化深度融合的着力点和突破点。

从实施路径上看：近年来，各地在推进"两化"融合方面做了很多探索，如果我们认真分析观察具体路径和重点，可以看到"两化"融合与工业4.0的相似之处。比如浙江结合自己的实践在两化融合工作中提出了六个"换"的思想：产品换代（实现产品的智能化升级）、机器换人（制造设备的智能化、自动化、网络化）、制造换法（车间级的设备互联、企业级设备互联的智能工厂）、电商换市（以电子商务拓展新的市场）、商务换型（云制造、服务型制造等新的商业模式）、管理换脑（发挥云计算、大数据在企业管理决策等方面的作用）。这些思路清晰、方向明确的实践，本质上与工业4.0所强调的智能车间、智能工厂、个性定制、数据驱动、服务化转型等发展路径是一致的。

从企业实践上看：德国以西门子、博世、SAP为代表在企业管理、业务模式和生产方式等方面开展一系列创新。中国也有企业在这些方面做了一些积极探索。比如：家电、服装、家具等行业正形成以大规模个性化定制为主导的新型生产方式；工程机械、电力设备、风机制造等行业服务型制造业务快速发展，陕鼓、徐工、中联等企业全生命周期服务、总集成总承包服务日益成为企业利润的重要来源。总之，提升企业核心竞争力是所有产业战略规划的出发点和落脚点。

2. 大众创业、万众创新

2015年，李克强总理在政府工作报告中提出了"大众创业、万众创新"。政府工作报告中如此表述："推动大众创业、万众创新，既可以扩大就业、增加居民收入，又有利于促进社会纵向流动和公平正义。"在论及创业创新文化时，强调"让人们在创造财富的过程中，更好地实现精神追求和自身价值"。

作为一条最为大众津津乐道的政策，"大众创业、万众创新"不仅有明确的贯彻指导意见，而且已然为当前的经济新常态注入了一股新的生机。

一方面，《关于建设大众创业万众创新示范基地的实施意见》中明确：要以促进创新型初创企业发展为抓手，以构建双创支撑平台为载体，分类推进双创示范基地建设，并提出了各类型示范基地的建设目标和建设重点：一是区域示范基地要以创业创新资源集聚区域为重点和抓手，重点推进服务型政府建设，完善双创政策措施，扩大创业投资来源，构建创业创新生态，加强双创文化建设；二是高校和科研院所示范基地要充分挖掘人力和技术资源，促进人才优势、科技优势转化为产业优势和经济优势，重点完善创业人才培养和流动机制，加速科技成果转化，构建大学生创业支持体系，建立健全双创支撑服务体系；三是企业示范基地要发挥创新能力突出、创业氛围浓厚、资源整合能力强的领军企业核心作用，重点构建适合创业创新的企业管理体系，激发企业员工的创造力，拓展创业创新投融资渠道，开放企业创业创新资源。

另一方面，经济增速的放缓和结构的优化是我国当前所处的经济新常态，传统行业依赖低成本劳动力和资源投入获取高利润的时代已一去不复还，企业发展更多地要依靠信息、技术和知识等新要素来获取利润，依靠创新来获取核心竞争力。而"大众创业、万众创新"的政策指引，将推动中小企业成为市场的重要主体和创新的新生力军。中小企业能够在经济增长、技术创新、就业、税收等方面做出更大贡献，也将成为新一轮科技革命、产业变革的重要力量，带来新常态下企业发展的新气象。

1.1.2 产业风暴之三足鼎立

产业的寒冬几乎在每个时代都会被提及，在当今风起云涌产业巨变的时代自然也不例外。有人说，这个时代的寒冬，深究其本质，并不是需求不振的寒冬，也不是产业规模萎缩、用户流失的寒冬，而是传统商业模式和业务逻辑的寒冬。于是，新的产业风暴凌驾于新技术之上席卷而来，惊醒了在寒冬中冬眠的传统产业。新技术所催生出的新概念层出不穷：再工业化、工业互联网、工业4.0、中国制造2025……眼花缭乱之中，"互联网＋"、大数据和智能制造已悄然形成了三足鼎立之势。

1. "互联网＋"

"互联网＋"概念的提出，最早可以追溯到2012年11月易观国际董事长兼首席执行官于扬先生在易观第五届移动互联网博览会上的发言，他认为"互联网＋"公式应该是所在行业的产品和服务在与我们未来看到的多屏全网跨平台用户场景结合之后产生的这样一种化学公式。2015年3月，李克强总理在政府工作报告、记者会和国务院常务会议中连续三次提起"互联网＋"，拉开了全国范围内各行各业参与互联网＋行动的热潮。

"互联网＋"的本质是传统产业经过互联网改造后的在线化、数据化，通俗地说就是"互联网＋各个传统产业"，但这并不是简单的两者相加，而是利用信息通信技术以及互联网平台，让互联网与传统行业进行深度融合，创造新的发展生态。"互联网＋"的在线化，不仅仰赖已建成的互联网基础设施，还仰赖可以概括为"云、网、端"的新基础设施，即云计算、大数据基础设施的强势突破；互联网、物联网基础设施的快速渗透；智能终端、APP应用的异军突起。"互联网＋"的数据化则仰赖新生产要素：数据。在线化和数据化的"互联网＋"将促成新的分工体系：大规模社会化协同——共享经济、网络协同以及众包合作将直接冲击现有的企业边界、生产组织体系甚至劳动雇佣关系。

互联网以"加"的姿态参与到各行各业，而不是摧枯拉朽之势，说明其目的并不是"颠覆"，而是引导传统走向互联网创新所带来的新的风口。目前，三大产业的风口已经显现。

(1) 互联网＋农业：打造新农人

阿里研究院将新农人定义为：以互联网为工具，从事农业生产、流通、服务的人，其核心是"农业＋互联网"。新农人的创新点可以从两方面入手：

一是打造"智慧农业"。智慧农业是机械化现代农业的更高级阶段，集新兴的互联网、移动互联网、云计算和物联网技术为一体，依托部署在农业生产现场的各种传感节点（环境温湿度、土壤水分、二氧化碳、图像等）和无线通信网络实现农业生产环境的智能感知、智能预警、智能决策、智能分析、专家在线指导，为农业生产提供精准化种植、可视化管理、智能化决策，全方位地提升农业的经济效益、社会效益和生态效益。

二是打造农业新品牌。随着互联网基础设施在农村的逐渐完善以及电商市场在城市的日渐饱和，农业电商大爆发的时代已经来临。农业电商不仅能够减少农产品流通的中间环节，帮助农民获得更多的利益，更能催生农业新品牌。"三只松鼠""新农哥"等新兴的农业电商品牌已经取得了巨大成功，同时，联想集团董事柳传志培育"柳桃"、网易CEO丁磊饲养"丁家猪"等表明了农业品牌的巨大吸引力。

(2) 互联网＋工业：加速柔性生产

互联网对工业带来的最直接的影响就是实现柔性生产。互联网大大削减了产销之间的信息不对称，加速了生产端与市场需求端的紧密连接，并催生出一套新的商业模式：C2B模式，即消费者驱动的商业模式。C2B模式要求生产制造系统具备高度柔性化、个性化、快速响应市场，因此，制造的智能化、生产管理的实时化、物流供应链的智能化等工业领域的新热点，都是为了实现柔性生产。

(3) 互联网＋服务业：金融、餐饮、生活服务，改变都才刚刚开始

互联网＋金融酝酿了近年来炙手可热的互联网金融，从余额宝到微信红包，金融不再以企业和生产为中心而开始以普通消费者为中心，金融服务和产品日渐嵌入人们的日常生活，从而实现金融民主化，成为普惠金融发展的基础。

餐饮被认为是互联网最先开始改造的传统行业，"互联网＋"餐饮成熟的平台模式是团购和外卖。其中团购市场格局已定：美团和大众点评已经占据90%的市场份额；外卖市场也已被美团外卖、百度外卖、饿了么和淘点点占据了大部分份额。细分品类的重度垂直外卖配送、"最后一公里"生鲜配送、订座点餐等领域，也正在成为目前互联网＋餐饮的机会点，仍能让老树发出新芽。

生活服务＋互联网一定程度上是对餐饮＋互联网的延伸，团购巨头们也觊觎互联网生活服务这块"大蛋糕"。互联网＋生活服务提供真正意义上的去中介化服务，让服务提供者直接面对消费者，以家政为代表的"家庭刚需"服务、美业按摩服务、汽车后市场及家电维修服务都有爆发之势，好在市场格局未定，传统生活服务的O2O（Online to Offline）转型才刚刚开始。

2. 大数据

不同于"互联网＋"明显地叠加于不同产业之上，大数据的产业风暴则刮起了一个特有产业——"大数据产业"。从狭义上看，大数据产业是指建立在互联网、物联网等渠道广泛、大量数据资源收集基础上的数据存储、价值提炼、智能处理和分发的信息服务业，是计算、移动互联网和物

联网等新一代信息技术创新和应用普及的产物。而从广义上看，大数据产业涉及数据的收集、存储、分析、运用等环节，不仅局限于信息服务业，其在金融、电子商务、电信、互联网、医疗、公共事业、农业、军事、媒体、"智慧城市"等领域中也发挥着越来越重要的作用，而且继续向其他领域扩展。

随着数据价值日益被人们所认识，未来20年数据资源开发的前景无限。但大数据之大远非一两个企业所能掌控，所以大数据产业呈现出了联盟的格局。比如早在2012年12月，宽带资本、用友软件、云基地、百度在线、阿里巴巴等企业就共同成立了中关村大数据产业联盟。随着十八届五中全会公报明确提出"实施国家大数据战略"，全国很多省市都在积极布局大数据产业。比如，2015年4月，江苏省经信委和盐城市人民政府共建大数据产业园，拟打造江苏省首个大数据产业园；同一时间，贵州在贵阳成立了中国首个大数据战略重点实验室、首个快上集聚的大数据公共平台和首个大数据交易所——贵阳大数据交易所，并与贵安共同创建国家级大数据产业发展集聚区；上海市发展大数据产业的战略则是：分层级建设可开发的数据资源和数据储备，加快建设上海大数据资源储备中心和着手谋划建设大数据试验场。

目前，大数据的市场需求非常巨大，各行业均对大数据的市场前景抱以乐观的态度。

3. 智能制造

当前，中国经济最大的一个变化就是结构性变化，尤其是工业比重正急剧降低。在此背景下，制造业的转型迫在眉睫。制造业升级转型的风暴中心便是"智能制造"。

关于对智能制造的解读众说纷纭，但一个共识是，新时代谈的"智能制造"不再指代一个智能制造装备或是系统，而是一个更广义的概念。可以从两个方面理解智能制造：

一是从工业4.0的角度。普遍认为，工业4.0落地于现阶段的核心在于实现智能制造，其核心包括两个方面：一是高度的信息化；二是高度的自动化。工业物联网实现了高度的信息化，而高度的自动化则需要机器和人工智能来实现。机器和人工智能的组合将成为"新员工",以新的技能辅助人们完成新的工作,重塑无限可能。

二是从管理的角度。有人认为智能制造的核心不在于制造的智能,而在于制造管理水平的提高:从质量、效率上提高制造业的能力,就像打通了任督二脉的习武之人,不仅提高了天赋,招式的威力也更大。智能制造有两个关键词,一个是透明,另一个是融合。透明依赖于企业数据的及时性、完整性和准确性——企业流程得以透明,那么必然使管理更加准精确、更加高效、更加科学。融合依赖于审视新的产业价值链、生态系统和竞争格局,它带给企业的启示是:需要不断思考我是谁、我在哪里、我的边界在哪里、我的竞争优势的来源在哪里、我的价值在哪里等基本问题,然后融合成为新的产业生态形式,即"透明+融合=通"。

1.1.3 行业颠覆之跨界与融合

新兴技术的日趋成熟对于社会的影响如同打通了任督二脉,于是各行各业的"颠覆"不绝于耳。互联网金融带给传统金融业前所未有的冲击、智能汽车将汽车变成带有轮子的智能设备刷新了汽车行业的认知、移动互联网重新改写刚刚铺下的互联网格局……

互联网行业经常说降维打击传统行业。"降维打击"这个词,来自于刘慈欣的小说《三体》。小说中描写了"二向箔",可以把所有接触者从三维降维到二维,这是高等文明的清理员用来打击太阳系文明(比如地球)的武器:当人类无法适应二维的时候,地球文明的被毁灭也就是必然的了。互联网行业将其触角延伸至传统行业,用"降维打击"来形容确实十分形象。一方面,互联网很容易去掉传统行业的某些维度。比如小米快速发展的例子:以前手机销售,都是靠各级经销商代理商的,层层加价最后销售出去,当小米通过互联网自己把"粉丝"渠道建立起来,去掉了中间商这个维度,对于传统手机品牌厂商来说就是降维打击了。另一方面,互联网行业的跨界打击对于传统行业来说难以预测、猝不及防,并且程度剧烈。依旧以小米为例,后来小米迅速扩张的成功,根源于跨界资源的整合：将其自身的渠道和品牌与传统行业的合作者叠加，打造的智能家居对于传统家居生产厂商的打击可谓极大。这种跨界在互联网行业屡见不鲜，互联网行业凭借其创新的基因和强大的调动资源的能力，很容易给传统行业以致命一击。

当然，跨界并不仅限于互联网行业敲击传统行业。新时代下竞争的激烈性和新技术的诱惑力，让企业愿意跨界试错。比如对于 VR（虚拟现实）行业，国内有腾讯坐享依托自身的用户优势，在 VR 内容与渠道的分发上拔得头筹，进而开拓游戏领域的盈利布局，国外有苹果试图让 iPhone 与 VR 擦出火花，让消费者觉得 iPhone 依然很酷。所以，VR 行业至少在内容供应商与硬件制造商上都被跨界打击了。

跨界虽然容易带来轰然剧烈的打击，但从另一个角度看也是两个行业的融合，会为原本的行业创造出从未有过的繁荣生态。比如互联网汽车，从跨界打击的层面来看，虽然目前的市场是互联网巨头跨界造车，但我们难以预料最终是互联网颠覆传统的汽车行业，还是汽车行业反过来颠覆互联网，因为汽车行业纵深较深、核心技术门槛较高，短期内互联网企业难以具备相同体量。所以互联网汽车之路更像是互联网行业与传统汽车行业的融合，二者相加所成就的新的"汽车生态"的想象空间才是巨大的，也只有二者相加，才更容易让想象变成现实。

1.2　巨变的打造者

所谓环境，不过是各种要素的总和，是对当今世界的宏观审视。切换到稍许微观的角度来看，我们正是巨变环境的打造者。小至一个个人，大至一个个企业，无数主观的创新造就了客观存在的改变。于是，新时代下，数字化世界的人群是分析对象，造就创新模式的企业案例是研究对象，而往更深处去，对传统理论的怀疑甚至也成为我们应该去思考的内容。

1.2.1 数字化时代的人

人的主观能动性是造成这个世界千变万化的重要因素之一，我们创造了数字化世界的同时，也随着数字化世界而改变了。比如，与企业最息息相关的两类人：员工和消费者。

1. 数字化时代的员工

数字化的企业和数字化的生活方式，养成了思维跳跃的数字化员工，在美国著名作家唐·泰普斯科特（Don Tapscott）所著的《数字化成长》一书中，他们被称为"N世代"。

他们追求自由：他们希望拥有随时随地工作的自由，他们希望享受工作和家庭生活的自由，他们希望有尝试新工作的自由。他们想体现个性化：他们想有自己的外表与思想，他们想做符合自己个性的工作，他们愿意接受的是个性化的培训，甚至他们想要个性化的薪酬。

他们喜欢监督：他们要监督公司的财务、公司的规划、新产品的构想，甚至监督老板的一举一动。他们更多表现出正直：他们希望老板诚实、体贴、透明，他们希望老板言出必行。

他们更愿意协作：他们不会特别看重等级和地位，他们希望能够解决别人都解决不了的问题，他们希望和一群优秀的人共事。他们希望让工作充满乐趣：他们认为"工作和娱乐可以，也应该是一回事"，他们在工作中娱乐，在娱乐中工作。

他们追求速度：他们希望提出要求后马上就得到回应，他们希望快速地完成工作，他们希望快速地结交朋友，当然他们也希望快速地升职、加薪。

他们善于创新：他们善于并崇尚发散性思维，他们擅长提出五花八门的新点子，他们喜欢在平淡中寻找出新意，他们喜欢挑战传统的、常规的想法。

以上这些"N世代"的种种特征的确与传统的企业员工相差甚远，他们是特征鲜明、思维跳跃的一代，似乎在"阳光"中透着"散漫"的一面。但是，无论如何，我们的企业管理者需要彻底地了解"N世代"的这些特征，并学会与他们打交道。

2. 新时代的消费者

"新消费者"是一个专有的概念，2000年由美国学者戴维·刘易斯和达瑞恩·布里格在其专著《新消费者理念》中首次提出。他们认为，新消费者是具有独立而个性化的消费态度、与市场关注点紧密结合并希望参与到生产和销售整个过程中来的群体。在中国的消费市场中，80后、90后已经成为主流消费者，他们都是新时代的"新消费者"。

80后和90后都有其独特的消费心理。80后的消费心理特征有：乐观消费主义、敢于冒险消费、消费目的更强调追求快乐和享受生活。80后消费者注重个人价值的体现，而对关系消费、情感消费关注度降低，这就导致该消费群体重品牌、重时尚，并愿意为此付费，而对低价产品的解读可能不再是"划算"，而是"不够档次"。90后一代是网络时代的"原住民"，互联网尤其是移动互联网的影响使得他们有自己独特的价值体系，比80后更注重个人价值。他们对商品的情感性、夸耀性及符号性价值的要求甚至超越了商品或服务的物质性价值和使用价值。90后选择产品或品牌的准则不是针对产品的使用情况这一理性认知，而是这款产品是否让自己满意的感性态度。因此，他们更注重消费和使用产品过程中的感受和体验，追求产品或服务与自己情感体验的一致性。综上所述，新时代的消费者，为消费市场带来了两个关键词：个性化和体验经济。

3. 个性化

从2015年的消费市场来看，个性化、私人定制成为大趋势。互联网时代使得消费者能够参与企业的更多环节，因而产生了C2B（Customer to Business）模式，即消费者按照自己的需求决定产品，定制产品。由于移动互联网无时无刻的连接，消费者从孤陋寡闻变得见多识广，从分散孤立变得相互连接，从被动接受产品到主动定制产品，最终扭转了产销格局。C2B的出现表明，消费者的声音越来越强，未来的价值链和需求链的推动力将来自于消费者，而不是厂家。而从更大的企业的角度来看，C2B则是由消费者驱动所带来的经营、生产理念的变革，是一种商业模式的变革，也是一种新的技术生产方式；而仅仅针对特定人群的个性化定制，可能只是 C2B 模式的其中一个属性。有人将 C2B 定义为：通过聚合为数量庞大的用户形成一个强大的采购集团，以此来改变 B2C（Business to Customer）模式中用户一对一出价的弱势地位，使之享受到以大批发商的价格买单件商品的利益；也有人称其为"反向团购"。所以，C2B 将是由消费者个性化所带来的一场提高消费者议价能力的浪潮。

4. 体验经济

"2016 中国消费小康指数"调查显示，有 71% 的受访者知道什么是体验式消费，而在进行消费之前，有 63.6% 的人愿意先进行体验。这说明体验式消费已经进入人们的生活中，并且在以旅游业、服务业、餐饮业、娱乐业为代表的很多行业都占有重要的比重。

举一个体验经济的例子：去蛋糕店买一个蛋糕可能只要 200 元，但如果蛋糕店给你提供体验：为你提供食材和工具，指导你亲手做蛋糕，这一过程可能要收 400 元。价格翻了一倍但肯定有人愿意体验，比如给朋友过生日时和朋友一起做一个蛋糕，所带来的情感性价值更大于蛋糕本身。再对这一体验进行升级：给体验者发一个蛋糕师的荣誉证书，又给消费者带来了符号性的价值。新时代的消费者所追捧的体验式消费所包含的附加价值可能远大于购买的产品本身。

1.2.2　互联网中的企业——创新模式不断涌现

在巨变的环境下，创新是企业生存与发展的重要资本。以一大批互联网企业为代表，为中国企业开拓创新之路树立了标杆。

互联网对人类的影响无疑是巨大的，说互联网重新定义了一个时代也不足为过。随着互联网正逐渐颠覆更多的行业，唱衰互联网的声音日渐式微，互联网思维的呼声高涨起来，拥抱互联网已经成为所有传统企业面对互联网挑战所达成的共识。如今很多企业家甚至企业以外的个人都对互联网思维进行解读，使其成为一个备受追捧的互联网名词。在当今互联网环境下，移动互联网、大数据、云计算的发展如阪上走丸，互联网思维则是在这种大背景下对市场、用户、产品、企业价值链乃至整个商业生态进行重新审视的思考方式,因此,于企业而言,互联网思维并不是简单地通过互联网来拓展业务。如果简单地理解,零售+互联网就是阿里巴巴,出租车+互联网就是滴滴,会引导很多企业直接将其业务的一部分搬上互联网,投入大量人力物力却无果而终。当我们审视互联网企业的业务,会发现它们存在大量的免费服务、服务周到且用户数量庞大等特点,那么其背后一定有一套独特的盈利逻辑,这便是值得所有人去解读、理解和学习的互联网思维下的创新模式。

1. 阿里巴巴:持续创新的商务生态系统

阿里巴巴网络技术有限公司(简称:阿里巴巴)成立于1999年,其愿景是构建未来的商务生态系统。如今的阿里巴巴集团经营并关联多项业务,包括:淘宝网、天猫、聚划算、全球速卖通、阿里巴巴国际交易市场、1688、阿里妈妈、阿里云、蚂蚁金服、菜鸟网络等。2015年全年,阿里巴巴总营收943.84亿元人民币,净利润高达688.44亿元人民币。2016年4月6日,阿里巴巴正式宣布已经成为全球最大的零售交易平台。十余年的发展进程中,阿里巴巴众多的创新模式掀起了行业浪潮。

(1) 将免费变为商业模式

eBay的高管曾坚定地认为:"免费不是一种商业模式。"正因为这样一个信念,eBay坚持向卖家收费。但是,eBay进入中国后,却眼睁睁地看着"免费"的淘宝由小到大反超自己,最终葬送掉自己在中国的前程。

事实上,互联网早就成就了一种免费的商业模式,并且在今天这种商业模式已成为互联网的常态。流量是一切互联网业务发展的入口,阿里巴巴的淘宝网通过免费打通了流量入口,进而形成一个巨大的市场规模。阿里巴巴在淘宝网上的免费模式,至少产生了三个方面的创新:第一,免费的平台使得大量的卖家入驻,极大地丰富了商品品类的同时,自然形成了竞价搜索模式,成为免费平台的重要收益来源;第二,为了方便买卖双方交易,淘宝网提出了支付宝模式,支付宝作为交易支付的第三方,解决交易双方信用问题的同时也带来了新的商业价值;第三,为了尽可能促成交易,创新出IM工具——阿里旺旺,方便买卖双方进行交流,打通了买卖双方的地理屏障。

（2）全球最佳 B2B 站点

2000 年，福布斯下属杂志称阿里巴巴为全球最佳 B2B 站点，这得益于阿里巴巴的 B2B 模式汇聚了海量的商业信息，并且门槛极低，十分便利。

第一，阿里巴巴专做信息流，汇聚海量的市场供求信息后，帮助企业用户获得有效的信息和服务；第二，阿里巴巴的网站建设采用本土化的方式，针对不同国家采用当地的语言，简易可读，这种便利性和亲和力将各国市场有机地融为一体；第三，在起步阶段放低会员准入门槛，以免费会员制吸引企业登录平台注册用户，沉淀的海量会员在浏览信息的同时也带来了源源不断的信息流和商机；第四，通过增值服务为会员提供了优越的市场服务。

（3）担保平台让人接受网上支付

电子商务在发展初期普遍面临支付难题。网上交易无法像线下交易那样一手交钱一手交货，买方担心给了钱之后收不到货，卖方担心发货之后收不到钱。2003 年 10 月，淘宝网首次推出支付宝服务，作为淘宝网上交易双方信用的第三方担保。支付宝未必比其他第三方支付安全多少，但是增加了买家确认环节，会让用户从心理上觉得更为安全。

由于支付是电子商务最重要的环节之一，支付服务逐渐发展壮大。2005 年，已经独立为第三方支付平台的支付宝开始与各大银行签订战略合作，并将网银直接接入，方便用户直接网上支付，同时第三方商家和购物平台也开始接入支付宝进行支付，支付宝逐渐成为中国线上交易的一个基础平台。

（4）生活服务培养用户数字支付的习惯

阿里巴巴利用支付宝将公用事业缴费、手机宽带充值、信用卡还款等琐碎又重要的日常业务整合成为一站式生活服务入口，为用户提供便利的同时，也让用户养成了购物以外的数字支付习惯。在大数据时代，阿里巴巴掌握了这些用户数据，在数据之争时必将站在更高的制高点。

（5）互联网金融开启无门槛理财

2013 年 6 月 17 日，余额宝宣告正式上线。余额宝对于用户的最低购买金额没有限制，用户将资金转入余额宝内，就可以购买基金公司的货币基金。余额宝的产品及购买模式被视为当年互联网金融领域最大的创新之一，余额宝不限投资金额，不限投资期限，随时可用的特点，首次将理财意识带入年轻人的生活，对国内整个理财市场的进一步培育和发展带来了巨大的积极影响。

（6）多种数据建立信用体系

在中国金融诚信系统尚未完善的时候，阿里巴巴便搭建了一套评价体系，并在推出"中国供应商"后不久就将其打包成产品"诚信通"，将卖家和买家的注册时间、资质、交易记录、双方互评等都纳入其中。从最早的B2B贸易服务到面对普通消费者的淘宝、天猫，阿里巴巴一直在利用多种数据完善信用体系，降低用户选择成本，部分解决了网络交易过程中可能存在的欺诈问题。同时，信用体系是互联网金融的重要组成部分，逐步完善的信用体系为阿里巴巴发展互联网金融争夺了更大的话语权。

（7）将海量信息用于消费分析

在阿里巴巴平台上产生的海量数据，催生出了阿里的又一个创新点：面向公众的数据服务。阿里巴巴开发数据魔方平台，商家可以获取行业宏观情况、品牌销售状况和消费行为分析。随着阿里将业务延伸至金融领域，阿里金融也迅速成为集团内数据产品的标杆。通过技术手段，阿里金融能够把碎片化的信息还原成对企业的信用认识，由此开发出的"阿里小贷"产品可以为公司决策层提供客观的分析和建议，并对业务形成优化，最终实现精准控制的低成本放贷。

2. 滴滴：共享经济的代表

如果不是滴滴打车（后来更名为滴滴出行）的诞生，并不断通过创新的移动互联网技术拉动传统出租车行业的升级，国内的出租车或许还处于"招手停"的低效扫街模式。时间证明，滴滴打车作为移动互联网和传统交通行业融合的"加速剂"，在快速改变商业模式的同时，也深刻地改变了我们的出行体验、商业逻辑和监管思路。成立于2012年的滴滴（北京小桔科技有限公司），在意义非凡的共享经济大潮中已然扮演了先行者和实践者的角色。

(1) 颠覆免费的逻辑

互联网时代的免费逻辑是一个颠覆，其典型代表是 360 用免费经济打败了所有杀毒软件，淘宝网用免费经济打败了比其强大许多的 eBay。免费成为主流，但是市场越来越激烈。激烈的竞争赶上了互联网充沛的资本，擦枪走火地带来了补贴经济，补贴逻辑是一个新的颠覆，滴滴便是开启 O2O 补贴逻辑的鼻祖。

有人说，滴滴的发展史是一篇典型的中国互联网资本血拼史。2014年，滴滴创造了三个月补贴市场 14 亿元的记录，可以说是最烧钱的互联网初创公司。但是，滴滴确实为中国 O2O 市场的推广打开了新的局面，与其把钱花在广告上，不如直接让用户体验产品，是补贴大战积累的最深刻经验。

(2) 自然走向共享经济的出行平台

在互联网时代创业，抓住用户的"痛点"极其重要。滴滴从出租车业务起家，从三个方面解决了用户搭乘出租车的"痛点"。首先是叫车：过去叫车的范围仅限于我们的视线范围内，直接导致了出租车的空闲和乘车需求大的信息不对称，于是滴滴在叫车环节请求由附近用户主动发起，帮助出租车发现周围的乘客，极大限度地降低了出租车的空驶率。其次是乘车：过去的行车路线由司机决定，可能存在路线不熟悉、绕路宰客等情况，于是滴滴在乘车环节，为司机提供最优的路径规划，避免争议。最后是支付：支付不仅是乘车过程的最后一个环节，也是众多服务中的重要环节，长期存在找零和假币问题，于是滴滴在支付环节以移动支付代替现金交易。虽然移动支付的出现和推广在滴滴出现之前，但滴滴的普及是用户支付习惯改变的里程碑。

通过技术上的信息匹配和市场推广，高达 80% 的出租车司机加入了滴滴，出租车与乘客间的连接已经被搭建起来。但是，在高峰期，很多乘客依然叫不到车，因此，滴滴将 B2C 和 C2C 结合起来，把那些非专职司机的空余时间、闲置资源分享出来，通过"人人帮助人人"的共享经济模式来解决高峰期和平峰期的问题，快车、顺风车等应运而生。共享经济下的出行模式是：并不是每一个人都拥有一辆车，但每个人都可能在出行时有一个座位,这种出行逻辑不仅重新分配了交通资源,也使得人们的出行更为高效。

滴滴从单纯的出租车打车软件到现在成为一个涵盖专车、快车、顺风车、代驾、大巴等业务的庞大出行平台,各类车主近千万人。滴滴已然成为出行需求信息匹配平台,正不断带给人们更简单便捷的出行体验。同时,滴滴更成为一个创造大量就业机会、缓解城市交通拥堵的出行系统。滴滴所代表的共享经济对传统行业的颠覆性体现在互联网的普及降低了信息不对称、减少了交易成本,从而导致传统企业边界收缩。"劳动者—企业—消费者"的传统商业模式逐渐被"劳动者—共享平台—消费者"的共享模式所取代,最终完成共享经济对传统商业模式的破坏式创新。这一模式将在移动端更加普及后拥有更大的发挥空间,共享经济模式也将吸引更多的创业者进入。

1.2.3 巨变之浪直逼理论——传统理论面临失效

管理理论一直随着社会经济的发展而演化,成熟的管理理论经历了三个阶段:古典理论、行为理论和现代理论。

古典理论出现在 20 世纪初期到 20 世纪 40 年代,这一阶段的理论建立在"物本主义"的基础之上,侧重于从管理职能、组织方式等方面研究企业的效率问题,对人的心理因素考虑很少。这一期间的代表人物主要有"科学管理之父"泰勒、"管理理论之父"法约尔以及"组织理论之父"韦伯,他们分别代表了科学管理理论、一般管理理论和行政组织理论。科学管理理论强调用科学管理替代经验管理;一般管理理论认为管理的职能是计划、组织、指挥、协调和控制,并提出管理人员应遵守的 14 项原则以及强调管理教育的重要性;行政组织理论将组织划分为金字塔式的三层结构,从下到上依次为:一般工作人员——从事实际工作,行政管理人员——执行决策,主要负责人——制定决策。

行为科学理论出现在 20 世纪 40 年代到 60 年代,从古典管理理论的强调"科学"逐渐转向关注"人性",最著名的是梅奥的人际关系理论,他操作了著名的"霍桑实验",得出的结论是工人是"社会人"而非"经济人",即:人不仅有物质和金钱上的需求,还有精神和社会上的需求。人际关系理论的要点还包括:企业中存在着"非正式组织",管理者要树立新型的领导方式,注重提高职工的满足感。此外,马斯洛的需求层次理论、麦克雷戈的 XY 人性假说、赫茨伯格的双因素理论等,都对企业管理有重要的影响。

现代管理理论出现在 20 世纪 60 年代到 90 年代,这一阶段管理理论百家争鸣,被称作"管理理论的丛林"。总体上看,这一阶段的理论可以划分为定量管理理论和定性管理理论,并且两种理论由对立走向相互融合、相互吸收。定量管理理论主要有管理决策理论、系统管理理论、管理科学理论;定性管理理论主要有社会系统理论、权变管理理论、经验主义理论和管理过程理论。

20 世纪 90 年代后,随着信息化、网络化、知识化和全球化的推进,管理理论进入了后现代管理阶段。后现代管理主要侧重研究战略管理、组织结构、组织的变革与发展、知识管理、绿色管理、企业的国际化战略与跨文化管理等,管理理论达到了前所未有的丰富程度。后现代管理理论更加注重人性化管理,是高层次科学管理与多样化和人性化管理的有机结合。由于多变成为时代的特征,很多管理思想并未上升到理论的高度,它们源于某些企业的管理实践,并对其他企业有着重要的指导意义。战略管理思想、学习型组织、扁平化管理、企业流程再造,以及工业生产中的准时生产(JIT)、精益生产、敏捷制造等,都是新时代下重要的管理创新。

如今经济环境多变、产业间相互融合、技术以前所未有的速度发展着,于企业而言,组织、分工和人的素质都发生了深刻的变化。合理高效地利用资源一直是驱动管理理论演进的动力,在大数据的背景下,数据已经成为企业最重要的资源,对数据资源的重新审视和利用将会驱动企业管理模式发生重大变化;在开放互联的知识环境中,人不仅是"社会人",还是"能力人",对人才赋予的空前的主导能力将会对组织形式和人力资源管理模式全面地重构;而在知识繁荣的背后,人的自我管理和追求价值实现意识不断提高,员工将不再是被管理的对象而更多的是企业的合作伙伴，因此，管理的概念甚至将被淡化，管理角色一定程度上更有决策者的意味，所以，新的管理理论呼之欲出。

从大数据的角度，可以给企业管理变革带来一些思考。大数据至少给企业管理带来了以下改变：管理的环境从组织内的资源变为组织生态内的大数据；管理从问题驱动转向数据驱动；管理的技术方法从传统的德尔菲法、决策树法等变成新兴的数据挖掘、云计算等；管理成功的关键因素从依靠专家经验知识变成数据的可得性、数据分析结果的正确性以及对结果解读的准确性；因此，管理的边界随着数据的流动正向着整个组织生态蔓延；管理的层级不再是自上而下的精英式管理，而是随着数据遍及的角落网络式地协同起来；管理理论空前地需要技术的支持，被赋予了前所未有的科技感。

1.3 变革中的企业

企业，是巨变中的重要生存单元。变革正推动着企业甚至经济形态发生演变：新兴互联网企业将触角伸到线下，"入侵"传统行业；传统制造企业则向着不同方向寻求转型，德国提出"工业4.0"，掀起建设智能工厂的第四次工业革命；美国提出"工业互联网"，掀起生产智能产品的浪潮；而在中国，传统企业积极实践互联网思维，以"互联网＋"的形式创造新的发展生态。

1.3.1 互联网企业的线下延伸：阿里和京东

中国互联网市场风云变幻，有公司上市，也有公司离开，几年前形成的BAT格局不断被其他企业挑战。面对新技术的不断产生和飞速发展，连马化腾也只谦虚地说微信是拿到了移动互联网的一张站票。从大的格局上看，互联网只能作为一种工具，其起步阶段的红利正在消退，线上市场也没有了当初风起云涌的发展之势，从手机市场的格局便可见一斑：号称降低中间成本以提高性价比的互联网手机——小米的热度已经逐渐冷却，同样主打互联网手机的大可乐已经倒闭。与此同时，以华为、OPPO和

VIVO为代表的深耕线下品牌的手机却逐步发力抢占市场，互联网市场正面临严峻的危机，延伸业务领域是互联网企业寻求发展的必然趋势。

1. 阿里的线下布局

以电子商务起家的阿里巴巴集团经营并关联多项业务，仅围绕电子商务体系的业务就包括淘宝网、天猫、聚划算、全球速卖通、阿里巴巴国际交易市场、1688、阿里妈妈、阿里云、蚂蚁金服、菜鸟网络等，成功地将阿里巴巴打造成为全球最大的零售交易平台。阿里巴巴以庞大的线上布局为基础，正高调布局线下。

首先是农村电商。虽然电子商务发展初期一直深耕城市市场，但随着农村网络基础设置的完善和一二线城市电商用户增长日趋饱和的局面，电子商务发展十余年后必然盯上农村市场。2012年，淘宝网与浙江省遂昌县人民政府签订中国首个淘宝与县级政府战略合作协议，而后衍生出著名的"遂昌模式"，打通了农村物流的"最后一公里"。2014年IPO后，"农村电商"与"大数据""跨境电商"成为阿里巴巴的三大战略布局。同年10月，阿里巴巴宣布启动"千县万村计划"，计划在三至五年内投资100亿元，建立1000个县级运营中心和10万个村级服务站。这意味着，阿里巴巴要将供应链上的深入下沉到农村市场，在今后几年以线下服务实体的形式，将其电子商务的网络覆盖到全国三分之一的县以及六分之一的农村地区。到2015年10月，该计划已对接国内27个省份，其中落地23个省份、150余个县域、6000余个村点，伴随着大量数据变化的是农村居民生活方式的改善。在此基础上，农村推行电子商务并非终极目标，依托阿里巴巴集团的生态圈，其阿里旅行、阿里健康、阿里通讯、特色中国、1688、蚂蚁金服等17个事业部都能落地，打造"智慧农村"。

其次是商超。2015年7月，阿里巴巴宣布全面进军商超领域，在全国范围内分阶段力推旗下天猫超市。天猫超市借助阿里巴巴完整的电商生态，整合供应链、物流、支付、大数据、云计算等综合优势，能够为消费者提供更确定性服务且"当日达"的服务。北京是阿里巴巴进军商超的第一站，首期向北京地区消费者补贴高达10亿元后，取得天猫超市北京区域的销售额同比2014年增长达740%的巨大成效。

阿里布局线下战略不可不提的还有对银泰和苏宁的战略投资。2014 年 3 月，阿里巴巴对银泰商业进行战略投资，战略投资的双方意图打通线上线下的未来商业基础设施体系。在会员和支付体系的打通上，双方合作推出了"银泰宝"——集注册申请、充值、支付全链路的电子会员卡产品。银泰宝上线仅一个月，通过手机淘宝平台和支付宝钱包成功注册领取的会员总数就超过 170 万人，超过了银泰所有百货门店线下的 16 年来积累的会员数。数据为新能源的阿里巴巴而言，这无疑为阿里的大数据化提供了宝贵的试验田。一方面，这 170 万会员是阿里线上数据的线下移植，通过打通的线上线下用户数据，阿里巴巴可以获取更多的用户行为动态，填充用户的全息数据；另一方面，打通的会员为构筑统一线上线下的 O2O 体系打下基础，并以此沉淀更多的用户和用户数据，阿里的流量优势将在整合的过程中扩大。

2015 年 8 月，阿里巴巴又对苏宁云商集团股份有限公司进行战略投资，成为苏宁第二大股东，而在此之前的两年，两者是兵戎相见的竞争对手，是分别代表互联网零售和实体连锁零售的一对天敌，此次合作被认为是引领中国零售行业变革的大事件，也是阿里深入线下渠道的重要布局。战略合作后，苏宁自有的物流配送体系将成为阿里巴巴菜鸟网络的合作伙伴，而苏宁全国 1600 多家实体门店与阿里巴巴体系也将全面打通，直接增强了阿里线下渠道的实力。2016 年 6 月，阿里和苏宁的合作升级，宣布"三体贯通"战略：计划未来三年，围绕激能"品牌商"、赋能"零售商"、服务"消费者"，为零售链条中的"三体"提供一体化的解决方案和服务。同时，双方宣布将向合作伙伴开放用户、流量和大数据资源，与品牌巨头结成"王者联盟"，联合王者联盟进行品牌孵化及供应链重构，并推出围绕品牌的"万亿智造计划"。升级的战略合作，推动零售业与制造业的融合，并落地于品牌建设上，对于传统品牌商的影响可谓巨大。

2. 京东的线下布局

如今提及电商，不得不提的还有京东。据易观智库的数据显示，2015 年度国内电商市场份额前三名分别为阿里巴巴的天猫、京东和唯品会，而第三名的唯品会的市场份额只有 2.6%，天猫和京东的份额分别高达

63.5%和20.8%。虽然京东在线上市场已站住了脚，但同时也处于难挑天猫的局面，所以京东于2014年已将战火引入线下。

京东首先也布局农村的线下市场，2014年11月，首家"京东帮服务店"落地河北赵县。京东帮服务店是京东面对县域及农村消费者的综合服务点，提供大件商品送货、安装、维修、退换的一站式服务，店内还会进行部分商品展示，并提供代客下单服务，直接让更多的农村消费者认识电商渠道和京东。2016年3月，京东帮服务店已超过1300家，同时京东宣布京东家电2016年的战略是将通过加盟的方式在全国各村镇开设"京东家电专卖店"，作为京东帮服务店的补强。京东家电专卖店的合作者将获得京东家电在仓储、配送、安装和系统上的全力支持，除店面装潢外，合作伙伴还可获得定制的技术支持、具有竞争力的专属特色产品以及为顾客提供的强大金融服务支持，使自己的门店瞬间变成足以媲美家电综合卖场的实力商家。"京东帮服务店"和"京东家电专卖店"成为京东进军农村这一蓝海市场的重要手段，做到了家电渠道的下沉。

在城市的线下市场上，京东于2015年4月上线"京东到家"。依托京东物流体系和物流管理优势，整合各类O2O生活类目，京东到家向消费者提供生鲜及超市产品的配送，并基于LBS定位实现2小时内快速送达，打造生活服务一体化应用平台。京东到家提供的服务包括超市到家、外卖到家、品质生活、上门服务和健康到家等，上线6个月已覆盖11个一二线城市。商超方面，2015年8月，京东宣布战略入股永辉超市。依托永辉超市在生鲜和供应链上的优势，双方将联合拓展生鲜O2O市场，开启生鲜到家服务。12月1日，位于北京石景山区的永辉超市（鲁谷店）上线京东到家APP平台并开始正式运营，首次上线的品类以生鲜和超市商品为主，鲁谷周边的居民即可享受3公里范围2小时内送达的便捷服务。

在线下渠道的扩张推动了京东的交易额增长率，2015年其交易额增长率高达77.8%。

1.3.2 传统企业的互联网转型：海尔

面对多变的环境，对于传统企业来说，这既是一个最坏的时代，也是一个最好的时代，传统企业为适应环境、谋发展，纷纷试水互联网转型。在众多转型案例中，海尔集团的互联网转型堪称传统企业转型的样板。

2005年，海尔提出"人单合一"的管理模式，随后又启动了1000天的流程再造。经过10年的探索试错，海尔已在三个方面发生了变化：第一是企业，从传统的企业转型成一个互联网企业，成为互联网的一个节点；第二是品牌，过去提到海尔，大家联想到的是家电，到现在提到海尔大家可以想到创客；第三个方面是员工，从雇佣者变成为创业者，每一个员工都可以在海尔平台上创业，直接面对用户，创造价值。

1. 企业平台化

互联网转型最棘手的是组织转型，这是产品转型、服务转型，甚至用户转型的基础保障。海尔将企业"平台化"，打造网络化的组织结构。在网络化组织结构下，海尔没有了"中层"，全公司只有三类人：一是平台主，其作用是提供最合适的土壤、水分、养料，平台主不是领导，判别其成功与否的标准是看其平台上有多少创业公司和创业公司成功、成长与否；二是小微主，也就是小型创业公司，判别标准在于能不能够自主找寻机会创业；最后就是创客，按照海尔当下的思路，"所有的员工都应该是创客"。就这样，海尔从原来制造产品的加速器，变成孵化创客的加速器，海尔管它叫"共创共赢的生态圈"。

2. 员工创客化

海尔用"员工创客化"颠覆传统的"雇佣制"，让员工从传统的被雇佣的劳动力变成创业者、动态合伙人，形成了创新的"竞单上岗，按单聚散"的人力资源管理模式。这个"单"不是订单，而是项目的目标。一个项目的目标明确之后，不管是谁，只要有能力，都可以"竞单上岗"。围绕"单"不仅聚集人，还聚集资源，事情做完以后，同样依据"单"来散人、散资源。因为全球化的资源是无边界的，所以聚散的范围也是无边界的，就这样，组织的边界也就消失了。

3. 用户个性化

信息时代，人们对个性化定制的需求越来越高。海尔顺势而为，改变传统单一化大规模制造的生产方式，转向以用户需求为核心的大规模定制生产方式。大规模定制在海尔表现为"互联工厂"。所谓互联工厂，就是通过互联网，让用户和生产线实现直接对话，用户的个性化需求可以在第一时间反馈到生产线，工厂不再是简单的车间和生产线概念，而是一个与用户融合在一起共创需求的基地。传统的用户由"消费者"变成"产销者"；"定制"能够整合用户碎片化的需求，从前的为库存而生产转向为用户来创造，用户得以参与设计和制造的全过程，并且全流程可视化，用户可以实时体验产品创造过程。传统的生产变得更为柔性和智能：基于不同用户的定制需求来快速响应和交付，同时基于用户使用习惯的大数据采集、建模、分析和决策。

1.3.3 大型央企转型：中石化＋阿里，共同拥抱互联网＋

中国石油化工集团公司（中石化）和阿里巴巴网络技术有限公司（阿里巴巴）分别是中国最大的央企和最大的民企、最强的实体经济企业和最牛的互联网公司、线下拥有2.3万座易捷便利店的企业和线上拥有最大的O2O布局企业，两家企业的合作可谓意义非凡。

整个商业的信息架构正在经历由IT到DT演变的浪潮，作为传统企业的中石化也在经历这场变革，最直接的难题就是如何利用其大量线下加油站每天产生的加油数据和客户消费数据。这就意味着中石化需要对传统石油化工业务进行升级，打造多业态的商业服务新模式，同时对传统的信息管理方式进行重构。而阿里巴巴拥有中国最大的云计算平台——阿里云，能够为企业、政府等组织机构提供安全可靠的计算和强大的数据处理能力，成功吸引了各行各业对"互联网＋"的关注，所以，中石化以阿里云平台为桥梁，与阿里巴巴展开深度合作，拉开其创新转型的序幕。

2015年4月，中石化借助阿里云的技术，应用移动互联网、大数据、云计算建成"易派客"工业品电商平台。易派客是以工业品交易为核心，集采购、销售功能于一体的大型电商平台，设有专业的B2B物资采购流程、管理超过15万种品类的资源、提供满足个性化需求的管家式高效服务，并发展招标、贸易、服务及跨界增值业务。借助阿里云的技术能力，易派客从立项到上线仅用时 90 天，试运行短短一年，累计成交金额已达 137 亿元，并以月均近 12 亿元的速度增长，交出了一份亮眼的成绩单。中石化通过易派客平台，集成了上下游间的纵向产业链和企业间互融互通的横向供应链，打造了"互联网＋供应链"的工业品电商运营的 SC2B （Supply Chain to Business，供应链对企业）新模式。

1.4　技术演化的五大趋势

新兴技术风起云涌，水涨船高，正为我们快速地推开未来的卷轴，大有"天下大势之所趋，非人力之所能移"之势。好在趋势是人类社会最玄妙的东西之一，虽非人力所能移，但为人力之所造，趋势随着时代洪流的演进必然会被人所见，在可预见的未来里，整个世界的深度信息化便是我们当前可以窥探到的大趋势。2011 年，中国工程院副院长潘云鹤院士在中国（宁波）智慧城市技术与应用产品博览会的重头戏——智慧城市发展高峰论坛上，便总结了信息化发展的四大趋势：万物数字化、控制向远程发展、开放互动、计算将都向两端，一端是嵌入式，一端是集中式和走向智能 2.0。

1.4.1　万物数字化

从计算机诞生之日起，数字化的进程便开始了。数字化作为一个计算机专业术语，其含义为信息转变为计算机可读的二进制代码：0 和 1，计算机内部对这些代码进行统一处理。在现实生活中，数字化是可以感知的，最简单的例子，当我们浏览互联网上的新闻时，其实就是媒体内容的数字化。数字化进程的演进使得"数字化"已经跳脱了二进制化的概念，成为一种人类与世界互动的新方式。

潘云鹤院士将数字化的进程总结为三个阶段：第一阶段是数字计算机的出现，将计算机从军用和科学计算中解放出来推向商用，从而使得计算机能够走进千家万户。在这一阶段，和计算机相连的设备很快地进行了数字化，如像打印机、绘图机、显示器、鼠标等等。第二阶段是媒体的数字化，表现为只要是信息设备都进行了数字化。比如电话原来是模拟的，后来数字了，手机、照相机、电视机、游戏机等这些还在无穷无尽地进行下去。第三个阶段就是万物数字的趋势。前两个阶段已经把计算机相连的设备和信息设备都数字化了，现在就是要把剩下的不是信息的设备也数字化。办法很简单，就是用标识仪和传感器。RFID（射频识别）作为典型的标识仪技术在目前已经可以广泛应用了，RFID 标签被装在了集装箱上、书上、农产品上，成为任何物品的唯一标识。除了 RFID，我们看到还有各式各样的传感器设备、GPS 等，这些都是万物数字化的重要手段，同时也是实现物联网、智慧城市的最基础工作。这一过程可以产生大量的产品创新，思考如何让万物数字化，我们可以发展出很多新型的标识仪和传感器，甚至还有检测仪器，比如环境的检测仪器：去测量空气中水汽的浓度总量、分布走向和温度，对水资源的调度、旱灾和涝灾的防治、水循环规律的认知等都会产生重大意义。

万物数字化对日常生活的影响也将十分巨大，当所有与生活息息相关的信息都可以变成可计算的数据，那么：我们买衣服时不再需要一遍遍地试穿，计算机可以通过视频获取人体数据，然后将人体数据与衣服数据相匹配，通过动态视频 360 度地展示你"穿"上衣服的效果；我们不必下班回家后再饥肠辘辘地做饭，在办公室里便可以操纵家里的智能厨具提前自动煮饭，到家时已饭香四溢；我们的家不再是一座冷冰冰的房子，所有的智能家居设备一齐调动起来为主人服务：灯光的亮度、座椅的高度、空调的温度，所有可调的参数都将在适当的时候为我们自动调节到最佳；我们出行不再需要自己驾车，汽车的自动驾驶不仅帮我们省去了驾车的疲劳，还能帮我们规划出最佳路线以减少拥堵。万物数字化的背后，是物联网、云计算、大数据等技术，使得计算机成为一个超级管家，为我们打点好衣食住行。

在更远的未来，万物数字化的想象空间则更为广阔了。当万物都能够被数字化、被计算，我们也许不需要设备，而用眼神、声音、行为甚至意念就能发出指令来操控这个世界。这些可想象的场景，为企业提供了更大的创新空间。例如微软与海尔已经宣布开展战略合作，运用人工智能技术,推出U+智慧生活大脑。它采用语音识别、图像识别等自然交互技术,能够像人一样"能看、能听、能说、会思考、有情感",理解用户的要求,帮用户控制家电;并且它能感知用户的生活习惯和行为喜好,实现自主决策,主动提供服务,而不再需要用户使用手机来控制家电。万物数字化正在离我们越来越近。

1.4.2 控制向远程发展

在前文对未来"万物数字化"的场景描述中,远程操纵智能厨具自动煮饭实际上也是一种远程控制。其实远程控制对我们来讲并不陌生:我们最简单的远程控制——土方爆破;最著名的远程控制——卫星发射上去进行控制;最常用的远程控制——在家里空调、电视机的遥控;还有最近最火热的远程控制——无人机、无人车,甚至还有无人船,这些技术正从军用向民用方向发展,即将大规模推广起来。比如无人机最早是军方研制的武器,美国的诺斯罗普·格鲁曼的全球鹰上天十多年后,科技公司将它变成普通人都能用的拍摄工具。

在大的远程控制领域,远程办公、远程安防等已经应用广泛;远程医疗、远程教育等正在迎来风口;远程控制的智慧工厂和智能家居,将会对工业和人类生活有巨大的颠覆。

1. 远程控制的智慧工厂

施耐德电气中国区高级副总裁赵康曾说,工业4.0未来的发展方向一定是走向互联网和物联网,信息流和数据流还将进一步融合,自动化程度越来越高直到完全实现远程控制。工业4.0某种意义上就是要打造一个世界级的工厂,那到底什么叫世界级的工厂?能够整合最好的传感器、软件和技术,把一个集团公司在世界各地的工厂都容纳到一个网络里,总部可以通过互联网实时地看到每个工厂运行的情况,并通过高度的可视化、自动化技术来实现提高效率、降低能耗的目的,这就是世界级的工厂,也是工业4.0的本质。

此处先抛开工业4.0不谈,我们能得出的信息是:"自动"与"互联"

是远程控制工厂模式的两个要素。在不断被颠覆的工业产业中,"自动"的要素正逐渐成形,大规模的自动化装备正在普及。"互联"的要素则是目前众多工业企业正在发生的变革方向。虽然工业企业已经能通过诸如MES(系统与制造企业生产过程执行管理系统)等工业协议系统优化生产流程,但孤立的系统使得工厂仍旧依靠人工输入来理解和响应外部世界的事件,很像在互联网之前的个人电脑,所以,企业正在组建"工业互联网",将设备、系统、人员等要素在不同部门和多种媒介上共享。而远程控制的工厂,其真正的精神在于发展"集体的智慧",由一个掌握包括生产、设备和用户、市场等全局数据的中心控制全局。我们可能看到的场景是:工厂里没有了电子看板甚至工人,实时的生产、设备和环境信息都将变成一条条具体数据,由工业机械甚至机器人实时收集并传输到指挥中心,指挥中心成为真正意义上的"智慧中心",是接收数据、处理数据和发送指令的核心节点,而分布于世界各个角落的所有工厂,也将随时待命,自动完成生产命令。

2. 远程控制的智能家居

智能家居是"正在发生的未来",在比尔·盖茨的未来之家,各种家用电器可以按照喜好,随意调节室内温度、灯光、音响,而通过智能住宅系统,在路上便可以遥控家中的一切。"可远程控制"已经成为智能家居的标配能力。

智能家居是一个大名词,其组成可能包括远程安防、智能家电、智能家具,甚至可穿戴智能设备。目前,已经可以实现对部分智能设备进行远程遥控,指令由主人来发出,也就是说,对应于上述描绘的智慧工厂,主人担任了指挥中心的角色。当可穿戴的智能设备进一步发展成熟,可进一步接替指挥中心的角色,那么,远程安防、智能家电、智能家具就如同工厂里的智能机械或者机器人,实时搜集家里数据、传输数据、等待指令、接收指令、操作指令。可穿戴的智能设备也在实时搜集数据,所不同的是搜集的是主人的人体数据,好比智慧工厂里的用户市场数据,可穿戴设备将家里的数据与人体数据相匹配,通过智能计算发出指令,就好比工业生产能够自动适应市场,在这种场景下,控制的概念被弱化了,主人甚至感受不到远程控制的存在，因为连控制都是自动的。

1.4.3 开放互动

计算机出现的过程一直就是封闭和开放的斗争。这个斗争实际上从来没有停止过，最早可以追溯到 20 世纪 80 年代微软和苹果之间的斗争。苹果率先开发出了个人电脑，并且最早使用了窗口系统，但是苹果用的是封闭系统，它的窗口系统只能用它自己的应用软件；和苹果不同，微软采取的是开放的政策，做了开放式的 Windows 操作系统，大家都可以在上面编写应用软件，当 IBM 把系统交给微软，从此 IBM 和微软便在 PC 机上占领了全世界的市场。开放系统在 20 世纪 90 年代也取得了一个极大的胜利，这就是现在大家用的 Linux 操作系统。原来操作系统内部是不透明的，一个芬兰的年轻人编了一个核心的 Linux，放到网上，让大家自由修改，最后成为一个非常好的操作系统。

如今的 IT 世界，竞争方式已经从硬件为王转向软件为王、数据为王、应用互动为王，背后就是深度开发。这个趋势现在看来还将加速，也就是说人不仅将使用计算机各种平台，而且将在平台中互相交流互动，去直接表达思想，直接创造新的知识。这个过程将引出一个新的时代，在这个时代中，创造知识不再是少数精英的领地，而是群众的一种享受。因为是一种享受，所以它发展奇速，这种新变化已经出现在文化媒体这样一种专业要求比较少的领域，而以后一定会发展到其他领域。

我们也即将养成"深度互动"的习惯。我们已经进入了"全民读屏"的时代，除了电视、手机和电脑屏幕，出租车座位后面有屏幕、城市高楼上有屏幕、公共场所里有屏幕……屏幕无所不在。这么多屏幕会形成"屏幕生态"包围我们，但我们正在适应这种屏幕生态，在看电视的时候同时打着电脑还看着手机已经成为很多人的习惯。屏幕生态里快速更新的内容将对文化产生改变：由固化、权威变为流动、开放。我们可以想象，在不远的将来，连衣服都可以变为屏幕，人类将无时无刻参与到与屏幕的互动中来，成为内容的制造者。总之，无互动，不完整。

1.4.4 计算都将向两端：一端嵌入式，一端集成化

计算的趋势是走向两端，一端嵌入式，一端集成化。简单来说，无处不在的智能要求所有可接触的设备都具备计算能力，导致计算走到嵌入的一极；而无处不在的计算会带来海量数据，处理大规模的数据则要求强大的计算能力，导致计算走到集成的一极。这两极就好比物联网中的"物"和云计算中的"云"。

计算机已经从初生的庞然大物发展到了如今的小巧玲珑，能够嵌入各种各样的设备中去了。嵌入式的发展，使得很多产品的功能极大地丰富了起来。比如数码相机，得益于嵌入式的 CPU 才能够有照相处理、光学防抖等功能。嵌入式的发展，还使得很多产品实现了自我突破、功能跨界。比如手机，如今手机的核心已经不是电话而是一个移动的计算机了。现在手机竞争的关键是什么？是其硬件和操作系统。所以手机之争的最终胜利者会是谁？也许是 Google，也许是苹果，也许是微软，而不会是传统的手机公司，比如诺基亚和摩托罗拉。

基于便携式的诉求，嵌入式计算必然大有可为。如同 20 世纪 80 年代 walkman 取代了录音机，到了 21 世纪又被 iPod 取代。便携也将继续进行下去：计算设备不仅可以拿在手上、戴在手腕上，还可能变成眼镜、变成徽章、变成指环，甚至有人想让其可以浮在空气中，让它跟着人行动。这些创意将随着嵌入式系统水平的提高、体积的缩小、价格的降低而变成可能。

在另一端，集成化计算的意义一方面在于解决问题。目前，我们提及"集成"，往往与解决方案挂钩：集成化的管理平台、集成化的供应链、集成化的电网、集成化的园区互联网解决方案等，集成向来展现出一加一大于二的解决问题的能力。因此，随着计算越来越泛在，需要计算来解决的问题域也越来越大，只有集成计算才能应对。集成化计算另一方面的意义在于推进智能：随着社会智能化的演进，智能的趋势不仅表现为单一设备的计算能力，还表现为所有设备联网可控可协调。在集成计算时代，所有

设备彼此互联、云端互联，才能给人类社会带来更加智能的体验。

1.4.5 走向智能 2.0

信息化的最后一个趋势是人工智能，并且是智能 2.0。

人工智能 1.0 阶段已经取得了大批的适用性成果，比如专家系统、模式设定、机器学习、机器翻译、智能 CAD 等，当社会经过数字化、网络化后，一定是走向智能化，走向人工智能 2.0。

人工智能 1.0 最后碰到的一个极大的难点在于知识表达。如何来表达专门知识和常识性知识，成为人工智能的一个拦路虎。在 20 世纪 80 年代后期，美国科学家曾经下了决心，筹集几十亿美元，准备建造一个非常大的知识库来表达几千万知识，但是最后证明这是做不到的。日本也曾经雄心勃勃地要造一个智能的计算机，最后也证明此路不通。但出人意料的是，知识引擎打通了——简单来说，就是我们上网搜索就能发现由成千上万群众创造出来的知识。因此，21 世纪的人工智能在这个基础上将重新发展，而新的人工智能是基于网络、基于数据的人工智能，所以可以叫作智能 2.0。

人工智能 2.0 之于 1.0，如同 AlphaGo 之于深蓝，两者都是打败人类社会顶级棋手的人工智能机器。AlphaGo 与深蓝计算机的最大区别在于，前者乃是其具备实战数据分析能力，即通过实战数据挖掘可创造新的围棋下法，而后者仅仅是对所输入棋谱的简单程序调用。因此不难看出，具备深度的数据挖掘和分析能力是人工智能 2.0 的基本功。

人工智能 2.0 将会给我们的生活带来什么样的影响呢？萨旺特·辛格追随当下互联网发展的蛛丝马迹，在《大未来：移动互联时代的十大趋势》一书中有所描述，以下是一个片段：

这是 2025 年的某天清晨。

卧室里响起了轻柔悦耳的音乐，声音的大小刚好让我从睡梦中醒来。我最心仪的"伴侣"——智能机器人萨拉用她那熟悉的声音在我耳旁轻声细语：理查德，早上好！您的早餐已经按照您的要求准备好了。考虑到您现在的血糖水平偏低，我已经对早餐的营养配方做了相应的调整，请抓紧时间用餐并准时出门。根据目前的路况信息，您今天上班路上所用的时间要比平常多5分钟。

这段描述中，"血糖水平偏低"是在智能1.0阶段就能得到结果；根据血糖调整的早餐配方则是智能2.0深度数据挖掘所带来的能力；而根据路况得出的行程时间，是只有智能2.0深度分析才能给出的结论。

1.5 层出不穷的新技术

新兴技术的发展向来伴随着资本的疯狂投资，云计算、大数据、物联网、移动互联网和人工智能技术，从萌芽期过渡到了期望膨胀期，不仅引来了资本的狂热投资，也正在建设新的基础设施引发世界的变革。此外，虚拟现实和增强现实（VR/AR）正在不断改写人们与世界的交互方式，区块链技术正在改变人与人之间的交易和信用方式。

1.5.1 云计算

云计算是分布式处理、并行处理和网格计算的发展，或者说是这些计算机科学概念的商业实现，其核心是提供海量数据存储以及高效率的计算能力。云计算以虚拟化技术为基础，能够改变普通用户使用计算机的模式，为用户提供按需分配的计算能力、存储能力及应用服务能力。云计算的目的是让用户使用计算资源就像使用水和电一样方便，大大降低用户的软、硬件采购费用。通俗来讲，云计算首先将资源整合并云化为"云端"，再漂浮在网络这朵"云"上，最后才能惠及千家万户，这像极了自然界云的形成：地表水汽化升天，然后凝集成云漂浮上空，最后下雨恩泽万物。

目前，在学术界和工业界的共同推动之下，云计算及其应用呈现迅速增长的趋势，各大云计算厂商如Amazon、IBM、Google、Microsoft、Sun和中国的阿里巴巴公司都推出了自己研发的云计算服务平台。云计算从三种服务模式、四种部署模式和五个基本特征来理解。

1. 三种服务模式

云计算服务有三种交付模式：基础设施即服务（Infrastructure-as-a-Service，IaaS）、平台即服务（Platform-as-a-Service，PaaS）和软件即服务（Software-as-a Service，SaaS），市场进入条件也从高到低。

IaaS 提供按需付费的弹性基础设施服务，包括处理、存储、网络以及其他资源方面的服务，以便用户能够部署操作系统和运行软件。IaaS 平台可以通过廉价计算机达到昂贵高性能计算机的大规模集群运算能力，其核心技术是虚拟化。典型代表如亚马逊云计算 AWS（Amazon WebServices）的弹性计算云 EC2 和简单存储服务 S3，IBM 的蓝云和阿里巴巴的阿里云等。

PaaS 是构建在基础设施即服务之上的服务，用户通过云服务提供的软件工具和开发语言，部署自己需要的软件运行环境和配置，其核心技术是分布式并行计算。典型代表如 Google App Engine、Cloud Foundry、OpenShiftKubernetes 以及利用 Docker 构建的 Kubernetes 等。

SaaS 是前两层服务所开发的软件应用，不同用户以简单客户端的方式调用该层服务，例如以浏览器的方式调用服务。用户可以根据自己的实际需求，通过网络向提供商定制所需的应用软件服务，按服务多少和时间长短支付费用。最早提供该服务模式的是 Salesforce 公司运行的客户关系管理系统（CRM），它是在该公司 force.com 的 PaaS 平台下开发的 SaaS，Google 的在线办公软也是采用 SaaS 服务模式。

2. 四种部署模式

从云端所有权的角度，云计算的部署模式分为私有云、社区云、公共云和混合云。

私有云被单一的组织拥有或租用，因而提供对数据、安全性和服务质量的最有效控制。社区云由多个组织共同管理操作，具有一致的任务调度和安全策略。公共云由一个组织管理维护，提供对外的云服务，可以被公众所拥有。混合云是以上两种或两种以上云的组合，每种云仍然保持独立，但用标准的或专有的技术将它们组合起来，具有数据和应用程序的可移植性，有助于提供按需和外部供应方面的扩展。

3. 五个基本特征

从最终用户的角度来看，云计算有以下五个基本特征：

（1）按需自助式服务：云计算具有快速提供资源和服务的能力，用户能够根据自身的实际需求通过网络方便地进行计算能力的申请或扩展、配置和调用，而服务商可以及时进行资源的分配和回收。

（2）广泛的网络访问：云计算通过互联网提供自助式服务，用户不需要部署相关的复杂硬件设施和应用软件，也不需要了解所使用资源的物理位置和配置等信息，直接通过互联网或企业内部网透明访问即可获取云中的计算资源，即使高性能计算能力可以通过网络访问。

（3）资源池：云计算服务商的计算资源汇集在一起，通过使用多租户模式将不同的物理和虚拟资源动态分配给多个用户，并根据用户的需求重新分配资源。各用户分配有专门独立的资源，用户通常不需要任何控制或知道所提供资源的确切位置，就可以使用一个更高级别抽象的云计算资源。

（4）快速弹性使用：云计算能够帮助用户快速部署资源或获得服务。服务商的计算能力能够根据用户需求变化快速而弹性地实现资源供应。通常情况下，云计算平台按客户需求快速部署和提供资源的服务可以是无限的，也可以是任何购买数量或在任何时候。云计算业务则按资源的使用量计费。

（5）可度量的服务：云服务系统可以根据服务类型提供相应的计量方式，云自动控制系统通过利用一些适当的抽象服务（如存储、处理、带宽和活动用户账户）的计量能力来优化资源利用率，还可以监测、控制和管理资源使用过程。同时，能为服务商和用户之间提供透明服务。

从以上五个特征来看，手段与目的分离是云计算的重要属性，即云计算服务提供商拥有"手段"，云计算用户拥有"目的"。更多的企业扮演的是拥有目的"用户"角色，需要的不是云计算而是云服务。企业并不关心云计算在基础设施上较于传统 IDC 有何创新，更关心云服务是否能够帮助他们降低开发成本、运营成本甚至稳定性所带来的风险成本。纵观国内的云计算格局，已然进入由微软、IBM、SAP、AWS 等外资背景的云服务提供商，华为等 IT 巨头和三大运营商，阿里、百度、腾讯、网易、新浪、金山、京东等互联网巨头和众多中小云服务商组成的云计算 2.0 时代，或许也意味着"云计算"的光环正在慢慢褪去，云服务的时代即将到来。

1.5.2　大数据

半个世纪以来，随着计算机技术全面地融入社会生活，信息爆炸已经累积到了一个开始引发变革的程度：全球每秒钟会有 290 万封电子邮件发送、Youtube 上每天会有 28 万个小时的视频上传、推特上每天会有 5000 万条消息发布、亚马逊上每天会有 6.3 万笔订单产生……以上只是 2015 年的统计数据，人类社会的数据量还在呈指数级地增长；同时，大量新的数据源的出现导致各种半结构化、非结构化数据爆发式地增长。这些由我们创造的数据已经超越了传统数据处理技术所能应对的范畴，由此诞生了"大数据"的说法。

麦肯锡是研究大数据的先驱，其给出的大数据的定义是：大小超出常规的数据库工具获取、存储、管理和分析能力的数据集。同时强调，大数据不仅体现在数据量大，还表现为数据类型复杂。虽然各行各业各研究机构也都给出了有关大数据的不同定义，但基本围绕大数据的 4V 特征，即：海量的数据规模（Volume）、快速的数据流转和动态的数据体系（Velocity）、多样的数据类型（Variety）、巨大的数据价值（Value），并且达成当从"数据"走到"大数据"，不仅是量变，而且是质变的共识。"大数据"的概念可以从技术和管理两个角度来解读。

从技术的角度看，大数据技术是基于对当前海量异构数据的处理需求产生的一系列技术的总称。提及大数据技术，必然绕不开云计算，一定程度上，二者如同手心手背的关系，相辅相成，我们甚至容易将大数据与云计算捆绑在一起谈论。借用《大数据云计算关系》一文中的直白介绍：大数据技术是海量数据的高效处理，云计算技术是硬件资源的虚拟化，二者的区别在于大数据注重资源处理，云计算注重资源分配。但同时二者关联密切：大数据需要云计算支撑，云计算为大数据处理提供平台。

处理大数据最典型的技术包括与云计算有关的分布式文件系统 GFS (Google File System)、分布式并行数据库 Big Table、开源实现平台 Hadoop 和批处理技术 Map Reduce，以及一系列数据可视化技术。分布式文件系统为整个大数据提供了底层的数据贮存支撑架构；在分布式文件系统的基础上建立的分布式数据库，提高了数据访问速度；在一个开源的数据实现平台上利用各种大数据分析技术可以对不同种类、不同需求的数据进行分析整理得出有益信息；最终利用各种可视化技术形象地显示给数据用户，满足用户的各种需求。

从管理上看，大数据与固定资产、人力资源一样，也是一种生产要素，能支持现代经济增长和创新活动，为人类社会自上而下各行各业所带来的变革机会可能比技术突破更为意义重大。目前，大数据在数据密集型行业的应用已经初见端倪，比如在金融行业，对大数据的分析可以为金融机构实现快速科学决策与服务创新提供支撑。金融行业的数据量十分庞大，但信息化程度相对较高，数据管理相对集中，有良好的大数据分析利用基础。时下"实时个性化营销推荐""保险理赔的数据隐藏关系分析""资金链流动性分析""动态实时投资分析""风险预警管理应用"和"防欺诈分析"已经成为金融业的大数据热门话题。

在大数据时代，大到公共领域的政府决策，小到商业机构的营销分析，已经越来越多地依靠数据，整个社会的决策模式正朝着数据驱动的方向演变。美国总统奥巴马依靠竞选团队的数据分析而做出的竞选决策，沃尔玛连锁超市因"啤酒与尿布"的购物篮数据分析而获得大量利润等，都是大数据时代由数据驱动决策的经典案例。由于任何活动都会产生数据，所以数据驱动的决策模式会对所有行业产生颠覆性的影响。于是，于企业而言，将大数据理解为一种管理思维比单纯地理解为技术更有益处。或许，大数据会在未来某个阶段被定义为：对人类世界的真实还原，并且不断地满足我们的任何愿望，曾经我们依靠它来决策一些事情，现在我们依靠它来直接抵达我们想要做的事情，我们所有的行为都已经成为我们决策的一部分。

1.5.3 物联网

早期的物联网是以物流系统为背景提出的：以射频识别（RFID）技术作为条码识别的替代品，实现对物流系统进行智能化管理。随着技术和应用的发展，其内涵已发生了较大变化。从技术上看，物联网是指通过射频识别（RFID）、红外感应器、全球定位系统、激光扫描器等信息传感设备，按约定的协议，将任何物品与互联网相连接，使得在物品之间、物品与人之间、人与现实环境之间实现高效的信息交互，其技术成果就是创造一个物物相惜的"物联网（Internet of Things，IoT）"。物联网是信息化在人类社会综合应用达到的更高境界，车联网、智能家居、智慧电网等时下热门的新产业都可以看成是其组成部分。

物联网将最大限度地降低人与世界的沟通成本，理想情况是：物与物之间能够主动进行信息交换，从而将人从操作环节中解放出来。比如在商场购物，顾客选定商品之后不再需要排队等候结账，只需推着满载的购物车轻松地走出商场，因为在走出商场门禁的瞬间，商品上的电子标签会将商品自动登录到商场的计价结算系统，系统的结算结果将自动被提交到顾客的信用卡系统，货款将自动从信用卡上扣除。

实现上述物物相连、物物自动相通的场景，需要不同领域技术的参与。物联网的技术构成主要包括感知与标识技术、网络与通信技术、计算与服务技术及管理与安全技术四大体系。

1. 感知与标识技术

感知和标识技术是物联网的基础，负责采集和识别有关"物"的所有信息，即感知信息。有关技术发展的成熟度差异很大，比如二维码、RFID、传感器和生物识别等。二维码能够很好地与移动终端相结合，在互动性和用户体验上较有优势，已经成为物联网产业浪潮中的一个相对成熟的环节。相对来说，RFID作为一种无线通信技术，其专业性更强，更适合用于行业内。传感器技术则依附于敏感机理、敏感材料、工艺设备和计测技术，对基础技术和综合技术要求非常高。目前，传感器精度、稳定可靠性、功耗方面还没有达到规模应用水平，是物联网产业化发展的重要瓶颈之一。生物识别则是利用人体固有的生理特性（如指纹、脸相、虹膜等）和行为特征（如笔迹、声音、步态等）来进行个人身份的鉴定，这个特征的唯一性将被物联网的所有应用场景所认可，是人类开启物联网的钥匙。同时，解决所有物体的全局标识性问题，建立物联网的标准化物体标识体系，是打通物物相连的关键。

2. 网络与通信技术

网络与通信是物联网实现互联功能的基础设施，为感知信息可靠、安全的传输提供基础服务。网络与通信协议需要解决接入、组网和通信问题，其标准一定程度上可以代表物联网标准。目前，物联网标准体系尚在建立，中国、美国、德国和韩国都是重要的标准制定国，启动了 ISO/IEC 在传感网络、IUT-T 在泛在网络、IEEE 在近距离无线、IETF 在 IPv6 的应用和 3GPP 在 M2M 等方面的相关标准研究工作。但是，涉及国家间的巨大利益，制定一种能被世界各国认可的统一的国际标准难度巨大，短期内规范与协议难以形成统一。

3. 计算与服务技术

数据的计算与处理是物联网的核心支撑，服务和应用则是物联网的最终价值体现。由于物联网是人类社会高度信息化的成果，其本身就是对多种技术的综合应用：海量的感知信息在存储结构、组织方式和时效性上都存在多样性，是真正意义上的大数据；采用云计算技术实现存储资源和计算能力的分布式共享，面向最终的多样化的服务和应用提供高效的感知信息处理支撑是物联网必须解决的核心技术问题。除了采用智能技术对物联网中的物品所承载的信息进行计算与处理外，物联网与人互联交互的服务决定了必须赋予物品以智能，因此，与人工智能相关的技术与服务的发展也需要齐头并进。

4. 管理与安全技术

随着物联网规模的扩大和服务质量要求的提高，网络的正常运行会面临多种因素的挑战，管理与支撑技术是保证物联网实现"可运行－可管理－可控制"的关键。由于物联网是一个高度"自治"的网络，其开放的自然特性与网络运行管理的基本需求存在着突出的矛盾,因此,需要研究新的物联网管理模型以保证物联网的高效运行。而安全是一切网络运行的基本要求,由于物联网存在着海量的感知节点,保证海量节点的数据有效传输,解决数据拥堵、数据访问权限,甚至目前已经引发的隐私数据问题,都必须在物联网布局之前完成。

虽然"物联网"仍然是一个发展中的概念,然而,将"物"纳入"网"中则是信息化发展的一个大趋势。物联网将带来信息产业新一轮的发展浪潮,也必将对经济发展和社会生活产生深远影响。对于各行各业的企业来说,积极参与到物联网布局中成为物联网络中的一个环节将会成为极大的机遇。

1.5.4 移动互联网

移动互联技术是在传统互联网的基础上,充分利用无线通信网络和智能移动终端实现更广泛范围内的信息沟通、工作协同和业务应用的一系列技术。尤其是在智能手机/平板等终端爆发式增长后,大量的移动应用被开发出来,极大延伸了人们处理信息的能力,通过移动终端,原本必须在PC端处理的各种信息,可以随时随地在移动互联网的支持下实现信息计算,进一步加大了人们沟通、协作的效率,同样也为企业在业务运转,员工沟通和协作,外部信息共享等多个方面提供了有效的支撑。

移动互联网呈现出如下特征:

搜索仍将是移动互联网的主要应用:与传统互联网模式相比,移动互联网同样对搜索的需求量非常大,在移动的状态下,快速搜索信息成为最常见的应用场景。

LBS将是未来移动互联网的趋势:未来基于位置的服务(LBS)将是移动互联网中一个非常大的突破性应用。固定和移动互联网的最大差别就是移动是非常本地化的,在位置服务和位置信息上有非常大的优势,厂商可以把用户在其位置的信息进行更多的服务和整合。

新的消费模式:移动互联网带来了新型消费模式。用户希望有更多的个性化服务,所以未来如何捕捉移动互联网的用户,为其提供全新的广告和信息服务消费方式成为业界关注的焦点。

云计算改变移动互联网:未来移动互联网将更多基于云的应用和云计算上,当终端、应用、平台、技术以及网络在技术和速度提升之后,将有更多具有创意和实用性的应用出现。

1.5.5 人工智能

人工智能(Artificial Intelligence)简称 AI,被广泛地描述为计算机系统模仿或模拟人类智能行为的能力,包括语音识别、视觉感知、做出决策和翻译语言等等。这一术语在 1956 年的达特矛斯会议上被正式提出,虽然经历了半个多世纪的发展,但人工智能仍然处于"弱人工智能"阶段。智能设备的发展使得人工智能同大数据、云计算等词汇一样成为不少人的口头禅,人工智能再一次掀起了发展热潮,甚至被列入了新兴技术的行列。

人工智能技术已经来到了我们身边,我们时常接触的 Siri 和 Android 设备上的语音助手就是最好的两个例子。人工智能最近一次成为热门话题,是"AlphaGo 大战李世石"。AlphaGo 是现阶段人工智能领域最厉害的围棋程序,李世石是拥有十多个围棋世界冠军头衔的最高级别人类选手,双方于北京时间 2016 年 3 月 9 日在韩国的围棋大战引起了全球的聚焦。AlphaGo 以 4:1 的比分打败李世石的结果,令几乎所有的围棋高手和智能专家都大跌眼镜,一方面,人类社会中"机器是否已经战胜人类"的担忧再一次被提起;另一方面表明人工智能领域取得了新的突破。

AlphaGo 的基础是深度学习,其"技术路线"是模拟人类大脑神经网络的工作原理,将输出的信号通过多层处理,将底层特征抽象为高层类别,它的目标是更有效率、更精确地处理信息。深度学习使得人工智能在几个主要领域都获得了突破性进展:

(1) 在语音识别领域,深度学习用深层模型替换声学模型中的混合高斯模型(Gaussian Mixture Model,GMM),获得了相对 30% 左右的错误率降低;

(2) 在图像识别领域，通过构造深度卷积神经网络（CNN），将 Top5 错误率由 26% 大幅降低至 15%，又通过加大加深网络结构，进一步降低到 11%；

(3) 在自然语言处理领域，深度学习基本获得了与其他方法水平相当的结果，但可以免去烦琐的特征提取步骤。可以说到目前为止，深度学习是最接近人类大脑的智能学习方法。

语音识别、图像识别、自然语言处理是人工智能的重要分支领域，这些技术一旦应用到各种各样的产业中，都会对每一个产业产生巨大的改变。目前，人工智能市场的品类主要包括：机器学习应用、自然语言处理、通过计算机视觉、应用计算机视觉、通用机器学习、虚拟个人助理、语音识别、推荐引擎、智能机器人、手势控制、情景感知计算、语音翻译和视频内容识别等，人工智能领域正在迎来新的产业爆发期，从研究、行业到资本，都处于不同程度的聚合重组阶段。

现在人工智能如此火热，李彦宏甚至表示：大数据和云计算都不是互联网的下一幕，人工智能才是。而人工智能的火热，与其他新兴技术的发展密不可分，大数据便是导火索之一，正是有了越来越多的数据，可以让机器做一些人才能完成的事情，所以人工智能在当前火热无比。当人工智能进一步发展成熟，甚至会取代云计算，成为大数据应用的最佳方式。数据产生模型，模型产生模拟，模拟带来人工智能，人工智能带来智能社会，这是一个简单逻辑。人工智能不再是以往单纯基于仿生学的程序式设计，而是基于大数据采取的高度拟人化的系统或生态技术，在某种程度上便以表现得"比人更人化"，所以在盘活物联网、带动虚拟现实上，都能助上一臂之力。因此，站在当前各新兴技术所构建起来的未来社会的角度上看，人类和人工智能并不是放在一起 PK 的关系，而是人类加上人工智能，一同参与智能社会。

1.5.6 区块链等其他新技术

广义来讲，区块链技术是利用块链式数据结构来验证与存储数据、利用分布式节点共识算法来生成和更新数据、利用密码学的方式保证数据传输和访问的安全、利用由自动化脚本代码组成的智能合约来编程和操作数据的一种全新的分布式基础架构与计算方式。作为一种去中心化的连接方式，区块链是一种去中心化的数据库，它包含一张被称为区块的列表，有着持续增长并且排列整齐的记录。每个区块都包含一个时间戳和一个与前一区块的链接：设计区块链使得数据不可篡改——一旦记录下来，在一个区块中的数据将不可逆。

区块链技术，已经从单一的数字货币应用延伸到经济社会的各个领域，例如金融服务、供应链管理、文化娱乐、医疗保健、电子商务，从数字货币场景而扩散出来的一个公开透明的去中心化系统，甚至会对社会阶层的影响意义重大。

如果说区块链技术在目前尚未广泛应用，那么以混合现实（MR）为代表的新交互技术已经催生了很多产品，正在改变人与物、人与人之间的交互方式。混合现实与虚拟现实（VR）和增强现实（AR）不同，更像是二者的融合，它将真实世界混合在一起，产生新的可视化环境，环境中同时包含了物理实体与虚拟信息，体验将变得更直观，更沉浸，更强大。德勤会计师事务所推出的 2017 年趋势分析报告《Trending the Trends by Deloitte》中提出，混合现实一旦成功，将会是现代科技纪元最深入的根本改变。每一个细微的交互模式都在为这个巨大的改变铺就道路，比如从键盘打字到触摸屏幕，再到语音交互，故而，德勤认为混合现实"这不是科幻小说，而是未来"。

第 2 章　智慧企业呼之欲出

世界的万千变化一直超乎人们的预测，自 2008 年"智慧地球"的概念被提出以来，"智慧"一词已经成为人类生活的代名词。如今，"智慧"几乎已经渗透到每一个行业的每一个领域之中，成为不可或缺的因素，智慧城市、智能工厂等名词竞相诞生。本章将为您解开智慧企业的面纱，挖掘和分析智慧城市与智慧企业、智能工厂与智慧企业之间的相互关系，全面分析智慧企业的理念与内涵、价值以及特征等内容，展现一个客观立体、自由开放的智慧企业。

2.1 智慧浪潮风起云涌

当前，世界范围内新技术革命日新月异，尤其是新一代智能技术、网络技术、信息技术等技术不断涌现，为传统企业提供了新的发展机遇和管理创新基础，智慧浪潮风起云涌。2008 年 11 月 6 日，美国 IBM 总裁兼首席执行官彭明盛（Samuel J. Palmisano）在纽约市外交关系委员会上发表主题为《智慧地球：下一代的领导议程》的演讲，首次提出了"智慧地球"的概念。他认为智慧地球的核心是一种更智慧的方法通过利用新一代信息技术来改变政府、企业和人们相互交互的方式，以便提高交互的明确性、效率、灵活性和响应速度。自此，智慧地球、智慧城市、智慧企业、智慧制造、智慧物流等智慧名词竞相诞生。

2.1.1 智慧地球

两千余年前，阿基米德曾经说过："给我一个支点，我就能撬起地球。"两千年后的今天，我们不禁要问，还有什么能够撬动地球？IBM 的答案是智慧地球。

金融海啸、全球气候变化、能源危机和安全等问题，迫使我们去审视过去。那么，面对眼前的种种问题与危机，IT 能否有所作为？信息系统能否解决城市交通拥堵问题，提高食品安全？时至今日已经再无保守派给出否定的答案了，并且，IT 的作用远非到此为止，除此之外它还大有所为。

随着信息技术的不断发展和成熟，人们可以应用大规模计算机集群以及云计算技术去加工、建模、预测和分析海量数据，从而最大化地利用信息资源，并从中获得前所未有的洞察力，从而更快、更好地做出决策。智慧的交通、智慧的电网、智慧的医疗随之而来。IBM 的"智慧地球"战略就是看到了这个深刻的技术趋势，并且代表着一个企业的战略，更是解决当下很多问题的系统方法论。

1. 解开"智慧地球"的面纱

早在 2008 年 11 月"智慧地球"的概念首次诞生之时，它便带着优化社会、服务人类的美好愿景：完美结合信息基础架构与高度整合的基础设施，使政府、企业和每一位公民可以做出更明智的决策。

智慧地球是指把新一代的IT、互联网技术充分运用到各行各业，把感应器嵌入、装备到全球的医院、电网、铁路、桥梁、隧道、公路、建筑、供水系统、大坝、油气管道等各类设施，通过互联形成"物联网"；而后通过超级计算机和云计算，人类以更加精细、动态的方式管理生产和生活，从而在世界范围内提升"智慧水平"，最终就是"互联网＋物联网＝智慧的地球"。

2009年2月11日，在上海召开的CIO领导交流大会上，IBM公司董事长、总裁兼CEO彭明盛作了《智慧的地球》的主题演讲。"这是我听到他所作的最认真、最有激情的一次演讲。"IBM大中华区CTO、IBM中国研究院院长李实恭博士在会后接受专访时如此感慨，"之所以这么激动，是因为这个战略代表了我们的使命感，对企业对社会的使命感"。

2. 理念的背后是思维转型的轨迹

IBM所提出"智慧地球"的愿景，勾勒出世界智慧运转之道的三个重要维度。

第一，我们需要能够更透彻地感知和度量世界的本质和变化。

第二，我们的世界正在更加全面地互联互通。

第三，在此基础上所有的事物、流程、运行方式都具有更深入的智能化，我们也将获得更智能的洞察力。

当这些智慧之道更普遍、更广泛地应用到人、自然系统、社会体系、商业系统和各种组织，甚至是城市和国家中时，"智慧地球"就将成为现实。这种应用将会带来新的节省和效率，但同样重要的是，提供了新的进步机会。

随着"智慧地球"概念上升到美国的国家战略层面，其影响也得到大大的扩展，数字化、网络化和智能化，也逐渐被公认为未来社会发展的大趋势。而与"智慧地球"密切相关的物联网、云计算等，更成为科技发达国家制定本国发展战略的重点。自2009年以来，美国、欧盟、日本和韩国等纷纷推出本国的物联网、云计算相关发展战略，与此相应，中国也提出了"感知中国"的概念,正式揭开"智慧地球"中国战略的序幕。

3. 各方观点

"智慧地球"战略能否掀起如当年互联网革命一样的科技和经济浪潮,振兴全球,为世界所关注,7 年的时间过去了,关于 IBM"智慧地球"的讨论,从未停息过。

在 IBM 于中国发布此概念的大会现场,就有参会者当场质疑"智慧的地球"的称呼实质就是通常说的"电子化""信息化"。遭遇争议的原因是,IBM 此次的概念似乎过于宏伟了,它想要改变的,是世界运转的方式——即开发、制造、运输和销售实体商品的支持系统和流程;需要提供的服务;从人和金钱到石油、水和运动的电子等所有的一切以及数十亿人的工作和生活。

有些 IT 专家指出,IBM 智慧地球概念,其实与"电子商务""随需应变""创新""云计算"等概念在核心内容上如出一辙,没有本质区别。"智慧地球"概念,过分渲染了人文思想,定位不切实际,目标定得太高太大太远,脱离了现实,产业整合难度大,不具有操作性,"空谈误国";甚至有人感叹道,要等到几十年甚至上百年后,"智慧地球"的概念才能扎根结果。因为像电子标签、全球定位、云计算等都已经在大规模开展,"智慧地球"只是重新将之包装了一下,"新瓶装旧酒",并没有实质的改变。

然而另一些专家则认为,电子化、信息化、智能化被充分的应用,无所不在的网络将世界联系在一起,将 IT 技术深度运用在各行各业之中,运用新的计算模式,把"互联网"和"物联网"结合起来,量变导致质变,它就不再是"物联网",而是"智慧地球"。另一方面,"就概念谈概念"本身就没有意义,"智慧的地球"叫什么东西并不是最重要的,重要的是,在当前日趋紧迫的经济环境下,"智慧的地球"从企业关心的问题出发,为企业的可持续发展指明一条出路。"智慧地球"概念的提出,推进地球上各种信息越来越广泛与深入的联系,促进地球更加有条理、可控地、灵活且规则地去运转,每个企业、每个设备都能够发挥自己最大的能量,这就是"智慧地球"的意义。

时间是最好的证明。"智慧地球"战略能否掀起如当年互联网革命一样的科技和经济浪潮，振兴全球，需拭目以待。

4. 智慧城市

自 2008 年底，IBM 提出"智慧地球"的设想后，又于 2009 年提出建设"智慧地球"首先需要建设"智慧城市"的口号，希望通过"智慧城市"的建设引领世界城市通向繁荣和可持续发展。智慧城市的建设意在化解"城市病"。当政府和民众面对接踵而至且日趋严重的城市病（如：人口膨胀、资源紧缺、环境污染严重、交通拥堵、公共安全隐患日增等）束手无策时，以智慧技术为代表的第四次浪潮的到来，让困顿中的政府和民众对未来城市生活有了新的憧憬，正是怀着这种对城市可持续健康发展的憧憬，智慧城市的理念最终被政府和民众所逐渐接受并推广。

从发展历程来看，智慧城市是城市信息化发展的高级阶段。正如 IBM 定义的那样，智慧城市是运用信息和通信技术手段感测、分析、整合城市运行核心系统的各项关键信息，从而对包括民生、环保、公共安全、城市服务、工商业活动在内的各种需求做出智能响应。其实质是利用先进的信息技术，实现城市智慧式管理和运行，进而为城市中的人创造更美好的生活，促进城市的和谐、可持续成长，智慧城市的重点在智慧服务和管理。

然而关于智慧城市，传来的也总是负面的消息："智慧城市"喊了这么久，国家批了这么多的试点，也给予了很多优惠政策，却没见到一个城市真正达到"智慧"的水平。为何会如此？我们必须要承认，"智慧城市"的建设在中国的确存在许多问题。这些问题包括缺乏科学合理的顶层设计，重建设投资、轻应用服务；重社会管理、轻公共服务；缺乏完善的信息安全保障体系、建设和运维模式难以持续。

不难看到，许多地方在规划和实施智慧城市过程中，存在一定程度的盲目性和"孤岛"现象，存在资源浪费、效率低下、城市安全的风险，新兴产业、基础设施、城市管理流程等尚缺乏整合协同与标准规范，迫切需要在实践探索的基础上进行国家层面的顶层设计，包括战略研究、统筹规划、设计引导和安全控制。此外，在建设过程中，部分地方政府慢慢偏离了正确的智慧方向，完全或部分忽略了城市主体——人的智慧、人性的体验。

在国家信息化专家咨询委员会委员汪玉凯看来，智慧城市必须要在未来形成双目标，不能只见服务不见人，智慧城市必须以人为轴心，提升包括体验感、安全感、认识感、公平感、公正感，因此，智慧城市目前的失败并不能为智慧城市的未来定下一个悲观的论调。智慧城市研究院院长李继刚的态度是："有问题，我们要做的是去讨论如何解决问题，而不是因此就干脆不做了。"这也代表了我们的态度，"智慧城市"是一个势在必行的体系变革，引领了中国城市发展新方向，在建设的过程中不可避免有不健全的地方，出现问题并不可怕，问题的出现恰恰为建设智慧城市提供了思路和路径。

在建设智慧城市的过程中，应做好统筹规划和顶层设计，注重城市发展特色和应用特色，注重以智慧城市应用带动新兴产业发展，创新智慧城市商业模式，制定信息共享与业务协同的运作机制和标准规范。从全局的视角出发，进行总体架构设计，对架构的各个方面、各个层次、各种正负面因素进行统筹考虑。有专家提出，在建设策略上可采取"梳子型"法：梳子筋是以若干模块形成的可组装可拆卸的支撑平台，梳子齿是独立存在的应用系统。应用系统与支撑平台组装在一起，形成智慧城市总体架构。在设计过程中，注重各业务系统之间的逻辑关系，解决信息孤岛，实现关联系统之间互联互通、信息共享和业务协同，同时注重城市发展特色和应用特色，以应用带动产业发展，以产业促进城区发展，推进产业经济和城区发展的协调融合。

要注重以智慧城市应用带动新兴产业的发展。智慧城市的发展是市场的动力，中国不缺资金也不缺市场，有了资金和市场，产业就能够培育，包括智能装备产业、软件集成行业、信息服务业等。

要推动建立自主可控信息安全产业体系。要加强芯片操作系统、数据库、中间件等信息安全保障关键技术的研发，充分利用智慧城市建设市场，把自主可控的核心技术研发出来，加大对信息安全技术研发的资金投入，加快国产技术和装备的应用推广。

此外，还要制订信息共享与业务协同的运作机制和标准规范，要建立健全信息化建设法规和鼓励政策，继续加强政府对信息化标准管理工作等。

2.1.2 智能工厂

2008年的金融危机后，各国反思传统的发展道路和发展模式，工业4.0、产业互联网等新概念应运而生，各个国家对未来企业的走向和战略布局都有了新的规划和认识。无论是德国的工业4.0，美国的"先进制造业国家战略计划"，还是中国的"中国制造2025"计划，都是为了实现信息技术与制造技术深度融合的数字化、网络化、智能化制造，在未来建立真正的智能工厂。

"工业4.0"最早是由德国提出。德国提出工业4.0的原本战略意图正是对抗以美国为首的互联网经济，防守中国劳动密集制造业。德国学术界和产业界认为，"工业4.0"概念是以智能制造为主导的第四次工业革命或革命性的生产方法。

对于"工业4.0"，许多人保持着怀疑的态度，他们疑惑于今天好多企业连工业3.0甚至2.0都还没做到呢，怎么去实现工业4.0？的确，工业4.0还处在探索阶段，还未达到大规模推广的阶段。但作为国家战略和企业未来的核心竞争力，有远见有条件的企业，特别是期望在国际舞台上开展竞争、赢得市场的企业，必须通过先期投入快速布局，才能赢得未来的市场。工业4.0是对未来的布局，必须要选择适合的切入点和实施方法。企业2.0、3.0的功课，该补的要继续补，该做的要继续做，并以4.0为目标，以终为始，持续前行。另外，先行投入4.0的企业，将来可以开放资源和平台，为价值链上下游更多的企业服务。

"工业4.0"由"一个系统、两个主题、三个整合"组成。"工业4.0"战略的核心是CPS（Cyber-Physical-System）网络物理系统。CPS通过人机交换接口实现和物理进行的交互，使用网络化空间以远程的、可靠的、实时的、安全的、协作的方式操控一个物理实体。两个主题：智能工厂、智能生产。"智能工厂"，重点研究智能化生产系统及过程，以及网络化分布式生产设施的实现;"智能生产",主要涉及整个企业的生产物流管理、人机互动以及3D技术在工业生产过程中的应用等。三个整合:价值网络的水平整合、跨越全部价值链终端到终端在工程上的数字整合、网路化制造系统的垂直整合。智能工厂是实现智能生产的重要载体,总的来看,"工业4.0"最终目标其实就是打造"智能工厂",实现动态配置的生产方式。

所谓智能工厂,就是利用各种现代化的技术,实现工厂的办公、管理及生产自动化,达到加强及规范企业管理、减少工作失误、堵塞各种漏洞、提高工作效率、进行安全生产、提供决策参考、加强外界联系、拓宽国际市场的目的。

到目前为止,还没有一家企业可以自豪地宣称已成功建成了智能工厂。因为智能工厂需要实现的目标——产品的智能化、生产的自动化、信息流和物资流合一、价值链同步,看似普通,但想要真正地实现却绝非易事。

那么问题来了,如何实现"智能工厂"?

想要实现传统工厂的智能化并非一蹴而就,必须先思考自身需求及先后顺序。总体而言,企业迈向"工业4.0",我们认为建造"智能工厂"还需要在七个方面做出努力:

一是在企业战略层面:企业搭建"智能工厂"要全面建立两化融合管理体系,促进工业互联网、云计算、大数据在企业研发设计、生产制造、经营管理、销售服务等全流程和全产业链的综合集成应用,全面深化应用战略－模式－流程理念和MES及ERP系统,最终实现全产业链整体智能化、互联网化。

二是在信息系统建设方面:企业搭建"智能工厂"要积极建立基于互联网＋信息通信技术、先进制造技术、工业软件、加工设备和测控装置为一体的企业信息物理系统。还要加快产品全生命周期管理、客户关系管理、供应链管理系统的推广应用,促进集团管控、设计与制造、产供销一体、业务和财务衔接等关键环节集成,实现智能管理。

三是在研发方面:企业搭建"智能工厂"要探索运用互联网、移动互联网、3D显示、移动O2O等打造用户聚合平台，收集用户个性化需求，实现企业内部以及全球各方设计研发者之间的协同共享，通过众包设计研发及云制造降低企业创新成本。

四是在设备智能化改造方面：企业搭建"智能工厂"加快人机智能交互、工业机器人、智能物流管理、增材制造等技术和装备在生产过程中的应用，改造升级现有各类普通机床和生产线的数控功能、数控化率和联网率，推动生产设备互联、设备与产品互联，建设自动化车间。

五是在资金投入方面：企业搭建"智能工厂"要打破重硬件轻软件的惯性思维，要大幅增加企业在研究、咨询、培训、规划、实施、监理和售后服务等软性方面的资金预算。

六是在人才队伍建设方面：企业搭建"智能工厂"要对中高层管理人员及业务骨干持续开展包括智能制造专题在内的各种专业知识培训，并将培训考核结果与受训人员的业绩、奖惩和发展实行联动管理，努力建设一支素质优良、结构合理的制造业人才队伍。

七是在行业合作方面：大型企业集团搭建"智能工厂"要积极建设云服务平台和智能制造产业联盟，服务周边地区和中小型企业，推动智能装备和产品研发、系统集成创新与产业化实现产品设计、制造、销售、合作管理等生产经营各环节的企业间协同，形成网络化企业集群。

实现智能工厂，未来是光明的，道路是漫长的，还需我们上下求索。

2.2 呼之欲出的智慧企业

"欲求木之长者，必固其根本，欲流之远者，必浚其泉源。"故而，想要建设智慧企业，就需要我们去追根溯源。在智慧浪潮风起云涌的今天，智慧城市是如何推动智慧企业的建设，智慧工厂又是如何落地支撑智慧企业的建设，智慧企业又该如何建设，这些是我们不能回避的最为重要的问题。

2.2.1 智慧城市与智慧企业

就像"数字企业"源于"数字城市"一样,"智慧城市"也孕育了"智慧企业"。"智慧城市"建设创造传统企业转型升级的新机遇。

智慧企业就是构成智慧城市的其中一个"神经元"。智慧城市延展和拓宽了城市信息化的新内涵,为城市管理和信息化专家、IT 厂商提供了一个交流互动的平台,推动传统产业的转型升级,促进智慧城市"神经元"的形成和有机发育,为智慧企业的建设提供了新的支撑点和动力源。传统企业在产业链上找准自己的定位,确定转型升级的目标方向是积极参与"智慧城市"建设的前提。智慧城市与智慧企业之间的关系可以总结为以下几点:

1. 智慧城市建设为智慧企业发展提供契机

"智慧城市"建设将形成对经济转型升级、产业结构调整的"催化效应",加快经济发展方式的战略性转变。对企业来说,"智慧城市"建设将促使智慧技术向企业辐射渗透,给传统企业植入智能化、信息化的"芯片",加快开发智能化、数字化、智慧化的新产品从而推动传统企业的转型升级。

2. 智慧城市建设派生智慧企业的创业链

根据管理和技术咨询公司博斯艾伦(Booz Allen)的研究,在未来 25 年内仅对全球的城市供水、供电和交通系统进行智能化改造,就需要投入 40 多万亿美元,这一数字差不多是全球股票市场上所有股票的市值。另据 IBM 中国商业价值研究院的研究结果,未来中国仅在"智慧医疗"基础设施方面的投入就将超过 300 亿元人民币,"智慧城市"建设派生的智慧企业市场之大由此可见一斑。

3. 智慧企业是智慧城市建设的主要力量

智慧企业发展与普及是国家现代化的重要标志,是智慧城市建设的主要力量。智慧企业的发展是实现城乡管理、公共服务高效率与人民高质量的保证,是信息社会和信息经济的基础,智慧企业的建设与发展将极大地促进我国工业化、信息化、城镇化和农业现代化同步发展，也将为推动信息社会向更高度文明和谐的智能化社会奠定基础。

2.2.2 智能工厂与智慧企业

科技不断进步，人们的思维在转变、市场需求在转变，任何行业都不能再抱着墨守成规、一成不变的经营模式来经营自己的企业。那么在这个瞬息万变的时代，必须要改变整个产业链，智能工厂或许能够成为智慧企业产业链的一个重要环节。

当今环境下，用户分布地域广，需求呈现个性化、多样化发展趋势，一家企业不可能拥有全部生产资料和资源，向所有用户提供各种高质量的产品和服务。而且企业的运作流程越来越复杂，包括用户需求分析、方案制订、技术研发、原材料和设备的采购、生产及质量监控、销售、仓储配送、售后服务等等。以用户需求为导向的流程，专业化分工和社会化协作必然成为未来的发展趋势，这无疑对生产环节的随机应变、调动资源能力提出了极高的要求。在这种背景下，也只有智能工厂能够从容应对环境，所以，建设智慧企业的环节，必须是智能工厂或者拥有智能工厂的能力。

但是，拥有智能工厂的企业并不意味着是智慧企业。从字面上理解，智能与智慧相距甚远。智能工厂像是一台全能的机器，能够根据企业的目标迅速、完美地完成任务，像一个没有思维的机械舞者，但其思考的大脑却在别处。智慧企业却拥有思考的大脑，所以，智慧企业更像是提供一个智能的舞台，舞台的布局和舞步的设计，都交给其智慧的大脑。这便是智能与智慧的区别，其鸿沟如同人类大脑一样的思考能力。

当然，智能工厂和智慧企业的建设或许是可以相辅相成的。智慧企业所拥有的工厂必然是智能工厂，而工厂的智能化也完善了智慧企业的发展和进步。

2.2.3 智慧企业——人工智能时代的企业新形态

在分别探讨"智慧城市""智能工厂"与企业的关系之后，"智慧企业"似乎要呼之欲出了。智慧城市和智能工厂，从实际建设上为企业的智慧提出了必要性和紧迫性，因此，我们将目光转向了智慧企业。

"智慧"作为解决问题手段的提出，最初只专注于技术的智能，即提高生产力的智能化水平，忽略了生产关系的智慧，即生产模式和管理模式的智慧化。

那么何为"智慧企业"？参照智慧城市，我们理解为：基于下一代互联网、云计算、物联网等前沿技术，促进企业经营管理的科学化、网络化和智能化，带动产业转型升级，促进工业化和信息化的深度融合，实现社会经济效益双丰收的企业。

上述关于智慧企业的描述与数字化企业或许有相似之处，但二者有本质上的不同。

数字企业是信息的集成。数字企业是应用数字技术，整合企业的采购、生产、营销、财务、人力资源等信息，做好计划、协调、监督和控制等各个环节的工作，打破"信息孤岛"现象，系统形成一条珍珠般项链——"价值链"并真正按照"链"的特征实施企业的业务流程，它是现代数字技术与企业管理相结合的产物，主要作为企业各部门沟通之间的桥梁。

智慧企业是人机一体化。智慧企业是在数字企业基础上的升级版。智慧企业的系统在制造过程中能进行智能活动，诸如分析、推理、判断、构思和决策等，通过人与智能机器的合作，去扩大、延伸和部分地取代技术专家在制造过程中的脑力劳动。它把自动化扩展到柔性化、智能化和高度集成化。

智慧企业的系统不只是"人工智能系统"，而是人机一体化的智能系统，是混合智能，系统可独立承担分析、判断、决策等任务，突出人在制造系统中的核心地位，同时在智能机器的配合下，更好地发挥人的潜能，机器智能和人的智能真正地集成在一起，互相配合，相得益彰。

时势造英雄，一场技术革命的发生会造就一个企业，也会毁灭一个企业。特别是在一个特定的环境下，如果故步自封只能自取灭亡。可以说，传统企业正面临一场以"智慧企业"为主导的大变革，它或许是一个动荡的大变局，抑或是一个可以颠覆的全新时代。现在可能是最好的时代，也可能是最坏的时代，所谓适者生存，如何在这一场大变革中"破茧成蝶"，关键在于企业自身的智慧应对。

目前已经有一批企业率先投入智慧企业的建设中，Google 就是其中之一。

遭遇"创新者的窘境"、大企业病、人才外流的 Google 终于决定从组织架构上动一次"大手术"，将原来的 Google 分拆为 Thin Google（瘦身版 Google）、Google Venture、Google X、Nest、Google Capital、Calico 等子公司，然后一并装入新成立的 Alphabet 控股公司之中。Google 的"自造亲爹"除了让人感叹"真会玩"之外，也向我们展示了互联网时代企业组织架构的灵活性与可塑性。作为一家市值 4000 多亿美元的超级大企业，Google 能这么潇潇洒洒地"自我再造"，为其他企业的改革做出了榜样。

但这并不意味着每个企业都可以盈利，因为一些产能、管理理念落后的自然会被淘汰掉，这是优胜劣汰的过程，也是产业升级的过程。

那么问题来了，传统企业该如何发展为智慧企业？或许它们需要下几个方面的条件：

1. 企业家创新创业理念是发展智慧制造产业的前提

智慧企业技术要求较高，进入门槛较高，企业家必须要有战略眼光，拥有进入新行业、开发新产品的决心和勇气，即成为具有创业创新精神和具备一定科技知识的科学型企业家。只有尽早找到企业在智慧制造产业链中的定位，才能抢先占领市场，取得先发优势，因此，企业家必须充分认识到智慧企业的巨大市场空间，深刻认识到主动参与智慧产业链的必要性和紧迫性。

2. 较强的投资能力是发展智慧企业的基础

有了创业理念，还必须有投资能力来支撑。尽管一般来说智慧企业效益较好，但是其投资额相对较大，投资回收周期较长，尤其是研发和人才培养引进成本较高。同时，投资高新技术产业需要投资者掌握相关技术研发能力或资源，因此，企业要有较强的投资能力，比如较充裕的资金、较强的融资能力、较强的科技实力以及能够掌握和运用新型投资模式，比如技术引进模式、借助外脑模式、合作研发模式、品牌联合模式等。

3. 较强的研发能力是发展智慧企业的关键

虽然目前国内物联网行业应用已经出现了不少，但是在核心、基础的芯片、传感器等领域，仍然还是国外厂商的天下，我国具有自主核心知识产权的较少，尤其是深入展开基础研发和生产的企业更少。《IBM"智慧地球"的认识和思考》报告显示，中国的信息产业目前非常缺乏核心专利，半导体专利国外企业占85%，电子元器件、专用设备、仪器和器材专利国外企业占70%，无线电传输国外企业所占比例高达93%，移动通信和传输设备国外企业也占到了91%和89%。因此，企业要有较强的新技术、新产品研发能力，尤其是基础核心技术、设备和产品的研发能力。

4. 人才资源是发展智慧企业的支撑

"智慧企业"建设需要一个强大的人才支撑体系。对企业来说，要有一批熟悉智慧企业的高级经营管理人才，使企业能找准方向，整合资源，把握市场；要有一批智能产业成熟型专门人才，特别是掌握有关智慧企业自主知识产权和核心技术的高层次、复合型创新创业领军人才和创新团队，使企业能尽快打造核心竞争力。

5. 良好的环境是发展智慧企业的保障

企业发展环境的核心是产业政策和平台。国家和地方政府要出台有针对性和可操作性的政策意见，比如减免税费，优化有关项目审批、核准程序等；要有良好的土地、资金等要素保障，比如相关产业基金、风险投资等；要有一批重点智慧企业项目信息平台、工程技术中心、检测中心、重点实验室等，帮助企业寻找项目，突破关键技术。

进行"智慧企业"建设，是企业发展的诉求，也是企业发展的必然趋势，未来，适应社会变革的企业一定是智慧企业。

流年笑掷，未来可期。相信在政府机关、专家、学者以及全体民众的共同推动下，我们的企业会变得更智慧、更美好。

2.3 智慧企业的理念与内涵

智慧转型如大潮般席卷而至，如此重要并令人振奋。在各种内外压力不断交织的当下，企业转型为智慧企业也成为时下的趋势之一。然而国内不少企业懵懵懂懂，不曾真正明白智慧企业的理念和内涵，盲目随大流，"脚踏溜冰鞋"，"溜"到哪儿算哪儿。画虎画皮难画骨，最终东施效颦，甚至灰飞烟灭。

想要驾驭好新的理念，需"挂好帅""掌好舵"，向智慧转型起航。那么作为智慧企业"灵魂"存在的理念与内涵，就是企业不可回避的重要学习内容。

接下来本章节从经济、价值、数据多维度展开，分析智慧企业的理念和内涵，从另一个角度来解读智慧企业，用另一种方式来表现智慧企业的前瞻性。

2.3.1 智慧企业是数字化企业

数据是智慧企业的重要资产，一切从数据中来，到数据中去。

我们生活在一个数据驱动发展的智慧星球，不能顺应公转力量发展进步的企业就会落后被淘汰。由社交媒体、移动设备、物联网和数字化引发的大数据趋势，不仅改变了人们的生活方式，也要求企业重新设计考虑原来的运作模式，一个新技术时代应运而生，一个数据主导的智慧企业时代也应声而至。

智慧企业是数字化企业、信息化企业发展的结果，是企业迎接不断变化挑战的核心利器。大数据则是这一利器的驱动引擎，数据是智慧企业的重要资产，一切从数据中来，到数据中去。

从发现价值到创造价值，大数据是企业升级的驱动力。

既然数字化企业是实现智慧企业的第一步，那么何为数字化企业？

数字化企业是一种"两者得兼"的商业模式：既关乎增长，也涉及效率，并通过数字技术将现有产品和服务有机结合起来。此外，数字化企业还关乎如何超越传统产业、产品和客户细分的界限，寻找新的客户价值机遇，因此，不同行业需要不同的数字化商业模式。

那么接下来的问题是：企业为何要进行数字化。一方面数字化企业通过将企业流程进行量化而进行观察和管理，实现精确管理和客观管理，推动了"只看结果，不找借口"的企业文化，打造高执行力的团队，提高了企业效率；另一方面企业业务的增长源于能够适应客户变化和需求的客户体验及客户关系，而业务成果往往能够通过信息、流程、渠道和员工能力的创新结合而实现，因为这种组合能够充分激发全新业务模式和运营模式的卓越绩效，实现业务增长。

按照上面的解释，一个传统企业成为数字化企业的过程，就是探寻"数字技术如何推动增长、创造一系列广泛的价值机遇"的过程，企业决策者应当建立这样的数字化业务价值树来审视转型的目标和进展。

老子有云："道生一，一生二，二生三，三生万物。"然而，在大数据的世界里，我们可以说是"数据生万物，万物复归于数据"。数据是万物的表现形式，现在意义上的数据已经不是单纯的指数值、文字、图像、声音、影像等都已经属于数据的范畴，并且有着"4V"的特征，分别是：海量化（Volume）、多样化（Variety）、快速化（Velocity）和价值化（Value）。

如此魅力的数据同时也助力企业智慧决策。数据对决策者的意义主要表现在三个方面，一是早期预警，二是实时感知，三是实时反馈。早期预警就是早期检测数字设备、服务、用户行业中的异常，可以在时间上快速响应危机。实时感知就是数据可以很细粒度地描绘现实情况，有助于制订行动计划和政策。实时反馈就是数据具有实时监测能力，可及时了解政策和行动计划的失效性，并做出必要的防护。

比如，世界著名奢侈品品牌 LV 的利润不如平民品牌 ZARA，这是因为 ZARA 善于运用大数据。你去 ZARA 店里选购产品，当天和店员交流的咨询信息，当晚就能集中到总部，总部对庞大的数据进行分析后，一周之内新产品就能生产出来，ZARA 就是用大数据的力量胜过了 LV 的利润。

大数据对企业决策有着变革性的影响：

1. 决策主体从"精英式"向"大众化"过渡

无论是关注客户长期价值的"核心竞争力"理论，还是以产品或客户需求为基础的"定位论"，决策的核心都是精英式的企业管理层，而非员工和社会公众。这些决策的依据均是相对静止的、确定的结构化数据。但是随着社会化媒体和大数据应用的深入，决策主体正从"精英式"转向"大众化"。社会化媒体的出现加速了信息传播的范围和效力，社交网络的普及增进了知识的共享和信息的交互，社会公众及其意见领袖已经成为企业决策的中坚力量。他们通过意见的表达、信息的传递，迅速形成信息共同体和利益共同体，成为商业经营决策的依据，也成为其决策的外部压力。同时，决策的依据正从结构化数据转向非结构化、半结构化和结构化混合的大数据，而大数据技术和处理手段可以使看似杂乱无章、关联性不强的数据变成服务决策的有效信息。

2. 决策方式从"业务驱动"向"数据驱动"转型

在大数据时代，数据渗透各个行业，渐渐成为企业战略资产，以及企业创新的核心驱动力。拥有数据的规模、活性，以及收集、分析、利用数据的能力，将决定企业的核心竞争力。掌控数据就可以支配市场，意味着巨大的投资回报。过去很多企业对自身经营发展的分析只停留在简单的业务信息层面，缺乏对客户需求、业务流程、品牌营销、市场竞争等方面的深入分析。如果管理者只依靠业务现状与主观经验对市场的估测进行判断，将导致战略与决策定位不准，存在很大风险。在大数据时代，企业通过收集和分析大量内部和外部的数据，获取有价值的信息，通过挖掘这些信息，企业可以预测市场需求，进行智能化决策分析。有研究显示，在美国公司，数据智能化每提高10%，产品和服务质量就提高14.6%。

3. 决策过程从"被动式"向"预判式"演变

在互联经济时代，原材料、生产设备、顾客和市场等因素越来越变得没有固定的定义，传统决策过程的"被动式反馈"难以适应这一变化，如何充分利用大数据技术构建业务发展需求的内外部数据采集、筛选、存储、分析和决策的系统，支撑预判，服务决策，成为移动互联时代企业塑造核心竞争能力的关键。当前，科技正走向跨领域融合，产业界限正在模糊，充斥其间的则是大量的非结构化数据。与此同时，在社会化媒体中发掘消费者的真正需求，在大数据中挖掘员工和社会公众的创造性，日益成为企业决策的基本前提，也是推动企业决策过程从"被动式"向"预判式"演变新的决策模式。

在这个大数据的时代，数据蕴含前所未有的商业价值，也营造着新的企业运行模式，"顺之者昌，逆之者亡"，只有准确把握市场趋势、及时规避风险、实现智慧企业，方可让企业在这个数据大爆炸的时代中立于不败之地。

2.3.2 智慧企业是生产力和生产关系和谐的企业

越是深邃的真理表达越简单，生命力更久远，适用范围更广。这有助于我们通过纷繁复杂的现象去探究本质。企业组织形态的诞生是马克思主义哲学的研究对象，也是马克思主义哲学体系的主要构成部分。因此，我们的智慧企业也要从马克思主义哲学开始，探究企业出现的本质。

马克思主义哲学诞生将近 200 年了，它不但指导了俄国十月革命，更是在地平线的东方催生了社会主义新中国，它揭露了资本主义发展的本质，也深刻推演了人类社会发展的演变过程和最高形态。马克思主义诞生的年代，正是资本主义高速发展的时期，生产力得到了划时代的发展，各种学科知识理论体系层出不穷，生产关系由封建领主制转变为资本主义制度，组织形态由最初的农场主小作坊向大规模流水线制造工厂转变，企业诞生。

关于生产力、生产关系的定义，马克思在《资本论》中是这样定义的：生产力代表了我们人类改造自然、改善生活的能力，具体可以表现为一系列的科学技术和工程技术，是物理存在的发现和挖掘；生产关系是一种社会关系，是有了人类之后才诞生的，是人类组织生产过程中形成的一种协作关系，包括所有权关系、组织分工协作关系、分配关系。生产力与生产关系是社会生产的两个方面，二者的有机统一构成生产方式。

智慧企业基础定律——马克思主义哲学的伟大公理：生产力决定生产关系，生产关系要与生产力发展相适应。

马克思在《资本论》中提出了生产力决定生产关系。

生产关系是指劳动者在生产过程中所结成的相互关系，是一种社会关系，是有了人类之后才诞生的，包括生产资料的所有关系、生产过程的组织与分工关系、产品的分配关系等三个方面。

生产力与生产关系之间具有如下关系：

1. 生产力的状况决定生产关系

首先，生产力的状况决定着生产关系的性质。有什么样的生产力，最终就会形成什么样的生产关系，生产力的性质、发展水平以及发展要求决定着生产资料所有制关系，因而决定着人们在生产过程中的地位和作用，决定着人们对产品的分配关系。其次，生产力的发展和变化规定着生产关系的发展和变化。生产力是生产方式中最活跃最革命的因素，它处在不断的运动、变化和发展的过程中。

2. 生产关系对生产力具有反作用

当生产关系与生产力的发展要求相适合的时候，它就有力地推动生产力的发展；当生产关系与生产力的发展要求不相适合的时候，它就阻碍甚至破坏生产力的发展。要随着生产力的不断变化去变化生产关系，让生产关系时刻促进生产力的发展。

因此，我们提出一个范式：企业＝生产力＋生产关系。

企业的发展本质上是生产力和生产关系的发展。企业诞生的背景是为了适应并推动生产力的发展而产生的一种新的生产关系。企业诞生的目的是为了更好地组织或者配置生产资料所有要素，让这些要素之间更加协同更加高效地流动，提高生产率，满足人类生活和文明发展的需要，这是企业的终极任务和使命。

企业诞生以来生产力和生产关系的发展历史如下表所示。

表2—1 生产力与生产关系的发展历史

		生产力		生产关系				价值创造
		能源/联络手段/人类生产活动范围		生产资料（基础设施）	所有者	组织与分工	经济形态	物质生产
工业革命	蒸汽时代（第一次工业革命）	蒸汽动力/火车	流水线	土地、水力	企业、专业分工出现	大规模生产（企业内的协同）	工业经济	物质生产
	电气时代（第二次工业革命）	石油/飞机	电气	交通、能源	层级制企业	大规模生产（企业之间的）	产业经济	
信息革命	IT时代（第一次信息革命）	清洁能源出现/互联网			层级制企业、平台型企业出现	大规模定制（产业之间）	信息经济	知识型创造（知识型组织、信息经济）
	DT时代（第二次信息革命）	云大物联人		数据作为新的生产要素被重视	平台/生态型企业、个人（价值创造者）	大规模协作（平台/生态）	共享经济	知识型创造
智慧革命	人工智能时代				智慧企业		共产主义	

正如生物学的发展形态演变一样，从低级到高级的演化形态总是从线性到网络。组织分工演化的最高形态就是社会化协作网络、价值创造网络、生态/平台。早期的企业利益增加是通过线性的扩展生产资料来获得的，即通过增加投入生产线、产业工人、原料等生产资料规模的增加来获取收入和利润。新时代的企业线性法则已经失效。

人类社会每需要进入一个新的模式，就是新的生产关系，就需要一次生产力的大突破，如果没有找准这种突破的技术切入点，只可能出现社会关系的停滞甚至倒退。生产力决定生产关系，类似的生产关系，在不同的生产力水平下，性质就完全不同。

自人类诞生始，生产力和生产关系的相互促进推动了数千年人类文明的发展。发展到近代之后，随着生产力的大爆炸，替代人力的机器出现了，流水线出现了，大规模生产成为可能和现实，人类文明史上的大发展开始了，生产关系随之发生了深刻的变化，生产资料由大的组织所有，并统一进行生产要素的组织来协同生产，专业化的分工出现了，这个组织就是企业。企业是这个时期生产关系最伟大的创造，生产关系以企业为载体来发生作用，企业是生产关系的基本单元和核心组成。

企业各个阶段的演化形态。企业作为一个开放的系统自其诞生之日就持续地与其社会生态环境发生着物质、信息与能量的交换，历经数千年而未有所变更。数千年的磨砺，企业组织在"平衡—发展—平衡"的周期性循环中不断地向更高的层级进化。这是一个演化与革命、积累与创新、连续与间断交替发生的过程，是受某一哲学范式支配的积累性常规发展同突破旧范式的创新式非常规发展交替出现的历史进程。

目前，时代巨变，以第二次信息革命（信息时代向DT时代的转变）为标志的新生产力革命正在发生，颠覆式的创新层出不穷，新模式、新业态不断侵蚀着旧的势力范围，对于企业来说，传统的生产关系已经无法适应新生产力的发展，传统行业的企业面临着巨大挑战。此时的企业如果不做出改变，调整促进生产力生产关系的和谐，就会如温水中青蛙一般，慢慢死掉。企业只有时刻保持警惕，勇于改革，成就智慧企业，方可跳出温水，将自己拯救。

智慧企业就是构建和谐生产力和生产关系的企业。

现阶段智慧企业的不断发展，揭示了当今和未来社会经济发展和生产力发展的趋势。当今社会经济和科学技术的发展，已对智慧企业是生产力和生产关系和谐的企业提供了有力的证据。"智慧企业"是全面充分发展生产力和生产关系的最重要途径，并且随着社会的发展，"智慧企业"在这个有机系统中的地位将越来越突出、越来越占主导地位。

2.3.3 智慧企业促进全生产要素的无障碍和无边界流通

"互联网＋"时代的开启，行业边界开始被打破、融合，甚至重组。智慧企业就是传统企业跳出原本的条条框框，除去无效、非本质的内容后，产生的一个全新的商业模式。

智慧企业的诞生就是为了合理配置生产要素并促进生产要素的高效流动，从而最大化地创造价值。随着生产力的发展，生产要素的流动不断突破边界，专业分工边界、企业的边界、地域的边界从最初的企业内协同到企业之间的协同，到产业之间的协同，到现在的全球化要素配置，都是推倒传统的各种"墙"，构建无边界企业——智慧企业的推动力。

智慧企业是这样的组织：它不像一座固定的城堡，更像一个活生生的生物有机体。它存在各种"隔膜"（借用生物学概念）使之具有外形和界定，但并不妨碍其中全生产要素能够快捷便利地穿越企业的四种"隔膜"。它的形式是不固定和动态的，必要时它可以减少管理层形成扁平化组织；它可以根据特定的目的将职能部门以某种特定的方式重新组合，形成多功能团队；它可以与供应商、顾客、竞争者、政府管制机构、社区等外部组织形成基于合作伙伴关系的各种跨组织形式；它还可以根据不同需要形成不同类型的跨国界的组织形式。它是在计算机网络化基础上强调速度、弹性、整合、创新为关键成功因素的一种适应环境快速变化的组织。对智慧企业对生产要素的无障碍和无边界的流通的促进，我们可以从以下几个方面进行理解：

（1）无边界的智慧企业实际是以有边界的传统企业为基础的，并非对所有边界的绝对否定。传统的企业组织结构里面一般包括四种边界：垂直边界、水平边界、外部边界、地理边界。垂直边界是指企业内部的层次和职业等级；水平边界是分割职能部门及规则的围墙；外部边界是企业与顾客、供应商、管制机构等外部环境之间的隔离；地理边界是区分文化、国家和市场的界限。智慧企业并不意味着企业原先各界限的完全消失，而是将传统企业中的四种边界模糊化，形成像"隔膜"一样的新边界，通过组织协调，提高整个组织的信息的传递、扩散和渗透能力，实现信息、经验与技能的对称分布和共享，达到激励创新和提高工作效率，使各项工作在组织中顺利地开展和完成。

（2）智慧企业的优点在于四种边界更易于信息、资源及能量的渗透扩散。智慧企业将传统组织中的边界模糊化形成了"隔膜"，虽然"隔膜"能使组织具有外形和界定，但信息、资源、构想及能量能够快捷便利地穿越组织的"隔膜"，促进各项工作在组织中顺利展开和完成。组织作为一个整体的功能已远远超过各个组成部分的功能。

（3）智慧企业强调速度、弹性、整合和创新。智慧企业根据外部环境的变化快速反应；员工做弹性的工作，持续地学习新技能；依据特定的需要，整合不同的员工和部门，更加强调流程，而不是单独的专业化；智慧企业还需要形成鼓励创新和变革的氛围和机制。

（4）智慧企业的技术基础是计算机网络化。使得组织边界模糊化顺利运行的技术推动力是计算机网络化，这类工具使人们超越组织内外的界限进行交流。如 Intranet 使企业内部成千上万的员工可以同时分享信息，电子数据交换（EDi）技术使企业和顾客之间信息同步，Extranet 使企业和供应商之间随时交流信息，而 Internet 使企业能在全球范围内进行经营活动。

（5）智慧企业的形式多样。根据边界模糊化过程中边界的种类不同，智慧企业有以下几种典型的组织形式：扁平化组织是组织垂直边界模糊化的结果；多功能团队、流程再造跨越了组织的水平边界；学习型组织加强了组织垂直边界和水平边界的可渗透性；组织外部边界模糊化产生了网络组织、虚拟企业、战略联盟、供应链等多种跨组织的组织形式；地理边界模糊化一般存在于跨国公司里。

通用电气的前任CEO杰克·韦尔奇认为："无边界管理推倒围墙，让供货商和用户成为一个单一过程的组成部分，虽然企业各部分的职能和边界仍旧存在，仍旧有权高任重的领导，有特殊职能技术的员工，有承上启下的中层领导者，但组织作为一个整体的功能，却可能已远远超过各个组成部分的功能。"

流通决定生产，各生产要素依托着市场这一强大磁场永不停止地运转。智慧企业的崛起，又为其添加了强大的生命力与活力。

2.3.4 智慧企业是价值创造企业，始终追求价值工程的最大化

"智慧企业"这个概念，可以做得很实在，进入企业的"骨架"；也很容易变"虚"，成为花架子，关键在于怎么寻找社会需求的落地点。智慧企业是价值创造企业，始终追求价值工程的最大化。

传统企业是"利润驱动型"企业，是简单追求短平快和利润的最大化的企业，其经营思路注重眼前利益，总是在大起大落中经营，发展没有任何平稳轨迹可言，并逐渐走向衰落；而智慧企业是"价值驱动型"企业，是真正以"价值"为中心，关注的不仅仅是利润的影响，而是同时注重企业目前的发展所产生的未来利益，以及对企业未来的价值有什么样的影响。企业价值比利润更能反映人们对企业以及企业所处行业增长状况的预期。

智慧企业的宗旨是把企业的长期稳定发展放在首位，通过财务上的合理运营，采取最优的财务政策，充分利用资金的时间价值和风险与报酬的关系，保证将企业长期稳定发展摆在首位，强调在企业价值增长中应满足各方利益关系，不断增加企业财富，使企业总价值达到最大化。

传统企业或许可以从小米身上学习到"智慧企业"的价值理念。

从手机正式发布到销量突破百万台，小米用了不到一年时间，这对大部分国内手机制造企业来讲简直就是天方夜谭。作为互联网公司起家的小米科技，依靠米聊、基于Android的MIUI操作系统以及对供应链的高效整合，迅速实现了从互联网公司向手机硬件制造与销售商的蜕变，一跃成

为业内堪称与苹果相抗衡的手机制造商。

小米通过互联网与消费者进行互动沟通，并根据用户反馈修改产品设计以及软件的独特运作方式为其迅速赢得了大批拥趸，而这正是其他企业不足的地方。

追求价值工程的最大化是一根线，利润是一颗颗的珠子，企业一旦偏离了价值最大化这根线，就会成为"散落一地的珠子"，单独拿起来看很"精致"，但是也只会是"看起来"而已，只有始终认清楚企业的真正的追求，把"珠子"串起来，才能创造最大价值。

2.4 智慧企业的价值分析

生活就是这么富有诗情画意，当我们把感情和精力放在企业上，就会有惊喜发生。企业本身并不是冷冰冰的，而是有温度的，只有富有智慧、灵气的企业才能永久地存活下去。

如果一个企业认为不去呼喊智慧企业的名头，就等于默认了傻瓜企业，它的结果多半又停留在形式上，搞一个千篇一律的规划，束之高阁就算完事。创建智慧企业，既不能形式化，也不能操之过急，要一步一步，多个版本逐次地推进，分析智慧企业的价值，充分利用信息技术，将政治、经济、文化等方面引入最佳的发展路径，从战略思考开始，逐步实现自动预判、自主决策、自我演进。

2.4.1 智慧企业是一种战略思考

对于企业来讲，一刻都不能耽误企业的战略思考。正如管理大师杰克·韦尔奇所说："我整天没有做几件事，但有一件做不完的工作，那就是规划未来。"

在这样一个时代在变迁，市场在突变的环境中，没有一个企业能按部就班地继续向前。随着国内"互联网＋"浪潮的掀起，各行各业都面临着重新洗牌，企业被倒逼转型升级。不管是自己主动求变，还是被动革命，企业领导者都在重新思考自己的战略战术。纵深推进企业智慧化，确立目标成为智慧企业,是企业根据其外部环境及内部资源和能力的状况,为求得企业生存和长期稳定发展,不断地获得新的竞争优势,对企业发展目标、达到目标的途径与手段的深思熟虑的战略思考的结果。

建设智慧企业,作为企业身处巨大变革时代的转型思考,是全局性的。

建设智慧企业是对新的商业模式和核心竞争力的塑造,是一种战略思考。战略决定组织,组织决定成败。

战略如此重要,那么何为战略?

很多企业家言必称"战略",但他们口中的战略,多是"××年之内成为行业冠军""立足华东,辐射全国,成为百年企业"之类。

把目标当战略,把绩效当战略,把争取行业排名当战略——这些可以指导企业真刀真枪地打仗吗?企业战略是并不是"空的东西",也不是"虚无",而是直接左右企业能否持续发展和持续盈利最重要的决策参照系,是"将军指挥军队的艺术"。那些动辄就谈百年战略的企业家绝对是空想主义者,因为市场动态、技术演变等基本面日新月异,不可能有一劳永逸的战略。

斯坦纳在他《企业政策与战略》一书中则认为:企业战略管理是确定企业使命,根据企业外部环境和内部经营要素确定企业目标,保证目标的正确落实并使企业使命最终得以实现的一个动态过程。因此,战略之于企业具有重要意义。战略是企业的方向:从何处来,到何处去,是企业的本质和未来成长方向,是企业的一种根本性指引。战略是企业的选择:做什么,不做什么,怎样去做,是基于多种可能的选择。战略是企业的一种假设:有关组织环境/生态的假设;有关组织特殊使命的假设;有关完成组织使命所需核心能力的假设。战略是战略使命和战略规划两个层面的集合:主体是思想,避免"预测的谬误":静态的环境考察;"分离的错误":战略制定和战略实施的分离;"形式化错误":形式化、机械化的体系。战略是企业的共识:一种对话和交流的机制。

战略决定未来,组织决定成败。一个优秀的企业一定要有清晰的战略规划。

如同再有效的感冒药也治不好心脏病，企业制定未来战略不是刻舟求剑，不是把自己心里的行业偶像的战略套用在自己的企业里，战略是独一无二的，不同的企业不同的发展阶段甚至不同老板都会有不同战略——切忌削足适履。

战术是钉子，战略是锤子，战略是老板唯一不能交给职业经理人做的事，因为只有老板才能调动企业资源进而驱动军队抵达决战地点。游击战？侧翼战？进攻战？防御战？好老板一生中最重要的决定就是确定要打一场什么样的战争。

从战略角度来看，"智慧企业"从三个方面服务于企业提质增效和转型发展。一是提升运营效率。"智慧企业"汇聚海量数据资源，通过大数据挖掘，为企业提供智能决策服务，助力节约资源、提升效率。二是激发创新活力。"智慧企业"运用了大数据、云计算、物联网等热点技术，创新提供各类行业应用，培育新模式下的新业态，激发企业创新活力，形成新的经济增长点。三是增强竞争能力。"智慧企业"实现软硬件资源的共享，将大幅降低企业使用门槛，减轻企业负担，提升市场竞争力。由"智慧小企业"跃升为"智慧大企业"。

在我国走过了30多年改革开放的发展历程之后，在建立了一个个产品的品牌帝国之后，对从原料到消费者端的整条价值链的战略以及价值链管理的组织落实的实践，企业家们才刚刚开始。

智慧转型将智慧能量融合到企业发展和运作模式之中，通过智慧转型，企业将走向突破，实现自身的颠覆性变革。没有任何一家企业能够永远高枕无忧，只有时刻保持危机意识，不断审视企业的战略方向，方可立于不败之地。

2.4.2 智慧企业是一种发展方向

我们处在一个快速发展的时代，一个技术井喷的时代，一个日新月异、充满变革的时代，技术的发展极大地推动了社会的进步。没有任何时候比当前更能体现"科学技术是第一生产力"，在诸多新兴技术中，智能化无疑代表了当前技术发展的趋势，是现代通信与信息技术、计算机网络技术、行业技术、智能控制技术的集大成者。

智能化已经渗透到了经济和社会发展的方方面面，能源、交通、医疗、公共安全、建筑、基础设施等行业迎来了深刻的变革，社会的发展催生了智能化技术的快速应用，智能化技术的进步又推动了社会形态的演变。信息技术和互联网已经成为企业发展的重要推动力（见下图）。

图 2-1 信息技术典型发展趋势

1. 信息网络正处于演化前夜

新一代光纤和无线接入加速宽带网络普及；移动互联网让终端无处不在；物联网和互联网交融发展；融合、集成、智能的新一代信息网络正在形成。

2. 信息技术创新步入智能、集成新阶段

智能计算将无所不在；云计算造就"一切皆服务"；多技术集成和融合成为创新方向；信息处理迈向知识挖掘和知识创造。

3. 智能化技术创新变革传统企业

生产方式变革此起彼伏；信息产业结构软化，产业融合步伐加快；综合集成能力成为企业竞争制高点；人工智能技术成为重点研究领域。

4. 信息化与工业化深入融合发展

工业产品智能化推动产业价值链向高端跃升；研发设计数字化成为提升创新能力的关键因素；以智能制造为主导的第四次工业革命正在兴起；智能化信息技术应用成为低碳绿色经济的必备手段。

从 IBM 首席执行官彭明盛提出智慧的地球概念之后，智慧化的概念深入人心。从概念提出到引入国内，从中央高度重视并做出相关部署后，在智慧城市、智能电网、智慧交通、智慧医疗等诸多方面开展了试点推进工作，近两年来更是在工业产业和企业层面开展广泛实践和应用。预计在今后相当长的一段时间内,智慧化的趋势将一直持续,并在产业升级、企业管理提升、核心竞争力打造等方面发挥关键的作用。

在过去的多年里,工业技术、企业管理等领域的专业发展一直在各自保持并行发展,既互相促进,又彼此制约。信息技术的发展和大力应用,为企业提供了一条融合之道。

近年来,"两化"融合(工业化和信息化融合)在国家的倡导下获得了高度的重视,在多个领域实现了良好的示范应用。然而,两化融合更侧重强调工业系统的数字化、智能化。智慧企业在对象层面不同于两化融合,在企业这样一个社会组织层面,既要面对社会分工下企业的使命和愿景即战略规划,又要面对企业运行过程中内外部要素的协调和控制。相对工业系统而言,企业是一个更为复杂的系统,尤其因其包括生产力中最活跃的要素——人。

无独有偶,近年来在管理科学领域亦出现新的发展趋势,即复杂系统科学管理。复杂系统科学管理提出,转变经济发展方式最为根本的因素就是思维模式的转变,要从工业经济时代的线性思考转变为系统思考;转变经济发展方式还要找到适应转变的方法和路径。

企业发展思维必须上升到系统管理思维的高度,既要考虑企业系统在社会系统中的分工和价值定位,又要考虑企业和环境的协同及社会责任,还要考虑企业内部要素的有机协作。最后,企业需要考虑企业在时间维度上的思考,即战略上的柔性和风险应对。

面对企业与社会、企业与环境、企业内部要素之间、企业与时间这四对基本关系,要求企业管理者必须打造某种智慧的力量,即构建智慧企业。只有实现企业自身的智慧化,才能满足企业在上述关系应对上实现可持续发展。

基于系统管理思维,借助工业技术和信息技术,尤其是后者的推动下,企业将在如下多个方面实施演进,推动企业由单一组织形态,到价值链整合,到平台经济及至企业生态的持续转变:

(1)企业边界的演进:企业将是开放型企业,边界不再是影响企业间交流协作的障碍。在平台化生态环境中,企业与企业之间已经并将继续借助信息技术力量实现无边界互联；企业与环境之间将实现更好的环境和谐与履行更高的社会责任；企业与内部员工、员工与员工之间得实现更加高效的工作协同和业务沟通。

（2）企业信息的演进：企业将是知识型企业，信息将更容易上升为"知识"。企业的竞争力主要表现在对企业内外部信息的处理能力和对数据价值的发掘能力之上。企业必须突变求生，能迅速有效地处理大量信息，沉淀"知识资本"。

（3）企业演进的演进：企业将是学习型企业，能够面向未来快速演进。基于全面实时的感知，丰富的知识沉淀和自我演进机制，企业可以实现对战略和业务的实时决策优化以及对未来风险的敏锐感知，并做出适时的调整和应对。

以上演进方向均体现了智慧企业所拥有的显著特点，即：信息是战略资产、良好的知识管理、灵活的运用基础架构、高效协同开展工作、组织柔性和灵活战略应变。

随着企业向智慧企业形态发展，信息技术和互联网应用将成为企业成功的关键要素，企业数据和知识将转变成企业核心竞争力。而随着智慧企业的持续演进，企业将在核心资源使用监测、企业运营状况和综合绩效评估、决策管理水平、风险管控水平和可持续发展能力等方面获得关键的成长。

方向代表着引领，指明方向往往比解决问题本身更加重要。

2.4.3 智慧企业是一种创新体系

构建企业创新体系，培育和提升创新能力，是企业保持可持续健康发展的必然选择。企业创新能力是企业核心竞争力的重要组成部分，是企业生存、发展的动力和源泉，因此，构建企业创新体系，培育和提升创新能力，就成为企业保持可持续健康发展的必然选择，智慧企业就是这个创新时代的产物。

互联网威胁着传统的商业模式，颠覆了泰勒、马克斯·韦伯等旧的管理理论，促成了组织模式、制造模式、商业模式的重大转变。智慧企业的建设，坚持技术创造价值的导向，改革企业管理模式，增强跨界融合资源能力，从而提升核心竞争力。智慧企业积极推进以观念创新、管理创新、制度创新和技术创新为重点的全方位创新，实现了在创新中发展，在发展中创新，是一种创新的体系。

"创新"体现出智慧企业与时俱进、积极进取的精神状态。佛教禅宗有句话：只要肯创新，凡墙都是门；不创新，门也是墙。智慧企业的创新可以从以下三个维度来解读：

一是从管理的维度。智慧企业是以信息为基础、以知识为载体、以创新为特征，充分、敏捷、高效地整合和运用内外部资源，帮助高管层在组织方面有完善的计划与实施步骤以及对可能出现的障碍与阻力有清醒认识，实现有效管理风险和可持续发展的企业。

二是从技术性的维度。智慧企业是创新型企业，对技术前沿和技术创新充满了好奇心，智慧企业是指能充分利用IT技术建立信息流畅、感知灵敏、支撑管理和决策的网络平台，集成和整合企业的信息流、资金流、物流、工作流的企业，智慧企业能实现企业内外部资源的最优配置，能促进企业模式创新和产业升级，是企业组织进化的最高形态。

三是从模式的角度。全新的管理和技术的融合带来了一种全新的模式。此时的智慧企业是企业信息化的高级阶段，全新的管理模式是企业转型升级的重要支点，是实现网络价值的战略性资源，它对创新经营模式、提高管理效率、增强竞争力发挥着重要的支撑作用。云计算重塑的企业网站的技术架构和服务模式，智能门户的构建将极具创新性、探索性和挑战性。科学构建智能门户，最大化发挥其价值，正在成为企业转型发展的助推剂、新引擎、内生动力。

从世界创新潮流来看，创新内涵正从狭义科技创新走向涵盖全产业链的整体创新；方式也从单打独斗转向互联网时代全员参与的开放式创新。

创新是时代进步的基础，是企业进步和发展的推动器。智慧企业的创新是企业在优胜劣汰的市场竞争中拥有一席之地的关键特质。

2.4.4　智慧企业是一种最佳实践

智慧企业不是传统的数字化、信息化、智能化，它是在企业实现业务量化的基础上,将先进的信息技术、工业技术和管理技术高度融合,从而产生的一种全新的、具备自动管理能力的企业组织形态和管理模式。

智慧企业实践的核心是形成企业智慧管理能力,在数字化技术支撑下,实现企业管理自动化。对于企业来说,无论是信息化、数字化、网络化还是智能化,都是现代生产力转型的基础。在此基础上,必须基于扁平化、平台化的组织架构,重新塑造自动化的流程机制,重点解决企业在规划、预测、评估、决策等环节的管理自动化问题,通过打造分层级的"单元脑""专业脑"和"决策脑"实现自动预判、自主决策、自我演进,这预示着企业风险识别的自动化、企业决策管理的智能化和企业变革升级的智慧化。

传统企业智慧转型,这是一次危中求机之道,一场凤凰涅槃。实现智慧企业,这会是一段长长的坡、一场厚厚的雪——爬坡意味着上升,积雪就是利润。

2.5 智慧企业的特征分析

智慧企业是数字化企业、信息化企业发展的结果,是高度的现代化企业,是信息化与产业化深度融合的企业;是具有创新力、生命力和竞争力的企业;是有智慧的领导和职工可持续发展和基业长青的企业。想要构造真正的智慧企业,必须基于智慧企业的特征进行分析。

一是更加注重人的因素。人是智慧企业的核心,智慧企业除了要求实现物物相连外,还要求做到人人互通、人机交互、知识共享、价值创造。

二是更加注重数据驱动。数据作为新时代企业最重要的生产资料,是智慧企业的血液。以数据为驱动,将彻底改变以往经验式的管理方式,带来更量化、标准化、规范化和科学化的决策与指挥体系。

三是更加注重风险防控和持续优化。智慧企业始终围绕风险管控,通过建设自动识别、智能管控体系实现风险识别自动化、风险管控智能化,以风险为纽带,对企业各业务环节实现闭环反馈,进而推动企业整体的持续优化。

四是更加注重管理变革。管理变革是智慧企业建设的难点，智慧企业要求信息技术、工业技术和管理技术"三元"融合，实现企业管理层级更加扁平，机构设置更加精简，机制流程更加优化，专业分工更加科学。

五是更加注重系统推进。智慧企业是系统的网络化、数字化和智能化，要求按照全面创新进行规划和建设，做到全面感知、全面数字、全面互联、全面智能。

第 3 章　智慧企业理论探索

　　企业管理的诞生也不过一百多年的时间，作为一个社会化生产组织的主要单元为人类生存和发展做出了显著的贡献，同时随着生产力的不断发展，企业的组织形态、管理模式也在不断演化。当前，我们可能正处在 21 世纪最伟大最深刻的以智能为代表的生产力变革当中，各种新兴技术的涌现，催生出了新经济、新结构、新商业模式等各种新常态，客观上要求企业向"智慧"的形态演化。我们从管理学的起源和智慧技术发展的角度，探究企业的终极使命和具体的智慧形态，尝试给出智慧企业的定义和模型，建立智慧企业的能力体系、方法体系、构建体系和评价体系，初步建立智慧企业完整的理论大厦。

3.1 智慧企业的理论基础

3.1.1 管理模式演变的数字化驱动

企业是第一次工业革命的产物,是人类开展大规模生产的组织单元,为了解决大规模化生产过程中的生产要素的合理调配,逐渐总结出了很多有效的管理经验,管理渐渐脱离生产成为一个专业的研究和实践课题。

管理自诞生之日起就是为了解决企业在实际生产中遇到的资源组织问题。在并不漫长的100多年里,问题不断得到了解决,也不断出现了新的管理课题,涌现出了泰勒、法约尔、德鲁克等管理大师。繁星璀璨,管理学理论体系日趋完善,学科专业门类齐全,管理学的理论大厦蔚然壮观。但在快速变化的今天,管理学要解决的问题越发复杂,各种颠覆式创新已经颠覆了我们对传统管理学理念的认识,经典的管理法则已经无法解释新近发生的一些新常态、新模式,传统的管理方式似乎失效了。正如《创新者的窘境》一书中所揭示的那样,很多"巨无霸"的企业轰然倒塌不是因为你没有管理,恰恰是因为你管理得太好了。如何解决新时期企业面临的问题,构建完善的管理学大厦,成为学界和产业界都面临的共同课题。

1. 管理学的发展

管理的发展总是和当时一定阶段的企业生产力发展和自然社会学科的发展分不开的,因为他们是管理解决的对象和工具。为了解决新的问题,需要从管理解决问题的历史中去寻找线索和答案。分析各个不同阶段的管理学所解决的问题和所采用的工具,管理理论在不同时期、不同的技术发展背景下有不同的侧重。

早期的以泰勒代表的科学管理解决的是企业最初的标准化管理。以法约尔为代表的一般性管理则第一次将管理从经营活动分离出来,明确了管理的五大职能(即计划、组织、指挥、协调、控制)和14项管理原则。组织理论之父韦伯则从组织的角度提出合法权利是有效维系组织连续和目标达成的基础。以上三种古典管理学派的研究对象都是企业,企业的生产过程、管理过程或者企业作为整体的组织本体，关注的都是"客观事物"。

梅奥在西屋电气公司开展了著名的霍桑实验，管理开始关注企业里的人这一"主观事物"，梅奥的人际关系学说开辟了管理理论研究的新领域，修正了古典管理理论的缺陷，创造性地提出了人才是企业发展的原动力，马斯洛的需求层次理论揭示了人类行为动机的实质和需要层次模型，以及麦克斯韦的X−Y人性假设理论都从企业"人"的角度开展研究，企业的员工不仅仅是"经纪人"还是"社会人"，着力于提高人的工作效率。这三种管理理论也被称为行为科学理论。

随着计算技术的发展，管理从定性管理向定量管理过渡，引入了很多数学模型和方法，诸如排队论、博弈论、线性分析、回归分析等，着重于减少管理活动中的经验、直觉、主观判断或个人因素成分，应用数学建模解决管理问题。西蒙的以决策为核心的行政组织研究方法，使行政组织的研究焦点由对制度、法制、结构等静态层面的研究转变到对决策过程的动态研究。控制论、系统论的出现又启发人们将企业看作一个有机的整体，注重整体而不是部分，研究企业和环境之间的关系，强调组成整体各部分之间的协同效应。

现代管理理论之父巴纳德则将研究对象聚焦在人与组织的关系，将社会系统理论引入管理研究，强调利用协作来统领组织。管理理论和流派众多，各自面向解决特定的问题，因此又出现了权变理论，主张在变化的环境中灵活应用管理的理论和方法。德鲁克则以大公司的经验为主要研究对象，从企业的案例中分析和总结管理经验。管理学上把德鲁克、斯隆为代表的学派称为案例学派，其基本假设前提是过去和未来的相似性。在法约尔一般管理的基础上，又逐渐发展成一种注重管理过程的管理学派，称为管理过程学派，也叫管理职能学派和经营管理学派，主要研究管理职能和其执行过程和原则。

2. 一切有了新变化

变化是我们所熟知的这个世界的永恒常态。有些变化是潜移默化的，当你惊觉变化发生时，可能变化已经完成，要么惊喜拥抱要么灰心绝望；有些变化是剧烈发生的，它发生在一瞬间，快到让你无法预知无法预测，要么提前预防要么被动接受；而有些变化它的影响是深远的，足以改变人类社会的进程。无论这些变化是潜移默化还是剧烈发生，它都是不可逆的伟大的变化，后世书写历史的人往往会称之为变革时代，如欧洲的文艺复兴时代撕开了中世纪的黑暗，迎来了人类科技和文艺发展的大爆发。人的一生中很难遇到这样改写人类纪元的时代，幸运的是，我们似乎处于这样一个时代，当一切起了新变化的时候，我们惊喜地发现，这些新的变化正在推动我们进入一个新的时代，显著区别于以往的时代。

让我们来看看新时代来临前正在积聚力量的变化吧，这些变化正在或已经颠覆了我们的社会、经济、生活的方方面面。

（1）生产要素变了

今天人类一天产生的数据量可能相当于过去人类几千年的数据量，数据记录和映射了现实世界的变化和状态，再造了一个数字世界。数据渗透到了企业的产品研发、生产制造、运营决策、市场营销等所有链条当中，并成为直接的驱动力量。数据作为一种越来越重要的生产要素，将成为比土地、资本、劳动力等更为核心的要素，推动社会经济不断向前发展，以至于有人把这个时代叫 DT 时代。

（2）生产工具变了

DT 时代意味着信息技术的发展，终于有能力、以低价格的形式还原、映射、记录和支撑商业世界的运行。DT 时代的技术基础并不是单一的某种技术，而是以云计算和大数据技术为核心的技术群落，这一组新的技术群落包括云（计算）、大（数据）、物（物联网）、移（移动互联网）、智（人工智能）等。它们共同构成了这个时代新的基础设施，新基础设施"叠加"于原有农业基础设施（土地、水力设施等）、工业基础设施（交通、能源设施等）之上，源源不断地输出"智慧"能力，我们姑且称之为智慧基础设施，它作为新的生命。

由于新信息基础设施的崛起、数据资源的流动与释放、大规模社会化协作体系的出现，共享能力的增强与输出才更为显著。

（3）边界范围变了

企业的要素配置在全球化的基础上已经数字化，新时代的数字消费者已经加入企业生产要素配置当中，价值链的流动早已经跨越了行业的边界，资源的配置更加流畅，跨界侵蚀屡见不鲜，越来越多的"行外人"成功搅局，生产要素的配置在全行业内得到了强化和增强，现在最大的创新恰恰都发生在跨行业的合作当中，不同行业的生产要素跟着创新的指挥棒任意流动融合，创造了新的巨大价值，所以没有边界就是这个时代的边界，一切皆可突破。

（4）社会分工变了

工业时代的分工/协作是一种基于分工的协作，而 DT 时代的分工/协作则是协作前提下的分工，"企业和消费者"等基本经济角色的含义将发生重大变化。"消费者"正在转变为"产消者"，"企业组织"正在转变为"开放社区"，"员工"正在转变为知识化的"专家"。新的分工新的体系体现两个极端，一方面分工体系将变得更为精细化，基于新技术引发的商业变革、商业模式将越来越多，职业种类也将不断分化；另一方面随着协作走向大规模、实时化、社会化，部分传统的社会分工界限将会越来越模糊。

（5）经济模式变了

与上述变化相并行的是相互作用的一连串事件：大规模定制、社会化协作、个性化消费、数字化营销、扁平化、去中心、共享经济、平台生态、普惠金融、智慧城市、中产阶级……它们正在推动我们走向新的工业文明，新生产要素和新生产工具在这一进程中所发挥的，既是代表性基础设施的作用——支撑起了大规模协作，同时也是核心赋能者的角色——全面地重塑新工业文明的结构。

（6）人在价值体系中的地位变了

越来越多的智能机器人正在占领人类的传统体力劳动领域，它们的周期成本比远远低于人工成本，而且永远不知道疲倦，工作成果质量稳定优良。即使在知识工作领域，人类的工作如法律、金融、咨询等领域的部分工作，也出现了越来越多的非人"智慧体"，他们的工作效果甚至比人的表现还要好。人，几千年的生产主体，正在逐渐退出生产活动，机器正在成为创造价值的主体，这显然是这个时代最深刻的变化。

（7）变化的速度变了

唯一不变的就是"变""快"——变化得太快。对这种变化的驾驭，我们似乎有些力不从心了，更可怕的是这些变化的影响都是深远的。

(8) 管理学的假设变了

管理学多年的发展，都是围绕企业来作为研究对象的。科学管理从企业的生产过程着手，管理过程学派则开辟了管理过程的新领域，行为管理学以及社会系统学派则以企业的人以及人与企业的关系作为研究对象。系统管理学另辟蹊径研究的是企业和环境的关系，后来随着运筹学、博弈论的发展，出现了以定量分析为手段的管理学派，研究对象基本上涵盖了企业这个系统所有的客体组成对象。不同时期诞生的管理学流派都是为了解决当时出现的企业管理问题，当时的背景条件，就是管理学的假设。

笔者总结了传统管理学三个主要的假设或者说前提：管理的研究对象就是具体的企业，企业是有边界的，边界外定义为环境；人是企业组成的核心要素，既是生产效率的代表又是企业管理的大脑；企业处在一个相对稳定的环境当中。基本上所有的管理理论都是基于这三个假设提出，随着一切起了新变化，这三个假设存在的基础也就不牢靠了。

传统的企业受限于当时的生产力发展水平，企业的边界范围很明显，正如波特竞争力模型分析的那样，企业只需要关注上游的供应商、下游的消费者，关注行业的变化趋势，关注产品的创新研发即可。但是随着新的生产要素、新生产工具的产生，分工模式和经济模式都发生了变化，行业之间的界限越来越模糊了，我们经常可以看到互联网的企业入侵传统行业，两个完全不相干的行业融合了，生产要素的配置和流动在跨行业的企业之间展开，大规模的社会化协同让企业已经无法局限于企业内甚至是行业内，要解决企业面临的问题已经无法靠聚焦于企业本身甚至企业所处的行业或者产业了，企业的边界和范围均发生了变化，这种变化简单说就是今天的企业是没有边界的企业，它已经融入进了整个社会化的大规模协作当中，再站在企业的视角来看待解决问题都是美丽的幻想了，管理学的第一个假设不存在了。

随着人在价值体系中的地位发生了变化，生产制造领域毫无疑问未来将是清一色的机器人，如富士康工厂已经开始采用大量智能机器人来代替几十万流水线工人，这些机器人永远不知疲惫，不会有人类的复杂情感，不会再有富士康工人那样高的跳楼事件发生，机器正在成为创造价值的主体。因此，以人为解决问题对象的行为学派就失去了研究领域，因为机器没有马斯洛的五个需求，也不需要激励就能很好地按照既定规则去高效地工作，也不存在麦克斯韦理论的 X 假设和 Y 假设，人类未来只会在创造领域偏安一隅，在比较复杂的知识工作领域未来也会是人工智能的天下了。因此，提高企业的效率，管理学要面对的是如何管理机器或者说人机结合的智能单元，管理学的第二个假设也受到了挑战。

传统企业面对的变化过去都是线性变化，面对的竞争也是线性竞争，战略规划也是线性规划，企业之间、企业上下游之间发生的关系是种松耦合关系，因此企业面临的环境相对来说比较稳定。现在则不同了，随着互联网的发展，企业面临更多的不确定性，行业外的一个不起眼的变化借助互联网的规模效应就能快速崛起，颠覆传统企业。当前企业面临的变化不但快而且多维甚至不易察觉，因此有时下很热的所谓降维打击一说，靠着严谨全面的市场调查做出来的战略规划报告可能还没实施就已经过时了，企业的执行计划还没制订好可能就在残酷的市场竞争中死掉了，管理学的第三个假设似乎也站不住脚了。

企业该如何面对和寻求解决问题的办法？还能够从管理学中寻找解决问题的利器吗？传统的管理学是不是真的要崩塌了？

3. 重拾量化新高度

企业如何面对错综纷繁复杂的环境，如何面对日益庞大的价值链网络，如何管理雇用了机器新员工的新时代企业，这些是企业面临的普遍问题。要解决这些问题，仅仅依靠人的力量是无法解决的。人的优势是可以进行复杂的思考和决策的，但是面对庞大的价值网络和复杂的环境，人既无法做到感知其细微的变化，更无法做到实时的分析和处理，自然也就无法进行科学的决策和管理，依赖于领导人非凡的战略眼光的决策，时而灵验时而不灵，这种"不灵"的代价在现在越发的巨大，转型中的企业更是只有一次机会。

让我们重新回到管理学的发展，从中寻找解决问题的线索和方法。计算科学的发展为管理学提供了数学建模和量化分析的手段，诞生了管理科学学派，侧重于管理中的定量技术和方法，提倡用逻辑步骤构造问题、收集信息、建立数学问题的解决方法并用于实践，减少管理活动中的经验、直接、主观判断或个人艺术成分。过去信息的采集手段比较单一，很多需要靠人工采集,甚至很多信息无法采集,构建的数学模型并不能很好地解决实际问题,计算机的计算能力还在初级阶段,因此基于复杂定量分析方法做出来的决策有时可能还不如人的决策,所以过于强调物质技术成为此类管理学派被人诟病的最大缺点。

但是真的是缺点吗?随着移动互联网、物联网等技术的发展,人类现在几乎已经能够收集到所有想收集到的数据信息,工业系统、社会系统、管理系统都在进行着数字化,独立于实体世界的数字世界已经形成,强大的云计算能力和人工智能,使得人类可以借助于机器实时感知环境的变化,预测和模拟变化趋势,洞察新的机会,实时提供管理决策选择。

让我们重拾量化管理的思想,为智慧企业注入量化的基因,解决企业新问题,开拓管理新思域。

3.1.2 解决多维问题的系统视角

业界普遍认为现处于第四次工业革命时期,我们面临着每一次工业革命发生时人类都要面对的复杂性和各种方向的困惑,新事物的不断涌现突破了原有的边界和维度,如何抽丝剥茧寻找解决问题的合理视角成为人类不断进步的动力。我们可以回到第三次工业革命的开始,寻找问题的相似性和解决问题的办法。

第三次工业革命始于二战后,人类的世界是废墟上重建的世界,社会、经济、自然、工程等各种学科得到了空前的发展,百花齐放,五彩斑斓,人类一方面享受着文明成果,一方面解决的问题也越来越复杂。为适应社会化大生产和复杂的科学技术体系的需要,逐步把自然科学与社会科学中的某些理论和策略、方法联系起来,应用现代数学和电子计算机等工具,解决复杂系统的组织、管理相控制问题,以达到最优设计、最优控制和最优管理的目标。由此产生的系统学科是一门高度综合性的管理工程技术,涉及自然科学和社会科学的多门学科。

1. 驾驭复杂性

著名科幻小说《三体》里提到了多维生物对低等生物的降维打击。现实世界里其实未尝不是如此,企业面临着来自越来越多的非传统领域的竞争对手和行业创新，传统的企业思考维度已经不能保证企业在激烈的竞争中保持优势，莫名的就被高维对手淘汰了，更遗憾的是，你甚至都不是高维对手的打击对象，只是附带打击。就比如我们熟知的滴滴打车模式，不知不觉就让出租车公司这种模式走向土崩瓦解。所以企业是否能够驾驭多维的复杂性才是现在企业的核心竞争力。

（1）价值链的多维复杂性。从贯穿企业运营的价值链上看，位于链端的顾客要求不断提高，个性化与多元化的需求直接对企业在质量、成本、时间、效益等方面产生挑战；位于整个链中的利益相关者在不断增多，并且随着每一个新的利益相关者的卷入，企业利益细分的复杂性就会增加，因此价值链朝着价值网络的方向进化。价值网络的背景环境依旧不容乐观：产品生命周期越来越短、产品种数飞速增加、技术突破急剧加快、行业融合空前繁荣，就连作为企业内最重要资源的员工也越发的难以捉摸。产品、技术、行业甚至人等因素的快速变化，与企业复杂的价值网络交织，使得从前的环境分析模型无能为力，只能望洋兴叹。

（2）技术的多维复杂性。企业就是一个复杂的系统，包含了管理系统、工业控制系统、信息技术系统等各种子系统，运用的技术纷繁复杂，但都停留在各自单独的维度去建设和应用，各自均由自己完善的架构、标准和体系，缺乏维度之间的交互，比如管理系统和工业控制系统的融合，信息技术系统和工业控制系统的融合，这种融合会产生多维的复杂性，也是目前两化融合以及工业 4.0、智能制造等一系列行业或者产业政策聚焦的难点和重点所在。

（3）环境的多维复杂性。在任何时代，企业运营都需要关注环境，"管理环境"早已成为一个专有名词为众多学者研究。管理环境是指存在于社会组织内部与外部的影响管理实施和管理效果的各种力量、条件和因素的总和。人类社会进入 20 世纪 90 年代以来，信息技术开始凌驾于各种力量、条件和因素之上，互联网的发展更是推动了企业的管理环境从简单的动态变得复杂多变。

如何驾驭复杂性？我们暂且跳出管理问题来看，社会科学所遇到的"复杂性"并非现实的特征，也并非现实本身的特征，而是我们感知和理解的特征。当我们认为现实越来越复杂，那是因为我们用不恰当的语言去解释它，当我们理解这些事物之后，我们就不再会认为它复杂了。这个世界的本质只有一个，每个人看到的世界其实是根据自身的经验和知识组构起来的片面的小世界，而不是整个世界本身，因此，不同领域的人如历史学家、政治学家、生物学家、物理学家和管理者，其眼中的世界各不相同，他们只是通过不同的语言感知和理解了世界。因此，跳出单个维度的藩篱，运用系统论的思想去分析、构建、运行多维系统，可能是一个正确的方向。

2. 系统的思维

系统论的核心思想是系统的整体观念。系统论学者贝塔朗菲强调，任何系统都是一个有机的整体，它不是各个部分的机械组合或简单相加，系统的整体功能是各要素在孤立状态下所没有的性质。他用亚里士多德的"整体大于部分之和"的名言来说明系统的整体性，反对那种认为要素性能好，整体性能一定好，以局部说明整体的机械论的观点。同时认为，系统中各要素不是孤立地存在着，每个要素在系统中都处于一定的位置上，起着特定的作用。要素之间相互关联，构成了一个不可分割的整体。要素是整体中的要素，如果将要素从系统整体中割离出来，它将失去要素的作用。

系统论的核心思想直击运营管理的"痛点"。企业作为一个系统是一个有机的整体，不是各职能各部门的机械组合或简单相加，各职能部门是企业的要素，因此，优化孤立的部门不一定能够优化企业整体的运营。同时，各部门也不是孤立存在，它们都处于发挥各自功能的位置上，并且随着企业流程的流动相互关联。不仅如此，系统论的一个分支——自组织理论，研究系统如何自动地由无序走向有序，由低级有序走向高级有序，其关注的"自组织"像极了企业中存在的"非正式组织"，它们的形成是系统在内在机制的驱动下自行从简单走向复杂、不断地提高自身精细度的过程。

系统论的思维方式适应大数据时代的思维方式。以往研究问题是把事物分解成若干部分，抽象出最简单的因素来，然后再以部分的性质去说明复杂事物。这种方法的着眼点在局部或要素，遵循的是单项因果决定论，虽然这是几百年来在特定范围内行之有效、且为人们最熟悉的思维方式，但是它不能如实地说明事物的整体性，不能反映事物之间的联系和相互作用，因而只适应认识较为简单的事物，无法胜任对复杂问题的研究。系统分析法却能站在时代前列，高屋建瓴，综观全局，为现代复杂问题提供了有效的思维方式，与大数据时代思考问题的方式不谋而合。大数据为人类社会提供了理解全局的能力，人类社会的观念从关注因果关系向关注相关关系转变，因此，企业面对复杂的多维环境，需要建立两个思维方式：

其一，系统性思维方式。企业是一个整体，管理过程中在某个环节发生的局部问题，都可能是其他环节共同作用引发的，从局部入手并不能解决局部问题。同时要注重企业和外部环境的融合，一定条件下，部分环境和企业一起构成一个动态的整体，所谓"整体的整体"。

其二，相关性思维方式。面对问题，我们的惯性思维是找到问题的原因然后解决，但现实是，企业的管理网络越发复杂，企业的环境变化却越发迅速，等到企业抽丝剥茧找到触发问题的原因后，这个问题可能已经没那么重要了，取而代之的是另一个新的问题。企业这个系统需要时刻运转，对于"运转"本身而言，问题的原因可能并不重要，重要的是快速解决问题。而能够快速解决问题的，不只有因果关系，还有相关关系，相关性是发现和创造多维的最显性驱动，只有站在系统整体的角度方能纵观全局，进而才能快速发现问题的相关关系。

系统学科经过几十年的发展，仍然是一门年轻的学科，它的思想理论仍将是指导我们解决多维复杂问题的利器。如系统理论的新分支耗散结构论、协同论、突变论、模糊系统理论等，都试图破解世界的复杂多变之谜，它们理应作为智慧企业这一系统工程构建的理论指导。

但是仅仅依靠人类的力量能够解决如此错综复杂的系统问题吗？

3.1.3 人工智能的重新崛起

人工智能并不是一个新的名词，但确实是时下最热的领域，原因在于人工智能领域已经取得了相当的突破。机器视觉、语音识别、语义分析、智能助理以及各种生活和工业机器人的逐步普及让人们对人工智能充满了希望。特别是 2016 年的春天，一场 AlphaGo 与世界顶级围棋高手李世石的人机对战，把全球推上了人工智能浪潮的新高。当然我们并不打算在这里去给人工智能下一个定义，因为最顶尖的人工智能学家都无法给出精准的定义，人工智能的进步更多的将帮助我们定义人工智能不是什么，而不是定义人工智能是什么，我们将着重探讨人工智能普及将会给企业管理和运营带来什么。

1. 人工智能的两次崛起

1956 年的夏天，一场在美国达特茅斯大学召开的学术会议，多年以后被认定为全球人工智能研究的起点。涌现出了逻辑学、神经网络，甚至机器学习的一些很基础的算法，人们梦想着能够赋予机器和人一样的智慧。整个 20 世纪 60 年代，人工智能的研究如火如荼，基本上现在人工智能的各个分支的一些基础的东西都已经研究出来了，这是人工智能的第一次崛起。然后到了 70 年代中期的时候，突然就出现问题了。比如说当时就在想五年之后咱们就能攻克语音识别的问题。事实上现在过了 40 年之后才有像云知声这样的公司来攻克这样的问题，当时以为逻辑能攻克所有的问题，包括麦肯锡这些宗师们发表了一系列研究文章，然后发现建模的时候出现了各种问题。这就是"人月神话"，从知识到知识的工程中间存在一个巨大的鸿沟，那是五六十年代没有想到的。还有神经网络，尽管神经网络这样的方法原本是为模拟人脑过程而开发的，但许多人工智能计划已经放弃了模仿生物大脑的概念，我们不知道大脑的工作方式，神经网络计算是非常有用的，但它们并没有模拟人类的思维。

有人就提出人工智能不需要将重点放到模仿大脑的生物过程上，而应该尝试理解大脑所处理的问题，可以合理地估计，人类使用了任意数量的技术进行学习，而不管生物学层面上可能会发生什么。这可能对通用人工智能来说也是一样：它将使用模式匹配（类似 AlphaGo），它将使用基于规则的系统（类似沃森），它将使用穷举搜索树（类似深蓝）。沃森与阿尔法狗战胜人类的方式都非常类似：基于数据的人工智能，通过机器学习，借助大量的数据，对机器进行从不确定到确定，从低准确率到高准确率的训练。这有别于传统的人工智能，传统的人工智能被称之为 Intelligent Behavior，主要是为了让机器表现得更像人，深度学习智能方法是：通过大量数据输入，根据输入数据的关联关系，逐步建立起知识体系架构，再通过建立起来的知识体系去分析，模仿人脑去思考、创新；后续根据模仿人脑的思考、实践结果，不断完善建立起来的知识架构体系，让判断越来越精确。

为什么机器学习现在能够得到如此长足的发展呢？基本上机器学习的那些算法二三十年前就有了，有两个主要的因素：一个就是数据，由于网络的出现，人类可以随时随地记录数据、收集数据和连接数据，并且这些数据的获取成本在大幅下降，大量数据的获取极大地提高了机器训练学习的准确度；另一个因素是摩尔定律，计算能力的快速增长，比如 Google 的猫脸识别，一千多台机器在跑，如果没有廉价的硬件成本，怎么可能做得到？机器学习因为有了廉价的数据，进入 21 世纪之后爆炸式增长，催生了人工智能的再次崛起。

2. 人工智能还是智能增强

人工智能的新闻报道聚焦于能够自主行为的机器自主系统，这么做有充足的理由：它有趣、性感且有点令人害怕。在观看人类辅助 AlphaGo 下棋的同时，很容易去幻想一个由机器主宰的未来。然而相较于自动化设备，人工智能有更多超过人类的东西，真正的价值——人工智能或者智能增强——都在哪里？人工智能还是智能增强？我们可能不想由一个人工智能系统来做决定，而可能会想为自己保留决定权；我们或许想让人工智能通过提供信息、预测任何行动过程的后果、提出建议来增强智慧，而把决定权留给人类。尽管有点《黑客帝国》的感觉，但这个被人工智能所服务的增强我们的智慧而非推翻我们的未来会比服侍一匹脱缰的人工智能有着更大可能性。

GPS 导航系统就是一个人工智能系统用来增强人类智慧的绝佳案例。给定一张适宜的地图，大多数的人都能从 A 点导航到 B 点，尽管这对于自身能力还有很多要求，尤其是在我们不熟悉的领域。绘制两个位置之间的最佳路线是一个棘手的问题，特别是当你考虑到糟糕的交通和路况时，有了自动驾驶车辆的除外，我们从未把导航引擎连接到方向盘上。GPS 是一种严格意义上的辅助技术：它给出了建议，而不是命令，当一个人已经做出忽略 GPS 建议的决定时，你都会听到 GPS 说"重新计算路线中"，那是它正在适应新情况。

类似 Stitchfix 的 web 应用也是人工智能，它增加了由时尚专家们运用推荐引擎所做出的选择。我们已经习惯了那些处理客户服务电话的聊天机器人，并经常被它们气坏——准确度或高或低，你可能最后还是得和人类对话，而其中的秘密就是使用聊天机器人清理掉所有例行问题。让某个人类去抄录你的地址、保单号码和其他标准信息没什么意义：如果内容不是太多，计算机可以做得至少同样准确无误，下一代机器助理将是（已经是）半自主性的。几年前，Larry Page 说《星际迷航》中的计算机是理想的搜索引擎：它是一台能够理解人类、已消化所有可用信息、能在被提问之前就给出答案的计算机，如果你现在正在使用谷歌，当它第一次告诉你由于交通堵塞要你早点出发赴约时，你可能会感到惊讶。

人工智能至少可以作为一个智能增强伴侣进入我们的生活和工作领域——当然它的想象力远未至于此。

3. 人工智能在商业领域的应用：认知时代

认知计算是 IBM 提出来的，主要通过沃森与人的自然语言交流不断学习，在从硬件架构到算法策略，从程序设计到行业专长等多个学术领域结合，能够使人们更好地从海量复杂的数据中获得更多的洞察，从而做出更精准的决策，是可以规模化学习，根据目标推理以及人类自然互动的能力的系统。认知计算的关键在于：通过人的自然语言交流学习，复杂的大数据的洞察，增强人类智慧。沃森通过学习人类的知识，建立了知识体系，并利用知识体系以及大量的数据，最后在危险边缘的游戏中取得胜利，技术体系加上通过学习建立起来的知识体系以及大量的数据一起可以称为认知计算。

将智能技术应用到商业领域早已有之，我们称之为商业智能，可以分为三个阶段：

早期的商业智能（BI）主要是分析智能，也就是借助 BI 工具，对已经产生的大量数据进行处理，通过数据分析找到数据之间的关联性，并对已经发生的事实做出结论或找到原因，比如提供报表，比如通过 BI 工具找到业绩突然增长的原因。

第二个阶段的商业智能是预测智能，主要借助一些数理分析工具，通过对历史数据的分析，预测未来可能发生的事情。如通过统计学方法，可以预测某款产品的销量,并根据对未来的预测,做出一些商业决定;如根据预测的销售量,分布库存。

第三个阶段的商业智能是认知智能,也就是可以从历史发生的事件中学习知识,建立知识体系,并利用这个知识体系来对未来的事情做出决策。如当企业推出一款新产品的时候,企业对新产品的库存的全局优化,每次都用不同的统计方法做预测并制订策略。后来发现新产品库存总是参照一款老产品的库存策略,总能达到库存最低,客户满意度最高,于是每次都是建议产品库存优化用这种方法。

人工智能能够分析大量的数据,学习训练,不断建立知识体系,通过对实时数据的采集判断分析,预测趋势,并能通过智能机器进行自动反馈。人工智能是企业未来的智慧大脑。

未来的企业将是一个有"智慧"的生命体,我们称之为"智慧企业"。

3.2 智慧企业的理论研究

3.2.1 智慧企业的概念论述

我们今天都在提智能制造、智能工厂,致力于制造业的转型升级,并建立了诸多标准,但是对于更通适性的智慧企业却鲜有系统的论述,即使有只言片语也是见仁见智,各自从自身专业的角度出发去定义。本节将尝试从抽象和具体两个方向给出智慧企业的定义,让我们从记录的一篇报告开始。

1. 麦肯锡报告

2016年,麦肯锡对美国800多个职业、2000多项工作进行了详细分析,得出以下初步结论:现有技术能够使45%的工作自动化,60%的不同职业中,至少30%的工作能够被机器和现有技术取代。麦肯锡把现有的工作分成了七大类,并定义了每一个类工作受自动化潜力的影响,如下图。

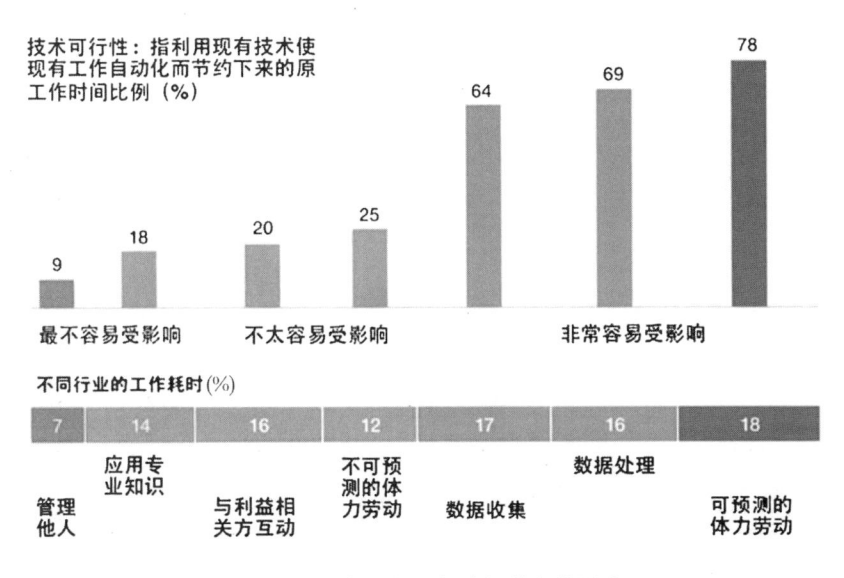

图 3-1 七类工作受自动化潜力的影响

技术可行性：指利用现有技术使现有工作自动化而节约下来的原工作时间比例（%）

最不容易受影响：9、18
不太容易受影响：20、25
非常容易受影响：64、69、78

不同行业的工作耗时 (%)

7	14	16	12	17	16	18
管理他人	应用专业知识	与利益相关方互动	不可预测的体力劳动	数据收集	数据处理	可预测的体力劳动

以制造业为例，工人们在可预测环境下进行体力劳动或操作机器占据了工作时间的三分之一，工作内容包括商品包装、给生产设备上料、焊接、设备维修等。因此，约59%的生产活动能够自动化，但是这个数字忽略了不同活动之间的差别。具体而言，焊接机、切割机等工作中，有90%可自动化，但是客服代表工作的可行性则低于30%。同一行业里，不同企业也有不同的自动化潜力。不过，若仅从技术潜力来看，制造业的自动化前景在美国市场上排在第二，排在首位的是服务业里的餐饮住宿行业。根据我们的分析，73%的后勤工作——比如准备食材、烹饪、上菜、清洁、洗碗等在技术上完全可以实现自动化。零售业是另一个具有很高自动化潜力的行业。我们预计，零售业53%的工作都是可以被机器取代的，不过跟制造业相同的是，不同岗位需要具体分析。对零售商来说，引入高效的技术管理库存和物流是行之有效的，比如清点商品、打包发货、收集客户信息等。但是，零售业同样需要熟练的认知与社交技能，比如给客户推荐商品的销售人员。因此，我们的研究指出，销售人员47%的工作具有自动化潜力，这一数字远低于簿记员、会计师和审计员的86%。

下图是19个不同行业在七大类工作方面被自动化代替的潜力。

不同行业的工作耗时（%）

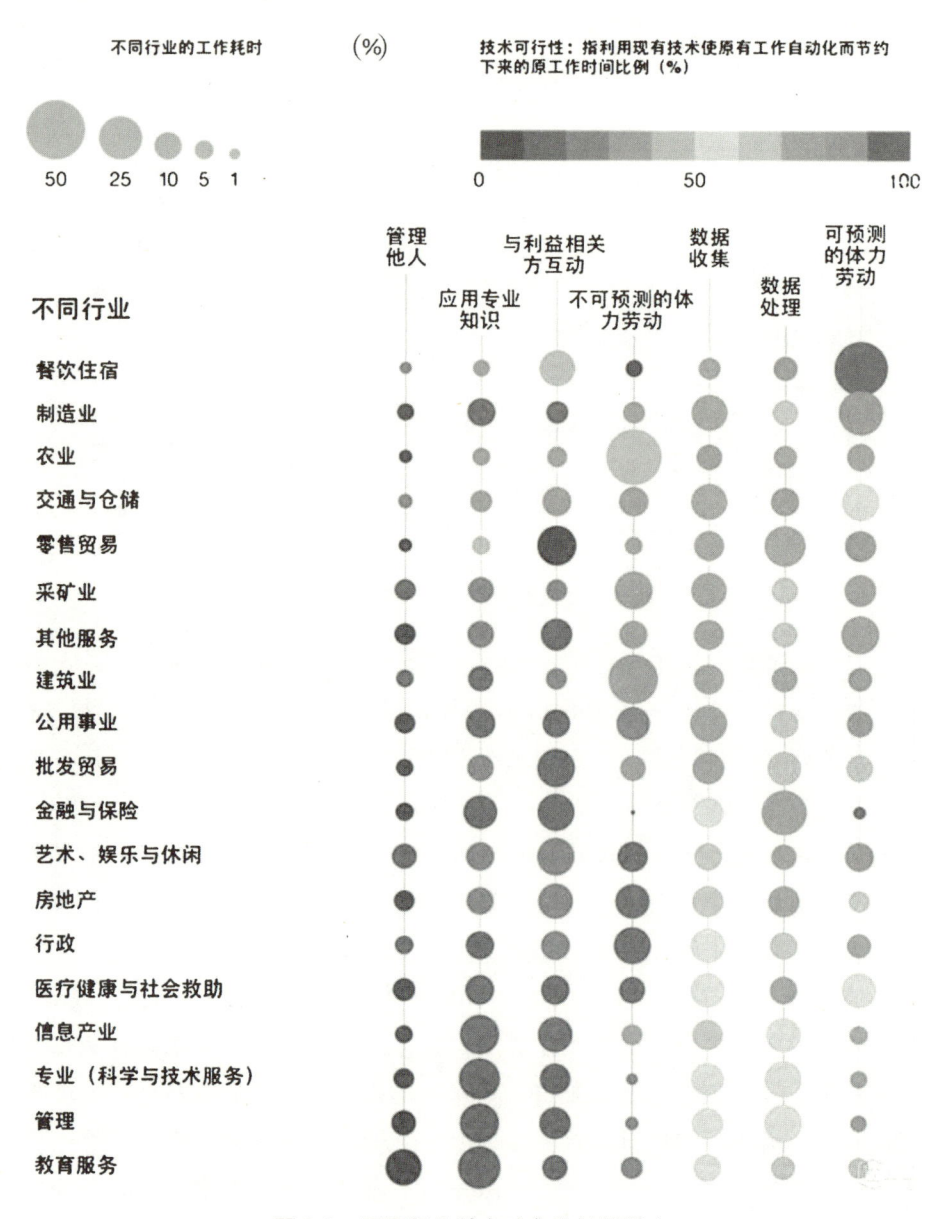

○ ● ● • ·
50 25 10 5 1

技术可行性：指利用现有技术使原有工作自动化而节约下来的原工作时间比例（%）

0　　　　50　　　　100

不同行业	管理他人	应用专业知识	与利益相关方互动	不可预测的体力劳动	数据收集	数据处理	可预测的体力劳动
餐饮住宿							
制造业							
农业							
交通与仓储							
零售贸易							
采矿业							
其他服务							
建筑业							
公用事业							
批发贸易							
金融与保险							
艺术、娱乐与休闲							
房地产							
行政							
医疗健康与社会救助							
信息产业							
专业（科学与技术服务）							
管理							
教育服务							

图 3-2　不同行业被自动化代替的潜力

在美国职场上的所有职业中，三分之一的工作时间都用于收集和处理数据，这两项工作的自动化潜力都超过了 60%。长久以来，许多公司已经把采购、工资支出、物资计算等工作进行自动化处理，现在随着技术进步，计算机能够处理更多工作，甚至包括贷款申请。值得注意的一点是，不仅是职场新人或是普通员工需要收集和处理数据，年薪超过20万美元的高层也会把约31%的时间花在这些基础的事情上。金融服务和保险行业就是两个很好的例子。金融界向来依赖专业经验，股票经纪和投行都是靠脑子立足的。但是，金融和保险从业者中，50%的时间都是用于收集和处理数据，这两方面的工作完全可以用自动化技术取代。因此，从技术潜力来说，占据金融从业者43%工作时间的活动都能用自动化取代。

自动化能代替的远不止是重复劳动的制造业工作，还可能给医疗健康和金融等相当依赖知识的行业带来变革。自动化影响的不仅是普通人打拼的职场，还有高层管理者。日新月异的技术可能让人措手不及，如何充分利用潜力、避免隐患成为一个复杂的问题。在一些行业里，自动化已经影响到市场竞争，比如在零售业中，电商凭借物理操作的自动化（如引入机器人管理库存）和知识工作的自动化（如利用算法预测顾客想买的商品），对传统的实体零售商形成了巨大的冲击。高管们应尽早熟悉现在的数据技术和自动化技术。更大的挑战在于劳动力、组织架构和企业文化上做出改变，这样企业才能对自动化全面颠覆商业做好准备，学会把自动化视为一种可靠提升生产率的杠杆。换言之，管理层需要"放手"，舍弃与组织发展进步背道而驰的陈腐思想。

这份麦肯锡报告明确地指出一种发展的趋势：未来的企业一定是自动化的企业，即无人企业，无论是物质劳动还是知识工作甚至是决策活动，未来都是自动化的。

智慧企业一定也是自动化的企业。

2. 智慧企业的抽象定义

"智慧企业"顾名思义指智慧的企业，企业是名词，智慧是形容词，描述企业的一种形态。所以只要研究清楚企业的本质和智慧的内涵，智慧企业似乎是不难定义清楚的。

什么是企业？百度百科给出了企业的三种定义：

企业一般是指以盈利为目的，运用各种生产要素（土地、劳动力、资本、技术和企业家才能等），向市场提供商品或服务，实行自主经营、自负盈亏、独立核算的法人或其他社会经济组织。

在商品经济范畴内，作为组织单元的多种模式之一，按照一定的组织规律，有机构成的经济实体，一般以营利为目的，以实现投资人、客户、员工、社会大众的利益最大化为使命，通过提供产品或服务换取收入。它是社会发展的产物，因社会分工的发展而成长壮大。企业是市场经济活动的主要参与者，在社会主义经济体制下，各种企业并存共同构成社会主义市场经济的微观基础。企业存在三类基本组织形式：独资企业、合伙企业和公司，公司制企业是现代企业中最主要、最典型的组织形式。

现代经济学理论认为，企业本质上是"一种资源配置的机制"，其能够实现整个社会经济资源的优化配置，降低整个社会的"交易成本"。

以上描述基本定义清楚了企业的本质，那就是企业作为社会系统的组织单元，运用并合理配置生产要素，采用先进的生产技术，并呈现出与生产模式相适应的组织形态和管理模式，创造价值并为整个人类社会所共享，这是企业的终极任务和使命，让企业盈利只是当前生产力条件下维持企业运转的一种手段而已，并不能成为企业的使命，组织形态和管理模式也是当时社会生产关系的一种微观反应。

生产力代表了人类改造自然、改善生活的能力，具体可以表现为一系列的科学技术和工程技术，是物理存在的发现和挖掘，生产关系是一种社会关系，是有了人类之后才诞生的，是人类组织生产过程中形成的一种协作关系，包括所有权关系，组织分工协作关系、分配关系。企业诞生的唯一目的是为了合理配置生产要素并促进生产要素的高效流动，从而最大化地创造价值。随着生产力的发展，生产要素的流动不断突破边界，专业分工边界、企业的边界、行业的边界从最初的企业内协同，到企业之间的协同，到产业之间的协同，到现在的全球化要素配置。随着生产要素配置水平的提高，企业的组织形态本身也随之发生了变化，产生了新的平台型、生态型企业。

企业即代表了当时最先进的生产力，本身就是生产关系的反映形态。简洁化表达，企业＝生产力＋生产关系。

什么是智慧？百度百科也有两种解释。

智慧，它是生物所具有的基于神经器官（物质基础）一种高级的综合能力，包含：感知、知识、记忆、理解、联想、情感、逻辑、辨别、计算、分析、判断、文化、中庸、包容、决定等多种能力。智慧让人可以深刻地理解人、事、物、社会、宇宙、现状、过去、将来，拥有思考、分析、探求真理的能力。与智力不同，智慧表示智力器官的终极功能，与"形而上谓之道"有异曲同工之处，智力是"形而下谓之器"。智慧使用做出导致成功的决策，有智慧的人称为智者。

智慧是由智力系统、知识系统、方法与技能系统、非智力系统、观念与思想系统、审美与评价系统等多个子系统构成的复杂系统，包括遗传智慧与获得智慧、生理机能与心理机能、直观与思维、意向与认识、情感与理性、道德与美感、智力与非智力、显意识与潜意识、已具有的智慧与智慧潜能等众多要素。

企业要具备智慧，就得像人一样要具备智力器官，能够自动感知生产要素的流动和企业内外部环境的变化，能够自动建立知识体系，能够自动匹配合理的生产组织模式，能够自动做出决策，能够自我成长演化。如是，企业本身就成了一个生命体，未来的智慧企业一切都是自动的，当人工智能发展到一定程度，智慧企业完全不需要人的参与，彻底解放人类。

因此，可以得出：智慧企业＝生产力自动化＋生产关系自动化。

生产力自动化是生产要素的自动流动和配置，正如麦肯锡报告指出的那样，未来的智能技术将能够使得人类大部分的工作完全实现自动化，这种自动化不是简单的工业自动控制系统，而是企业具备的一种智慧创造能力，我们现在提倡的智能制造就是生产力自动化一个表现。生产关系在企业反映为组织形态和管理模式，所以生产关系自动化即管理的自动化。诺贝尔奖获得者也是决策论的奠基人西蒙就曾指出，管理就是决策。西蒙强调，组织分工不是业务内容的分工，而是将整个决策系统的组织分解为彼此相对独立的子系统，以尽量减少子系统之间的依赖性，使其有充分的决策权，以便最大限度地分散决策。西蒙的这一思想在未来自动化程度越来越高的企业管理中非常适用，因为未来的企业员工将越来越多地被机器所取代，管理就是一个个系统的决策和总体的决策。管理自动化就是用机器代替人来进行决策、分析和判断，或者人机结合，辅助人来进行决策，提供决策选择和优化，仿真模拟和验证，迭代和完善，提高决策效率，最终随着人工智能的发展，完全由机器来决策了，企业真正成为一个有生命的个体。

综上，我们有了智慧企业的一个抽象定义：

智慧企业＝生产力自动化＋管理自动化。

3. 智慧企业的具体定义

现阶段的智慧企业的定义多是从技术的角度提出的，随着"云大物移智"等技术群落的出现，智能化已经成为所谓的第四次工业革命的代表。智能化又是以数字化为前提的，因此业界现在都在提建立数字化企业、智能工厂。由于侧重于技术的角度，所以在管理上并没有得到足够的重视，也没有相适应的管理变革，往往就变成企业的一种再信息化的过程。当前两化融合也存在这个误区，对于企业一把手来说，两化融合成了上几套智能控制系统和集成系统的简单事情了。

我们来看一下，业界比较有代表性的对智慧企业的概念描述：

所谓智慧企业，是指以企业内外部数据为基础，充分利用 ERP、CRM、BI 等信息化系统建立集企业信息流、资金流、物流、工作流于一体的网络平台，能将海量的云数据变为信息，将信息加工成知识，再从知识中提炼出智慧，最终转化为"道"的企业。（清华大学博士：吴镝）

智慧企业是利用智能科学的理论、技术、方法和信息、通信及自动化技术工具，通过智能感知、云计算、物联网、移动互联、大数据挖掘、专家系统等手段，实现企业核心业务智能化（工业企业实现产品智能化、研发设计智能化、生产过程与机械装备智能控制）、经营管理、决策和服务智能化、企业各种资源获得智能调配和优化利用，实现信息流、资金流、物流、业务工作流的高度集成与融合，实现社会经济效益双丰收的企业。智慧企业是数字化企业、信息化企业发展的结果，是高度现代化企业，信息化与产业化深度融合的企业，是具有创新力、生命力和竞争力的企业，是有智慧的领导和职工可持续发展和基业长青的企业。（中国电子信息产业集团公司六所研究员：龚炳铮）

智慧企业由信息和分析驱动。对我们所有人来说，它要求面对更加复杂的环境做出更快和更多的决定。如果你成为智慧企业，那么你将竞争力优先。在智慧企业，分析是一切努力的核心。智慧企业所做的一切将在操作上因其智能的融入展现其新价值，比如我们现在看到汽车和网络已经安装上智能仪表和嵌入式软件。加工产品本质上对制造商意味着在产品和怎

样加工产品两个方面创造价值。(IBM 总裁：罗睿兰)

从以上定义可以看出，数据在智慧企业中的核心基础地位。

从数据的角度来看：智慧企业就是不断地把企业价值链或者价值网络全部数字化，通过对数据的分析和挖掘来提炼智慧。数据或者信息真正上升为企业的战略核心资产，数据成为新的生产要素。

从发展的角度来看：智慧企业本质上是面对经济发展转型、产业模式变化、客户需求变化、技术驱动业务模式变革的冲击，企业通过加强对外部环境、社会及企业自身的状态感知，提高企业管理的洞察力，通过体系、流程、人、技术等企业要素的有效变革和优化，提高企业应对外部风险的能力，实现可持续发展的企业形态和实践过程。

企业发展思维必须上升到系统管理思维的高度，既要考虑企业系统在社会系统中的分工和价值定位，又要考虑企业和环境的协同及社会责任，还要考虑企业内部要素的有机协作。最后，企业需要考虑企业在时间维度上的思考，即战略上的柔性和风险应对。面对企业与社会、企业与环境、企业内部要素之间、企业与时间这四对基本关系，要求企业管理者必须打造智慧的力量，即构建智慧企业，只有实现企业自身的智慧化，才能满足企业在上述关系应对上实现可持续发展。基于系统管理思维，借助工业技术和信息技术尤其是后者的推动下，企业将在如下多个方面实施演进，推动企业由单一组织形态，到价值链整合，到平台经济及企业生态的持续转变：

（1）打造开放型企业。在平台化生态环境中，企业与企业之间已经并将继续借助信息技术力量实现无边界互联；企业与环境之间将实现更好的环境和谐与履行更高的社会责任；企业与内部员工、员工与员工之间将实现更加高效的工作协同和业务沟通。

（2）打造知识型企业。企业的竞争力主要表现在对企业内外部信息的处理能力和对数据价值的发掘能力之上，企业必须突变求生，能迅速有效地处理大量信息，沉淀"知识资本"。

（3）打造学习型企业。基于全面实时的感知，丰富的知识沉淀和自我演进机制，企业可以实现对战略和业务的实时决策优化以及对未来风险的敏锐感知并做出适时的调整及应对。

立足于未来，对智慧企业有如下形容：未来的智慧企业应类似于人的体系架构，要实现四肢发达，耳聪目明，睿智通达。企业需要运用系统科学思维，面对外部环境、社会、内部企业各要素（生产资料、工业系统、人、基础设施）（四肢）基于数字化的能力（五官及神经系统）实现企业价值链（机能系统）的实现，持续实现实时的业务量化行为采集，依托智能技术构建企业知识中心（大脑），支撑企业在内外、上下、左右前后和时间等多个维度的知识发现和积累，支持企业高效运转、智能决策、风险应对和持续发展。

综上，我们给出了智慧企业的具体定义：智慧企业是站在企业整体的角度，强化物联网建设、深化大数据挖掘、推进管理变革创新，将先进信息技术、工业技术和管理技术深度融合，实现企业全要素数字化感知、网络化传输、大数据处理和智能化应用，从而使企业呈现出风险识别自动化、决策管理智能化、纠偏升级自主化的柔性组织形态和新型管理模式。

3.2.2 智慧企业的参考框架

如前所述，智慧企业是在工业技术高度自动化、信息技术全面应用，在系统管理思维下实施的企业建设、生产、经营和管理数字化转型，通过大数据和智能分析技术的应用构建企业"神经系统"和"大脑中心"，为企业高效运转、智能决策、风险控制提供科学的体系支持。智慧企业体系的建设充分继承企业当前发展的基础框架，既包含企业原有体系、流程、技术/工艺和管理制度，又对其进行全面的数字化改造；既注重打造业务单元的自主管理能力，又重点打造企业层面的组织柔性、战略应变、风险管控、自主决策和自我演进的能力。

智慧企业体系框架设计在标准的企业价值链和管理模型的基础上，重点突出数字化和企业大脑决策中枢的体现和作用。结合我们在国内企业的智慧企业建设实践，现提出智慧企业参考模型 i-Enterprise，见下图：

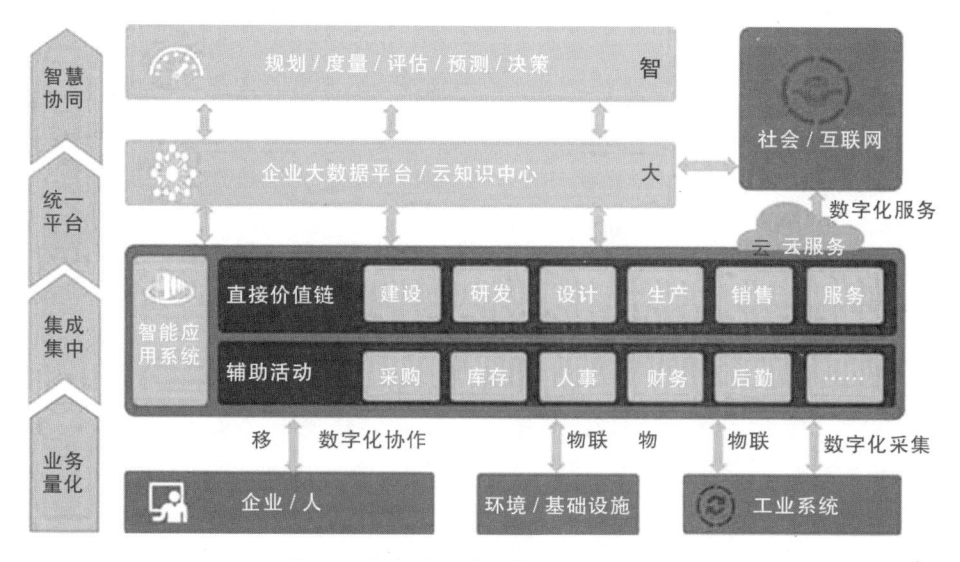

图 3-3　智慧企业参考模型 i-Enterprise

参考模型分为四个层次：

第一层是数据层，是智慧企业的神经系统，负责实时感知企业系统内外部的各生产要素状态数据，借助移动互联网、物联网等技术，将企业全面数字化，包含人的数字化、设施的数字化、设备的数字化、环境的数字化等。箭头是双向的，反向的箭头表示反馈，数据经过神经中枢处理完成以后一种指令的下达，推动企业各要素的协同，达到企业整体效率最优。

第二层是信息层，是智慧企业的机能系统，负责企业的价值创造活动，是企业价值网络的数字化。数据进入这层后被赋予了业务背景进行了数据价值的第一次提升成为信息，信息在连通的企业数字化的价值网络当中按照规则自由流淌。区别于传统企业的业务信息化和信息系统集成，价值网络的数字化是要将企业的各种价值模型数字化并通过数据层和企业的各种生产要素直接相连，具有一定的自主性。同时通过云的方式对外提供数字化服务。

第三层是知识层，是智慧企业的记忆系统，负责建立企业的知识体系，这是智慧企业要实现智慧的关键。信息进入这一层后被赋予了知识结构进行了数据价值的第二次提升，成为知识，并形成体系。知识体系的输出为信息层价值模型的修正和完善提供了指导原则，同时也为上层的智慧决策提供基础参考和知识原理。这一层是智慧企业不断智慧的先决条件和核心枢纽。

第四层是智慧层，是智慧企业的大脑中枢，也是管理自动化的实现层，借助人工智能技术从知识中提炼智慧，评估风险，预测趋势，提供决策选择和优化，完成数据价值的第三次提升，也是对企业管理者来讲最大的价值。因此，从智慧企业的角度来讲，大数据真正要对企业产生价值，智慧是其目标导向。企业在不断演进过程当中，会变得越来越智慧，直到有一天企业管理者可能也不再需要了。

3.2.3　智慧企业的管理模型

1. 一般管理模型

（1）金字塔形管理模式

由科学管理之父弗雷德里克·温斯洛·泰勒（Frederick Winslow Taylor）创立。金字塔形组织是立体的三角锥体，等级森严，高层、中层、基层是逐层分级管理，这是一种在传统生产企业中最常见的组织形式。在计划经济时代，该结构在稳定的环境下，在生产力相对落后的阶段、信息相对闭塞的时代，不失为一种较好的组织形态，它机构简单、权责分明、组织稳定，并且决策迅速、命令统一。但在市场经济条件下，信息技术发达的今天，金字塔形的组织结构则由于缺乏组织弹性，缺乏民主意识，过于依赖高层决策，高层对外部环境的变化反应缓慢，而突显出刻板生硬、不懂得应变的机械弊端。

（2）学习型组织管理模式

这是在彼得·圣吉五项修炼的基础上，通过大量的个人学习特别是团队学习，形成的一种能够认识环境、适应环境，进而能够能动地作用于环境的有效组织。也可以说是通过培养弥漫于整个组织的学习气氛，充分发挥员工的创造性思维能力而建立起来的一种有机的、高度柔性的、扁平的、符合人性的、能持续发展的组织。学习型组织为扁平化的圆锥形组织结构，金字塔式的棱角和等级没有了，管理者与被管理者的界限变得不再清晰，权力分层和等级差别的弱化，使个人或部门在一定程度上有了相对自由的空间，能有效地解决企业内部沟通的问题，因而学习型组织使企业面对市场的变化，不再是机械的和僵化的，而是"动"了起来。不过，随着全球经济一体化和社会分工的趋势化，扁平化组织也会遇到越来越多的问题，在不断的分析问题、解决问题的过程当中，学习型组织"学习"的本质对人的要求将越来越高。

（3）中国管理模式

什么是"中国管理模式"呢？企业培训师贾长松认为：中国管理模式强调中国文化在企业管理过程中的作用，同时也尊重现代管理思想在中国企业的运用。另一种说法是："世界上没有所谓的美国式管理、欧洲式管理、日本式管理，或者是中国式管理，而只有成功的管理或失败的管理。"中国式管理倡导者曾仕强认为，是指以中国管理哲学来妥善运用西方现代管理科学，并充分考虑中国人的文化传统以及心理行为特性，以达成更为良好的管理效果。中国式管理其实就是合理化管理，它强调管理就是修己安人的历程。

（4）制度化管理模式

所谓制度化管理模式，就是指按照一定的已经确定的规则来推动企业管理。当然，这种规则必须是大家所认可的带有契约性的规则，同时这种规则也是责权利对称的。因此，未来的企业管理的目标模式是以制度化管理模式为基础，适当地吸收和利用其他几种管理模式的某些有用的因素。之所以这样说是因为制度化管理比较"残酷"，适当地引进一点亲情关系、友情关系、温情关系确实有好处。甚至有时也可以适当地对管理中的矛盾及利益关系做一点随机性的处理，"淡化"一下规则，因为制度化太呆板了，如果不适当地"软化"一下也不好办，终究被管理的主要对象还是人，而人不是一般的物品，人是有各种各样的思维的，是具有能动性的，所以完全讲制度化管理也不行。适当地吸收一点其他管理模式的优点，综合成一种带有混合性的企业管理模式。

2. 智慧企业管理模型

智慧企业实践的核心是实现企业管理自动化。在企业数字化基础上，基于扁平化、平台化组织架构，在自动化流程机制下，重点解决企业在规划、预测、评估、决策等环节的管理自动化问题，通过打造分层级的"单元脑""专业脑"和"决策脑"实现自动预判、自主决策、自我演进。

自动预判：企业风险识别自动化。指企业通过业务量化，采集并生成大数据，应用最前沿的大数据分析处理技术，实现企业各类风险全过程识别、判定，并自动预警。

自主决策：企业决策管理智能化。指企业针对自动预判的不同层级的问题及风险，运用信息技术、人工智能技术，由企业各类"专业脑"自动生成应对问题及风险的方案，提交企业"决策脑"进行决策。

自我演进：企业变革升级智慧化。指企业随着各类原始数据和决策数据的不断累积，通过记忆认知、计算认知、交互认知三位一体的认知网络，实现自我评估、自我纠偏、自我提升、自我引领。企业逐渐呈现出数据驱动的管理形态和人工智能的特点。

考虑到管理变革的艰巨性、企业生产管理的特殊性和智慧企业建设的长期性，为了保证企业在管理变革的"动荡"中始终有蓝图可以参照，我们定义了两大模型——从过渡模型到理想模型。

模型一（过渡模型）（图 3-4）

特点：层级管控与数据驱动管理相结合。这种层级管控与自主管理相结合的参考模型由决策脑、专业脑、单元脑分别为公司领导、职能部门和基层单位提供相应支撑。

适应对象：智慧企业建设的初级阶段。

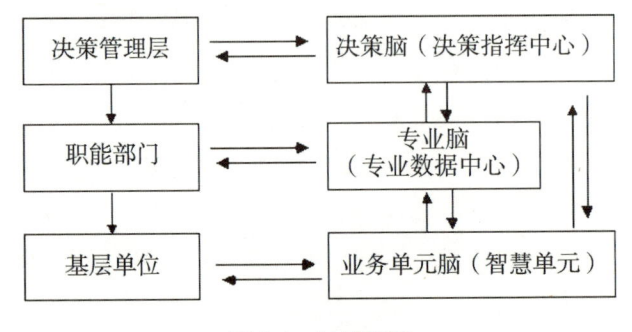

图 3-4 过渡模型

模型二（理想模型）（图 3-5）

特点：数据驱动管理，业务部门围绕各种人工智能脑发挥规划、研发和服务保障等作用。这种自主管理高级模型，部门不再承担管理职能，而是为各种人工智能脑（决策指挥中心和专业数据中心）发挥规划、研发、服务、保障等作用，基层单位消失，代之以专业服务分部。

适应对象：单一职能型企业、大型或集团管控型企业的高级阶段。

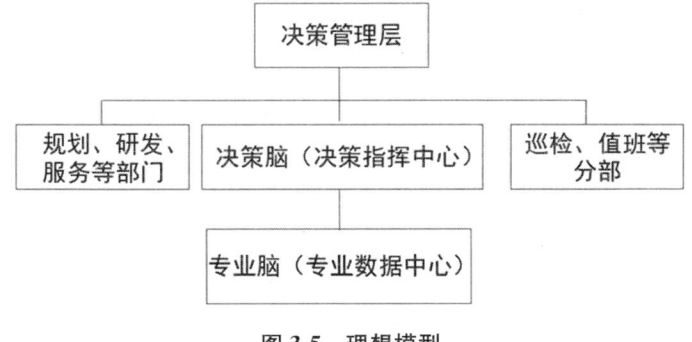

图 3-5　理想模型

智慧企业的探索和实践，需要从系统科学理论的角度，面对企业这一复杂系统，充分运用云大物移智等信息技术，实现对企业资源要素及其运行的数字化采集，构筑企业数据资产和知识库，打造企业神经系统和智能中枢，实现企业多个层次的自我闭环、自动决策和自我演进。智慧企业是一个持续优化、主动演进的过程，就如人的智慧永无止境一样，智慧企业既是一种未来形态，也是一个过程，在演进过程中随时呈现出多种组织形态、管理模式和能力成熟度。

3.3　智慧企业的方法体系

在智慧企业的实践过程中，其核心是构筑企业神经系统和大脑的过程，其本质是实现企业生产力自动化和管理自动化。企业可以在 IOM－3T 融合方法论的指导下，根据 SAS 方法模型，运用数字化的工具和手段，通过智慧云脑工程，赋予企业"智慧"的灵魂。

3.3.1　IOM－3T 融合方法论

IOM 是信息技术（IT）、工业技术（OT）、管理技术（MT）三者的融合。信息技术和工业技术是专有名词，大家都很熟悉不解释了。管理技术是我们"造"的一个名词，主要是指在企业中正在运行的管理方法和模型，如资产管理模型、供应链管理模型、安全生产管理模型、产品研发模型等，也指与这些管理方式相匹配的组织形态，这些管理方法与组织形态也是企业运行的一种技术手段,因此我们把它们定义成管理技术。

1. IOM 天然分离、自然融合

工业技术和信息技术出现在不同的时期,属于不同的学科,服务于不同的领域,采用不同的技术和标准,因此它们先天上是无法融合的。我们都知道工业技术主要聚焦在生产领域,如流水线、机床、发电系统、自动控制系统等,主要特征是对设施工具的管控。后来出现了计算设备,PC 的普及、软件、网络等信息技术,聚焦在业务管理领域,主要特征是对业务流程的管控。从它们的聚焦领域和主要特征来看,基本上是两条并行的线条。此时的管理技术也仅仅是贴在墙上的制度,印在手册上的指导,存在于管理者的管理活动当中,与信息技术、工业技术更是无法融合。从生产力的发展来看,前三次生产力革命都是以机械化、电气化、自动化等工业技术发展为代表的科技革命,这就是所谓的三次工业革命。随着信息技术的出现,企业大规模信息化的普及,生产力得到了进一步释放,有人称之为第一次信息革命。随着互联网技术的发展,数字技术的普及,数据的价值得到了巨大彰显,有人称之为第二次信息革命,马云也称之为 DT 时代。显然,这两次革命都是以信息技术的发展为代表。互联网提供了广泛的连接,不但连接机器设备,也连接企业中人和流程,智能化的产品和服务大量出现,以智能化为代表的生产力正在显现,因此这个时代又被唤作第四次工业革命,综观第四次工业革命的特征,我们不难发现所谓的智能化实质上就是工业技术和信息技术的数字化连接和融合。

2. IOM－3T 融合和"两化"融合

我们国家实施的两化融合其实本质上就是工业技术和信息技术的融合,产生新的技术,推动技术创新。两化融合提高了制造业在产品智能化、生产自动化方面的进一步提升,如传统家电采用了智能化技术之后变成智能家电,通过推出智能产品实现了转型升级。两化融合在实施过程中,虽然通过两化融合管理体系对企业开展两化融合工作进行了指导,但管理体系侧重的是实施过程,对企业本身在两化融合后的企业管理形态演变并没有过多关注。这也是造成了很多企业虽然是一把手工程,但却是基层技术人员的事儿,极大地影响了两化融合的效果。融合才能智慧,考虑与管理技术的融合,即 IOM－3T 融合才能更好地促进中国企业贯彻和开展两化融合。

3. IOM－3T 融合和工业 4.0/中国制造 2025

制造业强国德国提出了工业 4.0，并把此作为国家的制造战略。德国工业强在制造业，重点是信息技术在制造业的应用融合，打造物理和信息融合的系统；美国则是在搞工业互联网，运用数字技术连接工业链条中的机器、设备和生产工序，进行再工业化，积极打造高端制造业。我们国家面对的高端制造业的回流压力和低端制造业的转移压力，发布了中国制造 2025，重点发展新一代信息技术产业、高档数控机床和机器人、航空航天装备等十个重点领域，强调智能制造、智能产品和智能服务。无论哪个国家的工业发展战略，本质上都是互联网、数字技术等新智能技术在工业领域的深度融合，但似乎也都没有强调管理技术的融合。融合产生智慧，智慧必然带来管理上的变化，有必要融入管理技术来适应和促进这种变化。本质上管理技术才是灵魂，工业技术和信息技术都是价值创造的手段和载体，管理技术是目标选择和价值链模型。所以，只有三者融合才能更好地提升中国制造。

4. IOM－3T 融合（图 3-6）和企业 EA 架构

现在我们谈 EA（Enterprise Architecture）架构，目的是建立企业的架构资产，主要是为了实现业务和 IT 的融合。最具代表性的就是 TOGAF 架构，通过业务架构、应用架构、数据架构、技术架构，将管理业务"不偏移"地转移到 IT 中，实现业务和 IT 的融合，某种形式上看也是管理技术和信息技术的一种融合。

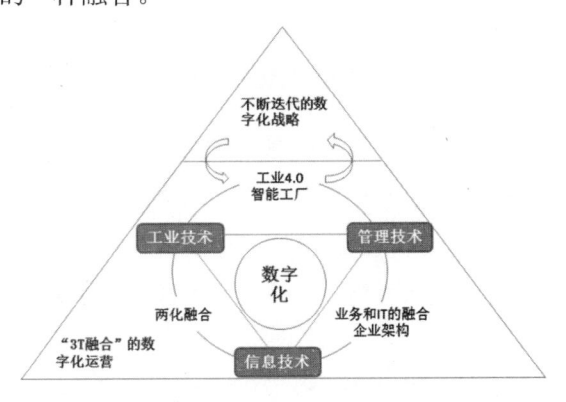

图 3-6　3T 融合

5. 数字化是 3T 融合的唯一手段

信息技术（IT）、工业技术（OT）、管理技术（MT）三者融合，使企业在社会组织系统层面，通过将工业系统、企业组织、流程体系、人等要素有机组合而发生深刻变革；流程体系、制度建设、集团管控等管理概念在新技术、数字化的趋势面前即将发生深刻的变化；层级制、管控型的组织范式将让位于扁平化、自主决策的新型组织范式；超大规模的企业组织管理挑战将因内部生态化、动态组织而大大简化流程；信息技术的高度应用将大大提升自主决策的效率，从而实现一种更高效、智慧的企业组织形态和管理模式。

3.3.2 SAS 方法模型（图 3-7）

SAS 模型即感知（See）——分析（Analyze）——洞察（Sight）模型。应用该模型可以帮助企业建立核心业务的智慧能力。具体模型见下图：

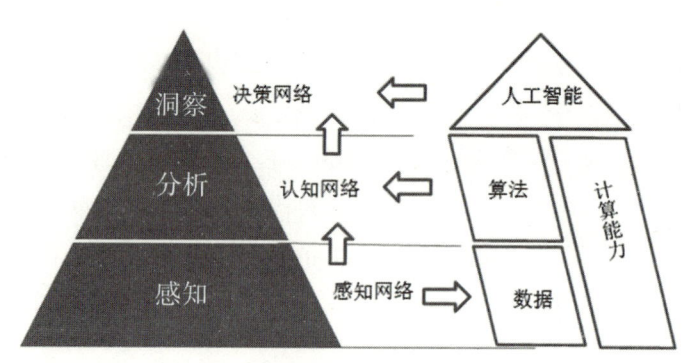

图 3-7 SAS 模型

SAS 模型的感知、分析、洞察是智慧的三个层次。感知产生数据，运用算法对数据进行分析，依赖于智慧的基础设施的计算能力，产生人工智能，帮助企业提高洞察，优化决策选择。应用 SAS 模型建立起智慧企业的感知网络、认知网络和决策网络，最终实现管理决策的自动化。

1. 感知

感知本质是组成企业要素和企业周围环境的数字化。通过集成数字化技术，将企业的产品、服务和客户建立数字化的连接，将企业的生产线和销售订单建立数字化连接，将企业和上下游的产业链建立数字化连接，将企业的业务流程进行数字化网络连接，提高企业对内外部环境的信息采集和对象状态感知能力，建立与实体世界相互映射的数字世界，实体世界的变化通过数字世界实时感知。这个数字世界是我们再造的第二世界，通过感知网络支撑建立。

2. 分析

分析的本质是知识体系的数字化。分两个方面：一方面是建立和完善知识体系，即将企业的所有知识资产、价值网络模型、数据资产价值挖掘沉淀下来，以算法形式建立企业知识体系，作为分析解决问题的知识来源和能力，并在知识体系的应用过程中不断自我完善；另一方面是应用知识体系去分析感知网络，不断地建立认知，产生的新认知就是企业创造的新价值。

3. 洞察

洞察的本质是决策的数字化。数据、算法、计算能力构成人工智能的三大核心，算法运用数据进行计算，为企业管理者提供决策选择，洞察的质量直接依赖于感知和分析能力的构建。

3.3.3 智慧云脑工程

智慧云脑工程是设计智慧企业蓝图的一种实践方法，是笔者在诸多企业实践中的总结。智慧企业的蓝图是描述企业这个系统所有组成要素进行智慧改造的设计图纸。通过智慧云脑工程，我们将遍历企业中价值网络中每一条价值链、决策网络的每一个决策链条、流程体系中每一个业务环节、生产系统中每一条流水线、产品服务体系中每一个产品和服务，运用SAS模型进行智慧基因的改造，赋予企业每一个要素智慧的能力，从而达到整体智慧。

智慧云脑工程包含三个阶段：

（1）传统业务输入：我们将不具备智慧能力的业务都称为传统业务。

按照某种维度梳理企业的传统业务，建立详细的传统业务蓝图，这里的业务蓝图不仅仅是业务管理的蓝图，是包括企业决策、运营、管理和生产过程的所有业务。至少有两种维度可以参考，对于传统行业的大型央企来讲，可以按照职能的维度进行梳理；对于职能比较灵活的其他行业，按照企业价值链条来梳理即可。传统业务梳理完成后，输入智慧云脑工程的"进料漏斗"（见下图）。

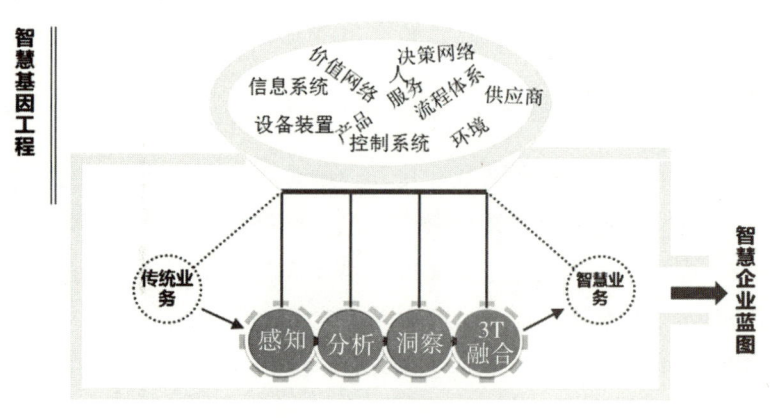

图 3-8　智慧云脑工程

（2）云脑工程建设：传统业务通过"进料漏斗"进来后，对于每一个传统业务点，运用 SAS 模型进行智慧基因改造。

建立该业务感知的能力，能够建立感知网络，制定业务的数字化方法和技术，明确数据的获取源头和关系；建立该业务分析的能力，能够建立分析模型，以及和其他业务点的网络关系，数字化该网络关系，设计数据和分析模型的应用关系，分析能力是最核心的能力；建立该业务的洞察能力，判断该业务是否属于整体决策网络的关键因子，设计该业务的关键绩效指标和风险阈值。在基因工程改造过程中，每一个业务的基因改造都是一次"3T"的融合，同时在业务点的智慧改造过程中，也是一个系统重塑的过程。建立智慧企业系统的感知网络、分析网络、决策网络。

（3）智慧业务输出：基因工程改造完成后，输出智慧企业的蓝图，企业可以按照蓝图的设计，开展智慧企业建设，逐步实现生产力自动化和管理自动化。智慧企业的建设体系将在下一节介绍。

第 4 章　智慧企业战略管理

> 在智慧企业的理论体系下，企业的一般管理模式将发生深刻的变化。管理被认为是计划、组织、领导和控制的实践活动，在智慧企业中，这一实践活动中的主观色彩将被最大限度地剥离，人的主观能动性和数据的客观科学性灵动地结合起来，让企业能够随环境的变化翩翩起舞。
>
> 战略管理是企业管理的重要内容。何为战略？企业管理经常被描述为木桶现象：短板决定了木桶的装水能力；木板之间的紧密程度决定了装水的效率，诸如信息化、数字化之类的转型实则是解决木板间紧密度的问题；而决定用木桶装水才是企业的战略问题。

4.1 三维战略空间上的乌云

战略管理发展至今还不到百年，各种战略管理学派已发展成了丛林。但是，关于"战略"我们本身能够解读到什么层次？明茨伯格在很多场合将战略比作大象，将众多战略管理学派对战略的解读比作盲人摸象，这是一种有趣而又形象的比喻。我们发现，战略空间是一个三维空间，对于这只存在于三维空间中的大象，任何二维的视角都是盲目且失效的。不仅如此，三维空间中的创新与颠覆层出不穷，战略管理似乎日益失效，一朵来自三维空间里的乌云开始笼罩出战略管理的阴霾。很多管理者开始怀疑：战略已死？

4.1.1 大象樊笼

战略管理是管理学的一个重要分支，萌芽于 20 世纪 20 年代，形成于 60 年代，蓬勃发展于 70 年代。90 年代开始，战略管理在管理学中的地位上升到了空前的高度，"战略管理时代"的说法一直延续了很多年。

战略管理时代自然迸发出了许多战略管理流派，它们对"战略"的理解各执一词，谁都无法说服谁。这时，明茨伯格带着他的伙伴们站了出来，发出一声呐喊："女士们，先生们，快过来看战略管理这只大象。"明茨伯格认为："我们对战略的认识就如同盲人摸象，因为从未有人能够具备完整的审视大象的眼光。每个人都紧紧地抓住战略形成的某一部分，同时对认识不到的其余部分一无所知。我们当然不能把大象的各个部分简单地加以拼凑来得到完整的大象，因为一只完整的大象远非它的局部相加。"从该认识出发，明茨伯格将战略管理梳理成为十个学派，分别是：设计学派、计划学派、定位学派、企业家学派、认识学派、学习学派、权利学派、文化学派、环境学派和结构学派。

在《战略历程》一书中，明茨伯格描述了一次愉快的动物的狩猎旅行，十种学派化身为十种动物参与其中。旅行所遇到的第一种动物是一只蜘蛛（设计学派），它那孤独的身影正专心致志地编织着自己的那张网，顽强地发挥着它与众不同的才能。不远处是只松鼠（计划学派），正在收集和组织它的资源为即将到来的日子做着准备。而水牛（定位学派）却心满意足地坐在自己精心选择的位置上，漠视着所有的一切。什么东西能打扰它呢？一只孤独的狼（企业家学派）认为它可以。自己可以独自对付水牛，为什么还非要和狮子（权力学派）去争那头羚羊呢？冒险？猫头鹰（认识学派）站在树上这么想，它把一切都看在了眼里。但它做得对吗？也许它正为自己编制某种幻想世界。再往前走，看到的是一大群猴子（学习学派），在树上跳来跳去、戏耍玩闹、你争我抢。与此同时，狮子（权力学派）正紧紧盯着一群羚羊，寻找着准备攻击的目标。而小猴子也好像在互相打量着，估摸着谁能吃第一口。孔雀（文化学派）对这一切毫不在意，它所关心的仅仅是自己是否漂亮，但从不改变自己。鸵鸟（环境学派）也是如此，所不同的是这只鸵鸟一点儿也不愿去看除了它以外的其他事物，这在战略管理的荒野中是一种很危险的行为。最后，你看到那些在附近疾驰的变色龙（结构学派）了吗？它们似乎很善于变化，但你不得不怀疑它们最终真的会有很大不同吗？再来想想这一切，我们根本没有遇见一只大象。

通过明茨伯格的理论我们可以知道这样两件事情。第一件事情是：当你在翻阅厚厚的一沓战略管理咨询报告的时候，你可能看到的只是战略管理咨询领域的某一个派别的认识成果；第二件事情是：就如同明茨伯格警告的那样，虽然我们看到了大象的躯干、大腿、象鼻、耳朵以及尾巴，但大象却并不是这些局部的总和。

为何会有这种困境？大象是存在于三维空间中的大象，而盲人摸象却在二维空间中摸索，当然无法看全这只大象。缺少一个维度的认知，这些战略管理流派的成功就多少带着某种盲目性了。如何逃脱这种困境？将大象套入数据的樊笼是 DT 时代提供的一种可能性。对于智慧企业来说，大象之樊笼是企业战略管理最为理性的回答。

4.1.2 战略乌云

战略管理的确是头大象，它威力巨大，稍有不慎就可能导致企业组织支离破碎；它同时又令人感觉无从琢磨，因为四面八方的威胁随时可能到来，人们似乎总是只能匆忙应对，战略的生效与失效的更迭如此频繁。而如今，整个社会的流动性大大增强，"颠覆"二字早已走下神坛开始遍地跨界打击。传统意义上的"战略"在打击面前不仅无法助企业从容应对，甚至成为企业艰难前行路上的绊脚石。战略的乌云笼罩在管理者的上空，唯有拨云，方能见日。

战略乌云如何形成？我们发现，当企业用二维视角去感知三维战略空间，丢掉的那一维度的风险便不断累积，最后升华成为一团乌云笼罩在整个空间的上空，如下图所示：

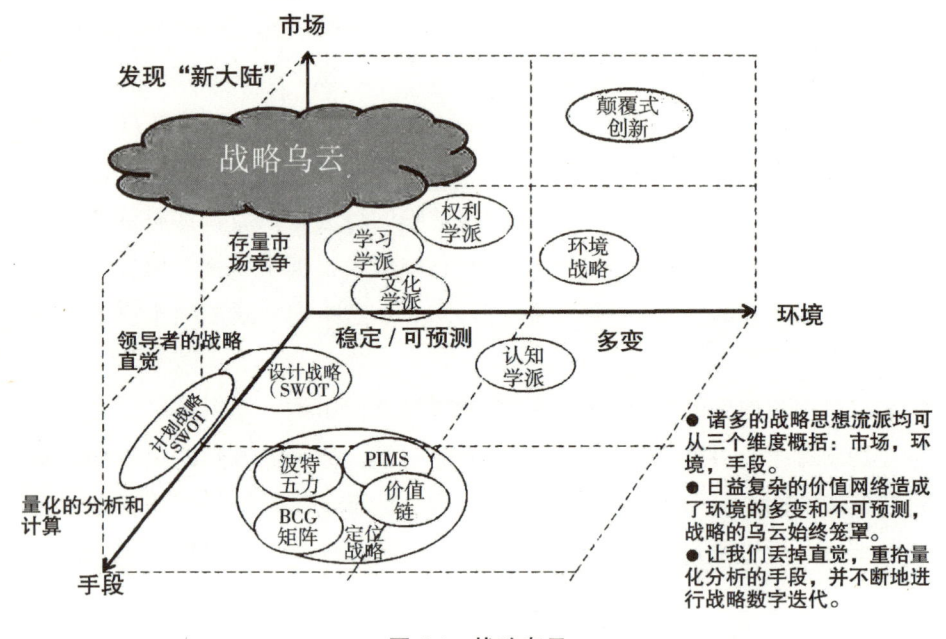

图 4-1　战略乌云

战略空间包括环境、手段和市场三个维度。环境的变量是"稳定与否"，即描述环境是可预测的还是多变不可预测的；手段的变量是"主观与否"，即描述战略的形成是依赖于领导人的非凡直觉还是量化分析工具；市场的变量是"竞争与否"，即描述企业是在存量市场竞争还是发现"新大陆"或进军蓝海。

纵观不到百年的各种流派，几乎都在三个维度之内，比如设计学派，它强调环境和手段：设计战略制定就是依赖于领导者通过模型寻求内部能力和外部环境的匹配，SWOT 分析即是代表性观点。设计学派强调战略形成应该是一个有意识的、深思熟虑的思维过程，进行控制并保持清醒是

CEO 的责任，CEO 就是战略家。可见，它只能在相对稳定的环境中，在相对敏锐的领导者的战略直觉的配置下才能生效。这种战略管理的操作实则是将战略制定与战略贯彻分离：即将思维和行动相分离。关于这一点，明茨伯格就发问了，"想了再做"真的是一种好方法吗？一面是行动者在底层辛勤地执行战略，一面是战略的思考者高高在上、深思熟虑。从一直以来的经验来看，阻碍这种局面生效的因素有两个：一是这种局面必须要求有关企业的信息能够在整个企业内不失真地传递，然后集中到上级；二是思考和行动分离式的集中式战略决策只能够适合于稳定的环境中，但在现实的环境中，变化是常态。

以上两个因素是值得分析的。一方面，信息传递失真的因素是可以解决的。随着企业数字化进程的演进，企业信息的传递可以实时并且是透明的，管理者能够掌握近乎零失真的企业全局数据。那么设计战略是否就能逐渐生效呢？然而，另一方面，环境变化的因素不仅难以解决，而且愈演愈烈。因为"市场"维度对"环境变化"有一定的助推作用。如今的市场已不是单一行业的市场，一个行业的"新大陆"的发现，可能会"牵一发而动全身"，改变其他行业的环境，即所谓的"跨界打击"。因此，环境轻易就会被动荡，SWOT 分析沦为纸上谈兵之工具。如此看来，设计学派也只能被笼罩在乌云之下了。

不仅设计学派，几乎所有战略管理学派都逃脱不了战略乌云的阴霾。战略管理日益失效，企业不禁仰天长叹，战略管理者的英明毁于一旦，于是战略已死的论调甚嚣尘上。

4.1.3 战略不死

战略管理常常是企业内部最不受欢迎的流程。大部分公司的高管认为它过于官僚主义，脱离实际，无法适应如今快速多变的市场环境；随着各种战略管理流派日益失效，一些管理者甚至认为战略属于旧时代的遗产，企业应弃之如敝屣，把资源和实践投入市场信息和敏捷性上，这样才能在动荡的时代获得发展机遇。

尽管他们的一些论断是正确的，但他们的结论却是错误的。实际上，今天企业战略的重要性达到了前所未有的高度。有研究咨询机构研究显示：每年有将近十分之一的公开上市公司会消失——企业的死亡率比1965年提升了四倍。而今天企业的平均寿命比1970年缩短了50%。面对如此严峻的环境，将所有筹码都押注在敏捷性上绝非明智之举。敏捷性固然重要，但只有与正确的方向搭配起来，它才能发挥效用。而战略管理正是通过一个严谨的、结构化的流程来辨别潜在的威胁、颠覆和机遇，从而理清企业渐进的方向。

我们认为，战略不死，但那些在特定阶段诞生的战略思维已经死了。

那么问题来了，战略以何种方式生存？

驱逐三维战略空间上的乌云是关键。换句话说，从前的二维战略管理如同平面上的蚂蚁，在三维大象面前的生命力极其脆弱。如今，战略管理必须有三维大象的武力值，方能驱逐上空的乌云。怎样捕获大象呢？如同前文所说，大象套之樊笼：将大象套入数据的樊笼是DT时代提供的一种可能性。至于一些管理者所强调的敏捷性，其实敏捷性与战略管理并不对立，即使在多变的环境下，战略对于企业仍具有重要意义。很多人会觉得战略如同天边之悬月可望而不可即，因此更愿意将全部精力倾注在企业的日常运营上，但正如爱因斯坦所说："我们面对的问题，不可能在同一个层面找到答案。"如果说我们所关注的日常运营管理面对的是企业怎样做（how）的问题，那么战略管理则是指导企业要做什么（what）的问题，一份完整的战略管理能力，能够合理安放企业的资源。既然大家都有环境多变的共识，那么企业处理意外的能力就越来越重要。或许80/20法则在这里同样适用，企业的优势应该主要体现在对于20%意外的处理能力，而其余80%大家都差不多，这便是所谓的敏捷性。

我们常说"趋势是企业永远无法打败的竞争对手"，关注行业趋势，适时调整战略在多变的环境下甚至变得尤为重要，能够帮助企业跑赢不确定的未来。

4.2 智慧企业战略管理模型

未来是不确定的，那么智慧的企业战略管理必须要有这样的思维：在不同时间线上探索战略，持续进行创新的战略对话，然后投入执行和评估中。战略管理是一种有目的的战略迭代过程，未来多变，那就由战略管理来帮助企业跑赢不确定的未来。这种思维的指导下，智慧企业的战略管理模型一定是一个持续迭代的模型。

4.2.1　智慧企业战略管理模型：T—SAS

我们认为，智慧企业战略管理模型是一种持续迭代的模型——SAS（图 4-2）。SAS 即：See、Analyze、Sight，描绘了企业战略迭代的过程。企业所处的环境通常是"树欲静而风不止"，面对环境的动荡之风，力挽狂澜已非企业之力所能及。SAS 是战略管理思维的实现过程——这是一个在三维战略空间中不断感知、分析、洞察、持续迭代的过程。

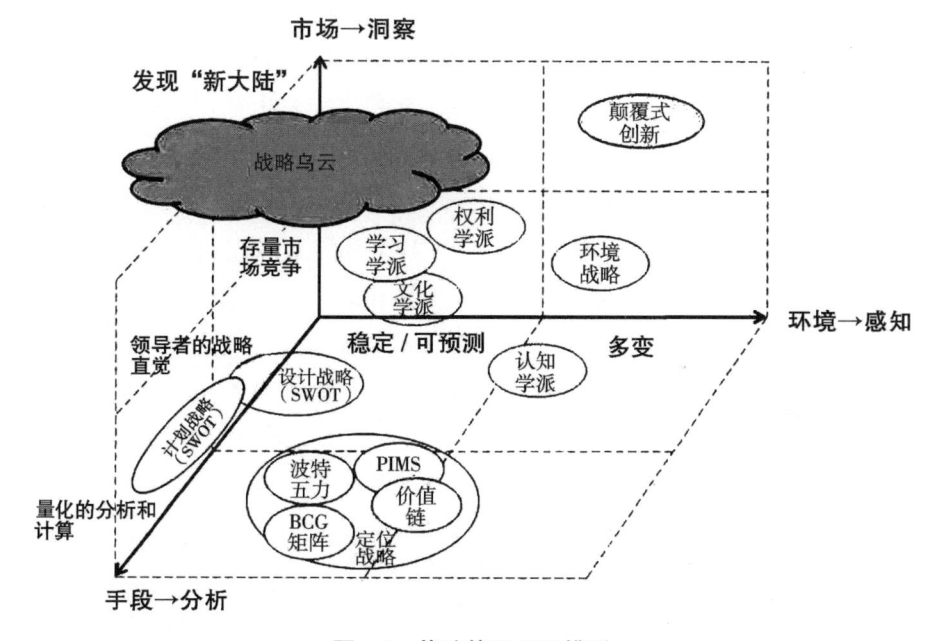

图 4-2　战略管理 SAS 模型

战略管理 SAS 分别代表：See、Analyze、Sight，我们解释为：感知、分析和洞察。实践已经证明，战略规划早已不是一劳永逸的伟大事件了，这便是叫嚣战略已死的根源。认为战略已死的人，不外乎强调企业的敏捷性。但敏捷性与战略并不是对立关系，面向成果和变化的循环改进是企业敏捷性的关键所在，但如若没有战略的指引，敏捷难免失去"敏捷"的度，让企业频繁转型其至没有停下来思考和喘息的机会。智慧企业的战略管理,实则是战略与敏捷性相匹配的战略管理。企业在不同时间线上于三维战略空间中持续地探索、持续地进行创新战略对话、持续地投入到执行和评估中。

1. See：感知——三维战略空间之环境

感知一定程度上代表信息的收集。战略空间之环境维度的趋势向来是从稳定走向不稳定,我们喜欢用"动荡"来形容如今和未来的企业生存环境。市场中有太多要素可以不断排列组合,企业自身难以在战略规划时穷尽分析所有的组合方式,因此,企业时刻面临意料之外却又情理之中的打击。意料之外来源于非对手对企业市场的覆盖;情理之中来源于企业对动荡环境的感知。

企业需要不断感知环境变化的端倪,显然,感知对应于战略空间三个维度中的"环境"维度。在今后的很长一段时间内,我们无法要求企业能够预测环境的每一步变化,但要求企业在看到冰山露出一角的时候能够预测到水面之下所隐藏的巨大风险。怎样侦测环境威胁?传统的外部环境分析方法,比如著名的"波特五力模型"显然有点能力不足。大环境中企业的威胁可能来自任何领域,我们归纳出了如下几种来源。

环境中的威胁可能来自于和你息息相关或者完全不相关的产业。在相关产业中,又可以分为与你处于水平关系或是垂直关系的企业。水平代表对方与你的企业本质相近,对方所提供的产品与服务与你的企业具有互补(合作)关系,或是替代(竞争)关系。而垂直关系则表示对方与你的企业处于同一产业的不同维度,但时常出现既竞争又合作的暧昧情况。环境扰动者的来源如下图所示：

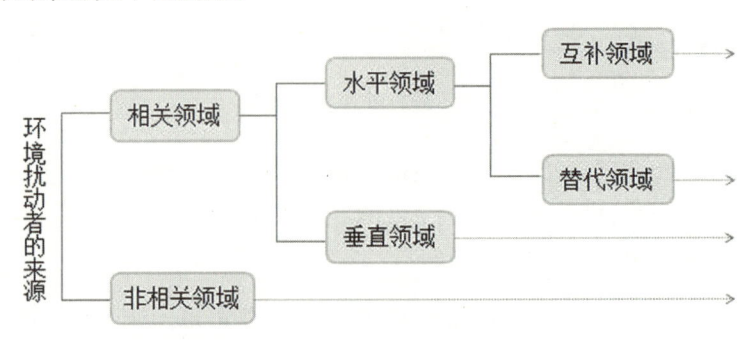

图 4-3　环境扰动者的来源

（1）"从同伴变为敌人"——来自互补领域的扰动者

提供互补产品与服务的相邻产业，因彼此了解而易于进入对方的领域展开覆盖战争。比如硬件与操作系统：微软和谷歌分别凭借 Windows 和安卓操作系统，取代传统硬件供应商的过去地位，微软可以开发出自己的平板电脑，而谷歌也推出了自有品牌手机 Nexus One。

可见，"互补"的传统概念已经发生了改变。当产业疆界逐渐模糊，各种附加值均可能对企业赖以生存的生态环境产生难以预料的辅助作用时，随之衍生的"互补"威胁也可能无限扩张。比如，互联网平台的覆盖战争一直是以用户的数量为衡量基准，在科技进步的带动下，折扣优惠服务于位置追踪服务出现了高度的关联性与互补作用，点评业务也被卷入这场斗争。因此，街旁网、玩转四方等实体位置追踪平台，与大众点评网、爱帮网等折扣点评平台被迫产生彼此冲突。同时，团购网站如美团网、糯米网，因为业务性质与上述折扣点评平台具有互补效用，成为另一波冲突的覆盖者（或被覆盖者）。再如拉手网，在初创时便以位置追踪服务和团购服务的模式为主打（即国外的 Fursquare 加 Groupon 模式），充分融合了这些互补的领域来吸引用户。

（2）"次要敌人成为主要敌人"——来自微替代领域的扰动者

对于用户而言，某些相关产品与服务有交互使用的替代性，在技术含量、核心优势等方面都存在着一定的重叠，这就为战略环境覆盖提供了契机：拥有某种可替代关系的产业之间，原本存在着间接的竞争关系，然而当一方开始通过补贴模式袭击另一方面的利润池，彼此的覆盖范围变得更广时，这种间接敌对的关系便升级为直接敌对。

基于这种道理，支付宝之于网银、在线视频之于电视节目、线上购物之于邮寄购物和电视频道购物，都具有微替代性，它们依此扰动了对方的生存环境，双方的战况愈演愈烈。

（3）"竞合关系的激化"——来自垂直维度的扰动者

若我们说水平领域代表相邻产业，那么垂直领域则属于不同维度，是来自不同高度的战略包覆，它们之间存在着既竞争又合作的特殊关系。

一个典型的例子是团购导航平台和普通团购网站。从用户的角度来看，导航平台和团购网站所提供的服务并无多大不同，它们满足用户需求的方式也并无多大差异：用户真正在乎的只是能否找到心动且便宜的产品罢了。然而，对于团购网站而言，导航网站确实一种暧昧的存在，它既帮助团购网站引来客源，同时又可能分流客源到其他竞争者的网站，因此它同时具有互补与替代的效益。而另一方面，可以确定的是，导航平台一旦壮大，必定对原有的团购网站造成威胁，挤压其利润空间。中国国内团购导航平台如团800即是如此。

（4）"毫无预警的覆盖战争"——来自非相关领域的扰动者

非相关领域的环境扰动者对于企业来说最难察觉，但是对于环境的扰动却最为剧烈。被奉为经典案例的"微信之于手机短信"便是这种组合。难道企业只能两手一摊无动于衷？我们发现，这类扰动者主要来源于两个方面：

一是"多环状生态圈"，它们是拥有复合式、庞大生态圈的集团性企业。国内有著名的BAT：百度、阿里巴巴和腾讯；国外有微软、苹果、谷歌、亚马逊等。它们本身涉足的领域多到难以统计，并且能够不断推陈出新，对于任何其他企业来说，它们均有可能成为互补领域、替代领域、垂直领域和非相关领域的扰动者，并且作为非相关领域的扰动者，凭借其规模和弹性，可以对目标直接带来生死存亡的巨大挑战。

二是拥有创新能力自立门户者，它们或是钻研于某一类新兴技术的专家，或是新概念的创造者，前者比如特斯拉，后者比如滴滴，它们善于让许多看似非相关的领域连接起点燃可以燎原的星星之火。

2. Analyze：分析——三维战略空间之手段

分析是战略管理模式中最为核心的环节，这是一个关键的匹配过程——只有通过科学的手段才能真正使得战略能够和企业相称。战略空间之手段维度正在从直觉走向量化。

从前，企业战略规划往往依赖规划者长远的眼光和敏锐的洞察力，诸如《孙子兵法》之类的战略典籍在管理者手中总是洛阳纸贵。如今，价值网络的复杂程度早已超出了人力所能计算的范围，主观判断所天然携带的偏差会在价值网络中被无限放大，这就导致企业必须依靠量化和科学的分析手段来匹配战略。

战略管理的量化和科学分析并不是新兴手段，著名的定位战略学派就强调战略"分析"的过程。定位学派源于迈克尔·波特的两本轰动性的著作：《竞争战略》和《竞争优势》，它们使定位学派在战略管理领域长期占据主导地位。一方面，定位学派认为战略是市场中通用的、特别常用的、可以辨别的位置，而战略形成过程就是一个基于分析计算基础之上的对这些通用位置的选择。波特的5种竞争力量分析模型、3种通用战略、价值链模型是其主要分析工具，它们尤其得到战略咨询人员的推崇和使用。另一方面，定位学派强调战略分析家在战略形成中起主要作用，他们将计算结果送交正式控制选择过程的管理人员，战略分析家可能是前面所提到的战略咨询人员。

从"手段"维度来看，定位学派虽然看起来相较于其他学派更为科学，但仍不能发挥出足够的实效。

首先，明茨伯格早已指出，定位学派将企业竞争优势归结于企业所处的市场结构与市场机会等，即所谓的企业竞争优势外生论。从这种分析方法来看，对于某一个行业而言，该行业中所有企业所面临的市场结构、市场机会等在客观上是同质的，那么所推导出的逻辑结果只能是该产业内所有企业的赢利状况应该是基本一致的，但这并不符合事实。

其次，市场并不等同于环境。市场是战略手段所能推导出的结果，而环境才是战略手段所需分析的对象，定位学派把结果当成对象，其滞后性不言而喻。并且，在目前的环境下，竞争不再主要是一种"位置"之战，就像定位学派所强调的定位一样。在这越发动态的环境中，战略也变得动态起来，成为一种"移动"之战。

最后，定位学派并没有体现出足够的科学性。它依赖于战略分析家通过相对科学的手段"深思熟虑"，并没有完全剥离主观色彩，而且于企业而言这种将战略思考和行动分离的行为忽略了企业自身"战略学习"的能力。

基于以上分析，我们对智慧企业的战略管理之手段维度产生了如下思考：

（1）明确输入和输出

无论以何种手段分析战略，企业必须明确"环境"属于输入，"市场"属于输出，手段是从感知环境到洞察市场的到达路径。市场的形成存在时间过程，这一时间过程直接影响到企业的敏捷性：那些把战略与企业敏捷性对立起来的思想其根源就是错把战略的输出当成了输入。而明确"环境"作为输入后，便能使得战略拥有与企业能力所匹配的前瞻性和理性。

（2）界定手段和目的

于企业而言，极易混淆的不仅包括市场和环境，还有手段和目的。随着各种新技术及其所引发的新思维的风起云涌，企业的生存背景镀上了一层又一层的神秘感，诸如大数据、平台、跨界、商业模式等名词一跃而起，成为一个个"时代名词"，随之便上升成为一种种战略令企业趋之若鹜。但为何真正能与这个"时代"共舞的企业少之又少？为何通过各种新战略武装起来的企业，其竞争力甚至所谓的不如墨守成规的传统企业？究其原因在于，它们错把手段当成了目的。

不可否认，新技术本身所散发的诱惑力足以令企业神魂颠倒，它们极易被想象成一种能够提高效率、削减成本的力量。比如"大数据战略"听起来该战略能够让企业充分挖掘"数据"这块金矿，让企业的效率在数据的指导下前所未有地飞速运转，让企业的运营成本在数据的指导下前所未有地精打细算，从而在DT时代抢占先机。如何实现大数据战略呢？企业准备从信息系统开刀，将分散在不同部门的信息系统统一集成，意图构建出一个大数据平台，然后在客户或者员工的智能手机上安装一个APP，为销售人员配备一台iPad，把产品的销售渠道转移到社交网站或者朋友圈里。在这之后呢？难道企业管理者想要获取企业运营成果的数据时，直接去看看朋友圈赢得了多少个"赞"？

面对新技术、新思维，企业正确的解答是努力使它们成为自己业务增长的澎湃引擎，也就是说，诸如"大数据战略"的这类诱惑，是手段而不是目的。这便要求企业采取科学的手段去分析外部环境和内在能力，进而对新技术能够带给企业的增值有足够的洞察力。有了这种洞察力，选择大数据战略、平台战略、跨界战略还是新的商业模式，都将成为到达成功的可选路径，而不是一种浮于表面的浮夸、难以衡量的结果。

（3）锁定唯一理性的手段

当企业明确了战略管理的输入和输出、界定了手段和目的之后，就到了战略管理的最关键部分：分析的过程，与其直接关联的是手段的选择。

从领导者的战略直觉到量化的分析计算，其里程碑不是一系列分析计算模型的构建，而是数据的可获取以及数据价值的可利用。依靠数据是战略规划唯一可以锁定的理性手段。

数据是智慧企业可持续的发展能源，它必然填充于整个三维战略空间之中。一切从数据中来，到数据中去是智慧企业的生存法则，战略管理依然如是。作为战略管理模型的核心，分析是如下一种过程：

①输入的不仅包括上文所述的来自于"环境维度"的信息，还有上一次战略迭代的结果，它们是对企业自身能力的描述（包括人、财、物和运营的过程数据的汇总），这些都将以明确数字的形式输入战略管理的模型。

②分析的过程是企业"战略学习"的过程，它依赖于企业自身所独有的智能算法。智能算法可以看成是一种人工智能，一定程度上是企业的核心竞争力，如同机器学习一样，它们能够在不断的战略迭代过程中越发智能，做出的战略决策越发明智。当算法成为真正的战略分析家，战略空间"环境"维度上的乌云将被驱散，这得益于强大的计算能力；战略空间"市场"维度上的乌云也将舒展，因为算法洞察的结果是明确的，在今后一段时间内企业在红海或者蓝海市场中能竞争到的份额和收益都变成一目了然的数字。至于匹配何种战略，恐怕算法的命名规则远比"新技术＋战略"的组合方式娓娓动听。

③分析过程的最后就是说话的事实了，它们将与"市场维度"产生连接，战略管理模型的一次迭代即将完美落幕。

当然，关于手段这一维度，我们并没有对领导者战略直觉的价值一票否决。毋庸置疑，领导者依旧是精英式的人物，他们对于企业内外环境的洞察力对企业仍旧具有重大价值。比如，互联网行业的价值几乎都是由人来完成的，一个人的想法甚至就能改变世界：Facebook 的创始人就是从一款给学校的女孩打分的社交产品开始，缔造了一家市值已超过 3000 亿美金的企业，并从宏观上改变了人类的社交方式。

在我们的战略管理模型中，战略直觉被体现为三种战略视角：

一是未兆易谋的前瞻性视角。一套行之有效的公司理论能针对行业演变趋势阐明公司的信念和预期，预测未来客户品味或需求，预测相关技术的发展趋势。借助前瞻性视角，可以判断哪类资产收购交易、投资或者战略行动对预测中的世界是有价值的，它应该既相对具体又不同于普遍认识。如果它过于宽泛，将无法识别出有价值的资产；如果它广为接受，那么公司需要为目标资产或希望获得的能力支付高昂代价（因为存在竞争），或者令目标资产丧失独特性（因此不能创造持续性价值）。

二是了如指掌的内部视角。如果竞争对手拥有同样的资产，那么他们能以类似甚至更高的能力复制你的战略举措，这会威胁到前瞻性视角，因此，一种有效的公司理论是为本公司量身定制的，对组织现有资产和活动有着深刻的理解。它给你提供了一双慧眼，让你能够发现那些罕见、与众不同且有价值的事物。

三是由此及彼的交叉视角。好的公司理论能发现公司有能力组合或收购的互补性资产，这类资产与公司现有资产相得益彰，共创价值。

3. Sight：洞察——三维战略空间之市场

一切战略管理的终极目的就是帮助企业盈利，其落脚点便是市场。因此，洞察市场是战略管理的重要输出部分，但同时，市场并不是唯一输出部分，洞察的市场与企业的短线战略是相辅相成的。

从市场的角度，企业发展壮大有三种不同模式：机会性增长、竞争性增长和敏捷性增长，它们与时间的关系如图所示：

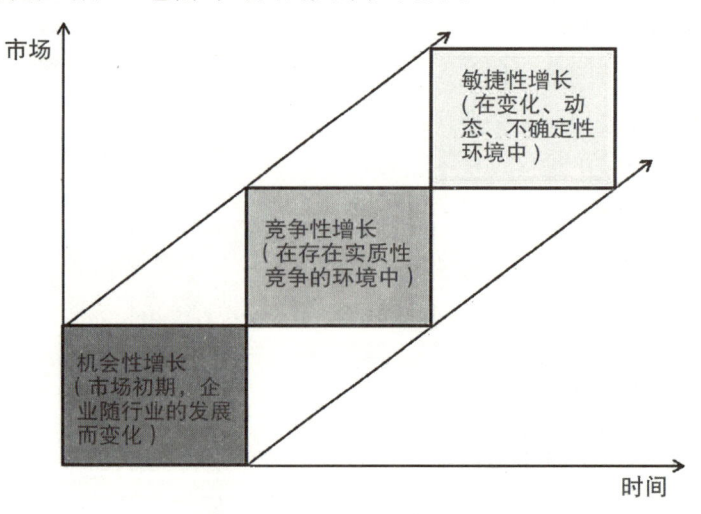

图 4-4　企业发展壮大的模式

市场上机会性增长、竞争性增长和敏捷性增长的企业是同时存在的，因此企业战略的输出也要与其地位相匹配。机会性增长的企业对应于蓝海市场中的企业，速度第一是其制胜手段。蓝海市场利润很高，但是风险巨大，世界不乏奇思妙想，但我们企业面对的是残酷的市场，没有市场认可，一切归零。竞争性增长的企业对应于红海市场中的企业，搏出生机是其苦苦挣扎的历程。红海市场中的企业往往通过破坏性的创新不断提升自己在红海市场中的地位，爬到产业链的顶端。敏捷性增长的企业对应于具有产业生态链的平台型企业，业务触角的繁多使得居安思危对于它们的重要性比其他类型的企业大得多，让整个组织处于变革和创新的激情中，对市场保持高敏感性并采取有效的跟进策略是它们最大的竞争力。所以，每个企业在市场中的定位不同，其能力与优势自然不同，对于那些在市场中处于竞争性增长的企业来说，看到"新大陆"就想轻易插一脚的显然不是明智的战略。

然而，上图中所描绘的三种企业壮大模式里，当前很多企业处于竞争性增长的地位，却不断尝试机会性增长阶段，并且对敏捷性增长蠢蠢欲动，不得不说是不够智慧的。智慧企业战略管理不仅不摒弃任何一种壮大模式，相反能够为每一种模式，或者说企业壮大的每一个阶段，匹配合适的战略。

一份企业战略的形成是怎样的呢？我们所能洞察的市场仅是战略选择的依据，作为模型的输出，企业在每一种细分市场上的份额和收益将会以一个个明确的数字呈现出来，成为构建企业战略的元数据，战略决策的人，就能以此为语言，制定一份理性的战略规划，为一段并不遥远的未来讲述一段指点江山的文字。当然，在更遥远的未来，无人时代的智慧企业担当此角色的必定是智能的算法，这是企业智能算法模拟未来的成果，从此，企业运行过程中有任何的疑惑、矛盾和偏差，都可以追溯这座由元数据砌成的堡垒，找到产生问题根源的那一块砖，在模型的带动下，企业是完全理性的。环境巨变之下，企业的竞争对手远非市场，而是未来，因此，帮助企业跑赢不确定的未来才是战略管理的智慧所在。

4.2.2 模型之外的推动引擎

上一小节我们构建了智慧企业管理模型，该模型旨在帮助企业跑赢不确定的未来。模型是动态迭代的模型，那么不可不谈的还有推动模型的引擎。我们认为，模型之外，关键的推动引擎包括：数据、时间和边界——数据触发时间，时间拉动边界。

1. 数据

从上述理论中我们已经强调，战略管理模型最重要的基础是数据。"不在其位不谋其政"，基于"数字"这一唯一理性的分析手段，企业能始终明确感知到其"位"，进而能够洞察其"政"，因此，数据是智慧企业战略管理模型内部流动的生命之源。在模型之外，最重要的推动引擎仍是数据。

从战略管理模型上来看，企业必须有一份战略指引，它是企业的创造者所拥有的对未来的大胆想象，也是他们对企业发展能力的信任，伴随着企业的诞生而生成。由于智慧企业的战略管理是持续的战略管理，只有持续地迭代才有能力与未来赛跑，因此战略管理的 SAS 便始终处于循环地运转之中，模型的输出与输入相连接，自我学习的过程沉淀出企业最为重要的战略知识。可见，战略管理模型内部是一个从数据转化为知识的运转。而在模型外部，数据这把引擎便是控制运转速度的利器。企业何时进入下一次 SAS 循环、下一次循环可以持续多久，都依赖于数据。

引擎数据有两类，一类是运营数据。这里提到的运营，是智慧企业的运营，它将会在下一章被详细描述。在战略管理领域，企业必须意识到，智慧企业的战略与运营是息息相关的，在战略管理模型内部，运营数据是战略分析的输入；在模型外部，运营数据便是推动模型运转的引擎。以企业的知识库为基准，运营数据发生突变之时，便是上一轮 SAS 循环结束、新一轮模型循环开启之时。另一类是环境数据，环境扰动着新增、转变和退出的数据都可能推动模型进入新的循环。

因此，我们在前文说道：大象套之樊笼是关于如何驱逐战略乌云最为理性的回答：将大象套入数据之樊笼，与大象一同在三维战略空间中起舞。

2. 时间

不同时间线上的战略管理是智慧企业战略管理原则性的思路，因此时间是模型之外的重要推动引擎。

一方面，时间作为一种要素本身被数据所触发；另一方面，企业自身也要设定特定的时间作为推动模型的引擎。定期的战略管理是企业对自身的审视，古人一日三省吾身方能修成圣人，企业也是一样，定期通过模型运转来管理战略，不仅能够推动企业发展，而且能够不断更新企业的战略知识库，可谓是提升企业的修为。

3. 边界

在目前，边界往往是最容易被企业忽略的要素，因为企业自然地生存于边界之内。智慧企业一定程度上却是无边界企业，全世界范围内的资源都可以"为我所用"，所以，边界之于战略管理模型的作用实则是有两个方面。

一是在模型内部，模型的每一次运行都将带动企业的边界一起参与其中，边界包括所有的人、所有相关的企业和他们所携带的数据，群体创造使得模型能够迸发出更大的力量。

二是在模型外部，边界也作为一种引擎能够推动模型运转。智慧企业并不是完全无边界的，否则全世界将会成为一个独大企业，企业概念本身也就不复存在了。无边界企业实际上是指企业拥有无限扩展边界的能力。那么，企业边界的每次变动，比如竞争者变为合作者，将会成为引擎推动模型的运转。此外，我们强调，智慧企业间竞争的性质更多地向合作倾斜，合作竞争是一种可以实现多赢的正和博弈，合作竞争不以打败竞争对手为目的，在很多时候，你的成功并不需要别人的失败，因为重要的不是别人是否败了而在于你是否赢了。这种思维直接导致了企业边界的模糊，也让边界成为推动引擎的可能。

4.2.3 模型之内的核心要素

一直以来，愿景、业务模式、管控模式和盈利模式被誉为是战略管理的四大要素。但是，智慧企业战略管理模式是一个在不同时间线上持续迭代的模式。在智慧企业管理模式中，"商业模式"成为战略管理的核心要素。

顺势而为可以帮助企业更轻松、更少成本地创造更庞大的收益，战略管理模型增强了企业顺势而为的能力。但即便所有企业都通过模型获取了顺势而为的能力，它们在市场上仍会有高下之分，究其原因，在于模型的核心要素——商业模式不同。如今，企业领导者通常也会觉察到影响其所在行业的颠覆性力量，大多时候也会调动充足的资源来进军新市场。那么，为什么还会失败呢？这是因为他们没有真正接受这一颠覆性变化所开辟的创新的新商业模式。商业模式早已不是高谈阔论的一纸规划存在于商业计划书中了，创新的商业模式拥有在一段时间内帮助企业掌控全局的能力，令其他企业难以复制，在短期内无法超越。

创新商业模式很奇妙，道理看上去很简单，不需要新技术也不需要攻克新市场，只需要继续生产产品或提供服务，然后改变产品或者服务传递到现有市场的方式。这种改变于其他企业而言常常是不易被察觉且执行难度较高的，因此带来的优势一时间难以被复制。

商业模式本质上是一系列重要决策，用以决定企业如何盈利、花费成本和风险管理，因此商业模式创新的本质就是改变决策：做什么决策、何时做决策、谁做决策以及为什么做决策。企业对于商业模式的考量，体现了企业自身关于业务与资源能力关系的解读，商业模式可以从如下图所示的"商业模式工具表"考虑。作为一种核心要素，商业模式被战略管理模型迭代出来后，推动企业发生"量变"。在今天，我们时常谈"转型"。转型是企业的"质变"，对于企业自身的震动实在是太过剧烈，以至于企业承受不住，在转型过程中死掉的案例早已屡见不鲜了。商业模式的智慧之处便在于其产生"量变"，当企业不断创新商业模式，量变便能产生质变，但企业从未感受到"转型"对自身带来的动荡。（图4-5）

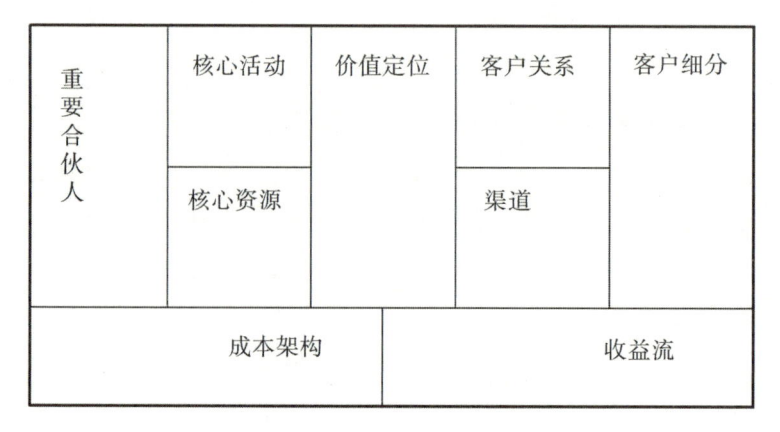

重要合伙人	核心活动	价值定位	客户关系	客户细分
	核心资源		渠道	
成本架构		收益流		

图 4-5　商业模式工具表

意识到不断创新商业模式是战略管理模型的核心要素，能够帮助企业平滑地成功转型。其实，我们常说的跨界、整合、平台，甚至构建商业生态，本质上都是创新商业模式。如今企业纷纷觊觎跨界整合、将自身的产业链拓展为网状的生态链，并将其上升为企业战略，这种行为无异于一口吞象。商业模式作为一种核心要素被持续迭代的战略管理模型所滋养，才能与企业能力相匹配，进而平滑转型。

4.3 绕不过的战略大数据

随着我们正从 IT 时代向着 DT 时代跨越，这意味着支持企业管理的工具正从信息技术手段向数据手段转变。当下，上至国家政府下至小微企业，常常强调借助"大数据战略"抢占时代的先机，但对于企业而言，将大数据放置于管理手段比将其作为一种"战略"更为重要。无论从 DT 时代的背景要求上，还是智慧企业战略管理模型，甚至智慧企业的一切管理上看，我们都无法绕过大数据。大数据从企业运营过程中来，如何用到企业各方面的管理中去直接与企业的大数据能力相关。

4.3.1 打通企业的大数据

当下，上至国家政府下至小微企业，常常强调借助"大数据战略"抢占时代的先机，但对于企业而言，将大数据放置于管理手段比将其作为一种"战略"更为重要，它能打通企业从战略到运营的所有管理活动，从而将企业凝结为一个有机整体。

虽然目前很多企业错把大数据这一手段当成目的，盲目追求"大数据战略"，但大数据对于企业的重要性确实不言而喻。在数据爆炸的时代，各类设备和互动产生的数据量正以年均大于 50% 的速度增长，预计在 2020 年可能会达到 44ZB（44 万亿 GB）。全球企业越来越关注大数据给自己带来的机会或者冲击，如贝恩公司的大数据行业调研显示，北美和欧洲 400 多家大型企业（年营业额高于 5 亿美元）中，大约 60% 的企业积极在大数据方面进行投资，希望能够带来显著的收益。据调查显示，拥有优秀大数据能力的企业，它的财务表现排在行业前 25 的可能性是竞争对手的 2 倍，做出正确决策的可能性高出竞争对手 3 倍，决策速度比竞争对手快 5 倍。

大量的数据每一秒都在以不同的展现形式产生，但无论数据如何变化，它们是"金矿"还是"垃圾"，取决于企业是否了解自身拥有（或能够获得）的数据资产，并将此纳入战略管理模型，从而在战略、运营和一线层面产生价值。无法持续地产生价值的数据是没有意义的。然而现状是：即使我们承认已经迈入了 DT 时代，即使企业已经意识到了数据价值的存在，仅有约 23% 的企业拥有明确的大数据相关战略，大部分企业尚不知如何将大数据分析有效地应用于企业运营，更不必谈建立相应的组织能力、流程和激励机制来赋能数据分析以支持决策了。在仅有的 23% 部分中，不乏将大数据当成一种战略，意图向智慧企业转型却发现尾大不掉的企业，好在这些企业已经能够意识到，大数据是当前企业与智慧企业之间的连线。

但是作为战略管理模型中的关键手段，企业绕不过的不是大数据战略，而是战略大数据，其落脚点在于大数据能力。更确切地说，战略大数据养成的关键在企业运营过程中大数据的建设，这是一个一气呵成的过程：从一线的运营开始建设数据能力，使得企业从拥有大量数据的层级跃迁到拥有大数据的层级；而后建设从大数据中摘取出战略大数据的能力，使得企业的战略管理手段从以人为主以数据为辅的阶段跃迁到以战略大数据为主以人为辅，乃至智慧企业战略管理的全面战略大数据的阶段。

值得注意的是，大数据打通企业的背后，并不意味着模糊企业战略管理与运营管理的界限。我们回望 20 世纪中后期的管理理论，出现了很多试图"一招鲜，吃遍天"的思想：每种管理理论都试图从自身的角度出发去解决企业全部或大部分的问题。比如战略管理理论就从战略设计到战略执行的角度，将企业从设计到运营都包罗在内；而运营管理理论也多方强调运营战略的重要性。但是，在实践的过程中，当企业试图通过一种理论解决全局问题时，却发现捉襟见肘。

究其原因在于，企业管理从不是单一变量的问题，当我们企图按照单一变量的模式来构造解决方案，只能是管中窥豹，战略管理和运营管理是强强联合的一套方案，面向企业管理的不同层次：战略管理帮助企业应对未来一段时间的环境，指导企业做什么或者不做什么，但并不给出具体的实施方案，一定意义上，它是企业管理的"思考"层面，与企业的过去和未来交谈。运营管理帮助企业应对当前的环境，帮助企业优化如何做的策略，不仅是具体的实施方案，而且是实时地应对方案，一定意义上，它是企业管理的"行动"层面，与企业所有资源一同奔跑。"思考"的结果决定"行动"的范围，一段时间内"行动"的结果构成了"思考"重要的内容要素。

层次的不同还体现在"时间"要素上。虽然智慧企业战略管理模型是一个持续迭代的模型，战略随时间改变，但远不如运营多变。那些看到环境有所风吹草动就随即调整战略的管理，显然缺乏对时间沉淀结果的思考，失去了战略应有的"指导"的眼光和能力；同时，那些对运营设置颇长的从规划到实施反馈的路线的管理，显然越级思考了，失去了运营应有的"实时"的反应速度。可见，失去了时间要素的"度"，是战略和运营界限模糊的重要原因，也是战略和运营失效的重要原因。

大数据打通企业，意味着任何企业活动产生的数据能够回到企业的活动中去，数据的流淌使得管理活动能够酣畅淋漓地进行。战略管理有战略大数据的支撑，运营大数据自有运营管理模型供其运转，管理能够对不同层面的数据一目了然，也能够随时对数据"追本溯源"。

4.3.2 智慧企业战略大数据

企业建设的战略大数据，归根到底都是为企业本身服务的。数据的重要性在战略管理模型中已经多次强调——它既是智慧企业战略管理模型内部流动的生命之源，又是模型外部最重要的推动引擎。战略大数据与智能算法强强联合，将企业战略管理模型推向智慧之巅。我们从战略大数据的角度描述一个完整的 SAS 迭代过程。

1. See：感知战略大数据

智慧企业首先是一个完全数字化企业，它们拥有强大的数据采集能力，比如物联网能力。感知战略大数据实则就是数据采集，但这个过程是自动或者说是水到渠成的。当新一轮的 SAS 循环启动，企业能够自发感知内外环境。内部环境数据是企业运营数据自动汇总的结果数据和企业的资产数据，是上一轮 SAS 循环的成果；外部环境数据是除内部环境数据以外的全部数据。之所以这样划分，是由于智慧企业的边界总是处于不断的变动之中，所以内外的边界也变得模糊，我们只能将模型的成果看成内部环境数据，然后将除此之外的全部数据看成外部环境数据。内部环境数据是企业知识库的源泉。

值得注意的是，并不是所有的数据都是战略大数据，战略不同于运营，其所在的高度必然高于基层和一线，因此，内外环境数据一定都是汇总性的数据。否则，物联网时刻运转采集数据，如果网络中的每一个数字都被丢入模型之中，再强大的运转能力都将无法承受，而战略也丢失了本该拥有的视野。

2. Analyze：分析战略大数据

拉动智慧企业战略管理之大象起舞的马车是"智能算法"，如同现在炙手可热的人工智能，智能算法高明于人工智能之处在于，它们是每一个智慧企业所独有的算法，并且所能处理的复杂度远高于人们目前的想象。

把所有感知的战略大数据交给智能算法，分析数据的过程就是算法的运转过程。算法拥有强大的对企业全局建模与仿真的能力，虽然从输入计算得出输出的时间可能只有一瞬间，但其精确性却远远高于时下最精明的战略分析师所使用的最复杂的战略分析模型。算法重构了战略管理模式。因为算法的每一次运行都如同企业做了一次"战略学习"，如同机器学习算法一样，战略管理的智能算法一直都在自我进化，变得更敏锐、更企业，从而成为真正意义上的核心竞争力。

3. Sight：洞察战略大数据

智能算法分析的结果便是洞察了。战略大数据一切从数据中来，到数据中去，算法给出的结果是一份优质的战略规划的元数据，拼凑起来的结果可能是一份完整的创新商业模式，也可能是一次细微的战略变动决策。

但是，每一次 SAS 迭代要求企业不仅要有透过现象看到本质的眼光，还要有追本溯源的能力。离开了企业这个载体，任何战略都是无处安放的数据，这便是"管理"的意义，一次完整的 SAS 迭代，要求一切从企业中来，一切到企业中去，将数据投入企业执行和评估，方能使得整个模型持续运转。

第 5 章　智慧企业组织和运营管理

> 在这个大变革的时代，许多企业家，尤其是传统企业中的民营企业家，常常处于企业转型的焦虑和被时代所抛弃的落寞之中，他们既不服气但又不得不冲上互联网时代转型的浪潮，但很不幸屡屡传来的却是"逆袭"失败的消息。事实上，几乎没有几家企业能够走在正确的转型轨道之上，究其原因，或许不是模式问题，也不是市场问题，而是组织结构僵化和运营管理滞后的问题。曾经，这些优秀的企业家大都顶着光环打天下，如今他们却无法回避越来越尖锐的运营困境和现实难题。
>
> 因此，智慧企业拥有智慧的战略管理应对未来的同时，也要装备起组织和运营管理，帮助企业获取持续的竞争优势。

5.1 多脑协同的智慧组织

5.1.1 不断创新的组织结构

1. 小而美、柔可变的组织

战争前将帅对"军形兵势"的思考，恰如企业领袖对战略的思考和对组织的设计。

16世纪的中国，倭寇猖獗于浙闽沿海，明军传统的大而密集的战斗队形难以抗击倭寇，戚继光创造了一种小集中大分散，由大阵变小阵，由密集变疏散的鸳鸯阵。此阵以12人为作战基本单位，长短兵器互助结合，可随地形和战斗需要而不断变化。鸳鸯阵的灵活机动，正好抑制住了倭寇优势的发挥。戚继光深谙兵器的特性，更明白集体合力大于个体高手的道理，在设计阵形时，充分发挥了各种兵器的效能，人和武器巧妙结合，以及人与人之间的分工合作相得益彰。

穿越历史，将目光投向美国陆军，其在20世纪末和21世纪初的改革，与戚继光的鸳鸯阵法竟然不乏内在的相似之处。

20世纪末的美国陆军机构臃肿、行动迟缓，难以适应新时代的挑战和要求。因此，美国陆军进行了部队小型化、装备轻型化的改革，把密集大型部队打散变小，形成小型而灵活的作战单元。美国陆军模块化的实现，对美国陆军的信息系统（"器"）、人员的训练方式（"人和人"）以及指挥官的能力提出了新的要求。美国陆军的模块化军队恰如一个扩大版的12人鸳鸯阵，是组织瘦身并激活的又一案例。将庞大的组织瘦身为最小的作战单元，每个作战单元灵活应变随机调遣，一线作战单元的负责人承担更多责任。

无论是鸳鸯阵，还是美国陆军改革，都可以看出其内在逻辑，即以"小而美、柔可变"的组织形态成就"唯快不破"的战略。而这样的组织形态呼唤每一个想成为将军的士兵。

这对现代企业组织深有启示。传统工业社会里，组织通过把产生价值的各个链条分割，独立形成职能部门，又把部门职能分解为不同任务和岗位，要求每个员工精于一门，如果运转得当，这种机制会带来效率的极大提升和成本的大幅降低；而一旦走到极致，就会形成等级森严的臃肿机体，个体感受不到存在感和成就感，部门同级各顾井底，组织也听不到前线的炮火声，感受不到市场的温度。

在21世纪的商业世界中，移动互联技术让"变"在各个层次加速升级，对"大而全、庞而慢"的组织形态提出前所未有的挑战，长期以来用静态单向计划设计的组织，已经跟不上瞬息万变的市场节奏，唯有"灵动轻盈"的组织才能引领和适应未来，以动态多维的视角让组织中不同要素（人、信息、资源）"低损耗无摩擦"碰撞整合，为组织内各环节和组织外利益相关方产生核心价值。

日本"经营之圣"稻盛和夫所推崇的"阿米巴经营"理念及管理方式，传承了鸳鸯阵法的精妙。"阿米巴经营"基于牢固的经营哲学和精细的部门独立核算管理，将企业划分为"小集体"，像自由自在重复进行细胞分裂的"阿米巴"——以各个"阿米巴"为核心，自行制订计划，独立核算，持续自主成长，让每一位员工成为主角，"全员参与经营"，打造激情四射的集体，依靠全体智慧和努力完成企业经营目标。

为了适应多变的复杂环境，当前的科技公司们已经率先进行组织变革，一系列创新举措百花齐放，为我们提供了借鉴的思路。

2. 著名科技公司组织结构

对一些巨头公司来说，公司面临的最严峻挑战就是组织架构松散且日益庞大臃肿，像微软和诺基亚，昔日光鲜，今日却难掩颓势，效率低下成为前进中的羁绊。

Web设计师Manu Cornet在自己的博客上，画了一组美国科技公司的组织结构图（图5-1）。在他笔下，亚马逊等级森严且有序；谷歌结构清晰，产品和部门之间却相互交错且混乱；Facebook架构分散，就像一张散开的网络；微软内部各自占山为王，军阀作风深入骨髓；苹果一个人说了算；庞大的甲骨文，臃肿的法务部显然要比工程部门更重要。（图5-1）

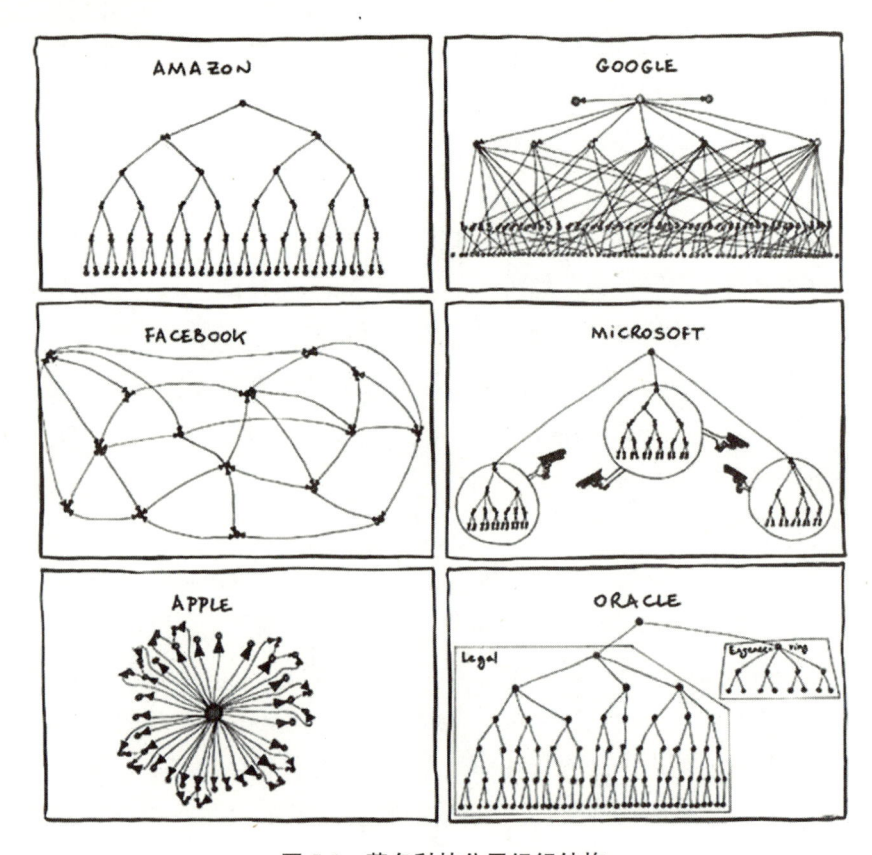

图 5-1　著名科技公司组织结构

《第一财经周刊》也尝试着炮制了一份中国主要科技公司的结构图：华为、阿里巴巴、百度、联想、腾讯。结果发现，它们也是彼此风格迥异。不同的公司成长历史、不同的业务架构和不同的管理风格，让它们的架构图也呈现出明显的不同。（图 5-2 至 5-6）

华为与很多强调组织结构稳定的企业不同，华为建立的是一种可以有所变化的矩阵结构。换句话说，华为每次的产品创新都肯定伴随组织架构的变化，而在华为每 3 个月就会发生一次大的技术创新。这更类似于某种进退自如的创业管理机制，一旦出现机遇，相应的部门便迅速出击、抓住机遇。在这个部门的牵动下，公司的组织结构发生一定的变形，流程没有变化，只是部门与部门之间联系的次数和内容发生了变化。但这种变形是暂时的，当阶段性的任务完成后，整个组织结构又会恢复到常态。（图 5-2）

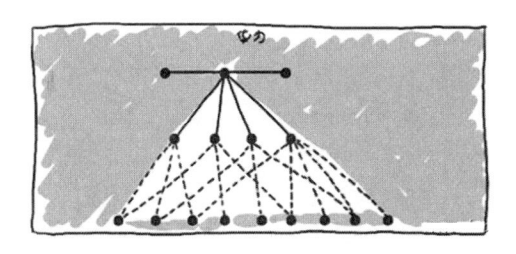

图 5-2　华为组织结构图

在阿里巴巴，马云的影子似乎无时无处不在。现在，他又向公众展示了一条完美的产业链。万网提供域名，并量身定制出两套网站——B2B 和 B2C，再通过阿里巴巴网站和淘宝商城、淘宝集市三大平台，精确对接细分用户。散在全国的 7 个百万平方米以上的阿里大仓、若干个小仓，由物流宝打通的从供应商到阿里大小仓直至用户之间的物流数据流，囊括大阿里战略中所有的业务。而马云，正如他自己所说，"已经融化在这家公司里"。（图 5-3）

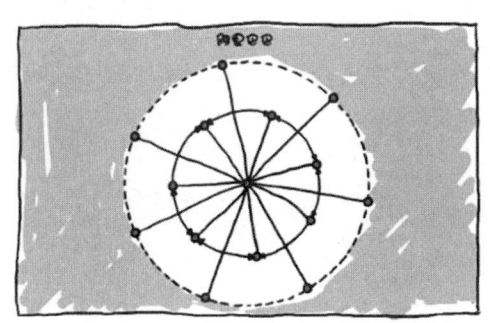

图 5-3　阿里巴巴组织结构图

百度前任 CCO 叶朋称，"百度崇尚简单"。这话同样可以套用在百度的组织结构上，百度看上去是一家只需要 CEO 就够了的公司。在叶朋 2008 年 4 月担任 COO 之前，这个职位空了一年之久。当他 2010 年离职后，这个职位一直空缺至今。而回过头去看百度的发展历史，COO 职位已经出现三次为期不短的真空期了。同样的遭遇也发生在 CTO 职位上。而在 2008 年，这家公司竟然同时缺失 COO、CFO 和 CTO。一些分析师认为，出现这种情况，是因为内部清洗和股票禁售到期两股力量同时夹击。但是互联网观察家谢文却认为，百度在找高管方面"判断有些失误"，他建议百度应该下决心把管理班子弄好，它还是需要一个 5 到 7 人、各有专

长的核心高管团队。（图 5-4）

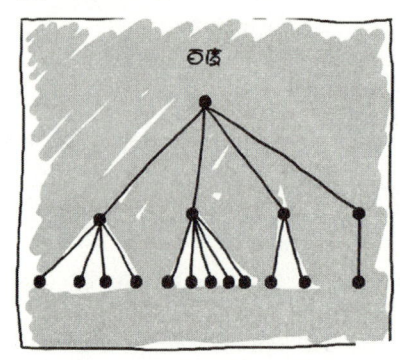

图 5-4　百度组织结构图

与很多公司一样，联想希望能够大小通吃，既做好消费者市场，又出击商用市场。前者是以渠道为核心的交易型业务，后者则是以大客户为对象的关系型业务。一家公司同时做这两块业务，某种程度上就像金庸小说里的左右互搏。联想 COO 刘军则将此比喻成长枪与短刀，要想舞得好，就要在价值链的各个环节做到合理的区分与整合，并细致地平衡各方利益，化解模糊地带容易发生的冲突。举例而言，与双模式相对应，联想国内的生产线、供应链的设计也兼顾了大客户和中小客户的采购特点。联想中国有两类生产线，一类即所谓的"大流水线"，一台 PC 通过不同工序多人组装，这种模式适合大批量、规模化生产；对小批量、多品种的订单，联想则采用单元式的生产线，由一位工人从头到尾完成一台 PC 的组装。（图 5-5）

图 5-5　联想组织结构图

腾讯这几年也一直在做组织变革,变革的方向基本也是组织扁平化。腾讯提出,企业大了以后最大的问题是消除内部的敌人,要破除大企业病,保持小企业的灵活性和创新精神。所以,2012年开始,腾讯就在进行组织结构调整,不再以业务模块为中心或者以合伙人为中心,而是强调必须以客户为中心建立事业体。现在,腾讯已形成的各个事业群围绕客户来整合各种资源,真正建立以客户为导向的事业体。事业群里面也不再搞金字塔式的管理,而是基于客户群体形成大项目里套小项目的项目合作制,一个事业群里面有无数个项目组在合作。腾讯的这种组织变革其实是希望抓住互联网聚焦、快速、灵活的优势,在事业群里面充分发挥民营小公司的灵活性和创新精神。(图5-6)

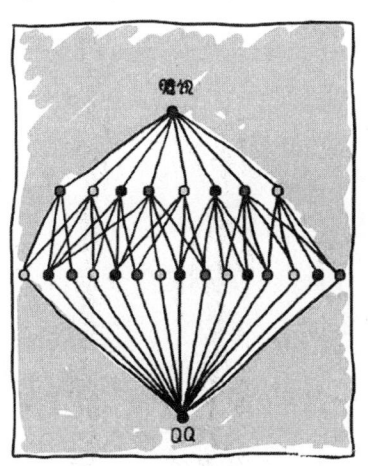

图5-6 腾讯组织结构图

3. 小米式组织架构

小米的组织完全是扁平化的。小米摒弃了传统公司通过制度、流程来保持控制力的树状结构,小米的架构直面用户,采用非常扁平的三层组织架构,是一种以人为核心的扁平化管理模式。在小米,制度不是核心,雷军才是。雷军将权力下放给七位合伙人,作为最高的一级管理层次,合伙人拥有较大的自主权,且互不干预。中间就是各个部门的负责人,而最底下就是员工,由员工直接面对用户,业务部门内没有层级关系、职级名称、不考察KPI,所有人看上去都是平等的。小米的架构只有三层:联合创始人—部门负责人—员工。任何决策都是"一竿子插到底"式的执行,能有效保障效率。为了避免团队臃肿，团队一旦达到一定的规模就必须拆分开，变成项目制的独立团队。

因为没有层级、没有职位，大家也都不用去考虑怎么样才能得到晋升这样的"杂事"，可以专注于为客户提供产品和服务。雷军说，小米从来没有打卡制度，没有考核制度，就是强调员工自我驱动，强调要把别人的事当自己的事，强调责任感。大家是在产品信仰下、在责任感驱使下去做事，而不是靠管理产生效率。从这一点上来讲，小米内部完全是激活的，一切围绕市场、围绕客户价值，大家进行自动协同，然后承担各自的任务和责任。

小米的做法反映出互联网时代组织架构设计的一个很重要的理念：简约、速度、极致。靠价值观凝聚人、牵引人，一切围绕客户价值，组织扁平化、管理简单化，这是从小米的实践中创到的互联网时代管理的创新。

4. 海尔新模式探索"三化"

2013年，海尔提倡进行企业平台化、用户个性化、员工创客化的"三化"改革。企业平台化就是总部不再是管控机构，而是一个平台化的资源配置与专业服务组织，并且提出管理无边界、去中心化，后端要实现模块化、专业化，前端强调个性化、创客化。原来的企业就是一层一层的，现在变成平台了；用户个性化颠覆了产销分离制，原来工厂就管生产，生产出来进入销售渠道，产销是分离的；员工创客化颠覆了雇佣制，原来的员工是被雇佣的，现在不是被雇佣的，而是来做创客的。

现在的海尔，没有层级，只有三种人——平台主、小微主、创客，都围着用户转。平台主从管控者变为服务者，员工从听从上级指挥到为用户创造价值，必须要变成创业者、创客，这些创客组成小微创业企业，创客和小微主共同创造用户、市场。小微主不是由企业任命的，而是创客共同选举的。创客和小微主间可以互选，如果小微主做了一段时间被小微成员的创客认为不称职，可以换掉。如果企业内部的人都不行，还可以引进外部的资源。这些小微加上社会的资源，就会形成有很多并联平台的生态圈，共同去创造不同的市场。

海尔"外去中间商，内去隔热墙"，把架设在企业和用户之间的引发效率迟延和信息失真的传动轮彻底去除，让企业和用户直接连在一块，从传统串联流程转型为可实现各方利益最大化的利益共同体。在这个利益共同体里面，各种资源可以无障碍进入，同时能够实现各方的利益最大化。

5.1.2 探索组织演进趋势

无论是"阿米巴"，还是鸳鸯阵，释放组织最小单元的最大潜力是唯一目的，柔性是组织应对不同环境挑战立于不败之地的必备要素。

华为、阿里巴巴、百度、联想、腾讯的组织结构都趋向于简单化去层级。

小米非常扁平化的三层组织架构和极简化的管理，一切围绕客户价值的理念，使得小米缩短了与消费者间的距离，走进客户心里，与消费者融合在一起。

海尔所提倡的"企业平台化、用户个性化、员工创客化"的"三化"改革把架设在企业和用户之间的引发效率迟延和信息失真的传动轮彻底去除，让企业和用户直接连在一块，从传统串联流程转型为可实现各方利益最大化的利益共同体。

从企业组织的演进趋势来看，传统的职能式、直线式等模式已不断被突破，新的组织模式正不断显现。随着外界环境从简单确定变为复杂多变，随着客户需求、信息技术以及创新工具手段的不断发展，组织设计正在趋向多样化，组织将越来越扁平化、管理层级越来越少，组织变得更简约。智慧企业要求打造多脑系统，用"智慧"持续获取企业的竞争优势。

5.1.3 多脑协同的组织结构

多脑协同的组织结构，是由"单元脑""专业脑"和"决策脑"组成的建立多脑系统。

单元脑：对应各专业化职能或工业系统的自动系统或者智能系统；

专业脑：负责跨职能的流程，柔性调度，对传统组织提出了由部门向中心转型的要求；

决策脑：实现企业级的风险管理、绩效分析、战略决策等高级职能的智能。

三种脑之间有层次关系，由低到高依次是单元脑、专业脑、决策脑。向多脑协同这一趋势演进的本质就是给企业各组成部门各层级以更多的"自主"权利。

单元脑是企业基于扁平化思维构筑多个单元，比如工程单元、生产单元、产品单元、销售单元、物流单元、服务单元，每个单元均具有高度数字化能力，由人、设施/工具和智能系统组成，在既定的任务职能和明确的规则下自主运行，能够实现既定规则下的自动预判和自主决策。

专业脑是基于集成集中的数字化平台，由领域专家和人工智能辅助系统构成，在某个专业或某个对象领域实施即时度量、评估、分析，实现单元评价、标准改进和规则优化，支持单元能力持续优化，统筹跨域/跨专业的协调和系统级风险应对，以确保系统目标的达成。

决策脑在最高管理层，运用系统工程的原理整体把握，科学分解，负责调控协调企业的有序运作，通过调配资源使得企业收益最大化，并基于企业生命周期发展视角，聚焦战略方向，实施高层规划、重大风险应对，得以实施企业层级的自我评估、学习和演进。

多脑协同智慧组织，基于扁平化、平台化组织架构，横向强调合，去科级制实现协同化，不强调销售、研发、设计、生产的专业化分工；纵向也强调合，去层级制实现扁平化，减少多层级间流动引起的绩效降低、信息失真、反应迟缓。通过数据的集中、分析与传递，将单元脑、中心脑、企业脑网络化联结在一起。

5.2 数字化时代的新员工

从刀耕火种到精耕细作，"人"一直是生产力中最活泼的要素。在每个时代，人作为企业的员工所担当的角色却是不同的，从"经济人"到"社会人"再到"知识人"，变迁的本质是人上升为一种更高级的生产力。

在日益数字化的世界中，未来卓越企业的衡量标准或许不仅仅是掌握了多少先进技术，而是促使人们借助技术创造了多少成果，即"人"的知识带来了多少新价值回馈整个人类社会。因此，企业"员工"的角色不再等同于"人"，即使是"知识人"。员工本质上是企业的生产力，在数字化时代，我们可以窥探智能化的机器有足够能力承担起企业生产力的角色，接过企业"员工"这一棒，而人又得以上升为一种更高级的生产力。

5.2.1 "人"的变迁

古典管理理论的杰出代表泰勒、法约尔等人在不同的方面对管理思想和管理理论的发展做出了卓越的贡献，并且对管理实践产生深刻影响，但是他们有一个共同的特点，就是都着重强调管理的科学性、合理性、纪律性，而未给管理中人的因素和作用以足够重视。他们认为，人是"经济人"，他们在思想上、行动上力争获得个人利益，追求最大限度的经济收入，而社会是由这一群无组织的个人所组成的，管理部门面对的仅仅是单一的职工个体或个体的简单总和。基于这种认识，工人被安排去从事固定的、枯燥的和过分简单的工作，成为"活机器"。从20世纪20年代美国推行科学管理的实践来看，泰勒制在使生产率大幅度提高的同时，也使工人的劳动变得异常紧张、单调和劳累，因而引起了工人们的强烈不满，并导致工人的怠工、罢工以及劳资关系日益紧张等事件的出现。与此同时，随着经济的发展和科学的进步，有着较高文化水平和技术水平的工人逐渐占据了主导地位，体力劳动也逐渐让位于脑力劳动，使得西方的资产阶级感到单纯用古典管理理论和方法已不能有效控制工人以达到提高生产率和利润的目的，这使得对新的管理思想，管理理论和管理方法的寻求和探索成为必要。

著名的霍桑实验对古典管理理论进行了大胆的突破，第一次把管理研究的重点从工作上和从物的因素上转到人的因素上来，证明人是"社会人"，是复杂的社会关系的成员，不仅要调动工人的生产积极性，还必须从社会、心理方面去努力。霍桑试验不仅在理论上对古典管理理论作了修正和补充，开辟了管理研究的新理论，还为现代行为科学的发展奠定了基础，而且对管理实践产生了深远的影响。

然后，现如今迈入数字化时代，"社会人"已经不足以涵盖数字化时代人的全部内涵，从"社会人"向"知识人"转变是必然。知识人不同于普通员工，他们是具有较高文化素养的劳动者；知识人具有把理论知识转化为生产技能的能力；同时知识人是善于创新、勇于开拓的群体，知识人的价值不仅仅是他们掌握了前沿的高科技知识,更重要的是他们具有不断创新和创造新知识的能力。

智慧企业中,我们需要具备主人翁意识,具有凝聚力与执行能力,工作积极,士气高昂的员工;我们需要能胜任各自的岗位,愿意学习,愿意进步,能适应公司的长期发展的员工;我们需要真正拥有清晰的目标,充满激情,敢于承担责任,勇于付出,懂得感恩,并具有支持团队的能力的员工。而在数字化时代的智慧企业中,员工不仅是知识技术的所有者,同时是企业自我约束、自我管理、自我创新、自我演进的重要组成部分。

5.2.2 应运而生的"新员工"

从蒸汽时代到电气时代,再到信息时代,三次工业革命彻底改变了社会的生产方式。日渐成熟的机器逐渐取代了人工生产,从简单地取代人工做一些重复性工作到大规模代替人工进行生产,机器作为生产工具大幅提高了当时社会的生产力。同时机器还能从事很多由于危险系数过高而人无法完成的工作,能提高产品质量和精度。

机器自诞生之初就未曾离开过企业"热门技术"的舞台,因为它们是如此贴近人类的日常生活和社会生产。机器能够将人类从重复、枯燥的工作中解脱出来;从对人体有害的工作中解脱出来;从环境恶劣、人难以长时间胜任的工作中解脱出来。

如今社会变迁,大规模生产被小批量的个性化定制取代,传统的机器生产工具已不足以满足日渐庞大的数字化生产需求。人工智能的发展为机器在企业的持续生存带来了曙光。随着人工智能的成熟,一些算法得以加入机器中,机器不再是被动地接受人设定的程式,单纯地重复机械动作,而是摇身一变成为有思想的机器。这便使得机器不再是一种简单的生产工具被企业使用,机器在企业中真正成为"机器人",它们代表了一种新的生产力。算法和数据是机器的生产要素,有思想的机器具有其理性的能动性,应运而生成为企业的"新员工"。

在大数据时代,机器与数据缺一不可,数据就像阅历,是机器对所在领域的认识。机器有了这些"阅历",再通过参与其中的算法,方能实现机器的自主"思考"。机器具有与数据天然结合的优势,这一点在数据成为企业重要资产的大数据时代尤为重要，所以，机器是大数据时代不可或缺的"新员工"。另一方面，快速流动的数据会让人应接不暇，而拥有"思想"的智能机器相比于人类异常的精力旺盛，甚至在其领域异常的"博古通今"。所以，只要这些智能机器是"可信的"，人必然能够将企业某些决策放手给机器，智能机器是大数据时代企业富有竞争力的"新员工"。

5.2.3 人机结合，自主决策

机器应用在企业中早已是"陈年旧事"了，但现在我们称其为"新员工"，根本原因在于我们发现了机器能与数据天然地结合起来。随着数据价值被广泛地关注，我们真正迎来了"人机结合"的浪潮——机器不仅仅作为一种生产资料参与到企业中，而且还成为一种生产力。在DT时代，我们可以预见，人机结合的组织方式必然是知识人与智能机器的组合，必将取代单一的人和单一的机器。

作为一种生产力，机器的劳动资料是数据，劳动技能是智能算法。智能算法的加入，使得机器在企业中越来越有成就感，也是机器从一种生产资料跃迁到生产力的里程碑，更是我们得以谈论"管理自动化"的资本。

管理自动化是智慧企业的核心思想。在组织管理层面，管理自动化意味着人机结合化的"单元脑""中心脑"和"企业脑"；至于在规划、预测、评估、决策等环节的管理自动化的实现，则是基于这些分层级的"脑"所参与的企业运营管理层面。与从前任何信息化工具和商务智能平台所不同的是，管理自动化所打造的是人机结合所带来的"自主决策"，从而使得企业能够实现向着更智慧的层面自我演进的愿景。

谈及"自主决策"，可以联想到当前的智能汽车。智能汽车与一般汽车最大的不同点在于其能实现自动驾驶，其本质就是汽车在行驶过程中能够自主决策。让汽车自动驾驶的想法相信很早就有，但迟迟不能实现的原因在于，科学技术的发展无法让人类信任汽车自主决策的能力。"信任"二字十分重要，尤其是当机器大规模参与到企业中来的时候。人类固然是愿意放手让机器取代人力去创造价值的，从整个人类社会来看，这不仅能够提高整个人类社会的劳动生产率，还能让人从简单劳动中解放出来，去面对更大的挑战或者专注于创新,这才是人类社会得以进步的源泉。因此,随着机器发展水平的提高,我们逐渐更加"信任"机器,放手让机器参与到企业更多的生产活动中来。但在管理上,即使我们已经能够意识到数据成为支撑管理活动的有力工具,我们至今仍迟迟不敢放手去"信任"机器能够参与到管理活动中来。

管理向来被认为既是一项科学又是一种艺术的活动,因为管理通常需要依靠科学的手段去做些面向"人"的决策,在客观和主观间寻求平衡一直以来都是管理无法回避的问题。而人机结合时代的到来,将会彻底消除管理的矛盾性。一方面,数据使得我们的手段越来越科学;另一方面,机器的大规模应用使得管理从"管人"向"管机器"演变;这就使得企业"自主决策"变得可能,简单来说,得益于智能算法,也就是我们常说的"智能化"。数据的流动从被动走向主动,体现在机器上就是:过去的机器被动地接收指令,实现被动的"自动化",而如今,数据的流动激活了智能化的机器,使得它们能够"自主决策",从"自动"走向"自主",这就使得整个企业拥有了"管理自动化"的智慧。

这是一个管理演变的过程:人管理人、人管理机器、人机结合管理人机结合的组织,最终将形成机器管理机器的无人化智慧企业的终极形式。如今,我们建设智慧企业,必须建立起信任企业自主决策的意识。我们知道,扁平化、平台化的企业组织结构和机器大规模的应用,使得数据能够在企业中无障碍地流动起来。但数据不是最终目的,而是企业管理的手段,数据转化成信息,最终转化为知识才能够成为企业的资本,也就是我们常说的"知识资本"。将这一过程与企业运营管理结合起来,可以描述一个企业自主决策的进化路线。

我们认为知识是企业自主决策的能力之源,换句话说,我们从前无法让机器参与管理活动,是因为企业知识库里没有相应的知识。随着"数据—信息—知识"的持续沉淀,企业知识库中有足够的知识能够支撑起企业的自主决策能力,这些知识反馈到企业运营管理中时,体现为一条条的"信任流",信任流中的所有决策,都由机器来自动完成。数据—信息—知识的沉淀过程是有人参与甚至是由人主导的过程,亦是一个沉淀人的智慧的过程。因此,人机结合的组织是一个智慧进化的组织;而由知识指导信任流产生自主决策的过程，则是企业智慧化的运营过程。

5.3 随"数"演变的运营管理

"运营管理"是与企业同在的管理问题，既有其必须面对的专业问题域，又与企业的组织结构有千丝万缕的关系。为了帮助企业持续获得竞争优势，智慧企业的运营管理应当站在更高的全局视角来解决企业运营中的局部问题，并且赋予"数据"至高的发言权。

随"数"演变的运营管理，在 SAS 模型的指导下，多脑协同的组织全员参与运营管理过程。而在"信任流"的参与下，运营管理在宏观上表现为管理自动化。管理自动化是一段从数字化运营到数据化运营的过程，机器从"自动"运转走向"自主"决策，奏响了智慧的乐章。

5.3.1 信任流参与下的运营管理

企业的组织和运营永远是息息相关的企业管理两大内容。从决策的角度，智慧企业形成了多脑协同的组织结构，而从企业运行这一动态视角，企业的运营管理模式也必须与之相匹配。基于人机结合的场景和自主决策的愿景，我们在上一小节提出了"信任流"的概念，信任流是实现企业运营管理自动化的基础。

有效的运营管理本质上是对流程的管理，因为流程是企业真正产生价值的过程，企业的价值链本质上是流程链，附着在流程之上的物、资金和信息是企业创造价值的要素，故而产生了企业打造"物流""资金流"和"信息流"的"三流合一"的竞争优势。但三流合一是传统信息化为企业打造出来的竞争优势，在数字化过程和 DT 时代，这种优势已经被写进泛黄的历史中，成为企业在竞争环境中得以立足的基本条件之一了。在新时代书写竞争优势的，或许是"信任流"。信任流从企业持续的知识资本沉淀中来，并且持续增加，会给企业带来持续的竞争优势。企业经常强调"数据—信息—知识"这一转化过程，总是试图构建企业的"知识库"，但很少思考如何发挥知识库的功效。而从运营管理的角度来看，知识库最大的作用就是能生成一条条的信任流，实现管理自动化。从管理自动化的角度来审视企业运营管理，我们能梳理出信任流的诞生和参与过程。

从智能机器作为"新员工"参与到企业中开始，企业便有了自主决策能力的雏形。我们已经可以预见，以人工智能的目前的发展速度来看，很多"知识型"工作即将被机器取代，这些"知识"是人类社会所沉淀下来的智慧。于企业而言，"知识库"是其从诞生之初开始便不断沉淀下来的智慧。过去，由于手段的落后，企业即使试图构建其"知识库"，却难以将其价值发挥最大化。智慧企业的智慧之处不仅在于有构建知识库的能力，还有让知识回归企业的能力。智慧企业 IOM－3T 融合的方法论，能够指导企业构建一个覆盖企业从单元脑、中心脑到企业脑的知识库。我们已经知道，智慧企业的组织是人机结合的组织，人机结合体现在运营管理的两个方面：

一是由人参与的运营管理流程。这些流程是企业尚未形成知识的流程，但得益于机器与数据天然结合的优势，依旧有数据流淌在整个过程中，因此，从数据到信息的转化过程依旧是畅通的。这就导致企业在规划、预测、评估、决策等从前相对薄弱的管理环节拥有了前所未有的信息量，这些信息是智能机器推理运算的结果。流程处处产生的数据，实时被机器所掌握、运算，运营管理者不再需要凭借自己的经验来摸索证据，而是随时随地想要证据便可信手拈来，因为智能机器随时可以奉上带有情境色彩的信息，管理者需要做的就是由证据得出结果。这是在面向时刻的不确定性面前，最为理性和理想的管理之路。

二是没有人参与的运营管理流程。这些流程是企业已经形成知识的流程。在上一种流程中，从数据的角度来看，人扮演的是将"信息"推向"知识"的角色，这一过程被智能算法看在眼里，不断学习，然后融会贯通铭记于心，最终沉淀进企业的知识库。知识库发挥其价值的过程就是企业"信任流"流动的过程。所谓信任，就是人退出了管理者的角色，信任机器，让机器来接替这一角色，实现完全的管理自动化，可以看作是人机结合所打造的成果。知识库是人得以信任机器的依据，因此，企业不断沉淀知识的过程，也是企业管理自动化能力不断增强的过程。

从这两个方面可以看出，信任流参与下的运营管理，是企业不断自动化的运营管理。信任流的持续流动和增加，是企业得以谈论自我演进的谈资。

5.3.2 运营管理 SAS 模型

从运营管理宏观上看,智慧企业运营管理是信任流参与下的运营管理,体现了"管理自动化"的智慧核心;而从微观看,智慧企业的运营管理依旧是以 SAS 模型为指导的。

一旦回到微观层次,企业的运营管理往往会为琐碎所扰,陷入无限的复杂多变的怪圈之中,使是被时代的精英打磨出来的运营管理模式,也会在突然降临的变化面前轰然倒塌。事实上,在任何时代,一成不变的管理模式都是无效的,企业运营管理模型应当拥有跳出时代背景、将企业从复杂多变的环境之中抽离出来的能力,因此,企业需要跳出运营管理所直面的复杂琐碎的层次,站在更高的层次审视流程,这是打破企业运营管理为"变"所困的唯一方法。因此,系统论成为我们构建智慧企业运营管理模式的哲思之元。

从系统论的角度来看,企业作为一个系统是一个有机的整体,不是各职能各部门的机械组合或简单相加。各职能部门是企业的要素,因此,优化孤立的部门不一定能够优化企业整体的运营。同时,各部门也不是孤立存在的,它们都处于发挥各自功能的位置上,并且随着企业流程的流动相互关联。

不仅如此,系统论的思维方式也是企业面对大数据应该有的思维方式。过去解决企业运营管理问题的时候,遵循的是单项因果决定论,即我们研究问题,往往是把事物分解成若干部分,抽象出最简单的因素,然后再以部分的性质去说明复杂事物。显然,这种方法的着眼点在局部或要素,使得运营管理常常落入无休止的改进局部环节的怪圈之中。这种思维方式的根本弊病在于不能如实地说明事物的整体性,不能反映事物之间的联系和相互作用,企业这个整体,甚至是创造企业价值的单条流程,都不为管理者所见。

系统分析方法却能站在时代前列,其纵观全局的意识依旧能为现代复杂问题提供有效的思维方式,甚至与大数据时代思考问题的方式不谋而合。大数据时代同样强调,人类社会的观念要从关注因果关系向关注相关关系转变:大数据是对人类世界的真实还原,为人类提供的是理解全局的能力。因此，从一定程度上看，我们或许不是依靠大数据来决策一些事情，而是依靠大数据直接抵达我们想要做的事情，企业运营过程中所有的行为都能成为企业运营管理决策的一部分。

因此，运营管理面对复杂多变的环境失效的原因可以从两个方面来分析：

其一，企业是一个整体，运营管理过程中在某个环节发生的局部问题，都可能是其他环节共同作用引发的，从局部入手并不能解决局部问题。

其二，面对问题，我们的惯性思维是找到问题的原因然后解决。但现实是，企业的运营网络越发复杂，企业的环境变化却越发迅速，等到企业抽丝剥茧找到触发问题的原因后，这个问题可能已经没那么重要了，取而代之的是另一个新的问题。企业这个系统需要时刻的运转，对于"运转"而言，问题的原因可能并不重要，重要的是快速解决问题。而能够解决问题的，不只有因果关系，还有相关关系，而能够快速解决问题的，或许只有大数据提供的相关关系了。只有站在系统整体的角度方能纵观全局，进而才能快速发现问题的相关关系，企业应当如此布局：把因果关系交给战略管理，把相关关系交给运营管理。

系统哲思之下的 SAS 运营管理模型：

当企业被看成一个开放系统，在运营管理中，要素便是企业生成价值的环节、结构便是环节的排列组合方式、功能便是运营流程所创造的绩效。运营管理的微观层面，在系统哲思的指导下应用 SAS 模型。

1. See：感知——不"将旧"

运营管理虽然是企业内部的问题，但其感知的对象却不能仅仅是企业内部，而应该包含企业内部发生的问题和企业外部终端用户的变化两个方面。作为一个开放系统，运营管理可以看成是企业的系统运动，系统所追求的目标方向是创造价值，运营管理便是帮助企业减少"创造价值的过程"中的不确定性。智慧企业运营管理的最终形态或许是使信任流贯穿企业，从而使企业这个系统能够自发、有序地创造价值。

感知企业内部发生的问题已经无须赘述了，这是企业运营管理与生俱来的要求。感知企业终端用户的变化在当前以及以后却显得越发重要。长期以来，最终用户在企业运营管理过程中的参与感极低，可能只是销售流程的收尾对象。企业与用户的关系也是若即若离，一方面客户关系管理要求企业与用户维系良好的关系；另一方面企业存在的本质就是企业从用户身上获利，两者的矛盾难以调和。但是，如果我们把用户当作系统环境去感知，我们会发现运营管理忽然从残缺走向了健全，从两难走向了统一。系统是依存于环境的，系统与环境的一切交流都是为了适应环境。因此，运营管理也是依存于最终用户的，用户不再是一个孤立的受众被企业分析，而成为一种动因让企业主动运转起来去适应它。系统与环境之间有物质、能量或信息的交流，而企业与用户之间也有产品、资金和信息的交流，交流的目的都是为了满足用户的需求，企业运营管理有了一个较为动听的归宿。

当确定用户成为运营管理不可绕过的感知对象，感知的内容便有了新的要求，智慧企业运营管理感知模块，必须拥有不"将旧"的能力，也就是说，我们不仅强调感知用户需求，还强调感知用户新的需求。

感知模块不"将旧"的能力究竟有多重要？我们看到，很多行业巨人因为将"旧"而衰败甚至倒下了，比如 IBM 就因守旧而在顶峰时刻轰然一声迅速从高高的云端衰落下来。1984 年是 IBM 发展的顶峰，其税后净利润高达 65.8 亿美元，盈利构成主要包括大型机和 PC，虽然当时 IBM 已经占据了 PC 机的大部分市场，但是对于 IBM 来说，其大型机的收入仍远大于 PC 机，因此，IBM 认为，大型机的生产力还有很大的改进空间，于是把生产、销售资源都继续投资到大型机的生产之中。然而，20 世纪 80 年代和 90 年代正是电脑需求变化的时期，PC 机是用户的新需求而 IBM 对此一无所知。企业往往只看到自己想要看到的数据和信息，因此 IBM 感知到的只是用户对大型机的需求而认定了大型机的蓬勃发展，甚至认为过度投资 PC 机会侵蚀其大型机业务，因此对 PC 机的技术突破视而不见。结果未到十年，IBM 便从顶峰衰落了：1991 年，亏损 28.6 亿美元，1992 年，亏损 50 亿美元。

在 IBM 衰落的案例中，有人会认为是 IBM 转型失败，是战略管理的失败，其实不然。是否生产 PC 机才是战略问题，况且当时 IBM 已经在 PC 市场上占据了优势，其战略并没有错，错就错在运营过程中缺乏对新需求的感知，而太执着于大型机这一旧的需求。太过"将旧"甚至导致灭亡，柯达如是，诺基亚亦如是。

2. Analyze：分析——"员"力觉醒

结构决定功能，因此要理解一个系统，往往只需要知道其结构就可以了。智慧企业的系统结构对应于在企业组织结构之上所构建的流程。组织是静态的、运营是动态的，连接组织与运营的便是流程了，因此流程不仅是传统意义上创造价值的过程，也是运营作用在静态组织之上，为企业构建出的一种内部关系，即企业这个系统的系统结构，系统结构为适应系统环境而生。

过去，对于大多数管理者来说，对于企业结构的描述似乎就等同于画出一幅层级形式的组织结构图，并且标明了所有职能部门的名字，故而简单地认为，基于组织结构图便可以明确各部门的职责以及层级间的关系。这种思维的根本出发点是方便管理，即能够清晰地描绘出谁是领导、向谁报告，而并非流程这一真正创造价值的企业活动，所以长期以来组织是死板的、流程是固定的，导致运营面对多变的环境必然盲目。企业运营管理的根本目的是通过高绩效的流程来满足用户的需求，但静态的组织结构直接忽视了最重要的内容——用户，更不必说企业运营过程中的其他利益相关者了，因此运营难以和组织结构相匹配，这是运营管理失效的最重要原因。

分析系统结构是企业多脑协同运转的动态活动，若要使动态的运营与企业静态的组织结构相匹配，打造高绩效的流程，必须使多脑协同组织全员参与到"分析"这一过程中来。分析是"一切从数据中来，一切到数据中去"这一过程的真正体现。数字化能力是企业的五官和神经，实时流淌着的数据使得企业能够实时参与感知，单元脑、中心脑和企业脑随即"分析结构"。分析这一过程，只有拥有多脑协同的层次结构才能与被分析的结构相匹配。

从前，数据是散的，零碎的数据很难发挥出真正的价值，这也是企业拥有大量数据的同时企业对数据的需求却难以满足的原因。分析数据必须将数据放到一个有效的框架中，才能发挥整体的价值，这个框架与企业多脑协同的组织结构是对应的，同时也与流程作为"系统结构"的角色相匹配。这意味着分析的过程并不是简单的数据决策支持，那种基于商务智能而自动生成报表、分析数据以供各级业务决策者参考的模式已经过时，取而代之的是上一小节所描述的人机结合的模式参与到企业运营管理中。

我们可以这样理解，过去的数据是没有层次的，我们只能采取上卷或下钻的方式满足不同层面的数据需求，根本原因在于企业只有一个决策的"脑"。多脑协同的组织必须由人机结合来打造的关键点在于，机器所装备的智能算法使得数据具有了层次，或者说使得各级的决策者手中用来支持决策的资源不是一纸相同的数据，而是直接面向该层级的结果信息。我们可以这样形象地理解：这些信息好比企业构建起有效流程的砖块，有打地基的砖，有堆围墙的砖，也有建房顶的砖，你只要堆积足够多的砖块，然后退上几步，就能看到一座完整的房子。

若要看到这座完整的房子，多脑协同的全员参与是必要的。全员参与的优势在于，使得企业运营管理能够站在整体的视角去看待流程。过去企业执着地改进流程，实际上也只停留在"单元脑"的层面去解决企业从生产到销售过程中某一局部的问题，于是自下而上的汇报与自上而下的命令成为企业运营管理的常态，却也是企业运营效率低下的根本所在。系统论中强调，部分只能影响结构，只有整体才能决定结果。因此，调动起"三脑"协同运转，是运营管理的基本要求。

多脑协同分析是系统论思想在运营管理过程的核心体现，并且直面运营管理面对复杂多变环境的失效问题。

一方面，不同层次分析流程能够覆盖企业这个整体：如果感知对象是企业内部发生的问题，那么在单元脑层次发生的问题同时也被中心脑和企业脑尽收眼底，企业最基层的业务单元不会显得支离破碎，在某个环节发生的局部问题可以在局部（单元脑）被解决，也可以在更高层次（中心脑和企业脑）被解决。这取决于运营管理问题的复杂性和发生的频繁性，越是复杂、频繁发生的问题，越发需要高层次的分析能力。如果感知对象是企业的终端用户，那么每一个脑都会分析用户的变化，进而从不同层面改变流程以适应变化。这取决于企业感知的用户的变化程度，越剧烈的变化越发需要高层次的分析能力。

另一方面，随着企业的运营网络越发复杂，企业的环境变化却越发迅速，这就要求企业能够针对内部问题或者用户变化来快速解决问题，就好比我们在大数据时代强调，问题的原因可能并不重要，找出相关关系来解决问题即可。多脑协同所呈现的层次感使得企业能够从不同的视野解读数据，快速找出相关关系的关联者，进而能够快速更新、打造高绩效的流程。

从宏观的角度来看"分析"这一过程，单元脑层面的分析最为简单，或者说最为频繁，最容易沉淀出知识资本，进而被"信任流"指导实现自动化；而企业脑层面是企业运营管理的最高层次，一定程度上统领企业运营管理的过程，或许是企业管理中最后实现自动化的过程。但在尚未实现自动化的阶段，并不意味着企业没有"智慧"的能力。人机结合的组合，使企业在面对不确定性面前有了空前的自信，这是一个日益智能化的过程——智能算法会将机器的思维训练得越发与最精英的运营管理者思维相似，甚至超越——即使在很长一段时间内，机器没有从信息中沉淀出知识的能力，但依旧能够将流程的数据分析为代表企业增值能力的价值信息、将用户的新需求分析为代表结果的预判信息，呈现在管理者面前，管理者只需最后的适应性分析，画龙点睛。而这一画龙点睛的过程反过来亦被智能的机器学习，它们会不断尝试进行适应性分析并将结果呈现给管理者，我们相信，管理者终将"信任"它们。

3. Sight：洞察——以终为始

运营管理实现卓越流程要求企业能始终洞察出流程的价值，以始为终。这是运营管理基于系统结构（流程）显现的一种跨越多重利益相关者包括用户而形成的价值，这种价值最简单的表现形式是盈利，当然还有其他更为崇高的价值形式，但终究都是为其他企业一时间难以复制的竞争优势。

洞察价值的一个重要原因在于，它能统一企业的价值主张。虽然我们强调企业是一个系统，强调用系统的思维考虑问题，强调局部问题通过整体解决，但局部终究是存在的。如果说成功的流程是调动所有的局部在一个阶梯上向上攀登，那么流程的价值就是阶梯所倚靠的那面墙。

"以终为始"是史蒂芬·柯维在《高效人士的七个习惯》中提到的第二个习惯描述的是：先在脑海里酝酿，然后进行实质创造。流程的本质是创造价值，但流程本身是连续流淌的，关于流程优劣的唯一评价标准也只有价值。流程与职能的区别如同手机和电的区别，手机是实物能用确切的参数去测评，而电却只有电力单位能够丈量其能力，因此手机价值的评判标准不一，但是电的价值一定程度上就是多少度电的价值。洞察流程的价值是十分重要的，明确的价值结果既是对某一系统结构的期待值，也是对其的运行结果好坏的评判标准。我们说以终为始，其实就是要求企业的一切运营管理活动都有明确的评判标准。无论是"信任流"下的全自动化管理，还是依旧需要有人的参与的人机结合的半自动化管理，评判标准都是企业运营"纠偏"的参考点，好比算法的阈值，没有阈值的算法的运行是没有意义的。从宏观上看，参考点或许是企业沉淀知识资本，打造信任流的"最后一根稻草"，如果智能机器每一次都能准确找到参考点，那么人将最终退出运营管理的 SAS 模型。

5.3.3 从数字化运营到数据化运营

古人的智慧曾告诉我们："以正治国，以无为治天下。"

过去到现在，企业仍是一个封闭的系统，如同古人口中的"国"，因此，企业运营更多的是在"控制"。但是，智慧企业必然是一个开放系统，处于一个大的行业生态系统中，如同古人口中的"天下"，那么企业运营管理需要发挥自我协调能力，允许自我演化、自我监督、自我生长，无为而治。从"人为"到"无为"，必将经历一个从数字化运营到数据化运营的过程，智慧企业的运营管理最终是数据化的运营管理。

1. 前奏：数字化踏浪而来

几乎所有企业都想打造"力压群雄"的竞争优势，当下，很多企业试图在数字化领域有所建树，以期打造来自时代前沿的竞争优势。但遥望企业长远的发展之路，我们会发现数字化是不容企业选择的，它是迈向智慧企业的必经阶段。数字化运营是智慧企业运营管理模型的基础，无论是互联网时代还是大数据时代，数字化借 IT 技术之风帆踏浪前行，企业拥抱数字化的程度越高，它们的运营将会越高效，并最终转化为企业价值的提升。

关于数字化运营：基于 IT 技术的互联仅仅是一个起点，或者说是能够向数据化运营转型的基础，产生流动的数据才是我们所要求的结果。

（1）互联——借力 IT 技术之浪

企业数字化的进程伴随着信息技术的发展而展开，从 MRP、MRPII、CRM、SCM、ERP 到后来的信息系统的集成，数字化的演进方向是借 IT 之力形成互联。

数字化不同于信息化，这是人类社会从 IT 时代迈向 DT 时代的要求。

首先，在 DT 时代，不仅企业基于各种职能所构建的信息系统是信息孤岛，企业本身也是一座信息孤岛，因此，数字化远非将 IT 时代的信息系统进行集成那样简单。

其次，数字化是在信息化进程的基础上进行的，但一定程度上看，企业的 CIO 需要彻底推翻原有的信息化技术以支持数字化革命。数字化是信息化的高级阶段。数字化企业是企业完成全面信息化后，站在数据的角度对企业运营流程的重新审视、对全部的业务逻辑进行改造，是现代企业运行的一种新模式。

最后，DT 时代的数字化运营要有与新兴技术共舞的能力。利用新兴技术为企业带来的竞争优势，这是数字化运营的根本目的，但新兴技术层出不穷，人类已经难以想象下一个十年技术所呈现的面貌，我们能窥探到的是，DT 时代的新兴技术具有高度数字化的特点和趋势。只有成为数字化企业才能使企业具有充分的灵活性去利用新兴技术。更进一步来看，数字化企业所组成的更广泛的生态系统所打造的新一代产品、服务和商业模式可以带来前所未有的大规模变革。

在 DT 时代，IT 技术从时代的前沿走下神坛，成为一种最为常见的基础设施，因此，IT 技术并不能为企业带来竞争优势。借 IT 之力形成互联，方能产生数据，数据方能帮助企业从数字化运营踏上数据化运营之旅——当然，这是后话。作为前奏，数字化运营借 IT 之力，至少应该站在如是的起点上：

①软硬件打造的两极

大规模计算设备打造的数据中心成为大型企业的核心竞争力，越发 APP 化的软件让小企业也能轻松驾驭智能。数字企业的两极一极是云化的超大规模计算能力，一极是随时可用的智能软件：APP 的地位得到提高，传统大型的 CRM 软件可以搬上手机，不仅开发快，而且实时。

②至高无上的客户体验

全新的数字交互模式融入客户的生活，企业能够与客户无缝连接，掌握客户数据的企业将成为比客户自己更了解客户的"服务提供商"。

③扩展的企业边界

智能硬件形成企业的"智能互联层"，极大地扩展了企业智能的边缘；人在全球范围内的协同，打造了无边界企业，真正打通了企业这座信息孤岛。

④流动的数据供应链

不可或缺的还有一个灵活的数字化核心平台，当前我们更常称其为大数据平台。借助数字化核心平台，企业彻底摆脱了批处理模式下的运营模式，无须再构建复杂的流程来突破传统技术的限制，化繁为简。更重要的是，数字化核心平台能够驱动传统的供应链变成数据供应链，为数据化运营带来曙光。

(2) 数据——智慧未完待续

DT 时代所带来的数字经济的大背景，以及采用物联网、社交媒体和其他外部的结构化、非结构化的数据流，使得企业的价值链变得越发复杂，所以才有了数字化核心平台，才有了从供应链向数据供应链的转变。数字化运营的成果，是带来永不停息的流动数据。

数据是推动数字化运营、创造增值业务成果的动力。借助于数字化所打造的大数据平台，运营活动开始变得自动化了，该平台能够支持企业现有流程的自动运转，成为有效执行数字供应链的重要一环，这样，或许企业就能够专注于战略性优先工作，而不是花时间维持系统的正常运营。

但自动远非智慧，数字化运营只能提供维持正常运营的能力，无法参与到决策。换句话说，运营管理并没有被数字化。我们可以理解为：数字化企业能够最大限度地自动化，但没有"人工智能"的参与，无法实现有智能机器参与的规划、预测、评估、决策等管理活动，更无法在企业构建起"信任流"以支持更高层次的管理自动化，无法到达"智慧"的层面。所幸数字化带来了数据，有了数据，才能踏上数据化运营的旅程。智慧在数据流淌的过程中，未完待续。

2. 踏上数据化运营的旅程

从数字化运营到数据化运营,这是一段从"自动"走向"自主"的旅程,"自主"的能力,方能称之为"智慧"。

关于自动化和智慧的区别,我们可以从机器的角度来理解:自动化的机器缺乏学习能力,而智慧的机器具有学习能力,因此自动化的机器只能接受指令、正常运转,而智慧的机器却能主动进行决策。这也是数据化运营与数字化运营之间最重要的区别。

数字化运营是企业通过数字化手段建立起固定的运营模式,机器代替部分人力完成劳动,进而支持管理者快速决策、加速运营流程快速运转的过程。从运营管理的角度上看,数字化运营尽力帮助运营管理者实现流程的自动化,但没有帮助管理者实现管理自动化,"人"依旧是运营管理过程的引擎。

数据化运营则是将运营建立在数据的基础之上,运营管理随数据的流淌而动。取代人力的不是简单的机器,而是懂得"思考"的智能机器。从数字化运营到数据化运营,起初是由智能机器取代数字化运营时代的简单机器,它们能对流动的数据进行科学的分析,使得数据变为有意义的信息,人类的管理活动不再会为眼花缭乱的数据所困,管理者只需将智慧贡献在从信息上升为知识的这一过程当中。再后来,随着企业知识库的沉淀,知识反馈到企业中,企业建立起了全面流通的"信任流",那么最终会由智能机器取代管理者,实现全机器化。全机器化的运营能够实时产生数据,数据交由算法去思考,然后给出有关下一步运转的指令,机器接收指令立刻反应,因此,所谓运营模式将不复存在,因为这一切是没有等待的即时流程,上一秒的运营模式在下一秒或许就被打破。

从运营管理的角度上看,智能算法取代了"人",成为运营管理过程的引擎,这将完全消除人主观决策所携带的非理性因素。不仅如此,还有机器取代了所有人来完成所有劳动,这将完全消除人们沟通所消耗的时间和损失的信息量,机器的强大运转能力将为企业带来不间断的运营能力。从 SAS 模型的角度看,数据化运营是数据驱动的,模型的运转在一定程度上可以理解为数据的流动,因此我们看到运营管理过程不再是"找数据"的过程,而是数据自然流动,显现出"运营管理"的过程。

从数字化运营到数据化运营这一过程的关键要素在于智能算法的应用和成长。我们看到，人工智能的迸发近在咫尺，它是对人类智慧本质的探索，映射到企业中，就是使企业中流动的数据上升为信息，最终上升为知识。企业运营成功的关键在于应对随时突袭的不确定性，从前我们依靠人的经验和智慧来解决，数据化运营依靠智能的算法来解决，得益于智能算法强大的计算能力和对企业内外环境的模拟能力，一定程度上为企业打造出了"第二世界"。这个"第二世界"存在于智慧企业运营管理模型之中，它是一双无形的手，赋予了现实世界中企业的自我协调能力，推动它们自我演化、自我监督、自我生长，无为而治。

或许全面机器化的时代离我们十分遥远，但装备智能算法的机器已经向我们走来，由智能算法支撑的管理自动化必将会为企业带来持续的竞争力。我们希望，智慧企业运营管理模型不仅能在未来与企业交汇，还能够在当下为企业的运营管理带来些许思考。数据的流淌从未停止，只是我们曾看不见，也曾视而不见。

5.4 组织与运营文化协同创造价值

在商业全面数字化的今天，企业的文化也必须经历数字化的蜕变。组织与运营文化都是为企业创造解决方案、推动企业改变现状进行变革的内生动力。企业面对的环境是诡谲的，我们无法信誓旦旦地保证何种组织和运营模式能永远地以不变应万变，只能借助于文化之力让企业无论何时都有创造价值的潜力。

组织和运营是相通的，它们的文化在过去、现在和将来都是一团永恒的火，按一定尺度燃烧、一定尺度熄灭，让企业自发地围成一圈，借其光和热去创造价值。

5.4.1 新时代的组织文化

组织文化是指组织全体成员共同接受的价值观念、行为准则、团队意识、思维方式、工作作风、心理预期和团体归属感等群体意识的总称。匹配、融合的组织文化是企业生产、管理、运营的支持保障。新时代的智慧企业是集知识型组织、学习型组织、开放型组织于一体却不仅限于此的新型组织,这也就要求相融合的组织文化来支撑。

知识型组织存在于脑力劳动人员大于体力劳动人员数量的企业中,其组织结构需要更加的扁平化、网络化甚至是虚拟化,不再是层层的按等级延伸,从生产方式、管理内容、管理目标等各个方面都与传统企业组织有所不同。知识型组织是处在信息化、知识化前沿地带的"准传统企业",知识是其重要且主要的生产要素,强大的知识管理能力是知识型企业发展的关键,也是获取经济效益的基础与前提。

学习型组织是一个精于创造、吸收和转化知识的组织,它不同于知识型组织从静态的角度进行研究,主要是从动态的角度研究组织的学习与发展,强调通过学习达到组织的共同愿景。而知识型组织认为基于组织的知识资产所进行的知识管理是知识创新的必要条件。学习型组织同时也要善于修正自身的行为,以适应新的知识和见解,这就要求组织应力求精简、扁平化、弹性因应、终生学习、不断自我组织再造,以维持竞争力。

开放型组织是基于平台的孵化器,它不再局限于企业本身,而是将企业平台化、资源共享化。开放型组织打破了传统组织的结构,要求组织结构更加扁平化、网络化,打造平台孵化创新,也便于获取组织外部资源。因此,开放型组织也是创新型组织,其开放性的组织文化有利于营造创新的环境,从而走在前沿,处于不败之地。

新时代的智慧企业就是这样一个以知识为生产力,不断学习、开放创新、自我演进的企业,这与多脑协同的智慧组织匹配融合。

5.4.2 追赶时代的流程型企业

我们常说组织文化是企业的灵魂,那么运营文化可以称之为企业的身躯,它是带动企业运作以创造价值的支撑。智慧企业的运营管理随"数"而变,变化的落脚点便在于流程,因此,运营文化的核心便是流程的思想。

未来学家阿尔文·托夫勒曾提出一种"失同步效应",他指出:"时间上的失同步效应来源于人类在数亿年演化中形成的从而不可能在数十年内有所改变的深层心理结构。人类能够容忍的环境变化速率将低于人类创新活动所诱致的环境变化率，从而引发一次深刻的总体危机。"从企业运营上来看，其失同步效应是企业内部运营管理的变化速率跟不上环境的变化速率。如何缓解这种失同步效应？这就要求整个企业有一种流程基因，打造流程型企业。

"流程型企业"并不是一个新名词，我们对流程型企业的认识是：流程型企业强调以企业各类流程为基础，以核心流程为中心动态梳理企业各种流程及其关系，围绕如何快速响应市场需求为目标优化、重组企业流程和调整组织架构。流程性企业的日常运营是这样的：每个工作流都指向用户，所有的活动和任务都是工作流。任何一个工作单元在用户的价值链中掉了链子，马上就会显现出来。同时，业务流程能开放给用户和合作伙伴，使他们有机会参与到其中以满足用户的需求，体现出快速、合作和开放的特点。参与并不是简单地建设一些社区和网络论坛，而是需要企业的整个价值链中的各项活动都能适应这种新的模式。建立其如是流程的企业其实已经成为一个平台型企业了，在这个平台上，与企业价值链相关的各方能够互动、协商、合作并整合起来，满足用户的需求。

可见，由于流程连接了企业的静态组织和动态运营，所以流程型企业不仅体现了基于流程的运营文化，还表现为一种极富弹性的柔性化的组织文化，是一个可扩展的开放系统，能适应信息社会的高效率和快节奏。在流程型企业中，流程基因贯穿始终，显现在企业的软硬实力中。

1. 流程 IT

流程 IT 是精简的。从某种程度上看，流程基因下的 IT 建设不再以企业目标为导向，而是以流程中的数据为导向。为流动的数据架起 IT 技术的风帆，才能使得数据真正服务于企业的运营管理，进而使得企业能够从数字化运营走向数据化运营。

2. 流程文化

流程文化要求企业建立一种流程价值观，这是运营管理模型得以运转的内生动力。流程价值观是对企业价值创造方式的回答：企业中只有流程才能创造价值，而不是职能、不是岗位。流程价值观能够将企业的所有资源凝聚起来，为 SAS 模型的运转减小阻力，并且能将运营决策终点落脚于尽可能提高价值链上每一环节的有效性上来。

3. 流程组织

在流程文化氛围中，企业组织必然要打破内部职能孤岛，避免流程脱节，打造端到端的流程结构。同时，流程组织要敢于转向自动和智能，敢于用机器和算法取代人力。虽然这看起来略微残酷，但是机器和算法才是运营管理模型最优的参与者。

4. 流程绩效

流程组织的绩效考核是在流程中水到渠成的。企业无需强调绩效考核的"透明公正"，因为考核本身俱不复存在。绩效是实时反映的，无论是高绩效还是低绩效，都会直接被拉到系统的聚光灯下。

5.4.3 回归流程的绩效

关于绩效的一个十分形象的比喻：如果我们把整个企业看作一部汽车，那么各个部门就是高速运转的发动机，绩效管理体系则像变速箱，发挥着调控作用。变速箱是由很多齿轮构成的，齿轮之间有关联就有磨合，"组织绩效"与"个人绩效"作为两个最主要的齿轮，在运行中自然会产生摩擦。

组织绩效和个人绩效看似是自上而下的目标分解，实质上也是一组难以调和的矛盾。

首先，在目标分解的时候，企业管理者难以做到"心中有数"，从组织绩效到个人绩效的纵向分解过程存在诸多障碍，使得很多企业每年设定考核目标的工作都成为一种上下之间的"博弈"。而对于企业管理者而言，通过绩效管理工具保证企业目标的达成，也就无从谈起了。

其次，在进行考核时，容易顾此失彼。如果只针对员工个人的绩效结果进行考核，必然埋没其对部门或团队的贡献，长此以往，就会使员工养成"个人英雄主义"思想，而忽视对团队与组织绩效的责任感，削弱了整体的凝聚力和战斗力。我们所提倡的员工之间的团队协调与配合也将受到极大的挑战。尤其是个人绩效与组织绩效产生冲突的情况下，是先保组织目标还是先保个人目标，员工很难做出正确选择。

组织绩效的整体性和长期性与个人绩效的单一性和周期性之间形成了强烈的冲突，使得绩效考核违背了管理的初衷。任何管理活动都是为企业创造价值服务的，不能流于管理的形式。因此，绩效管理必须回归价值创造的过程。

流程是企业创造价值的直接过程。因此，通过流程绩效来统一组织绩效和个人绩效，才能使得绩效管理是真正为企业创造价值服务的。

虽然也有很多企业都意识到建立基于流程的绩效考核体系的重要性，但它们大都缺乏严格的流程考核指标。它们可能对制造成本和产品销售收入了如指掌，但对于无差错履行订单的次数或新产品从概念到实现赢利的确切时间却不清楚。事实上，它们往往并不确定应该对流程的哪些方面进行考核，考核系统被限定在组织的各个边界内，而流程却跨越了这些组织边界。可见，若要使得绩效考核回归流程，建设流程型企业，基于流程基因的组织和运营管理是无法逾越的基石。

智慧企业的组织结构和运营管理模式都能使得绩效回归流程。

从组织结构上看，多脑协同的组织结构是扁平化的组织，没有阻碍流程的边界。在传统的科层制企业中，流程被认为地割裂，而过分的专业化分工也使得内部交易成本增加，职能部门获得高绩效的代价往往是职能部门间的冲突和流程的不连贯，甚至是与市场（用户）需求的背离。而多脑协同的组织结构通过数据的分层连接企业，但数据是随着流程自然流动的，多脑协同使得个人和组织都统一在了一个动态的整体之中。

从运营管理上看，运营本身回归到了创造价值的流程之中，而SAS模型要求运营管理过程始终能够洞察流程的价值，这本身也是绩效的回归。企业每个流程如何影响企业目标、流程中的哪些方面与组织总体目标最为直接相关，这都是多脑协同的组织在运营管理感知、分析和洞察的过程中已经胸有成竹的事情。而从数据化运营的角度上看，绩效管理将会实时与数据为伴，与流程一同回归到运营管理的活动之中，最终回归企业的价值创造过程。

因此，智慧企业的绩效管理，是跨越多重相关利益而回归流程的绩效管理，从根本上统一了企业和员工的价值。得益于流程的数字化，绩效管理也成为一个实时的过程。任何人，甚至是机器，在创造价值的过程中所产生的差错都会实时地被拉到聚光灯下；同时，任何人，包括机器，为企业创造的价值，都会成为实时流动的数据，是企业价值的组成部分或者企业价值创造的一个中间数据，绩效真正地成为企业为实现其目标而展现在不同层面上的有效输出。

回归流程的绩效管理，将"评估"的过程变得实时和理性，并且能够清楚地呈现出被评估对象的效益和贡献，或许这才是绩效管理的本质：激励员工只是一种手段，其根本目的在于为企业创造价值服务。

第 6 章　智慧企业技术框架

　　智慧企业的建设是一个长期过程，技术能力是其关键保障。基础设施的建设更是一个厚积薄发的过程。智慧企业技术能力可以概括为"三化"和"五大"。"三化"代表标准化、数字化和网络化；"五大"代表大感知、大传输、大存储、大分析、大计算。通过"三化"建设，形成"五大"的技术能力，为数据驱动的管理打下基础。智慧企业全新的基础设施是"云大物移智"，即云计算、大数据、物联网、移动互联网和人工智能。

6.1 智慧企业"三化"技术能力

6.1.1 标准化

智慧企业标准化建设旨在有目标、有计划地建立起联系紧密、相互协调、层次分明的系列标准并贯彻实施，以指导和支撑不同行业企业智慧建设的总体规划和工程实施，同时规范和引导智慧企业相关 IT 产业的发展。

参照国家标准化体系建设思路，智慧企业标准体系建设的指导思想为：根据国家"互联网＋"战略发展目标，面向智慧企业建设和新 IT 服务产业发展，本着"统筹规划、面向应用、突出重点、开放协作"的工作思维，结合企业的架构需求，设计全面详细的标准体系。

标准体系的建设是一项专业工作，建议企业成立专项组织实施，由相关主管部门统筹指导，通过标准化组织、信息化主管部门以及外部专家之间的密切协作，积极研究智慧企业建设的共性需求，加强对现有相关信息、通信技术和应用领域标准化力量的协调，制定完善的智慧企业建设所需的基础技术（如：云计算、大数据、物联网）、数据和服务支撑、生产运营、企业管理、安全、应用类标准，同时设计配套的标准综合应用指南。

6.1.2 数字化

智慧企业是数据驱动的企业，数字化无疑是其最重要的基础能力之一。大数据分析，是智慧企业科学决策的基础。大数据的形成建立在企业数字化基础之上。数字化程度也成为企业核心竞争力的重要考量标准。

数字技术是数字化的基础，IT 基础设施、移动技术、数据分析平台、社交媒体和云平台等为数字化提供技术基础准备。然而更重要的是，数字化企业不仅仅是在技术上数字化，更从思想、企业管理、运营等方方面面透彻实现数字化。企业需要对自身实施各项业务战略的举措进行调整，以实现超越技术表面的真正意义上的数字化转型。

下图是一个企业数字化转型的参考思路，以数字技术为数字化转型的支撑基础，以客户和企业内部为重点转型对象，以客户为中心形成数字化思想，以企业为对象从竞争战略、运营和业务三个角度打造数字化能力，并构建全新的数字化渠道以升级企业与客户的沟通方式，同时持续打造围绕企业与客户的生态系统。

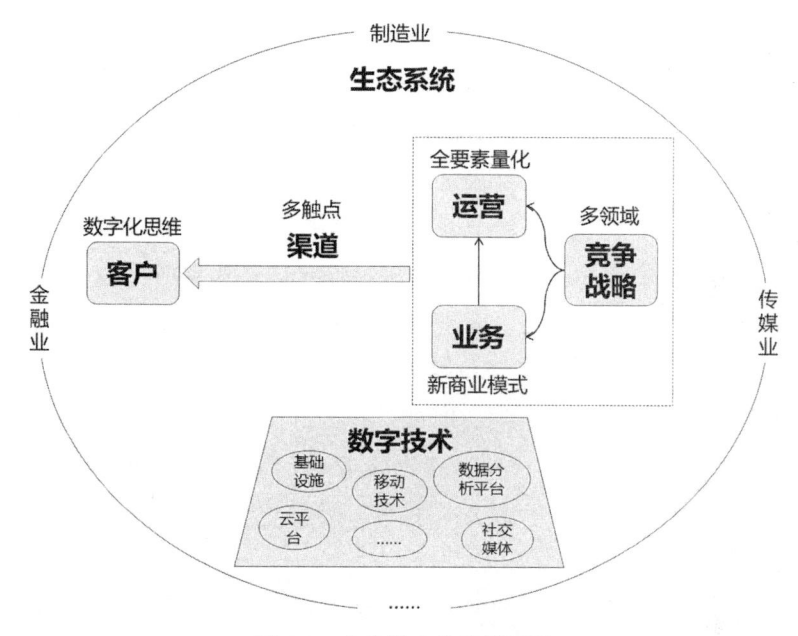

图 6-1　企业数字化转型思路

1. 以客户为中心拥抱数字化思维

由于中国一直是巨大的消费型市场，国内的企业在相当长一段时间内只重视大规模生产和大众消费市场。但在数字化时代，消费者不再是商品的被动接受者，以前那些生硬的广告再也不能让消费者趋之若鹜。消费者需求已经开始分散化，他们需要个性化的商品并且喜欢享受快捷、便宜、贴身化的服务，也更愿意变身为企业的员工主动参与从创意到产品形成的全部流程。为构建以客户为中心的体验，企业的管理者和普通员工都需要拥抱全新的数字化思维方式。

站在消费者的角度，企业需要运用大数据、移动互联等技术在较短的时间内获取消费者的个性化需求、选择更多样化的供应商，并适时地进行改造、研发、生产和营销，以最大限度地满足消费者内心真正的需求。对数字化企业而言，客户始终居于核心位置，企业的数字化变革是由客户推动的，正是客户对产品和服务日益个性化的预期，造成了数字商业领域中的差异。企业必须以他们的需求引导运营的方方面面。

以客户为中心的具体实施从了解客户、预测客户、与客户互动三个方面着手。首先是了解客户，借助数字化了解每位客户在消费过程中的定位如何——哪些是潜在的客户、哪些是新开发客户、哪些是流逝中或者已流失的客户，确定特定客户的价值并考虑客户升值的可能性；然后是预测客户，预测客户在消费过程中各阶段的行为，根据预测分析结果给客户打分以优化互动环节；与客户互动也是非常重要的环节，企业通过互动的方式获取有效反馈信息，包括在消费过程中，不同客户喜欢的营销手段、不同的客户类型适用的产品组合、可以实施哪些全渠道策略等。在数字化转型的过程中借用以上三种方式，真正做到以客户为中心。

2. 以多领域为视点调整竞争战略

互联网开启了激烈竞争的新时代，孕育了全新的"共享经济"，使行业之间的界限日益模糊。从传统意义上来说，有些企业只专注于一个领域，但未来的数字企业，需要关注更多其他领域，竞争对手的来源也更加多样化。

波特"五力"模型中提到企业的竞争来自五种力量：供应商的讨价还价能力、购买者的讨价还价能力、潜在竞争者进入的能力、替代品的替代能力、行业内竞争者现在的竞争能力。对于潜在竞争者，传统的关注点在相近产业或提供相似产品或服务的企业，但当今时代的潜在竞争者可以来自任何行业，并且可能提供完全不同的服务蚕食传统行业的利益，甚至颠覆整个行业，如新兴行业颠覆传统银行业。因为互联网为新兴企业赋予了迅速进行低成本扩张的能力，以此抛掉老旧体系和"通常做法"的包袱。在过去，一个企业的销售网络或许要耗时数年才能搭建起来，但如今一夜之间占领市场的例子比比皆是。这样一来，竞争将会激化，新赢家可能从各行各业涌现出来，大型传统企业被迫接受了新兴企业的挑战，避战的结果只能是死亡。

因此传统企业的数字化转型必须积极调整竞争战略，故可以借用数据挖掘以提升市场洞察力和竞争优势，为企业注入迅速回击竞争者的血液。

这些转型需要大量的技术和其他投入，短期内会影响企业的成本结构，但也会彻底改变公司的经营方式，让企业在激烈的市场竞争中获得巨大效益。

3. 以新商业模式为媒介发展数字化业务

数字化业务就是数字化企业通过信息、企业资源和数字技术的创新组合，设计新的商业模式，实现业务模式的数字化，构建独特的客户体验，获取能够满足数字化世界新预期的创新成果，进而实现业绩增长。此时，企业不再仅仅关注技术可能产生的影响，而是努力寻找新的商业模式来实现商业价值的最大化，积极利用数字技术拓展产品和服务潜能，创造各种全新组合，设计数字化商业模式提升业务绩效，并使客户、员工和商业伙伴从中获取全新收益。在企业的客户关系、经营活动、战略资源以及经济模型的成本结构和收入流等各方面都可能存在运用数字化手段实现商业模式创新的可能性。

在客户关系创新方面，可以从提升顾客忠诚度转变为赋予顾客更多选择权。在数字化时代，顾客忠诚度已经越来越难维持，数字工具为顾客提供了更加便捷的信息获取渠道，导致他们在购买选择方面比企业还强，更可怕的是转移成本低，但企业也可以借助数字化工具设计全新的商业模式。比如，在养老金和保险业，客户的复杂投资决策一般都是由专家来做，而一家跨国保险和养老金公司提出了截然相反的想法：为客户提供自己做投资决策的方案。这家公司现在为客户提供了基于网络的投资信息和决策工具，并配有风险提示，客户可自主决定部分资金投放的业务。虽然这是该公司客户关系转变的创新尝试，但其规模和产品创收前景是不可限量的。

在企业行动创新方面，可以从提升效率转变为提升智能化程度。如今的市场日新月异，许多产品还没"出生"就已"夭折"，根本走不到优化生产流程这一步。在精益管理思想中，提升效率被认为是增加利润最可靠的方法，时至今日也依然适用。比如，某线上酒店预订平台利用快速流转的反馈意见将其商业模式的重心从效率转移到用户满意度。这家企业把连续反馈流和日常试验整合到了主要活动当中，创造了一个真正的学习系统，现在，企业每天都会改进和调整网站来提升客户参与度，并增加收入。此时，预订网站不仅仅是一项功能性服务，也是如何提高客户参与度的一种体验。

在资源创新方面，可以从持有资源转变为使用资源。数字技术通过提高透明度和降低搜索/交易成本，为协同消费建立了更好的价值创造模式，也就是与合作对象共赢的灵活商业运作。例如：Peerby 允许邻里共享闲置在车库里的工具和其他家居用品；Uber 和滴滴出行让私家车提供打车服务。这些公司的客户都可以使用资产，而不仅仅是拥有资产。类似地，软件制造商 Adobe Systems 停止了一次性购买获得认证的升级产品，客户需要通过每月订阅来获取使用权。Tesla 免费开放其所有知识产权，以推动清洁能源汽车的发展。

在成本创新方面，可以从低成本转变为零成本。传统的大规模批量生产基于每一件产品或服务只能被一位客户使用一次的理念，通过提高产量的方式降低单位平均成本，但不可能将成本降到零。而数字化可以颠覆企业固有的理念，比如大规模网络开放课程提供边际成本基本为零的教育。另一个典型案例是电信行业，其传统盈利模式是经济规模越大创造的价值越多，即单位成本随着销售的通话时长的增加而降低，而一家电信公司彻底颠覆这个模式，为客户提供免费的短信和通话套餐，而数据使用、数据网络和储存容量成为企业的赢利点。

以上是传统企业可以借鉴的商业模式创新之路。对于传统企业来说，商业模式的创新之路获取稍显艰难，然而一旦发现并推翻固有的商业运作教条，整个企业的业务将实现颠覆性改变。

6.1.3 网络化

网络化的利器包括互联网、物联网、移动互联网，它们共同构成智慧企业的"大网络"，是数据传输通道，是智慧企业"互联互通"的基础。大网络像一张无形的大网覆盖在智慧企业的每个角落，拥有无数无形的触角，触及智慧企业的每个神经、每个细胞。从人到物、从机器到算法、从业务到管理，智慧企业生命动态尽入网中。

互联网——互联网启迪着业务数字化，包括线上的直接数字化及线下的间接数字化。互联网是企业基础网络，覆盖企业所有业务。

物联网——在业务之外的生产要素也是智慧企业数字化的对象。物联网通过传感器、设备、设施、互联网将生产要素数字化，补全大网络的漏洞，使网络覆盖更全面。

移动互联网——随着移动端的不断发展，移动互联网通过动态移动的方式启迪业务数字化，在互联网的基础上织就一张更密集结实的大网络。

6.2 智慧企业"五大"技术支撑（图6-2）

智慧企业的大感知、大传输、大存储、大分析和大计算，不仅仅代表了智慧企业的技术方向，也是任何企业实现"数据驱动"技术路线上的关键坐标。作为智慧企业建设的先行者，大渡河公司的"五大"技术方向已取得了显著成效。本节将融入大渡河公司的技术案例，为智慧企业技术路线提供参考。

图6-2 "五大"技术支撑

6.2.1 大感知实现耳聪目明

大渡河公司通过互联网、物联网和移动互联网的建设，实现了企业的全面感知，使得智慧企业耳聪目明成为可能。

1. 互联网——铺撒大网

当下，每个企业都有互联网的布局。但互联网对于企业的意义不仅仅在于"联通网络"，更在于为数据铺撒各司其职的路径。

作为智慧企业建设的探索者和实践者，大渡河公司率先在公司本部和所属控股单位进行了铺撒大网的重大工程。

本部：公司本部为万兆骨干、千兆到桌面的局域网；互联网出口为电信 200M、联通 100M+100M 共三条独立链路；部署有 SSL－VPN 设备实现安全的远程访问和移动办公；公司与国家能源集团广域网通道已完成改造，通过 50M 专线与国家能源集团连接；下属二级单位通过 8M 运营商专线和 30M 电力光纤专网与大渡河公司广域网连接，承载国家能源集团和大渡河公司系统的数据交互。

所属及控股单位：各单位局域网实现了千兆骨干网、百兆到桌面；目前采用独立互联网出口，部署了防火墙、路由器、IDS、行为管理等设备，实现了内网与互联网的逻辑隔离；广域网方面，基建单位通过 8M 专线接入大渡河公司广域网，电力生产单位通过 30M 电力光纤接入大渡河公司广域网。

大渡河公司基础网络实现了"两级覆盖两级连接"，公司本部和所属及控股单位分别织就了密集的内部网络，下属单位通过专线与本部网络实现第一级连接，本部通过专线与国家能源集团实现第二级连接，通过互联网实现三级机构的互联互通，满足感知业务数据互联网。基础网络服务于大渡河公司"全方位全业务"的感知，覆盖由流域开发、电力生产、市场营销组成的水电价值链板块，支撑企业的上层战略规划板块、人财物业务支持板块、审计纪检党群企业监督板块和企业服务板块。

2. 物联网——深渊探底

物联网实际上早就存在了，它是互联网发展的自然延伸和扩张至物物之间的效果，是在互联网的基础上强化智慧企业大感知体系的能力。为确保对业务和生产要素的全面感知，物联网通过各种传感器、定位系统等信息传感设备，将人、设备、厂房与互联网连接，实现设备与设备、设备与人、人与现实环境之间的高效的信息交互。

通过物联网，一端连接人，一端连接物，并将人与物与云端连接；以云端的网络为中心获取所有数据来源、处理所有设备、路由所有请求、接触所有用户、观察所有流量、形成并控制所有流，实现智慧企业的数据驱动。

物联网是智慧企业大数据的重要来源之一，在企业中的典型用途包括：智能标签、智能控制、大数据采集等。

智能标签：通过 NFC、二维码、RFID 等技术标识特定的对象，用于区分对象个体，例如门禁卡、设备的二维码，通过条码标签获取对象识别信息。

智能控制：基于云计算平台和智能网络，依据传感器网络获取的数据进行决策，改变对象的行为以进行控制和反馈，实现企业的风险管控、流程管控、业务监控以及应急指挥。

大数据采集：物联网将企业所有人和物进行数字化，实现生产要素和工具的量化，配合业务量化形成智慧企业大数据，通过数据建模和分析支撑企业智能系统的运行。作为智慧企业建设先行者的大渡河公司，将物联网应用于公司的智慧工程、智慧电厂、智慧检修等各个单元；工程建设现场人员、车辆、建筑物等设备设施信息的采集用于人员施工安全预警、车辆流量调度、建筑物质量监控、施工进度控制等多种分析和应用场景；全流域大坝性能数据采集用于大坝安全监测和性能演变预测等场景；电力生产设备、机组的运行和性能数据的采集用于运行状态实时监测、设备健康度评价和停机预警等场景。

3. 移动互联网——大网加固

移动互联网是移动和互联网融合的产物，继承了移动随时随地随身和互联网分享、开放、互动的优势，是整合二者优势的"升级版本"。移动互联网从移动端对全企业范围业务撒网。在互联网上盖上一层移动互联网，使智慧企业大感知体系更加密集更加结实。随着移动互联网浪潮，企业需要加快企业级移动微应用的开发，微应用是移动办公和移动管理的有效介质，同时是移动数据采集的重要承载体。

移动微应用应遍及所有移动应用需求，是数据的采集端，也是数据的应用端。通用类微应用在全企业范围采集数据，如移动 OA 采集管理人员审批数据；服务申请提供各类后勤服务申请服务，采集车辆预订信息、便利店信息、保洁服务信息、洗衣服务信息、理发/宾馆/订餐服务数据、大楼物业维修数据等；考勤待办采集员工上下班考勤信息；用户反馈采集微应用使用情况、数据接口、系统接口、移动应用运行等反馈建议。各专业业务板块微应用在专业领域范围采集数据，涵盖所有业务范围。

6.2.2 大传输保障集成集中

智慧企业业务由下至上由"单元脑－专业脑－决策脑"架构组成，在纵向实现多脑协同，在横向实现多个单元脑之间、多个专业脑之间的同层协同。业务的协同体现为以数据为传递手段，以数据的流动驱动业务的协同。大传输体系为智慧企业的多脑协同和同层协同提供传输手段和路径，大传输体系以应用集成和数据集成为手段从纵向和横向两个层面消除数据的孤岛。

1. 传输手段

企业可以通过应用集成和数据集成两种手段消除各部门、各中心、各层级之间的数据孤岛。应用集成提供统一的中间服务平台，改善系统之间调用的网状关系，使得系统之间的关系更加可视化，管控能力更强，各中心、各层级应用系统之间通过数据服务中介获取快速的数据服务。数据集成主要通过数据抽取、清洗、转换、加载四个步骤将所有数据集成集中存储在大数据平台，供单元脑、专业脑、决策脑根据需求取用。各中心、各层级应用系统通过官方数据提供方获取规范的数据服务。应用集成主要面向业务流程的快速流转而提供数据服务，数据集成侧重于为三脑的数据分析提供全面干净的数据，应用集成和数据集成共同服务于多脑协同和同层协同，以大传输支撑大协同。

2. 纵向传输——多脑协同

智慧企业的三级管理架构需要两级数据传输提供支撑。在智慧企业中，单元脑层级强调工业智能化，实现单元业务的精细控制、业务场景和对象的仿真模拟；专业脑层级强调管理专业化，实现中心业务的重点管控、业务态势的及时感知；决策脑层级强调管控的全局化，实现风险实时决策、绩效全局掌控。

第一级纵向传输：单元脑向专业脑提供支撑业务管控的相关数据。比如，大渡河公司的智慧工程单元向工程数据管控中心提供工程全过程的安全、质量、进度、投资、环保水保、建设保障、项目绩效等数据，实现工程数据的高度集成、高效管控、智能预警和辅助决策。智慧电厂单元向生产数据管控中心提供安全风险、电力生产等数据，向公司领导层以及相关管理层提供宏观生产运行态和风险态两种视图，支撑生产管理部门定期进行生产分析以及生产指挥等应用场景。智慧调度单元向售电服务中心提供水情、水调等相关数据支撑经济运行分析，向生产数据管控中心提供水情、水调等相关数据支撑库坝安全性能演变分析。智慧检修单元向生产数据管控中心提供设备状态等数据支撑生产分析以及生产指挥等场景。

第二级纵向传输：单元脑和专业脑向决策脑提供支撑决策分析的相关数据。比如，大渡河公司的风险管控中心、生产数据管控中心、工程数据管控中心等专业脑为其提供风险（战略风险、市场风险、财务风险、运营风险和法律风险数据）、三重一大流程、应急事件、绩效考核等数据。智慧电厂、智慧工程等单元脑为其提供电量、重大事项等数据。在专业脑和单元脑的数据基础上实现决策脑的即时监视、时间分析、指标 KPI 到预警与趋势挖掘的应用级联，通过从微观到宏观的态势拟合、从宏观到微观的数据展现，实现多源信息融合。

3. 横向传输——同层协同

横向传输支撑多个单元脑之间、多个专业脑之间的同层协同。数据是组成各专业脑数据中心的水分子，传输工具是渗透的隔膜，如同水分子透过隔膜发生渗透现象，数据借助传输工具相互渗透打破了原有部门之间的数据孤岛，数据的融合辅助业务的协同。

单元脑渗透：智慧工程单元向智慧电厂和智慧检修单元提供机电设备的三维模型等以实现模型由基建期向生产期的转移，辅助机电设备的状态监测；智慧电厂单元向智慧检修单元提供机组监控等数据实现机组各个部件状态的实时监测和故障分析，实现对发电设备运行状态的远程集中监控；智慧检修单元向智慧调度单元提供水电站设备运行状态及变化趋势数据以配合调度工作的开展。

专业脑渗透：企业管理中心获取其他中心的生产、经营等相关数据辅助战略/规划的制定；风险管控中心获取其他中心的战略、市场、财务、工程、生产、库坝、安全、法律等相关数据转化为风险数据并实时监控预警；采购与合同数据中心获取财务共享中心的投资计划和投资完成数据用于辅助计划的制订，获取工程管控数据中心的计量签证数据辅助合同管理；人力资源管理中心为其他中心提供人员、组织等信息；财务共享中心为其他中心提供会计科目等信息，并从其他中心获取项目财务结算、合同、物资及采购、员工薪资等数据满足财务管理流程的运转和业财融合的需求；物资管理中心获取其他中心的物资需求信息以进行需求分类和汇总，并供采购与合同数据中心制订采购计划；审计信息管控中心和纪检监督中心获取其他中心的审计和监察相关数据实现自动审计与监察。

6.2.3 大存储构筑数据家园

大数据是智慧企业的血液，为大脑提供源源不断的动力，是智慧企业区别于普通企业的关键所在。大数据必定集中存储在大脑的一处，并且按照一定的方式清晰排列以支持大脑的运转。大渡河公司的大数据存储"大"且"集"，大渡河公司通过大存储手段存储了工程大数据、生产大数据、营销大数据和管理大数据。所有大数据经过清洗，被整洁有序地集中存储于大数据平台。

大渡河公司水电大数据平台集水电大数据存储、计算、分析、应用等功能于一体。水电大数据平台实现了全流域数据的统一存储，确保了数据来源的唯一性，实现了真正的数据大存储，为大数据分析提供了干净清澈的数据。（图 6-3）

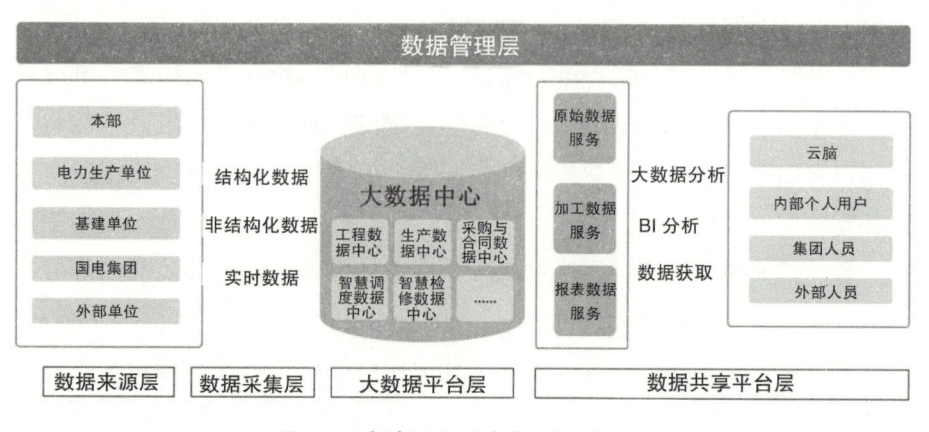

图 6-3 大渡河公司水电大数据平台

数据的来源是大存储的源头，数据的采集是大存储的前提，数据的管理是大存储的必要手段，数据的应用是大存储的目的。大渡河公司水电大数据平台根据数据的"采、存、管、用"分为数据来源层、数据采集层、大数据平台、数据共享平台、数据管理层。

数据来源层：水电大数据平台涵盖电力生产单位数据、大渡河公司本部数据、国家能源集团数据、外部单位数据等各种来源的数据，它们是水电大数据平台数据产生的源泉，同时也从大数据平台获取非自有数据。

数据采集层：大数据采集主要通过大传输体系的数据集成方式将数据来源层的数据采集进入水电大数据平台，同时为数据需求方输送水电大数据平台数据。数据采集层根据数据来源、数据结构、数据时效性的不同提供丰富的采集工具和采集方式，确保数据采集的高效性和准确性。

大数据平台：大数据平台是整个平台的核心层，为大渡河公司提供数据统一存储与计算服务。大数据平台采用"数据库＋Hadoop"混合架构，所有数据按照主题域分类存储在数据库和 Hadoop 中。大数据平台输出丰富的大数据能力：数据检索、智能语音交互、图算法、数据可视化等。

数据共享平台：数据共享平台是数据离开大数据平台的唯一大门，实现数据的统一使用管理，确保数据输出的规范性和安全性。数据共享平台为大渡河公司云脑、内部个人用户、集团人员和外部人员提供基于水电大数据平台的原始数据服务、加工数据服务及报表数据服务。

数据管理层：数据管理的核心功能是确保数据的干净整洁，数据管理为大数据平台提供数据治理、主数据管理和元数据管理等功能，并建立数据标准、数据管理制度和体系保障数据质量。

6.2.4　大计算支撑高效处理

大计算典型代表当属云计算中心的建设，大渡河公司建成了云计算中心，实现数据计算、存储和网络资源集中部署、动态分配、统一管理。

云计算中心的搭建为智慧企业建设提供了海量数据存储以及高效率的计算能力，以虚拟化技术为基础，为用户提供按需分配的计算能力、存储能力及应用服务能力，是智慧企业实现大数据、大分析的基础。

相较于传统的计算中心，云计算中心基于服务器、存储、网络、安全等硬件设备，分别构建出计算资源池、存储资源池、网络资源池、安全资源池，实现对各类资源的池化管理，按用户所需给虚拟机分配资源，释放后的虚拟资源会被重新纳入资源池管理；同时，基于资源池的统一管理，还实现了虚拟资源基于用户策略的调度管理，提高资源利用率，节能减排。

云计算中心的建设，实现了高性能和高可用的虚拟化服务，提高设备资源利用率；提供了统一的智能运维管理平台，方便设备的管理和维护；高效的硬件设备资源利用率，有效降低能耗。

6.2.5 大分析助力智能决策

大数据时代，企业最关键的能力之一是数据的分析能力。智慧企业每时每刻都在产生大量的数据，并需要进行数据处理以快速给出决策方向。智慧企业的数据处理能力主要依赖于各种算法和模型。智慧企业数据的处理主要用于业务分析、趋势预测、商务智能、数据挖掘。

1. 业务分析能力

业务分析在对业务数据处理的基础上，帮助企业构建业务分析及优化战略、商业智能和绩效管理、高级分析及优化、企业信息管理、企业内容管理等方面的能力，从而辨认出关键的市场模式、降低成本并提高利用效率、积极主动地管理风险，实现智能、高利润的增长；并帮助企业更准确地预测结果，发现以前无法预见的商机，并从功能级别上在整个企业范围内予以实现。

传统企业的业务分析能力主要体现在业务流程分析、业务数据分析、数据流分析与工作流分析，由于智慧企业实现了业务的数字化，其对于业务分析能力的要求更高。智慧企业的业务分析具有自动化特征，能生成自动化报告，实现内部报告流程的自动化；根据业务分析结果提供企业的各类规划蓝图；提升销售运营计划，积极监控销售和运营过程，调整采购、生产、运营、销售、营销和财务流程等。

智慧企业的业务分析能力的高低主要体现在智慧的业务规划、智慧的生产计划、智慧的供应链、高效的运营效率、可靠的财务规划。

2. 趋势预测能力

趋势预测法又称趋势分析法，是指自变量为时间，因变量为时间的函数的模式。常见模型包括：趋势平均法、指数平滑法、直线趋势法、非直线趋势法。智慧企业的趋势预测能力体现在生产数字化层面的趋势预测和发展层面的趋势预测，发展层面的趋势预测可分为企业内部的主营业务发展趋势预测和企业外部的整个行业的发展趋势预测。具体包括如下几个方面：

（1）生产数字化中的趋势预测能力

比如：根据自动化生产过程中的数据预测生产产品的趋势，根据产品生产趋势制订物料需求计划，及时自动供应原材料。

（2）企业主营业务的发展趋势预测能力

比如：根据产品的销量、价格和外部环境等数据预测企业主营业务的发展趋势，根据趋势预测结果调整企业的主营业务计划。

（3）行业发展趋势预测

比如：根据企业内部数据和接入的外部竞争对手数据与产品环境数据，判断行业发展趋势。如诺基亚因未能准确预测安卓机的盛行而带来的企业的颓败。

3. 商务智能能力

商务智能使用数据挖掘技术分析数据以得到相应的决策依据，甚至自主决策，是与业务分析相配套使用的数据处理能力。对于智慧企业而言，其通过人与机器的连接、业务的数字化等方式采集到大量数据，通过数据分析以支持商务智能，成为大数据 BI。

大数据 BI 是在大数据时代，因为数据的量级、安全性、用户与场景复杂性、多系统等因素需要结合大数据进行 BI 创新而形成。目前已经产生了很多 BI 应用，能支持 PB 级别的数据处理，操作简单，运维成本低，其提供的服务有可视化智能图表，连接企业的传统 BI，辅助传统 BI 的过渡，并以更快更强更明显的形式展示已做出分析的智能图表；数据门户，是环境数字化的结果，将企业内存储的数据进行分享；报表嵌入第三方系统，可以有效接入外部环境数据，并借用外部系统进行数据分析、云计算等。

4. 数据挖掘能力

在大数据盛行的今天，企业的数据挖掘能力极大程度上限制着企业对于大数据的应用，数据挖掘能力越强，数据的存储和维护所带来的收益就越高。智慧企业在进行数据挖掘时，没有特定的挖掘目标，是依靠相关的数据挖掘去发现数据背后的规则、模式、联系、规律等。虽然很多的数据挖掘在前期没有任何目标，但是随着挖掘的进行，许多业务之间的联系、相关业务的发展趋势等都会展现，同时可以配合使用相关的业务分析、趋势预测、商务智能决策，即数据挖掘为其他三个能力提供依据，在它们的冲锋路上进行扫雷工作。

大渡河公司目前已在多个业务数据中心应用大分析体系支撑相应业务板块的智能决策。包括：工程数据中心、生产数据中心、采购与合同数据中心、智慧调度数据中心、智慧检修数据中心等。

工程数据中心面向大渡河流域工程建设的管控需求，汇聚工程管控全过程、全业务和全方位的相关数据，通过大数据及决策分析模型，对各管控要素趋势性、系统性问题进行分析、预警、决策与综合管理。

生产数据中心面向安全生产管控的需求，汇聚设备、大坝、人、环境和调度等与生产相关的数据，实现安全态势的感知和安全风险的及时预测，提供决策支持。

采购与合同数据中心面向资金链管理需求，汇聚全公司的计划数据、采购数据、造价数据和合同数据，并汇聚部分财务、工程项目相关数据，通过多维度建模，以支持投资的合理确定、采购风险的有效控制。

智慧调度数据中心面向水情预报、市场预测等分析预测需求，全面汇聚大渡河公司自身、其他业主单位、美国气象局、国家气象中心等单位的水情气象数据，实现精准水情气象预报；同时，汇聚设备状态、电力市场信息等数据，全面配合调度工作的开展和经济运行分析。

智慧检修数据中心面向设备持续稳定运行需求，全面汇聚全流域所有机组运行数据，实现实时监测和故障分析与预警，推动电力生产单位检修工作从事后处理向事前预警转变。

6.3 智能化技术平台建设

6.3.1 智能化技术概述

智慧企业的技术基础设施涵盖智慧企业构建过程的六个步骤，可以概括为"云大物移智"，其中"云"指云计算，包括建立云计算中心、大数据分析系统；"大"指大数据，"云"与"大"是相辅相成、同时存在的，需要构建的基础设施是云数据中心、企业云、视频协作云，云数据中心存储与应用大数据，企业云产生大数据；"物"指物联网，优先实现关键业务上的物联网，最后是万物互联；"移"是移动互联，是新一代的互联网；"智"是人工智能，包括AI、BI、VR/AR、信息化企业的各类企业管理信息系统（SCM、ERP等）、数据分析软件，将后三者包含在人工智能中是因为智慧企业人工智能是在它们的基础上进行的机器决策。所有的智慧技术基础设施都是为了支持技术能力而存在的，以保障企业在智慧企业构建过程中的技术能力，提高智慧企业构建速度。

1. 云计算技术

云计算作为一种概念，既代表了计算机科学层面对计算资源进行虚拟化和自动化资源调度的专业技术，又代表了以云计算技术构建的各类云服务平台，包括公有云、私有云等。特别强调，云计算在企业层面表征了企业在未来数字世界里的数字化服务的抽象，是企业在数字世界的数字实体。

2. 大数据技术

大数据技术是数据科学的前言技术，是从各种各样类型的数据中快速获得有价值信息的能力。大数据技术的应用将有助于企业获得某种智慧的能力；借助数据分析和人工智能技术的发展，将促进企业实现快速的业务决策、持续的业务优化和良好的风险应对。

3. 物联网技术

物联网技术通过射频识别（RFID）、红外感应器、全球定位系统、激光扫描器等信息传感设备，按约定的协议，将任何物品与互联网相连接，进行信息交换和通讯，以实现智能化识别、定位、追踪、监控和管理。物联网的用户端延伸，扩展到了任何物品和物品之间，进行信息交换和通讯，在各行各业均具有丰富的应用，是企业对象数字化的重要手段，在智慧企业的建设过程中，将极大丰富数字化信息采集能力。

4. 移动互联技术

移动互联技术是在传统互联网的基础上，充分利用无线通讯网络和智能移动终端，实现更广泛范围内的信息沟通、工作协同和业务应用的一系列技术的集合。尤其是在智能手机/平板等终端爆发式增长后，大量的移动应用被开发出来，极大地延伸了人们处理信息的能力。通过移动终端，原本必须在 PC 端处理的各种信息，可以随时随地在移动互联网的支持下实现信息计算，进一步加大了人们沟通、协作的效率，也为企业在业务运转、员工沟通和协作、外部信息共享等多个方面提供了有效的支撑。

5. 人工智能技术

人工智能技术包括：（1）对计算机系统如何能够履行那些只有依靠人类智慧才能完成的任务的理论研究。例如，视觉感知、语音识别、在不确定条件下做出决策、学习及语言翻译等；（2）对人的意识、思维的信息过程的模拟。该领域的研究包括机器人、语言识别、图像识别、自然语言处理和专家系统等。

人工智能技术的应用，已经对社会经济的发展形成了积极的影响，就如机器人和汽车解放了人类的四肢一样，人工智能将在一定程度上解放人的大脑。因此，在企业的各类涉及人的规划、决策、预测、评估等业务过程中，通过人工智能技术的应用，将有助于实现更加快捷、高效和准确的业务逻辑。

6.3.2 智能化技术平台规划

智慧企业构建的六个步骤中，每个步骤需要的四类智慧企业技术能力的细分领域如图 6-4 所示，每一个细分领域能力都需要相应的智慧技术基础设施。其中，智慧技术基础设施的内容就是在第一节至第四节中的技术能力实现手段，如业务数字化的实现手段是信息化、互联网和流程化。

在保障技术能力的智慧技术基础设施都是"云大物移智"中的相关设施，当企业已经步入信息化阶段时，有很多的信息化基础设施是能为智慧技术基础设施提供价值的，比如信息化系统、IT 基础设施等。对于未完成企业信息化，抑或是新建的企业需要建设智慧企业，就需要在每一个阶段的构建过程中部署相应的智慧技术基础设施。图 6-4 仅是通用方案，不同类型、不同技术水平的企业可在此基础上进行略微的修改。

智慧企业建设阶段 能力	构建过程	企业信息化阶段 企业高层真正需求	IT基础设施建设	企业云建设 云平台建设	企业初期智慧 物联网建设	企业中期智慧 初期人工智能建设	万物互联建设	智慧技术基础设施
企业数字化能力	业务数字化	✓	✓	✓	✓	✓	✓	信息化系统、互联网、流程管理软件（SCM、ERP等）
	人与机器数字化			✓	✓	✓	✓	传感器、物联网
	环境数字化	✓	✓	✓	✓	✓	✓	内外部数据整合
	时间数字化	✓	✓	✓	✓	✓	✓	数据分析软件
	视觉数字化			✓	✓	✓	✓	VR/AR/MR
	用户数字化		✓	✓	✓	✓	✓	用户建模
	用户体验数字化			✓	✓	✓	✓	VR/AR、传感器
提供连接与计算能力	社会化协作	✓	✓	✓	✓	✓	✓	云端协作
	机器连接				✓	✓	✓	物联网、AI
	云端数据存储与共享		✓	✓	✓	✓	✓	云数据中心
	云计算资源		✓	✓	✓	✓	✓	自身积淀、外部购买
	云计算能力			✓	✓	✓	✓	云计算
数据处理能力	业务分析	✓	✓	✓	✓	✓	✓	业务分析软件
	趋势预测	✓	✓	✓	✓	✓	✓	数据分析软件
	商务智能			✓	✓	✓	✓	商务智能能力中心
	数据挖掘	✓	✓	✓	✓	✓	✓	数据挖掘技术
人工智能能力					✓	✓	✓	AI、云计算、机器学习等

图 6-4　技术能力细分领域所需的智慧技术基础设施

6.3.3　智能化技术平台建设

1. 建立配套的智慧技术基础设施

技术基础设施的建立可以一次性部署完所有的设施，也可以按照智慧企业构建过程的六个步骤，一步一步地建立技术基础设施，技术基础设施部署的这两个过程由企业自行决定。在此所阐述的智慧技术基础设施的建立是一步一步部署的进行阐述，如图 6-5 所示，因此，一次性部署相当于是将本书阐述的所有智慧技术基础设施一次性部署完毕。

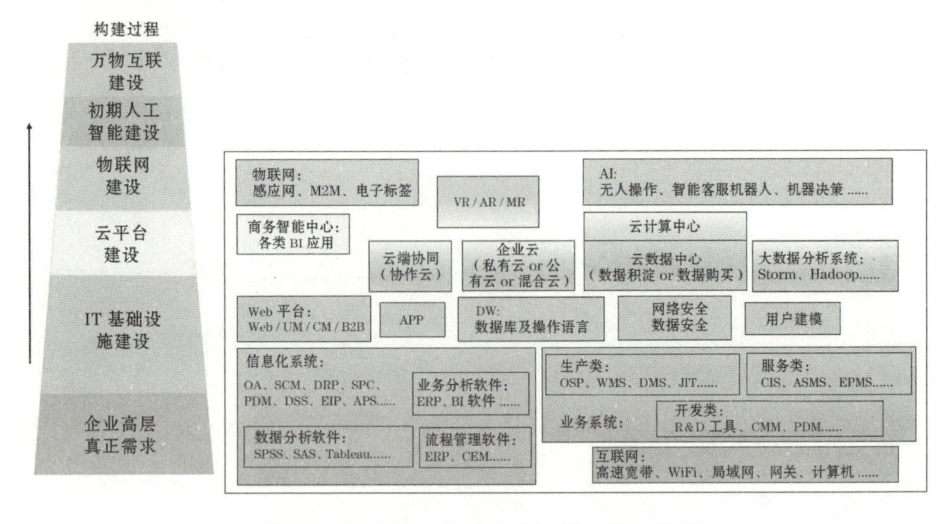

图 6-5 智慧技术基础设施部署过程示意图

2. 智慧技术基础设施建设策略

（1）按照技术水平构建智慧技术基础设施

①无研发能力——全部基础设施外包

全部外包，交由智慧企业提供方提供，如城云科技。智慧企业提供方在提供智慧技术基础设施之后，还需要帮助无研发能力的企业进行运维支持。

②半研发能力——部分基础设施外包，再自行研发对接与维护

某些企业拥有 IT 部门，IT 领域有研发能力，但智慧企业层面研发能力不足，借助其他企业完成交换机和网络搭建，其他云平台、云计算、云安全自行研发对接与维护。这个是最为有效的智慧技术基础设施落实方案。

③独立研发能力——全部自建

软硬件全部自己布置，如华为、思科。独立自建安全层面能够得到很好保证，但可能出现耗时久、陷入死胡同等情况。

（2）按照企业类型构建智慧技术基础设施

①微小企业——仅开通一个业务的智慧

小企业的智慧技术基础设施可能只需要一个 APP 或者微信公众号上的一个功能点即可。此时，企业仅需要建立企业公有云。此时，其智慧企业

的智慧技术基础设施在智慧企业供应商的公有云上，且只针对企业的一个业务发挥智慧价值。

②中型企业——私有云针对多项业务的智慧

中型企业建立智慧企业的业务需求是投入小、简单易用、周期短、产出多、长期持续、免维护、服务全。因此，中型企业的智慧企业建设主要是建立私有云云平台，并在云平台上部署相关的应用，这可能也是部分小企业的需求。通过云平台可以完成应用更新、协同办公、财务管理、企业管理、云计算与大数据分析，并能实现多项业务的智慧。

③大型企业——云大物移智

大型企业的要求较高，不仅需要建立云平台，还要保证平台足够安全，并具有一定的分析能力，能辅助决策和管理活动，全面部署云大物移智。而且，此类企业会充分考虑安全，云平台是私有云或自建云，云平台上的云大物移智的运维更新迭代都由自身完成。大型企业在智慧企业发展过程中不但能充分发挥自身IT能力，还会产生大数据，进行大数据交易。

第 7 章　智慧企业建设方法

　　智慧企业的建设是一项浩大的工程，不可能一蹴而就，而建设路径的规划是整项工程稳定有序开展的前提。智慧企业的建设犹如修建大厦，首先画一张清晰完整的大厦设计图并制订时间规划，然后参考设计图和时间规划开工建设。一栋大厦的建设以选址评估为基础，先修建主体框架，然后分钢筋、泥水、木工、瓷砖等分项建设。智慧企业的建设也是如此，先整体后部分，依次展开。

　　借鉴大厦修建原理，本章首先规划智慧企业建设的路径图，与此同时，设计智慧企业建设的模型；然后在整个路径图的指导下分别简述智慧能力评估、顶层战略规划、智慧企业整体设计所包含的内容；紧接着对管理和组织变革、企业数字化转型和智慧建设三个建设任务做了简单的建设任务规划；最后借用 SIPOC 分析法总结整个智慧企业建设的路径。

7.1 智慧企业建设关键路径

在智慧企业建设路径中，我们曾强调了智慧建设至少包含的四个建设方向：业务量化、集成集中、统一平台和智能协同。这是智慧企业建设的关键任务。

通过与时俱进的新兴技术来建设智慧企业，无疑是企业通向智慧的必然途径。但是，通过新兴技术全面武装的企业，并不一定能够成为智慧企业，智慧建设要在主航道边界里面，不做边界外的事情。显然，业务量化、集成集中、统一平台和智能协同便是智慧建设航道的边界。

7.1.1 业务量化

量化一直以来都是一种较为科学的管理手段——工作的量化管理、人员绩效的量化管理、营销数据的量化，等等。这些业务的量化不仅体现为一种可度量的科学管理思想，更是企业得以"用数据说话"的基础。毫不夸张地说，业务量化是智慧企业建设最重要的先决任务。如果说，在大数据时代，数据是企业最重要的战略资产，那么业务量化则是使得数据能够成为新的生产要素的内生动力，甚至是唯一的内生动力。没有业务量化这一基础，任何数据分析及其衍生的智慧能力将无从谈起。

举例来说，从前的营销是一种偏向于社会思维的管理活动，也就是说，更多的营销人员是从偏文科的思维去考虑事情的。但是，在 IT 当道的时代，营销问题也越发要依靠 IT 武装来解决。营销部门需要辨识未被满足的需要，定义、量度目标市场的规模和利润潜力，而这一切又与部门的历史工作太过息息相关，因此，营销部门有一套平台，既能保证短期的应用，又能保证长期架构的扩展。对于他们来说，架构的稳定性和灵活性都很重要，否则很难通过 IT 来解决营销眼前立竿见影的问题。而在构建这一平台的过程中，对营销业务的量化无疑是关键利器。从技术的角度来看，业务层主要完成数据业务化的工作，而 IT 层则在完成业务数据化后，必须通过量化来实现营销数据管理和用户画像，这一过程反过来为业务层提供支持，即直接从业务的角度将量化后的用户画像直接用于分析与自动化的运营，智慧的营销方能喷薄而出。

对于整个企业而言，我们所强调的业务量化，就是通过科学设定标准、量化工作任务，实现精益化企业管理；进而运用智能设备和物联网技术，实时采集、传输、处理各类信息数据，实现对企业各种要素的动态感知，概括来说，就是将业务全面量化为可采集的实时数据。

因此，业务量化实则体现为两个方面，一是以精益主导的管理方面；二是以数据为纲的技术方面。量化的业务，通过以数据为纲的IT建设过程，产生标准化的可用数据，打造智慧企业。

1. 管理方面

精益的企业管理是经久不衰的方法论，但是，当企业试图进行信息化建设（可以想象企业智慧建设也会如此），常常只注重IT技术而忽略方法论时，企业站在起点止步不前也是必然了。

精益最早可以追溯到劳动分工；上溯到泰勒的科学管理原理，制定"标准时间"和"作业研究"本质上也是一种量化的精益管理。精益的量化为企业的运营在质和量的方面提供了共同遵循和重复使用的准则。回望企业运营管理之路，一些殊途同归的方法论跃然呈现，比如精益思想、六西格玛管理，以及取二者之所长的精益六西格玛。

精益思想最早诞生于20世纪40年代的日本丰田汽车公司，其核心思想是重新思考企业流程，消灭浪费，创造价值。在这种主张之下，精益思想体现为三步：第一步是精确地定义价值，价值只能由最终用户来确定；第二步是确定每个产品（或在某些情况下确定每一产品系列）的全部价值流：制定出产品的价值流图，消灭明显的浪费步骤；第三步是真正精彩的阶段：使保留下来的、创造价值的各个步骤流动起来。

六西格玛管理是质量控制的方法论，在20世纪80年代由摩托罗拉率先提出。其主要思想是以"零缺陷"的完美商业追求，带动质量成本的大幅度降低，最终实现财务成效的提升与企业竞争力的突破。从本质上看，六西格玛管理是以统计学为基础的流程控制。西格玛"σ"是希腊字母，在统计学上表示数值偏离标准的程度，即均方差。西格玛值代表流程波动的大小和流程产生缺陷的可能性，业务流程改进的实施有经典的五步循环改进法，即DMAIC模式：定义（Define）——辨认需改进的产品或过程，确定项目所需的资源；测量（Measure）——定义缺陷，收集此产品或过程的表现作底线，建立改进目标；分析（Analyze）——分析在测量阶段所收集的数据，以确定一组按重要程度排列的影响质量的变量；改进（Improve）——优化解决方案，并确认该方案能够满足或超过项目质量改进目标；控制（Control）——确保过程改进一旦完成能继续保持下去，而不会返回到先前的状态。六西格玛是一个目标，六西格玛质量水平是指流程产生的缺陷仅为 3.4ppm，这个质量水平意味着所有的过程和结果中，99.99966%是无缺陷的。也就是说，每一百万个产品仅有 3.4 个是有缺陷的，这几乎趋近到人类能够达到的最为完美的境界。

　　类似的这些方法论是企业 IT 建设的支撑力量——企业太容易陷入对 IT 技术的美好想象之中，在大数据风暴席卷而来的当下，也太容易陷入对数据的美好臆想之中，但却忘了回归到企业业务的本身。企业常谈的"数据化"，本质上是将一种现象转变为可量化形式的过程。它来源于人类测量、记录和分析世界的渴望，从结绳记事开始，到度量衡来计量长度和重量，到十进制数字的发明，再到复式记账法使数据直接反映生意的盈亏……数据化后浪推前浪的潮涌，事实上成为人类文明前行的核心动力之一，所以，回到企业的 IT 建设，精益的管理才是企业真正迎接数据的开始。没有精细和标准化的业务量化，企业的 IT 建设必将产生"七嘴八舌"的数据，没有任何数据能够掌握话语权；而 IT 建设后的企业运营流程中，不同业务子流程各执一词，没有标准的约束，必然导致 IT 建设本该产生的效益分崩离析。当企业毫不吝啬地投资 IT 的建设意图解决企业面对的问题，却看到建设后产生了更多的问题，往往还更难以解决，所谓信息孤岛就是难题之一，不得不说企业陷入了 IT 建设的怪圈。

　　IT 技术或许只是一个起点，一个几乎任何企业都能站上的起点，而诸如精益思想和六西格玛所打造的精益的量化管理，才能真正拥抱技术，才能真正与 IT 建设的交响共鸣。

　　回到"量化"二字，当企业苦于那些业务能够被量化时，不妨看看如下例子：FaceBook 实现了人际关系的量化，带来了很多全新的应用。例如，通过分析选举前用户的行为数据来"计算"选民的投票倾向，成为有史以来最准确的选前民调，都不用加"之一"。

2. 技术方面

以数据为纲的技术体现为一系列的数据采集、传输和处理技术。在以精益的量化管理为前提下，技术不再是一台台IT设备、一个个信息系统，而是促成企业各个环节焕发出新生力的暖流。

传统的技术所带来的成果，往往是对企业的运作流程进行信息化改造，从无纸化办公到数字化企业，无不体现为通过信息化技术提升企业运作效率的初衷。但是，在"数据为王"的时代，企业突然意识到数据才是提升企业运作效率和效益的中流砥柱。而事实往往是：企业迎来了技术改造的成果，也迎来了数据处理的问题：企业或是缺少关键数据；或是面对各执一词的数据产生类似"信息过载"的问题，在数据处理上往往入不敷出，这些问题出现的根本原因就是没有以数据为纲。

以数据为纲，意味着企业无论采用何种技术来建设智慧企业，都要从数据的角度来梳理业务，从全面获取企业数据的立场量化业务。精益的量化管理思想，既是采用技术的前提，也是实施技术的支撑。从数据的角度，企业对于IT技术应当有如下新的认识：IT技术是实现业务量化的手段，精益的量化管理是其隐性的操作手册，而互通可用的数据则是其可预期的效益蓝图。

以数据为纲，意味着尽量让数据说话。虽然智慧企业不仅仅是数字化，也不仅仅是信息化，但数字化是前提，没有数据无从谈起智慧。首先，没有数据技术无以传输；其次，没有统一标准的数据无以整合分析，更不必说支持决策了。我们所说的智慧企业，以大数据的积累、整合、分析为前提，但这些数据绝不是当下大多数企业所掌握的数据。从最简单的视角来看企业的信息系统，它们实则是接收企业的数据，然后为企业输出数据。然而事实是：企业从一开始没有采集正确的数据，这才是企业数据不可用的根本原因。所以，一定程度上我们可以认为，为了产生能够说话的数据，以量化业务为标准的数据采集是长期以来被企业忽略但却是最为关键的环节。

以数据为纲，除了以业务量化的管理思想为脚本，还意味着与处理数据的技术相适应。智能设备和物联网技术是当前建设智慧企业绕不过的技术，即使是标准化后的数据，也仅仅是静止的结果，真正使数据和企业

"灵通"起来的,是数据的实时采集、传输、处理和输出这一完整的过程。在这一过程中,智能设备对企业的全要素进行动态感知,为企业所能够带来的效益在物联网技术的参与中得以最大限度的爆发,也就是我们将在后面所阐述的,带来"智能协同"的愿景。智能设备和物联网技术,如同江河与海洋的关系,江河里的水最终汇入茫茫海洋,企业能够看到的不仅仅是水,还有前所未有的壮丽景象。而在这背后,如同无时无刻不在进行的大气循环,数据的生命力用生生不息来描述也不为过。

建设智慧企业,实现如此壮丽憧憬,智能设备和物联网技术必然功不可没,但是如何利用这些技术并不是一件简单的事情。且不说企业装备物联网最直接的挑战就是寻找适当技能的人员进行部署运营,在更重要的层面上,企业更容易犯下一个错误:大部分企业没有采用"边缘计算",但"边缘计算"可能是物联网最重要的方面之一。也就说,迄今为止,大部分已部署物联网设备的企业只是在简单地使用它们来收集数据,然后将数据传输回本地数据中心或云进行处理。但这不是物联网的正确"打开方式",相反,企业对物联网数据应该进行实时监控,这将实现系统在发生故障时进行及时纠正。这样一来,企业也需要在物联网设备或网关设置边缘计算,如此才能称作"全面感知"的物联网。如同 IDC 公司的一个分析师所说:"你处理数据越快,这个数据就会变得越有价值。"

以数据为纲,纲举目张。

7.1.2 集成集中

集成集中是对业务量化的自然承接。上一小节所描述的业务量化技术,是类似于下钻型的技术,即面向企业最小的业务单元,对其进行全方位的量化感知。早在第一章的技术演化五大趋势的阐述中,我们就对新兴技术的趋势有这样的描述:计算都将向两端,一端嵌入式,一端集成化。显而易见,业务量化是对嵌入式技术的应用,而集成集中是对集成化技术的应用。

于企业而言,为何要集成集中呢?以当下很多企业尤其是大型的集团型企业为例,其下属企业很多,下面各个单位几乎都有一套服务器,都有各自的软件系统:生产管理系统、财务系统、OA 系统,甚至党群管理系统，企业的重复建设太多，在造成极大的资源浪费的同时，还极易使得每个系统都离群而居，自成一族，所以才有了现实的打通信息孤岛的问题。

对集成集中最简单的描述就是：企业只要一个云中心，连主机都没有了。企业可以把以前10个房间的信息系统设备集成在1个房间，把数据都放在云端，自然也就不用那么多人去管理了，连耗电也少了。这还只是从节约资源的角度来解读集成集中优势的一方面，更大的能量的优势蕴含于无边界的虚拟化协同。

集成集中的技术，是指企业运用无边界网络技术、云计算技术、移动互联技术，创建员工协同工作、数据实时交换、信息实时处理的信息化基础平台。

无边界的网络技术，使得企业的任何人均可突破时间、地点与设备的限制，充分享受包括web2.0、移动终端、视频通讯、多方协同等丰富网络应用的，随需即用、安全稳妥的"无边界体验"，一定程度上表现出无边界企业的特征。

云计算技术的颠覆性是企业IT建设软硬件方面的。我们之所以说集成集中是对业务量化的自然承接，便归功于云计算技术：在制造或者运用智能设备以完成业务量化时，企业可以选择把大部分软件直接与硬件集成，这样可以得到更快的响应速度、较低的网络依赖程度和更高的安全性。而在集成集中的层面，企业可以把所有的应用都放在云端，如此一来，硬件变成终端接口，制造的复杂度会大大降低，而所有有价值的应用可以通过网络灵活配置，选择更广、更新、更快，硬件的价值也会因此降低。所以，得益于云计算技术，企业能够在计算"两极"的选取上获取一个平衡点：把部分核心功能做成嵌入式软件，而把一些应用放在云端。

移动互联技术信息化、数据化甚至传输技术全部连在一起，实现了更为智能的企业应用。移动互联表现为将企业中零散、无序的应用系统和工作，通过互通的"消息"聚合在一起，跨平台、跨终端设备的移动办公体验造就了协同工作，完成企业的目标。

因此，通过无边界网络技术、云计算技术和移动互联技术，实则是打造一个虚拟的基础平台。我们在本章强调智慧企业建设的关键任务包括业务量化、集成集中、统一平台，这一虚拟的基础平台是连接业务量化和统一平台的桥梁。之所以要通过集成集中打造虚拟的基础平台，实则是为企业打造能够智能协同的计算能力。因此，集成集中这一关键任务与传统的企业信息化的方式必然有所不同。

其一，IT 建设模式必然转变。一直以来，企业利用 IT 技术的方式是委托开发商开发适合企业自身需求的信息系统，并购置服务器等硬件设施，进而将企业的软件系统部署在自己的服务器上。然而，如果是打造计算能力，企业只需搭建自己的专用云。对于大型企业来说，超过专用云计算能力的服务可以直接购买；而对于中小企业来说，其所有的计算能力需求都能通过购买云服务直接得到满足。如此，企业可以以较低的成本把日常的生产性应用都搬到云环境中，而不再是投资企业内部以构建复杂的 IT 架构。

其二，由于打造的是虚拟的基础平台，企业基础设施的投资风险也将改变。过去开发和部署 IT 应用存在很大风险，主要表现在服务器的数量上。而当企业把一个应用部署到云中时，风险转变为可扩展性和购买云服务的云运营商的选取问题。

其三，IT 应用资金支付发生转变。从前企业需要支付基础设施、软件使用和系统维护等费用，而虚拟的基础平台在资金支出上至少表现出了三大优势：一是由于基础设施是租用而不是购买，成本将会得到控制；二是由于系统或软件也可以租用，从开发者的角度来看，一家企业开发，多家企业可以租用。而从购买者的角度来看，企业也可以按需租用不同提供商的系统，极大地较少了重复开发的情况；三是系统的维护也都交给了运营商，企业不需要雇佣系统维护人员，节省了企业自身的人员和管理成本。

其四，也是最重要的一点，由于是虚拟的基础平台，企业的工作地点、时间以及设备运转的条件等都没有了限制。企业的终端可以没有操作系统和存储设备，只需要装有浏览器，便可以完成一切管理工作。

综上所述，基于虚拟的基础平台所带来的智能协同的计算能力，使得企业的业务同计算的发展趋势一样，也必将向两端：一端集成统一，一端广无边界。看似矛盾的两极在无边界网络、云计算、移动互联技术等技术的支持下调和升华。故而我们强调集成集中，甚至强调云计算的计算能力，这不仅是建设智慧企业的关键任务，也是当下所有企业发展不可逾越的趋势。2016年6月，阿里云曾向外界集中展示了它为企业解决互联网挑战难题的三件法宝：全面的云计算、企业级互联网中间件、大数据平台数加。阿里云总裁胡晓明在现场表示，这些方案将带来资源融合、架构共享、数据互通的价值，"未来三年内，中国40%以上的企业都将采用云计算开展业务"。

回过头来，我们可以看到，业务量化意味着正确的数据采集；集成集中意味着足够的计算能力；而下一步，统一平台，意味着打通的数据能力。

7.1.3 统一平台

当企业意识到数据统一分析处理所带来的巨大价值后，往往立即进行系统集成，希望打破信息孤岛。但现实是，信息系统集成后，还有很多数据不能用，为何如此？最主要的原因是过去采集的数据，标准不一样。信息系统的互通并不一定代表数据的互通，而企业要想真正打通信息孤岛，充分挖掘数据的价值，恰恰要的是数据的互通。所以统一平台的目的就是要把数据标准建立起来：硬件要标准化，软件要打通，数据要标准化。只有数据标准化，采集才有意义；反过来，如果数据标准不一样，就无法提取有价值的内容。

建设统一平台的关键任务，意味着要通过整体规划、系统整合、数据集中、集成运行等策略，消除业务系统分类建设、条块分割、数据孤岛的现象，构筑企业级的统一服务平台。这一平台与"集成集中"所构筑的虚拟基础平台不同，虚拟平台提供无处不在的计算能力以处理数据，而统一平台则提供集中企业全方位所感知的数据的能力；这一平台与"业务量化"所强调的全方位的获取企业数据的能力也不同，统一平台更强调数据的统一处理，即标准化，一定程度上可以认为，这是从数据的角度建设智慧企业的数据初始化环节。

回头来看企业信息系统集成的尴尬处境，对过去信息系统的集成实际上是在系统的输出端统一数据，但是，集成后的数据往往带有从前分块信息建设的历史遗留问题，异构的数据、残缺的数据，甚至错误的数据，直接在数据仓库中堆积起来，如此获得的大量数据并不是能够创造价值的大数据，数据的孤岛不仅没有被打破，而且愈演愈烈。

企业建立统一平台，要求从输入端统一数据，从源头上避免数据孤岛的形成。而平台一旦建成，不仅能够解决企业当前面临的数据缺失问题，更是向智慧企业跨越的重要标志。标准化的输入数据，一定程度上以"业务量化"为基础。量化的业务，在经由标准化的输入进入统一平台后，这一平台将不再是传统意义上的一台IT设备、一种基础设施、一个信息系统，而是与企业业务相辅相成的企业缩影。标准化的数据就是量化的业务，数据在统一平台中的流动就是企业业务流程的通畅流转，如此方能实现数据的有效累积、决策的有据可依，进而更高级的智能算法才能真正拥有用武之地，算法对企业认知能力方能得以构建。

1. 建设统一平台，对"业务量化"的统一解释

我们或许采用了无处不在的传感器、嵌入式终端系统、智能控制系统、通信设施等，形成了一个被称为"物联网"的智能网络，使人与人、人与机器、机器与机器甚至企业的服务与服务之间能够互联。这便产生了我们能够全面采集数据、感知企业的壮观景象。但我们依旧没有解释在感知企业后，这些数据将何去何从。统一平台给予了最为直接并且有力的回答——实现一加一大于二的效益。基于统一平台，企业能够实现纵向和横向的高度集成。

"纵向集成"是企业基于业务流程的集成。以制造业为例，企业基于智能工厂实现个性化定制生产，以替代传统的固定式生产流程（如生产流水线），统一平台便是调度灵活生产流程的总指挥。显然，统一平台打破了传统信息系统的分级和条块，通过站在最高地位的统一视野，纵观企业全局。可以毫不夸张地说，随着企业规模的越发扩大，传统企业管理软件解决问题的效果越发不好，企业难以依赖原有的平台来解决问题，因为问题太多：流程制度、组织架构、管理模式、团队效率或许都有问题。企业管理问题一大堆，不是一个ERP软件所能解决的。究其原因，企业连最基本的信息流、工艺流、物流、资金流等，尚不能在内部实现畅通无阻，又何谈集成。统一平台解释了企业为何要全面业务量化、全面采集数据、全面感知企业：企业要把所有环节拉到统一平台中，如此企业问题自然就暴露出来，而通过平台里数据的流转，问题得以追本溯源，水到渠成地被解

决；企业的运转效率和效益，相比于众多独自经营系统支撑下的局面，必然有质的飞跃。

"横向集成"是企业之间通过价值链以及信息网络所实现的一种资源整合，能够实现行业内企业的无缝合作，无论是产品还是服务，最终形成行业生态。这一切都是以企业数据标准化为基础的。所以，这就要求企业在建立统一平台的时候，拥有制定行业标准化和参考架构的前瞻性和视野，在今后的行业生态中掌握话语权。这或许是统一平台从"企业级"向"行业级"的跨越，但一切都必须以企业开发出一套单一的企业标准乃至行业共同标准为基础，使企业内和企业间的无缝连接成为可能。

2. 建设统一平台，对"集成集中"的成果展现

"集成集中"的强大计算能力为企业能够处理海量的感知数据提供了保障。但如同"云计算"字面所表现出的意境，计算的能力如同云之悬于天际，企业难以捉摸。如何"用好云"，甚至是比是否"采用云"更重要的问题。建设统一平台，是对企业如何最大化"集成集中"价值的最好回答。

我们常说的数据分析和云计算所强调的计算能力一脉相承，这便是统一平台能够展现"集成集中"成果的原因。

在云端，云分析几乎可以影响企业的每个环节，甚至包括消费者和每个商业领域。通常，消费者不会注意到云，因为云在不同的应用程序的身后提供支持。但云分析正变得越来越普遍。从零售建议到基于基因学的产品开发，从金融风险管理到初创企业衡量其新产品的效果，从数字营销到快速处理临床试验数据，这些领域都通过借助基于云分析而达到新的水平。

在企业方面，过去，组织内部的分析系统处于旧式 IT 的最顶点：在专用硬件上运行一个集中式数据仓库。在现代企业中，这种情况是不能被接受的。在帮助业务部门变得更加敏捷、更快速地响应业务需求并开发客户真正需要的产品方面，云分析发挥着至关重要的作用，但这种集中式、不够灵活的旧式数据仓库模式往往使企业用户陷入困境。灵活的、可扩展的云分析是云计算时代下的产物，于是，我们强调企业建设智慧企业，必须着手在软硬件层面的"集成集中"，以获取随需而变的计算能力。但毋

庸置疑，云时代是一个强调管理的时代，依旧要求企业有相对成熟的管理技术来构建一个能够实现统一管理和调度的架构，否则，企业即使拥有了无处不在云分析能力，也无法对所需分析之处一目了然。所以，如果说集成集中是针对软硬件层面而言，那么统一平台看似是对传统信息系统的集中，实则是对数据的集中和标准化。

统一平台是企业管理的唯一平台。直观来看，统一平台将融合企业生产、采购、人力、财务和关键业务系统等功能，将企业所需的所有管理活动聚合在一起。这不是上一小节所描述的无边界的协同工作，而是实现企业管理层面的统一管理。无处不在的协同工作，包括员工、机器、传感器和任何能够产生企业数据的输入端，在统一平台的约束下，将会以同一种语言进行沟通。因此，企业在建设统一平台时，应当站在企业管理的最高点来制定这一语言规则。

有数据的输入，就必然有输出。当标准化的输入数据送入云端，基于虚拟基础平台的计算能力，统一平台能够看到各种企业数据间千丝万缕的关系。可以形象地认为，统一平台将云端的计算能力转化为生命之源的水，恩泽企业。这对于大型企业的管理尤其重要。企业建立统一平台时，不仅要考虑当前的管理需求，而且要求企业不仅面向未来，还要不忘过去。伴随着新技术的不断诞生和旧技术的不断演进，很多企业发现新的系统和设备虽然能够满足新的需求，但却无法被纳入旧的管理系统中，于是，数据中心越来越多、架构越来越复杂，数据中心越来越不像数据中心，根本原因是缺乏将所有设备和系统进行统一管理的手段和工具。因此，企业在构建统一平台时，要综合考虑未来和历史。数据不像企业中的设备那样具有固定的生命周期，走完生命周期就意味着被淘汰，历史数据，即"旧资产"，也能被"盘活"，在今后依旧能发挥作用，对于大型企业来说更是如此。所以，统一平台要有尽可能包容历史数据的能力，尽可能建立起一套标准，去统一更多的历史数据。这些从过去沉淀而来的数据，或许是从数据仓库中挖掘而来，或许也有成为企业"知识库"中知识的能力，毕竟，在云端，对于标准化的优质数据，来者不拒。

7.1.4 智能协同

智能协同要求企业能够在相关数据、平台、应用的支持下，实现人、系统、设备之间的高效协作；在人工智能和大数据技术的支持下，实现自动风险识别和智能决策管理。这是智慧企业建设最后的关键任务，也是企业建设智慧能力的点睛之笔。

可以说，业务量化、集成集中和统一平台，都是智慧协同建设的基础工作：业务量化产生数据，集成集中产生虚拟基础平台，统一平台实现统一管理应用。这三个关键任务，是企业面对当下新技术演变和环境巨变的现状而对企业进行改造的必然要求。建设完成后的企业，或许能够在一段时间内保持一定的竞争优势，但可以毫不夸张地说，如若没有完成"智能协同"，没有实现人、系统、设备之间的高效协作，人工智能和大数据技术就无法参与企业价值最大化，企业就无法实现自动风险识别和智能决策管理。不能管理自动化，企业就不能成为真正意义上的"智慧企业"。

我们可以从基础和技术两方面来建设智能协同。

1. 智能协同基础建设

在过去，我们知识工作广泛地依赖于人。比如说一家营销公司，很容易从十几人变成一百人，但其中很多人每天重复的是同样的事情，在这个过程当中，如果利用人工智能算法来提升自动化程度，就能解决很多决策效率问题。但这说起来很简单，实际执行起来却非常难。

从最直接的"人"的角度来解释：一方面，你要懂人工智能相关算法；另一方面，你要懂得业务的流程。现实中很难找到同一个人满足这两个要素，因而往往要找两类人，而这两类人在说同一件事情时，经常是鸡同鸭讲，简单来说，难以协同工作。

业务量化、集成集中和统一平台，完成了协同工作基础建设。从前三节的描述中，我们可以看到，有了无处不在数据、无处不在的计算能力和一个标准口径的统一管理平台，企业的协同似乎水到渠成，但智能协同建设是凌驾于协同之上的建设。

企业的智能化是完全可以达到的，比如现在的智能电厂，全都是机器设备，几乎是无人电厂，但于企业而言，目前，很多决策还需要人来做，所以，企业构建起来的协同的软件和系统不仅要求是智能化的，而且还是智慧化的，人在里面能发挥能动性。

传统的诸如 ERP 这类系统是做业务的，因此常称之为业务系统，并没有涉及人。人类真正在管理上的基本工具有两个：一个是沟通，一个是规制。沟通就是信息的互动，让你知道你应该做什么、如何做、如何做得更好。规制，在软件、系统和平台上就是流程。二者合二为一，刚柔相济，才能体现大协同。

以前没有好的技术把泛滥的数据采集起来并及时整理成信息，送到需要它的人手里面去。而现在，我们基于业务量化、集成集中和统一平台的建设，实际上就是为了解决这个问题。事实上，我们对数据处理速度的要求更高，不是及时，而是实时。那么下一个问题将变为：人该何去何从。过去，劳动密集型企业把工人编到流水线上，那么如今，基于数据流，企业要做的是人，知识性的劳动者，编到数据处理的流水线当中去。人与数据的协同，统一了沟通和规制，这才表现为大协同。

回过头来看智慧企业建设的前三大关键任务：智慧协同使得企业变得可度量、可管理、可优化。我们知道，基于量化的业务数据，绩效就有了统计和分析的工具，也就是企业有了对工作行为进行度量的工具；基于统一的平台，企业实现了全面的可管理，即将结果分析出来、展现出来，无论好坏；基于集成集中，强大的计算能力使得企业处于不断可优化的持续发展之中。所以，我们强调大协同，实则是要实现部门之间、专业之间、上下之间甚至新旧数据之间的协同，互联互动。联动之后才能够实现最终我们想要的自动管理。

2. 智能协同关键技术

智慧协同的关键技术是人工智能和大数据技术，它们的参与才能使得企业从大协同向智能协同跨越，从而实现智慧企业的管理自动化。

(1) 人工智能技术

算法是核心——即使是最笨的算法，靠着算法的持续优化迭代，也会变得越来越聪明——即便是一个非常粗糙的算法模型，也可以在实时在线、全本记录的数据中，通过甚至没有预判和方向的数据探索，来发现那些广泛潜伏但我们无以察觉的关系结构，持续优化，为企业创造甚至是意料之外的价值。

企业应用人工智能时，对算法也提出了更多的要求：算法的迭代方向、参数工程等，都必须与企业的商业逻辑、机制设计，甚至是价值观取向融合为一。当算法迭代优化时，决定其方向的不仅是数据和机器本身的特性，更包含了企业对商业本质的理解、对行业的洞察和创造未来行业生态新样貌的理想。基于企业的数据和算法，完成"机器学习"，实现"企业智能"。

企业智能意味着企业是活的：数据是"活"的，因在线而实时，以记录而全本，用户每一次行为、企业的每一项业务，都转化为新的数据汇入数据的大海，而每一个新数据的汇入都实时引发各个数据集的连锁反应；算法是"活"的，它从真实的企业运作场景中发芽，用户的体验、企业的管理都成为算法迭代成长的养分，使算法敏捷迭代，越来越懂用户、越来越懂企业的运作之道；如此，企业的管理也是"活"的，我们所熟悉的决策逻辑将彻底被颠覆，取而代之的是解放人力的自动管理。基于数据—算法—数据的闭环，企业自动发现问题，解决问题。

（2）大数据

这时我们才会更清楚，当我们说"数据是 DT 时代的最重要的资产"时，我们究竟在说什么。

数据不仅串联起智慧企业的各个环节，使算法敏捷迭代、快速优化，而且企业之外，在大网络的各个端、各条线、各张网之间流动。企业内外协同所需的能量无不来自于数据的流通与互动，这是数据的张力与动能。而从生产资料的角度来看，数据最重要的经济学特征即在于它天然具有溢出价值。物质的使用往往具有排他性，但数据使用的边际成本几乎为零，并且，数据的每一次使用实际上是一次价值创造的过程，所以，我们才会更清楚，我们正在迎来的这个新时代以"数据"命名的理由。

建设智慧企业，打造企业的大数据，才是真正站在了智慧的起跑线，但同时，企业必须意识到，大数据又是贯穿智慧企业建设全过程的一条线。

对 DT 时代的憧憬也对企业大数据技术的应用提出了要求。首先，未来企业必然要向无边界发展，于生态圈内共同繁荣，这就对企业大数据的构建视角提出了更多要求。如果没有对整体产业链的宏观把握，单个企业仅仅基于自己掌握的独立数据所构建的企业内大数据，是无法了解产业链各个环节数据之间关系的，因此大数据价值的发掘也极为有限。其次，大数据可以从数据分析的层面上揭示各个变量之间可能的关联，但是数据层面上的关联如何具象到行业实践中？如何制定可执行方案应用大数据的结论？这些问题要求企业大数据建设和执行者不但能够解读大数据，同时还需深谙行业发展各个要素之间的关联。

综上所述，智慧企业利用大数据，不仅基于大数据技术的发展，又要考虑管理和执行等各方面因素。所以，不同企业的大数据技术是不同的，从业务量化、集成集中、统一平台的建设，到智能协同的突破，始终都有大数据技术的身影。随着大数据价值逐渐被认识，大数据技术也在不断突破。但于企业而言，最好的大数据技术，或许是一种将企业所有业务转化为可得、可读、可解、可视的企业标准数据这一技术逻辑。

7.2 智慧企业建设路线图

7.2.1 目标分析

在规划智慧企业的建设路径之前，首先分析智慧企业所必须具备的要素，根据其要素认知企业的现状、制定智慧战略规划，从而设计智慧企业的到达路径。智慧企业是在智慧架构和信息技术的基础上，能够高度地自适应和自调整，达到高度协同和对市场快速响应的企业。归纳起来，智慧企业必须具备的要素是：感知性、协同性和智能性。

感知性：智慧企业至少需要感知两个层面的内容：一是市场环境的变化，二是企业自身信息。智慧企业建立了自己的神经中枢和神经元，神经中枢指挥神经元的活动，神经元就是感知单元，负责感知各方信息。感知得到的各种信息在业务人员录入到企业业务系统后，就形成业务数据链，用于智慧决策。智慧感知的范围不仅包括标准化的业务流程和业务单据，还包括管理者和经营者与流程之间交换协同产生的信息。

协同性：智慧企业需要实现企业端到端流程的管理，要求各个业务单元之间高度协同。协同按照对象的不同可以分为几种层次：首先是信息的集中化和信息的共享；其次是信息的交互和协同；再次是资源的复用和整合优化。而在数字化企业中，各种互联网和物联网等高新技术的使用，使得部门之间无边界、办公无区域。因此，数字化协同是智慧企业协同的最高形态。

智能化：智慧企业的智慧精髓在于它的智能化，此时的企业具有人脑一样的分析决策能力。智慧企业的决策分析基于两个基础：一是大数据，二是在企业神经中枢中形成的分析模型和决策模型。非智慧企业与智慧企业的一大区别是：前者过度关注数据，缺乏对人和环境的关注，分析结果可能会出现较大的偏差；而后者的分析不仅仅使用传统数据建模和数据仓库推导出一系列指标，同时将多种数据类型和社会化因素引入关系分析和模拟建模中，如同人脑一样综合多种内部和外部信息做出决策。

智能化有三个特征，简称"三智经"，即智能预测、智能决策和智能演进。智能预测是对企业任何事情，如企业外部的风险、市场变化等，不靠人的主观意识或经验，由企业自己进行智能预先判断；智能决策是在做完每一步骤后可以自主决策下一步行动；智能的最高境界是智能演进，即企业自我升华、自我提高、自我引领、自我发展。此时的企业没有层级管理，人人依靠大数据为企业做出决策。

7.2.2　实施规划

智慧企业建设路径是这项伟大工程的建设步骤，对工程进行拆分，分阶段、按步骤开展。每个阶段的建设工作并非一劳永逸，闭环迭代是智慧企业建设的灵魂。基于智慧企业的特点和灵魂，整个建设路径按照"大环套小环"的双闭环模式规划，如图7-1所示。

大环是整个智慧企业工程从发起到建设的一个闭环过程。整个智慧企业建设，我们大致将其分为如下六个过程，分别是：智慧能力评估、顶层设计、整体设计、管理和组织变革、企业数字化转型、智能化工程建设。

智慧能力评估是准备阶段，也是一次循环的结尾阶段，智慧能力评估的工作是利用智慧企业评价模型分析企业智慧现状。

顶层设计属于战略阶段，是智慧企业建设的方向指导，是智慧企业的灵魂，顶层设计的工作是从战略角度分析企业的智慧需求。

整体设计属于成型阶段，是智慧企业的骨架，整体设计的工作是在战略分解的基础上，从整个企业的角度全面规划智慧企业的体系架构和模型。

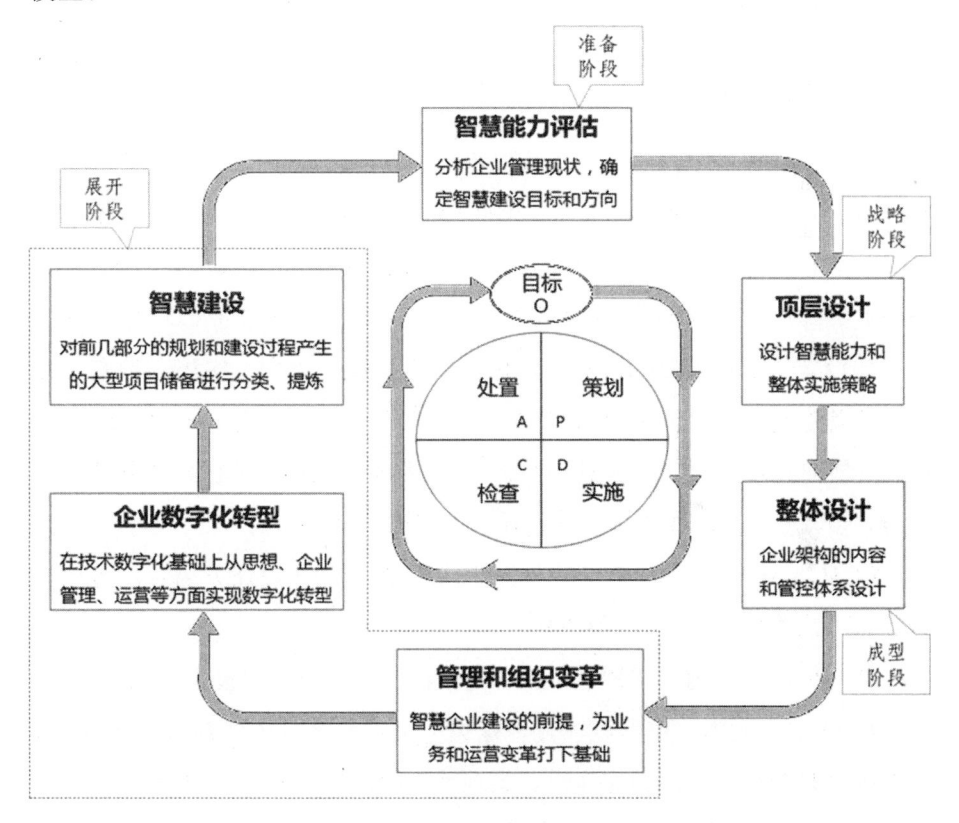

图 7-1 智慧企业建设路径图

管理和组织变革、企业数字化转型和智慧建设三项内容属于展开阶段，是智慧企业的血肉。其中，管理和组织变革是智慧组织和智慧管理的形成过程，也是后续转型和建设的基础。因此，管理和组织变革先行；紧接着，数字化转型从骨子里把企业改造为用数据说话，一切从数据中来、到数据中去的数字化企业；智慧建设不同阶段有不同的工作内容和工作重点。

以上每项建设的成果都是本项建设的输出和下一项建设的输入，以此形成一个闭合的大环。企业智慧度随着大环的反复循环呈螺旋式上升。

在大环内部的小环是每项建设任务的具体建设步骤，按照目标、策划、实施、检查、处置五个大步骤开展。除智慧能力评估外，其余阶段的智慧企业建设工作任务都按照小环的建设路径稳步实施。

7.2.3 管理机制

建设路径中的每项建设任务按照小环逐步开展，借鉴经典的 PDCA 模型，加入智慧企业建设的目标，我们提出 OPDCA 智慧企业建设模型，如图 7-1 中的小环所示，包含五个部分，分别是：Objective（目标）、Plan（策划）、Do（实施）、Check（检查）和 Action（处置）。OPDCA 循环就是以建设智慧企业为目标，根据目标的指引，按照策划、实施、检查、处置的步骤进行智慧企业分项任务的建设，并且循环不止地进行下去。OPDCA 循环与智慧企业建设路径的大环并驾齐驱，大环着重智慧任务的阶段划分，OPDCA 循环强调每项建设任务的步骤。

O（Objective）：目标，按照当前阶段智慧企业建设任务制定，每项任务、每一次建设都有一个终极目标。

P（Plan）：策划，规划该项任务建设的内容，以及建设方案的制定。

D（Do）：实施，根据该项任务建设方案，设计具体的建设计划布局；再根据计划布局，进行具体建设，实现计划阶段规划的建设内容。

C（Check）：检查，使用智慧企业评价模型评估智慧企业建设的结果，分清哪些目标达到，哪些目标有偏差，明确效果，找出问题。

A（Action）：处置，对照目标，对评估的结果进行处理，对成功的部分加以肯定，并予以标准化；对于出现偏差的部分加以总结，并加入下一次循环的目标当中。

以上五个过程周而复始地进行，每轮循环对应每项建设任务的一次建设，未解决的部分进入下一次建设。每次建设的目标都中和了上一次建设的评价结果和下一次建设的要求，策划、实施、检查和处置环节都向目标看齐，确保循环过程不偏离轨道。评价的结果与目标和计划连接起来，形成有轨道的闭环。下面分别介绍小环五个阶段的工作任务：

1. O阶段

（1）分析现状，提出需求

根据企业当前阶段呈现的状态，深入分析表现形式下的根本原因，转换为本项建设任务的需求。

（2）结合处置结果，制定目标

目标就是规定本项建设任务所要做到的内容和达到的标准。目标可以定性加定量化表述，定量目标用数量来表示，定性目标的指标也要明确。目标是限制整个循环过程的轨道，所以必须有理有据。通过充分的现状调查和比较来获得新阶段的建设需求，然后把上一个循环结束后总结出的未完成目标转换到新循环过程的建设需求中，制定出新目标。

2. P阶段

（1）制定建设方案

建设方案的设计是一个巨大的工程，需要调派专门的人手或者聘请专业的咨询公司设计完整可实施的建设方案，在设计过程中可以提出多种方案，然后在各种方案中优选并确定出最佳的方案。

（2）制定策略和规划

有了本项任务的建设方案，可以针对方案制定实施的策略和规划，为后续的落地实施打下基础。规划就是将建设的步骤具体化，分阶段制定建设进度、分解工作任务、安排工作资源等。

3. D阶段

在策划阶段制定了建设的方案和实施规划，然后进入实施阶段。在这一阶段除了按规划和方案实施外，还必须建立相应的监理组织，确保工作能够按计划进度实施。同时开始收集过程的原始记录和数据等，用于检查阶段建设成果的评价。

4. C阶段

检查就是确认智慧企业的建设是否达到了该项建设任务开始时制定的

目标。使用采集到的数据开展专业的评价工作（具体评价流程将在下一章给出），对比完成情况与目标值，是否达到预定目标清晰可见。

5. A 阶段

（1）标准化，固定成绩

标准化是冻结智慧企业建设的阶段性成效，防止建设完后智慧能力被雪藏；同时将运行成效显著的措施标准化，制定工作标准，便于日后的推广。

（2）总结，处理遗留问题

每一个 OPDCA 循环完成后总会有遗留的问题，分析后，把问题转化为新的建设需求并放入下一个 OPDCA 循环，如此，周而复始，螺旋上升。

7.3　智慧企业规划设计

7.3.1　智慧能力评估

评估智慧能力是对企业管理现状的深入分析，了解现状，了解智慧度，为智慧企业的建设做好充足的准备。评估可以同时选用定量分析和定性分析手段。

定量分析使用指标体系评价企业智慧现状，根据评价模型结果分析企业智慧建设的不足，然后在此基础上确定顶层设计的战略方向和整体设计的范围，以及后续建设的重点模块。

使用定性分析对企业的业务和职能等分模块深入了解，采用访谈、问卷、现场观察等多种方式。下面以企业在组织、管理方面的现状分析为例，简要介绍定性分析的对象。参考管理大师彼得·德鲁克对组织工作分析方法的总结，从三个方面分析企业的组织工作现状，包括业务活动分析、决策分析和关系分析。业务活动分析主要分析组织的工作由哪些活动构成、如何分工、任务的重要性划分等，分析的目的在于优化组织任务的分解；决策分析主要分析各项业务活动中决策的种类、重要性、决策制定人、决策制定参与人等，分析的目的在于优化权利的分配，保证权利集散有度；关系分析主要分析企业内部员工的职权关系、职责关系、负责关系和沟通关系等，分析的目的在于优化权利的分布，确保其分布均匀。

定量分析侧重于度量企业的智慧度，而定性分析侧重于了解企业的管理和业务现状，两个方面的内容相辅相成、相互补充，全面透彻了解企业现状。

根据企业智慧能力评估结果，首先分解智慧企业建设目标，由于不同企业所处行业和业务领域具有较大差异，企业所处智慧等级和管理现状也不尽相同，因此并没有一成不变的标准目标，可以根据企业具体情况，分阶段制定智慧企业建设近、中、远期目标，每个阶段的目标包含智慧企业的建设内容和周期等。

对于绝大多数企业来说，智慧建设在不同阶段至少分别有以下四个建设方向：

第一，业务量化。即尽量用数据说话，企业的决策、运营、考核等一切建立在数字化的基础之上，以数据为企业活动的基础。

第二，集成集中。即企业的智慧信息化建设在全生命周期实现集中规划、集中建设、集成运行，避免重复建设，减少资源消耗，消除信息孤岛，实现信息网状流通，彻底共享。

第三，统一平台。即基础设施、数据中心、应用平台等统一规划建设，形成一体化平台。统一平台的目的是建立数据标准，包括硬件的标准化、软件的集成、数据采集存储的标准化等，以此支撑大数据分析并为企业提供智能决策。

第四，智能协同。实现平台之间、专业之间、部门横纵之间的协同互动，以此实现智慧企业的自动管理。

7.3.2　智慧企业顶层设计

基于企业当前的智慧度和管理现状开展顶层战略设计，为企业的日常运营规划智慧能力，智慧能力的设计分别从智慧核心业务能力、智慧职能能力、智慧服务能力、基础设施能力四个方向规划其具体的能力，对四种能力所对应的业务职能进行详细分解，以每个细分业务能力为对象，通过感知、分析、洞察的方式分别规划相应的智慧能力，然后给出整体的实施策略。如下图所示：

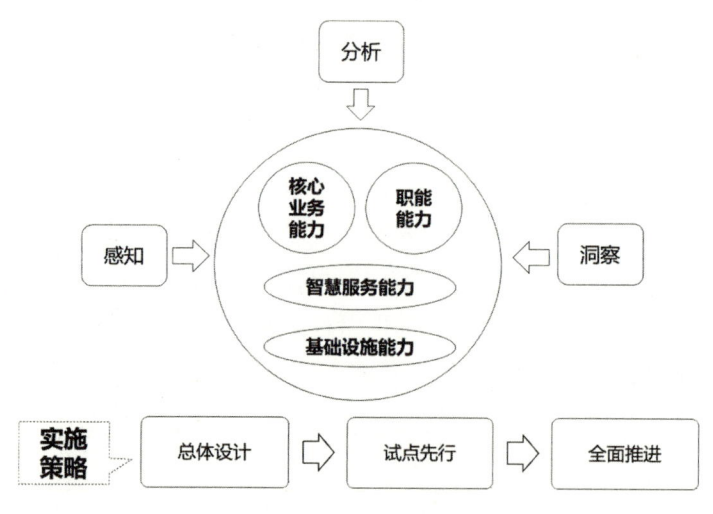

图 7-2　顶层设计思路图

智慧企业是一个系统的体系，和企业的生产、市场交易、企业管理等机能一样，是企业要素的有机组成部分。作为企业演进和发展的方向，智慧企业的建立，将为企业各功能肌体提供包括触觉、神经、大脑在内的完整智能体系，进而提升企业面向未来的智慧功能。

根据大多数企业的构成特点，企业业务职能能力基本可以分为以下四个：核心业务能力、职能能力、智慧服务能力、基础设施能力。核心业务能力是企业的主营业务能力，核心业务部门直接制造企业的利润商品，比如制造业的生产部门；职能能力是企业规划、生产、经营、管理需要的支撑能力，如人力、财务、营销等；智慧服务能力是从价值链的角度规划的保证企业能够智慧运营的能力，如物资采购；鉴于基础设施在智慧企业建设中的重要性，为企业规划基础设施能力，基础设施能力为其他三种能力提供智慧的基础设施支撑能力。下面以制造业的核心业务能力中的智能制造能力为例，运用感知、分析、洞察方法规划智能制造能力：

感知，企业需要整合内外数据资源，并感知企业的研发、生产、供应链和售后服务等环节是否符合以消费者为中心、个性化、柔性化、大规模定制等智能制造原则；

分析，基于企业的数据体系，分析得出实现企业业务扩张的能力，通过业务扩展打造集制造和服务为一体的企业生态网络；

洞察，智能制造需要通过生产智能产品和构建端到端的全渠道营销，形成精准的消费者洞察和产品洞察能力，在横向上打通产业链各端口，在纵向上整合企业管理体系，形成纵横协同的智能制造管控能力。

整个智慧企业建设战略的实施是一项复杂的工作，每个企业需要根据企业现状和经营业务的特性，制定适合自身的智慧企业建设实施策略。根据目前大型项目实施的经验来看，应用最为广泛的实施策略主要有如下三种：总体设计、试点先行、全面推进。

总体设计是对整个战略实施过程的全面规划和设计，对于实施过程各子项目关联性较强，牵一发而动全身，必须进行总体设计，否则局部建设将带来不必要的资源浪费和重复建设。

试点先行是选择项目所含范围的局部区域开展试点工作，检验项目方案的正确性和有效性。选择的试点单位可以是单个或者是分别具有重要代表性的单位。在试点进展的每一步，试点总负责人都需要详细了解情况，试点单位之间需要多沟通、相互提供建议和指导，确保项目内容的落地并积极修正相关问题。试点单位的实践成果，便是下一阶段全范围推广的依据。

全面推进是在项目全范围内一步到位推进项目方案，对于大型项目不建议直接全面推进，建议在试点成功后开展全面推进策略，把成功的经验和项目成果辐射到全范围。

7.3.3 智慧企业整体设计

1. 企业架构设计

企业架构定义企业不同层次的框架，由于企业架构包含的范围比较广，我们这里只是从智慧这个角度考虑必须具有的智慧企业架构部分，对于传统架构部分不做赘述。我们根据 TOGAF 架构设计理念和方法来设计智慧企业的架构，主要包括以业务架构、信息系统架构、数据架构和技术架构为代表的内容部分，同时规划了架构管控体系：标准体系、信息化管控体系、安全体系和运维体系。详细架构如下图所示：

208 ◆ 智慧企业——框架与实践

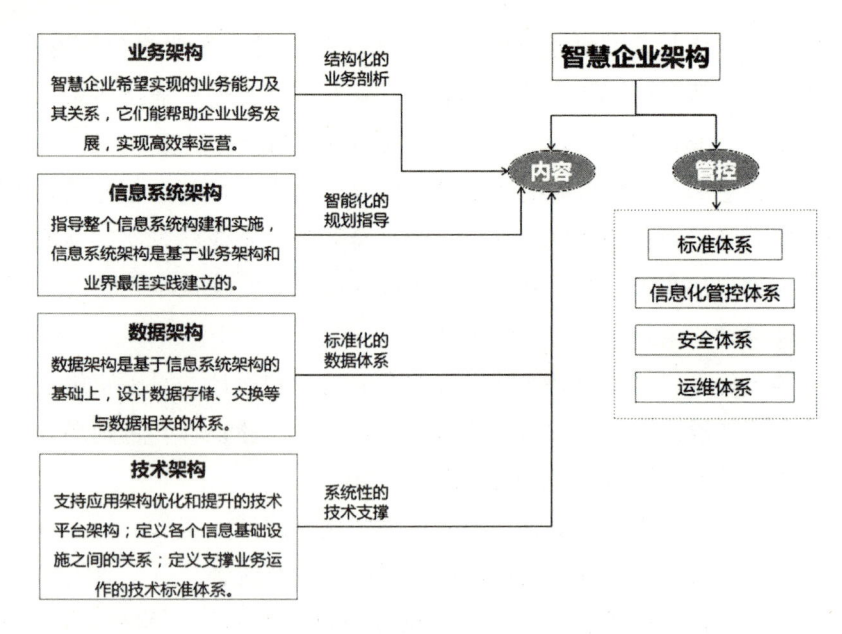

图 7-3 智慧企业整体架构设计

（1）业务架构

业务架构定义企业在总体战略指导下希望实现的业务能力及其关系，它们能帮助企业业务发展，实现高效率的运营。

智慧企业业务架构需要定义的是在企业内部各要素组成部分所应具有的智慧框架和业务智慧能力。具体而言，包括企业各个业务环节及企业整体需要具备的"智慧"的能力，也是对顶层战略规划阶段智慧能力的下钻。

（2）信息系统架构

信息系统架构是对信息系统进行的高层应用划分，指导整个信息系统构建和实施。信息系统架构是基于业务架构和业界最佳实践建立的。

定义信息系统架构正是契合信息技术在智慧企业体系中的关键作用，充分将信息技术和业务架构进行结合而形成智慧企业体系的逻辑架构，可以理解为信息系统架构是业务架构运用信息技术而形成的逻辑视图。

智慧企业的信息系统架构需要融合信息技术语言和业务语言，形成完整的信息系统架构视图。

智慧企业信息系统架构可以引入当前最新技术，根据企业具体业务需求和行业最佳实践进行规划，规划范围需要完整覆盖整个业务架构。在系统架构中，充分引入云计算、大数据、物联网、移动互联等先进信息技术。这些信息技术的应用可以为实现业务架构中的业务能力提供坚强支撑。

（3）数据架构

数据架构是在信息系统规划的基础上，设计数据的存储、交换等与数据相关的体系。数据交换包括数据采集、报送以及数据采集报送情况监控等内容。数据交换平台可以作为企业上下级批量数据交互的枢纽，为企业上下级数据的统一交换提供支持，提升信息集成水平，保障数据完整、及时和准确。

数据中心是数据存储共享服务中心，是整个企业的数据处理核心，同时也是大数据平台的数据源提供者。

大数据是支撑智慧企业落地的核心支撑手段之一，企业管理者借助大数据技术获取各种内外部信息，并进行分析和处理，根据分析结果就可以迅速确定企业战略目标并制定实施策略。

（4）技术架构

智慧企业的构建不仅需要吸收一系列先进的新兴技术，同时更要注重各种技术之间的融合应用，这里的技术架构是智慧技术架构的框架结构，而不是具体技术的简单罗列。同时，我们将管理体系也定义为技术，即管理技术，更好地体现管理和技术的融合。下面简单介绍几种技术：

①IT技术

融入云计算、大数据、物联网等新技术形成新IT架构。以云计算技术为基础，将存储、计算、网络、桌面等所有计算资源全部云化，形成统一的云服务能力。在此基础上，融合大数据平台，借用此平台聚集企业生产经营或服务产生的所有数据资产，包括物理数据（来自于物联网设备）和信息数据；融合物联网平台，通过该平台可以建立标准，可随时动态接入物理网的感知设备；融合统一网络，可以将企业局域网、无线网等无缝融合。

②管理技术

主要是引入新的管理体系和管理手段，通过管理技术和IT技术、工业技术的 3T 融合，最终实现以管理提升为目的的智慧企业建设。如"智慧物流＝先进管理体系＋智能物流系统"，和单纯地用到的一系列技术等。在传统的制造企业中，工业技术主要以机械化技术为主，而随着信息化和人工智能的发展，工业技术中融合了智能制造、自动控制、机器人、物联网等新兴技术，在未来信息化和工业化高度融合以后，两者的边界将变得模糊。

③体感技术

此类技术目前没有明确的定义，但由于其发展快且应用前景看好，因此在智慧企业的建设中可以作为前瞻性引入。通过体感技术，企业的管理和运营人员能够将自己的身体器官融入现实的管理当中，而不仅仅是靠手工或信息系统去查看信息或管理。

2. 标准体系设计

智慧企业标准体系建设旨在有目标、有计划地建立起联系紧密、相互协调、层次分明的系列标准并贯彻实施，以指导和支撑不同行业企业智慧建设的总体规划和工程实施，同时规范和引导智慧企业相关 IT 产业的发展。

参照国家标准化体系建设思路，智慧企业标准体系建设的指导思想为：根据国家"互联网＋"战略发展目标，面向智慧企业建设和新 IT 服务产业发展，本着"统筹规划、面向应用、突出重点、开放协作"的工作思维，结合企业的架构需求，设计全面详细的标准体系。

标准体系的建设是一项专业工作，建议企业成立专项组织实施，由相关主管部门统筹指导，通过标准化组织、信息化主管部门以及外部专家之间的密切协作，积极研究智慧企业建设的共性需求，加强对现有相关信息、通信技术和应用领域标准化力量的协调，制定完善的智慧企业建设所需的基础设施（如：云计算、大数据、物联网）、数据和服务支撑、生产运营、企业管理、安全、应用类标准，同时设计配套的标准综合应用指南。

3. 管控体系设计

企业智慧建设管理控制体系是研究在智慧企业建设周期中的规划、实施、运行和评估等不同的阶段，如何使企业智慧建设与企业业务发展相匹配，整合企业核心竞争力，实现智慧企业最大价值的体系。智慧企业建设管控体系设计可以从管控模式、业务能力模型、组织体系、流程体系和标准制度五个方面入手。管控体系的设计思路如下图所示：

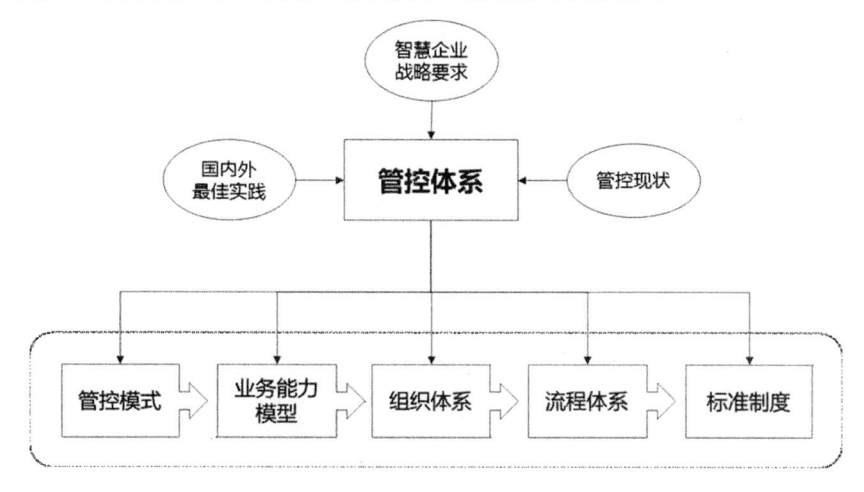

图 7-4　管控体系设计思路

如上图所示，是从公司的智慧企业战略入手，研究国内外最佳实践，再结合企业的管控现状确定管控体系设计目标和内容。通俗来说，管控模式设计就是管控力度强弱的选择，根据集权程度由强到弱分别可以选择集中式、联邦式和分散式；业务能力模型是从业务能力的角度出发，确定智慧企业管控体系必须具备的能力；组织体系设计针对的是与智慧企业建设配套的组织，以业务能力为基准设计智慧企业建设组织的结构和职责分工、工作界面等；流程体系设计，同样基于业务能力的基础，设计详细的操作流程；而标准制度是对组织体系、流程的固化和系列规则的明确，助推智慧企业建设过程顺畅高效。

4. 安全体系设计

智慧企业不但使企业的生产经营管理更加灵活、更加智能，也能够给企业提供全方位的安全保障，降低潜在的安全风险，为企业在"智慧"的大海上保驾护航。智慧企业的安全管理应该区别于传统的安全管理，我们对传统安全进行内涵填充和泛化，提出新的"大安全"观。"大安全"管理涵盖经营安全、设备/设施安全和信息安全，旨在建立包含安全管理子架构、安全技术子架构、安全运作子架构的安全体系架构，如下图所示：

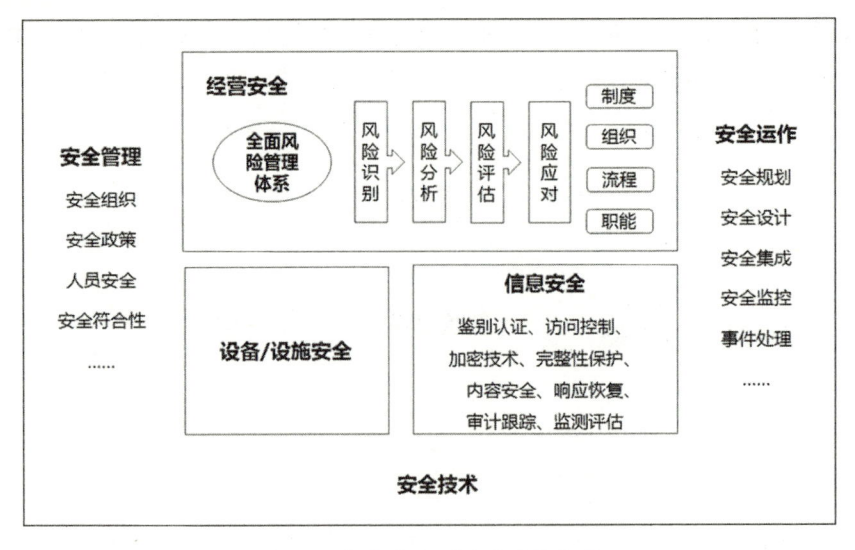

图 7-5 智慧企业"大安全"架构

经营安全主要指企业的经营管理安全，通过建立全面风险管理体系，利用系统的、科学的方法对各类风险进行识别和分析，将风险应对措施落实到企业的制度、组织、流程和职能当中。设备/设施安全主要指企业的生产设备和生产实施过程的安全。信息安全主要指采取有效的技术和管理手段，进行集中安全技术防护，提供鉴别认证、访问控制、加密技术、完整性保护、内容安全、响应恢复、审计跟踪、监测评估能力。

以上是"安全"的三个重要内容，它们在统一的安全体系架构下运转。安全架构体系包含三个框架：安全管理子框架：安全组织、安全政策、人员安全、安全符合性；安全技术子框架：一系列安全技术和平台；安全运作子框架：安全规划、安全设计、安全集成、安全监控、事件处理。

5. 运维体系设计

ITSS——信息技术服务标准，是在工业和信息化部、国家标准化委的领导和支持下，由 ITSS 工作组研制的一套 IT 服务领域的标准库和一套提供 IT 服务的方法论，通过 ITSS 服务体系建设，建立支撑企业智慧应用服务持续健康发展的 IT 治理架构，包括 IT 组织架构、IT 管理体系和 IT 考核体系等。以下是标准的 ITSS 运维模型：

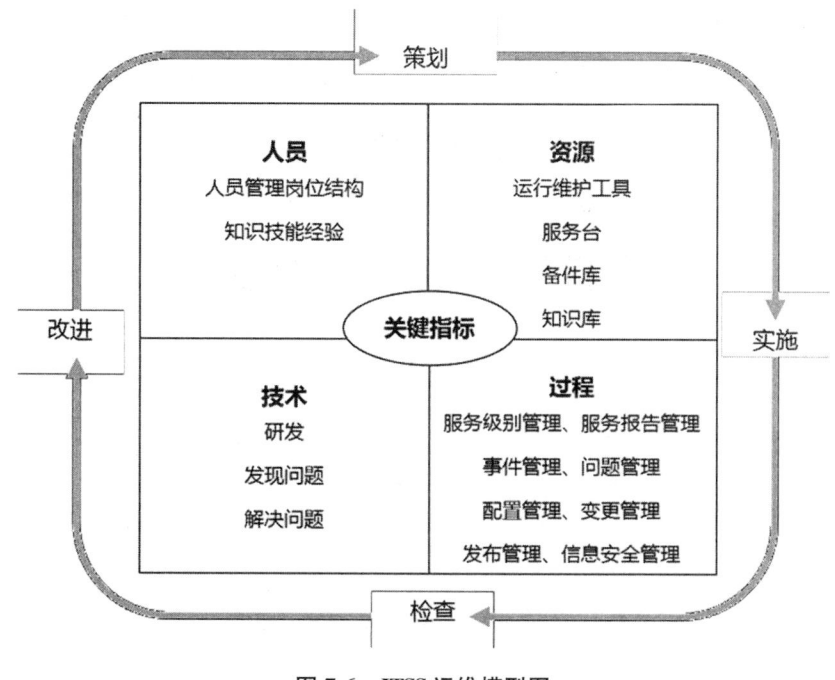

图 7-6　ITSS 运维模型图

ITSS 提出运行维护服务必须包含的四个要素：人员、资源、技术和过程。以上四个要素是提供运维服务的一个缩影，即人员利用资源、运用技术，通过规定的过程为需方提供运行维护服务。关键指标从四个要素的角度提出核心能力参数，并使用关键指标体系考核供方的运行维护服务能力，考核结果用于供方的筛选和绩效评价。循环缠绕在四个要素外围的是供方运维管理的原则。在运行维护服务提供的全寿命周期过程中，供方按照策划、实施、检查和改进四步骤闭环实现运行维护服务能力的持续提升。

7.4　管理和组织变革

在企业的建设和转型进程中，管理和组织的变革往往先行，为业务和运营的变革等后续工作打下坚实的基础，保障变革工作的顺利开展。智慧企业建设是传统组织由内而外打碎重来的巨大变革，因此，管理和组织变革尤为重要。首先是在思维层面上的变革，即转变传统企业的理念为智慧企业的理念，然后打造三脑协同的柔性管理模式，同时在人员管理上采取多种创新措施开创全新管理方式。变革具体内容如下图所示：

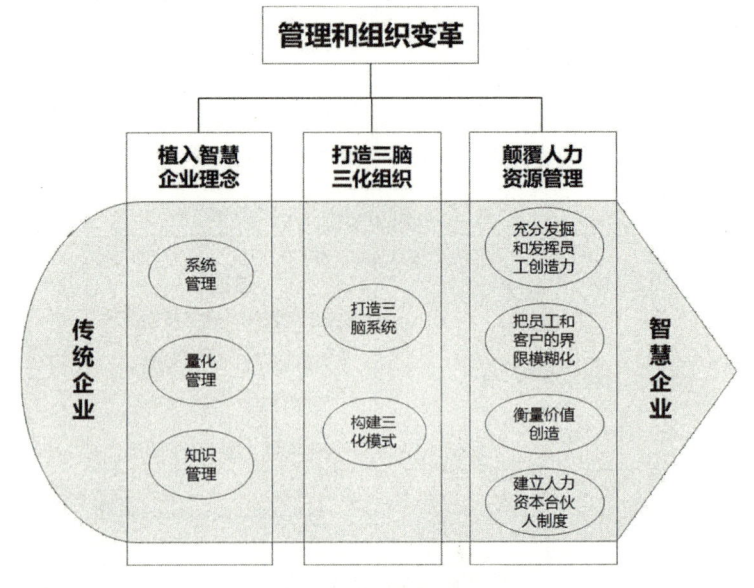

图 7-7　管理和组织变革内容

7.4.1　植入智慧企业理念

　　思维的变革对后续工作开展的成败起着决定性的作用，将智慧企业特征和企业行业及业务特性相结合，建立起智慧企业文化理念。首先，通过各种培训研讨、行动式学习引导，帮助企业管理者突破固有思维禁锢，统一思想，树立智慧变革紧迫感，将智慧企业建设提高到公司的战略的高度。然后，在业务层员工内部建立宣讲体系，由中高层管理者亲自宣讲，在全企业范围内形成智慧企业的观念基础，为变革推动做铺垫。

　　系统管理理念。系统管理思想是相对于一般管理而言的，一般管理主要对管理对象的目前状况进行控制，而系统管理除此之外，还关注其过去的行为特征和未来的发展趋势，它在时间维度上坚持系统的整体观和联系观。从空间维度上看，两者也有明显区别，一般管理通常而言只关注某个具体特定的管理对象，而系统管理同时还要考虑管理对象与其他事物的关联性和与环境的相互作用关系。智慧企业的应用数量将会激增，生产更加个性化、企业人机实现互联互通,这些都要求智慧企业在管理体系中融入系统化的思维。

量化管理理念。量化管理的核心是数据和标准化。大数据是量化管理的源泉,大数据把企业日常管理数据化,一切从数据中来、到数据中去,运用数据将任务定额化、程序标准化、酬金差额化。任务定额化是把员工的工作量化,首先确定标准工作任务或工作目标,然后对其逐步细化、具体化,并逐项量化打分以便量化考核员工的绩效;程序标准化,也就是我们常说的标准化操作,为保证管理的公平性,针对具体的管理对象和管理内容制定出标准的工作程序,不同环节根据重要程度的不同将会有不同的权重;酬金差额化,即"按劳取酬",在员工工作表现和工作成绩数字化的基础上,结合常态化的实时记录,定期根据记录数据在大数据分析平台计算员工的绩效,然后根据绩效发放酬金,从而达到激励的目的等。以上只是量化管理的部分运用,整个量化管理的体系各个部分是互相关联、互相制约的有机整体。量化的企业管理系统将会是一张经纬交错、严密牢固的网络。

知识管理理念。知识管理是组织识别自己拥有的知识,并对其加以整理、转移和管理,以便有效地利用知识,获取竞争优势,做出更好决策的过程。知识管理的核心在于"知识"这两个字,管理大师德鲁克曾说过:"21世纪的组织,最有价值的资产是组织内的知识工作者和他们的生产力。"换句话说,人才和知识是智慧企业最重要的资产,也是建设学习型组织的重要的手段之一。当然,在知识管理的过程中也强调成员的协作,通过协作让知识在成员之间共享和流动,以此加快团队知识总量的累积并转化为集体智慧。智慧企业让知识自由流淌在组织的每根血管之中,企业是一个能自我驱动、自我调节、自行变革的生命体,而组织中的成员在这个生命体中借助学习和交流,不断增强知识积累,成为能够自我激励、自我超越的鲜活个体。

7.4.2 打造三脑协同的柔性组织

智慧企业的组织结构是一个三脑协同的结构,组织变革的第一步就是打造三脑系统,智慧企业的三脑系统由上至下分为企业脑、中心脑和单元脑，首先在整个企业的决策最高层级处打造企业脑，由企业的高层管理者和其他最高决策制定者组成，企业脑的功能是为整个企业的发展做出分析、预测、决策；然后是按区域、业务类别或者矩阵式组织的团队分别打造一个中心脑，中心脑负责指挥各自负责区域的运营和资源配置；最低层次的大脑是单元脑，在业务活动的每个环节都打造一个单元脑指挥该环节的工作。三脑之间协同配合，指挥智慧企业的高效运作。

打造完企业的三个大脑后，再结合顶层战略规划和企业数字化转型对管理和组织模式的要求，搭建能够配合三脑组织高效运转的模式。智慧企业的管理和组织模式根据企业经营业务的不同和涉猎范围的大小有不同的表现形式，并没有固定的模式，但智慧企业的组织和管理模式必须符合三个特征，其核心理念可以简单总结为"三化"：扁平化、去中心化、平台化。

组织扁平化就是要缩减组织层次、缩小组织规模，最极致的扁平化组织架构只有三级：核心领导人—部门领导—员工。智慧企业要求更贴近客户、走进客户的心里，企业必须缩短跟消费者之间的距离，跟消费者融合到一起。对于上层的决策"一竿子插到底"，快速执行无偏差，如此才能有效保障市场反馈和决策执行的效率。

去中心化是为了避免团队臃肿，把大企业做小，从中央集权变成小经营单位。企业不可以再强调"以某人为核心"或者把员工单纯定义为任务执行者，而是强调"人人都是CEO"，人人都能成为自主经营体，员工也可以去做CEO做的事情。管理者则要从发号施令者转变为资源的提供者和员工的服务者。这是未来智慧企业组织变革的一个趋势，要想在这个快速变化的经济形势下快速捕捉机会、响应市场，组织就必须得精简、简约，要使得每个人都成为价值创造者、每个人都能有价值地工作。

企业实现平台化，要求不再强调集中式的中央管控，而是通过分权、授权体系，把权力下放到最了解市场和客户的地方去。平台化要利用外部资源建立一个由所有平台成员组成的企业价值网络，基于这一认识，企业要建立平台，需要完成三大转变：首先是企业角色的转变。在价值创造过程中，企业扮演的将不仅是一个生产者或者交付者角色，而是资源配置、人才整合和支援者角色，以便于快速响应市场和客户需求。例如，电商平台淘宝连接了商家和消费者，淘宝平台只需要搭建好的治理机制来协调、管理他们之间的关系，保证产品和服务质量即可。其次是价值创造对象的转变。企业不只是为购买产品的顾客创造价值，而是为平台上的所有成员创造价值。例如，微信的服务对象不仅是个人用户，还有开设公众号的自媒体、出售商品的商家和投放广告的广告主。最后是竞争力来源的转变。传统的企业竞争力来自于自身，但平台化的智慧企业竞争力来自平台上的所有参与者。例如，苹果的应用商店 App Store 有合作伙伴开发的各种应用，包括音乐和图书等内容，该平台与苹果的智能设备一起组成企业的核心竞争力。

7.4.3 颠覆人力资源管理

智慧企业的管理就是要简单，员工把事情做到极致。企业将没有打卡制度，没有考核制度，强调员工自我驱动，强调把别人的事当自己的事，强调责任感。大家是在工作信仰下、在责任感驱使下去做事，而不是靠管理产生效率。也就是说，企业内部完全是激活的，靠价值观凝聚人、牵引人，一切围绕市场、围绕客户价值，企业员工进行自动协同，然后承担各自的任务和责任。具体来说，智慧企业可以从如下几个方面开展全新的智慧人力管理：

一是充分发掘和发挥员工的创造力。对于员工的创新性想法给予资源、政策和资金支持，员工不仅仅是完成工作任务，也可以创造新产品和新部门甚至是新企业。企业不仅仅是一家公司或一个集团，还转变为一个企业平台，形成一个生态系统。

二是把员工和客户的界限模糊化，员工是客户，客户是员工。客户会成为企业的品牌推广者、产品服务设计者、生产参与者。同时，员工也是企业的客户，要用服务客户的思维管理员工。

三是衡量价值创造，激发价值创造能力并优化人才管理。此管理方案与组织去中心化相对应，价值创造的核算不仅限于部门，也会落实到每个人。即将员工和业务数据联系起来，核算每个员工为公司所创造的价值，依据员工所创造的价值来进行企业价值的分享，通过这种个人价值衡量来提升每个人的价值创造能力。同时，还可以根据个人价值创造值找出企业的优势和劣势，提升员工与其职位的匹配度，并据此为企业战略提供人才方面的建议。

四是建立人力资本合伙人制度。人力资本合伙人制度就是人力资本参与利益分享和企业的经营决策。对普通员工，提出要超值分享，企业与员工是利益共同体，共创价值，共享利益。员工只要为企业做出贡献，员工只要超越了应为公司创造的价值，就可以分享超值的利益。

7.5　企业数字化转型

随着以云大物联等为代表的数字技术的崛起，我们已身处数字化经济，新趋势大潮已经形成，顺之则昌，逆之则亡。企业需要尽快投身其中，并不断打造数字化能力，这也是智慧企业建设的必经之路。企业，尤其是传统企业向，数字化转型不是一蹴而就的，会面临许多挑战和风险。但这不是墨守成规的借口，企业必须加速转型。

7.5.1　以"3T融合"为手段转型数字化运营

数字化要求企业变革旧的运营模式，目的是提升企业运营效率，包括流程效率、资产利用率、敏捷性、新成本模型，最终提高企业的毛利率和净收益。运营数字化，首先必须从战略上坚定进行流程数字化转型的信念，因为市场风云变幻，流程的随意切换可能会带来巨大风险。对于制造业来说，要以信息技术、工业技术和管理技术3T融合为手段，实现企业运营数字化转型。对于所有企业来说，公司都需要制定涵盖领导、人才、观念、文化、组织结构的全盘战略支撑数字化运营。

首先，企业需要搭建数字化的运营平台，以此需要实现端到端的、对业务和资源统一的协调管理和调度，实现各种能力的一体化拉通。借助该运营平台挖掘业务流程各环节的中间数据和结果数据，发现流程中的瓶颈因素，找到改善流程效率、降低成本的关键点，从而优化流程，提高服务水平。

知名西班牙服装品牌ZARA就善于运用数字化手段提升运营效率。首先，它善于把消费者声音化成数字。在ZARA的店内，柜台和店内各角落都装有摄影机,店经理人手配备一个 PDA,当客人向店员反映"这个衣领图案很漂亮""我不喜欢口袋的拉链"等评价性语言时,店员立马向分店经理汇报,经理通过 ZARA 内部全球资讯网络,每天至少两次传递给总部设计人员。有效的意见会生成决策立刻传送到生产线,调整服装的设计细节。

关店后,销售人员会对客人购买与退货率做出统计,再结合柜台现金资料、交易系统生成日成交分析报告,产生当日产品热销排名。排行榜数据会直达仓储系统,为下次发货提供依据。

同时,ZARA 还采取以线上店数据为实体店的前测指标的措施,优化实体店的运营。2010 年秋天,ZARA 在六个欧洲国家成立网店,次年,分别在美国、日本推出网络平台。网店除了增加营收外,还强化了双向搜寻引擎和资料分析的功能,网店的意见为目标市场的锁定做出了巨大贡献,也为消费者提供了更准确的时尚讯息。此外,网店还是活动方案的营销试金石,先在网络上举办消费者意见调查,从中撷取顾客意见,以此提升实际活动的效果。除应用在生产端外,线上收集的顾客资料还被应用在 ZARA 所属的英德斯集团各部门,包括客服中心、行销部、设计团队等。分析数据显示,网店为 ZARA 至少提升了 10% 的营收。

7.5.2　以多触点为表现打造数字化渠道

在数字世界中,企业只有在每一个客户期望获取服务的地方创建更加智能、无缝、安全的渠道体系才能形成真正的市场预期。反过来,客户也期待获取的体验是无缝、持续、个性化和跨渠道式的,因此,企业应该建立线下、线上和移动等多种类型的服务获取渠道,从而打造全渠道多触点的客户体验。建立数字化的渠道就必须认清并把握关键环节:在需求获取环节,要求获取渠道多、分布广;在客户搜索和选择产品/服务环节,广告渠道需要分布在客户能轻松找到的地方;在客户购买环节,需要建立清晰、无缝和安全的购买渠道;在客户的反馈环节,打造高效的反馈渠道,实现客户与企业、产品和服务的频繁接触。

在数字化渠道构建方面,迪士尼为游客准备的魔力手环是一个非常典型的案例。游客戴上这种具有无线跟踪功能的腕带后，即可在乐园获得全新而丰富的个性化客户体验，如提供排队占位服务，大大缩短排队等候时间。此外，魔力手环为游客提供新的商品购买渠道，游客可以用它来"刷卡"选购各种商品，并要求商品送至所住的酒店房间，而无须累赘地拎着购物袋游园。不仅如此，魔力手环还增加了游客的用餐渠道，他们可通过手环提前预订餐厅和点餐，当他们到达该餐厅时，便可启动出餐服务。与此同时，对迪士尼来说，通过此手环搜集到游客所有游览过程的详实数字记录，以此支撑迪士尼的运营优化过程数字化和游客体验数字化。

7.5.3 以生态系统为目标整合产业链

数字化企业的产业链是一个开放的生态系统，数字化生态系统的建设理念是包容所有的商业模式——万物皆服务，即使不是服务万物，也需要服务多种产业。产业链中的主要活动大部分可以分布在企业外部，考虑将上游供应商以及下游供应商与消费者等环节融合到其他新的平台上，主要通过建立外部合作的方式寻找新平台，不同的平台之间组合成企业的新生态系统。虽然企业内部并没有完全掌控所有业务，但企业为自己的产品创造了附加值，还提升了产品的"黏性"，形成数字化的产业链。拥有生态系统的企业如同生物界一样，具有了反馈调节、协同共生和循环再生的能力，企业具有更强的抗风险和可持续发展能力。

在软件行业中，程序员、嵌入式系统、软件开发工具和 API、插件等共同形成的生态系统，可以为软件行企业的持续稳定发展注入源源不断的活流。成功的电子零售市场可以为数字化商家提供物流、营销或支付服务。谷歌和苹果公司都支持开发者社群，以不断提高各自平台上 APP 的数量和质量。携程、去哪儿等旅游门户网站汇集了产业链上的航空公司、酒店、接送机服务公司和保险公司等，用户可以轻松地制定完整的行程。以上生态系统的构建都是以优化客户体验为核心的。而为了最大化商业生态的价值，竞争对手之间也可以并入同一个生态系统。例如：AT&T、思科、通用电气、IBM 和英特尔公司成立工业互联网联盟，齐心协力打造互联网生态系统，致力于为该生态系统统一相关标准，打造更广阔的市场。

7.6 智能化工程建设

智慧企业建设前面的众多环节，从顶层设计到各分项建设，将产生众多大型项目储备，在此将储备库中的各项目进行合并重组，并根据实施任务的种类进行初步划分，归纳出如下建设项目如图 7-8 所示。智慧企业的实施任务包含但不仅限于如下任务，本部分只是一个重点提炼，实际建设项目以企业具体情况为主。在下文简单介绍平台建设、智慧应用、体系搭建和关键课题研究等智慧建设项目的具体任务。

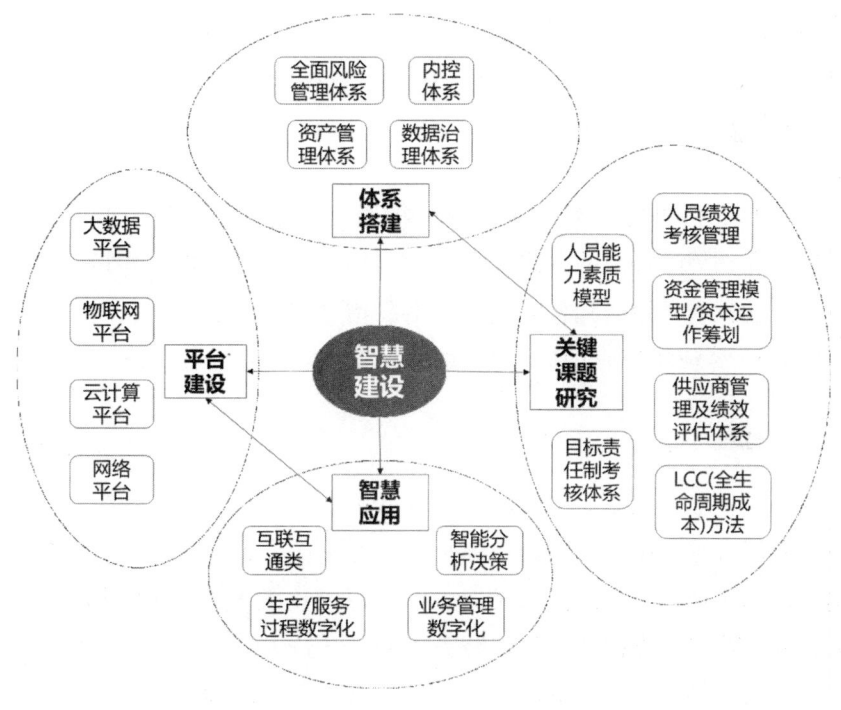

图 7-8　智慧建设任务图

7.6.1 平台建设

在智慧企业整体设计中发现，大多数企业的智慧能力实现都需要应用一些公用技术，把这些公用技术抽象出来，称之为平台。平台建设将为智慧企业整体建设包括数字化转型提供智慧的基础设施。最关键的平台如下：

1. 网络平台

加入现代通讯技术、无线网络技术、局域网技术、物联网技术、移动互联网技术等当前热门技术，构筑满足企业生产经营所需要的各种网络系统，包括企业物联网、企业综合管理网等，形成多网融合、互联互通的统一网络平台。

2. 云计算平台

云计算使计算分布在大量的分布式计算机上，而非本地计算机或远程服务器中。企业数据中心的运行与互联网更相似，企业能够将资源切换到需要的应用上，根据需求访问计算机和存储系统。采用云计算技术可以满足各类业务系统的弹性计算需求，实现对数据的集中存储、统一计算，使各系统之间数据共通共享。

3. 物联网平台

物联网是利用局部网络或互联网等通信技术把传感器、控制器、机器、人员和物等通过新的方式连在一起，形成人与物、物与物相连，实现信息化、远程管理控制和智能化的网络。构建智慧企业的物联网平台，可以帮助企业实现快速、即时、高效的信息采集、信息通信、实时监控等功能。

4. 大数据平台

过去，企业以应用为中心，每个业务都要建立一套独立系统。而智慧企业转向以数据为中心搭建大数据平台，通过接入企业生产数据、物联网采集数据和企业业务信息，同时接入企业视频数据和其他文档数据等，建立为企业决策提供支撑的大数据服务平台。从技术上看，大数据的特色在于对海量数据的挖掘和分析，因此，云计算平台提供的分布式处理、分布式数据库、云存储和虚拟化技术是大数据分析的基础。从业务能力上看，这个平台不仅改变了企业内部的流程，还能辐射到各个领域为其提供数据服务。

7.6.2 智慧应用

智慧业务能力的实现最终要体现为具体的智慧应用，智慧应用建立在企业数字化基础之上。智慧应用的建设以云计算技术为支撑，以大数据和物联网等技术为重要手段，对建设过程实施精细化管理，构筑以数字化、智能化、协同网络化为特征的智慧应用。

根据大多数企业的共有特征，智慧应用大致可分为如下四种类别：互联互通、生产/服务过程数字化、业务管理数字化、智能分析决策等。首先，整理顶层设计和分项建设过程中规划的智慧应用建设任务；然后，梳理现有应用系统，对照智慧应用建设任务，重新规划智慧应用并归类到四种类别中；再按照重要紧急度排序，规划建设时间轴并依次建设。

7.6.3 体系搭建

随着智慧建设和管理变革的深入，建议没有引入的企业在适当的时机逐步引入国际上通用的先进的管理体系，如2014年形成的国际标准的资产管理体系，以及应用广泛且不断完善的安全生产风险管控体系等。通过这些体系的搭建，将智慧技术与企业的人、流程、制度、环境等资源进行有机的连接和资源整合。我们建议重点优化和提升如下管理体系：

1. 全面风险管理体系

全面风险管理体系的搭建需要围绕公司战略目标，在经营管理各个环节执行风险管理的核心流程，识别可能影响战略目标实现的潜在风险，并将风险控制在公司可承受范围内，从而为实现公司战略目标提供合理保障。

2. 内控体系

内控体系是为保证企业内部快速高效运转而制定的一系列控制方案。完整的内控体系包含如下五个方面的内容：以机构设置和人力资源政策为代表的内部控制部分、风险控制部分，以运营和应急控制为代表的控制活动部分、信息与沟通部分、内部监控部分。引入内控体系的目的是建立具有组织架构扁平化、业务流程标准化、内控责任岗位化、控制手段信息化、监督评价常态化特征的智慧企业。

3. 资产管理体系

资产管理的目的是以最佳的方式管理资产，以实现资产的最大价值。为了规范资产管理，使资产管理标准化，在总结全球资产管理的良好实践和方法的基础上，ISO（国际标准化组织）于 2014 年 1 月正式发布了 ISO55000 资产管理体系族标准。企业可以根据 ISO55001 的要求，结合现状，识别差距，分析原因，提出解决方案，并持续改进。企业通过资产管理体系的建立和实施，将建立起较完善的资产全生命周期系统和资产管理治理机制，降低资产管理风险，持续改善绩效和提高竞争优势的能力，提高企业形象和声誉并被利益相关方所认可。

4. 数据治理体系

数据治理的目的是为确保企业可以方便、安全、快速、可靠地利用数据进行决策支持和业务运行。建立数据治理体系可以从如下几个方面着手：首先，明确开展数据治理工作需要的组织架构、管理流程、工作标准、评价指标；然后，借助资产管理体系建设的东风，贯彻"数据资产"和全寿命周期管理理念，为数据的高效管理和使用营造氛围；在良好的数据氛围和资产管理体系平台的支撑下，对企业当前系统的数据进行全面梳理和审计，提高数据质量。

7.6.4　关键课题研究

实施规划中，有一类是管理性的偏理论方法的任务，需要先进行课题研究，分析总结适用的模型，然后才能付诸实践。因此，建议企业将规划过程中具有研究性质的任务按照课题立项，成立专门的内部课题组，在课题组研究成果的基础上再设计实施方案并落地实践。总结不同行业最佳实践，归纳一些大多数行业都适用的课题，如下：

1. 人员能力素质模型

研究与企业人力资源规划相适应的人员能力素质模型，将能力素质（职业素养、能力和知识）按内容、角色、岗位有机地组合在一起，能力素质每项内容用相关的行为描述，通过可观察、可衡量的行为描述来体现员工对于该项职业素养、能力和知识的掌握程度。人员能力素质评价分析可应用于员工招聘、员工发展、工作调配和员工晋升、绩效评估。

2. 人员绩效考核管理

通过借鉴行业人员绩效考核管理最佳实践，建立完善的绩效管理体系，由定型到定量，由粗放到细致，以满足部门、单位、员工不同层级的考核要求。智慧企业要求借助信息化手段，智能定制绩效考核模板和指标，考核结果实现自动分析结算，以快速、客观、全面地完成人员绩效考核的目标。

3. 资金管理模型/资本运作筹划

资金需求预测和资金调拨需要获取投资计划、合同计划、资金供需市场、经济运行分析等企业内外多方面因素，借助智慧应用工具，强化信息的收集和分析能力，探索并建立智慧的资金管理模型，强化资金需求和支付计划预测，提高资金使用效率。同时，利用企业建立的大数据平台，感知资本市场动态、企业资金使用等信息，建立资本模型模拟运作，以此提高融资能力和资本运作能力，并降低融资成本，实现资产价值最大化。

4. 供应商管理及绩效评估体系

对于生产型企业来说，会有大量的设备、原材料等上游供应商，供应商的议价能力和供货质量可以在相当大程度上决定企业产品的成本和质量。因此，需要对供应商进行准入管理，建立供应商信用等级，综合评估供应货品的使用情况和供应商供货交易信用状况，对供应商建立绩效评估体系，为后续设备或原材料的采购选择奠定基础，优化供应商选择范围，淘汰不良供应商。

5. LCC（全生命周期成本）方法

对于有设备采购需求的企业来说，未来 LCC 效益比将成为做出采购决策的重要依据。由于设备的成本不仅在于其购置成本，其维护成本在整个寿命周期中也是一笔不可小觑的数目，所以，企业在购置商品时，评价购置费的角度需要从购买转向设备从购买到报废的全寿命周期，总成本是在购置费的基础上加入预期可能产生的使用费和维修费的总和。

6. 目标责任制考核体系

以目标为考核依据，通过大数据平台记录日常工作行为和任务完成指标，定期使用数据分析员工绩效，根据目标制定奖惩制度进行正向激励，肯定积极行为、否定消极行为。员工对照目标值与大数据分析结果值的差距不断改进自身行为，努力创造工作佳绩，确保各项职能到位，促进工作效率和质量的提高。

7.7 建设任务 SIPOC 表

SIPOC 分析法适用于对一段连续的过程分析每个过程的供应商、输入元素，以及经过该过程后的输出元素和顾客。SIPOC 由 Suppliers（供应商）、Inputs（输入）、Process（过程）、Outputs（输出）、Customers（顾客）的首字母缩写组成。智慧企业的建设路径分为六个过程，因此，根据前文的分析总结出六个过程的供应商、输入、输出和顾客如下表所示：

表 7-1 建设路径 SIPOC 表

S(供应商)	I(输入)	P(过程)	O(输出)	C(顾客)
评估组织或机构	企业现状的各项要素	智慧能力评估	企业智慧现状	企业管理层、战略发展部
战略发展部	企业智慧现状	顶层战略规划	智慧能力	企业管理层、第三方咨询机构
第三方咨询机构	智慧能力	智慧企业整体设计	企业架构和各项体系设计方案	企业全体员工
企业管理层、企业管理部、人力资源部等	企业架构和各项体系设计方案	分项建设	管理和组织变革	智慧企业的组织架构和管理方式	企业全体员工
企业管理层、企业管理部、技术部门等	企业架构和各项体系设计方案、智慧企业的组织架构和管理方式	企业数字化转型	数字化能力	企业全体员工
技术部门、企业管理部、研究机构等	企业架构和各项体系设计方案、智慧企业的组织架构和管理方式、数字化能力	智慧建设	平台、智慧应用、体系、课题研究成果	企业全体员工

第 8 章　智慧企业评价模型

> 智慧企业建设本身是一个创新和探索的过程，是在当前时代具有前瞻性的战略规划，没有成熟的案例可以借鉴，评估本身亦是一个不断完善、不断总结经验的过程。本章从智慧企业评价的意义、原则、模型、指标体系、综合评价和工作流程六个方面阐述智慧企业综合评价模型，企业在评估企业智慧现状和智慧企业建设的实践过程中可以根据企业自身情况参考该评价模型。

8.1　评价意义和原则

加强对智慧企业的评价和分析总结，有助于企业及时了解自身的智慧度，在明确现状的基础上明确智慧企业的建设方向，推动企业向智慧化迈进，助力公司主业强劲发展。详细来说，可以总结出以下几个意义：

1. 贯彻智慧企业发展理念，保证建设效果

智慧企业作为一种融合多种新技术应用的先进企业建设理念，需要一个逐渐认识、理解、落实的过程，通过评价体系设计，确定智慧企业建设的重点方向、效益衡量方式，为智慧企业落实提供行动参考，从而缩短从认识、理解至付诸实施的过程，保证智慧企业建设不偏离预设轨道。

2. 评价智慧企业建设现状，规划未来发展

清晰认识当前建设实际，并指导未来规划制定，以更高效地落实智慧企业发展理念。同时，在智慧企业建设开展一段时间以后，能够定期对建设情况进行总结，查看建设效果，及时调整完善后续实施方案，不断滚动修编未来规划，保证智慧企业按照循环优化的路径高效开展。目前，缺乏对智慧企业建设效果的全面、准确评价，亟须构建一套系统科学的智慧企业评价指标体系。

3. 改善传统企业发展瓶颈，引导持续发展

随着中国经济增长速度放缓，进入经济新常态形势，许多传统行业和大型央企国企遇到发展的瓶颈，企业成本增长、效益降低，甚至出现亏损。加强对智慧企业发展程度的评估，有利于企业降低人工成本、探寻新的业务发展方向，为企业注入新的发展活力，突破企业发展瓶颈，实现可持续发展。

4. 探寻智慧企业发展规律，总结建设经验

智慧企业是一个动态发展的过程，不同的发展阶段存在不同的特征与要求。因此，结合智慧企业推进状况，对智慧企业发展情况进行分析，建立长效评价机制，有利于企业全面了解不同阶段智慧企业发展的特点和影响因素，深刻剖析智慧企业发展过程中可能遇到的问题和矛盾，准确把握智慧企业运行的客观规律，为智慧企业的建设和管理提供参考。

5. 推广智慧企业建设经验，促进行业提升

通过智慧企业评价，有助于智慧企业建设先进经验的发掘，将具有特色与推广意义的做法推广出去，以供其他企业学习参考，形成先进建设经验的行业带动效应和跨行业学习氛围。

智慧企业评价意义重大，而指标体系又是评价的关键，但指标体系的建立是一项烦琐而费时费力的工作，指标的选取需要建立在一定的基础原则之上，为后续评价工作打下坚实的基础。

（1）量身定制

应符合被评估企业的业务特征，符合其智慧企业的建设目标，符合国家智慧企业建设的核心战略，非泛泛抽象的指标评估。

（2）全面覆盖

评价范围综合全面，涵盖智慧企业的方方面面，智慧的基础设施、智慧的经营管理、智慧的生产运行等，不要漏掉一些环节而造成评价的不准确。

（3）定量与定性结合

定性指标与定量指标结合起来更能全面反映出企业智慧建设的程度，定量指标指可以用数学统计方法测量的指标，定性描述的指标可以通过转换变为可测量指标。

（4）系统性

系统的评估方法、机制、流程、模型。

（5）可采集

评估数据应是能够容易采集的、客观的、准确的、可靠的，包括历史和当前数据的采集。

（6）具有可比性

评估体系首先要适用于不同历史阶段的纵向比较，方便企业分析建设效果的提升；其次，要适用于相同行业的企业，满足横向比较，可以建立智慧企业的对标体系，引领智慧企业发展。

（7）具有可扩展性

当今企业发展日新月异，信息技术更是急速变化。智慧企业的评价指标可根据实际发展情况对内容进行增减和修改。

8.2 评价模型和方法

8.2.1 智慧企业成熟度模型

建设创新型智慧企业是关系一个公司未来发展的重要举措，当前国内还没有可推广的智慧企业典型案例，智慧企业的建设是一项具有很高前瞻性和积极探索意义的工作。

智慧企业建设过程会涵盖体系改进优化、技术升级、关键课题研究以及 IT 系统规划和建设等诸多任务。不同企业在不同阶段的建设程度和现状不同，因此，企业智慧的等级也会不同。对智慧企业分级不仅可以指导企业分阶段分层次有计划地开展智慧企业建设工作，也为评价结果的分类提供了依据。

以智慧企业建设的目标为导向，引入能力成熟度模型（萌芽、成长、成熟、卓越），把智慧企业按照智慧程度由小到大分为四个等级，分别是萌芽型智慧企业、成长型智慧企业、成熟型智慧企业和卓越型智慧企业（图 8-1）。按此步骤逐级提升智慧企业的等级。

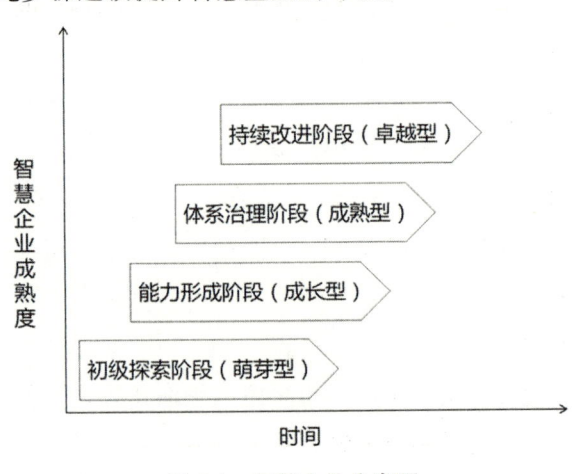

图 8-1 智慧企业分类图

1. 初级探索阶段（萌芽型）

该等级的企业最关键的工作是深化智慧企业理念宣贯，在公司范围内形成智慧企业建设的文化氛围；在此氛围的笼罩下，选择一批成熟的任务优先安排资源落实,边建设边总结,探索适合自身的智慧企业建设方法论,初步感受到智慧企业建设为企业运营带来的效益。

2. 能力形成阶段（成长型）

有了萌芽期的探索成果,该等级的企业具有了优秀的智慧成长能力。该等级的企业最关键的工作是应用前期探索后经过标准化留存的有效方法论和建设模板,在稳定的建设基础上全面覆盖企业各业务领域,逐步形成全企业业务领域受益的智慧能力。

3. 体系治理阶段（成熟型）

在企业业务全面覆盖的基础上,该等级的企业最关键的工作是从组织岗位、业务流程、规章制度、业务标准、绩效考核等角度,对公司开展综合治理工作,强基固本,点面结合,使智慧企业成果和效益更加显著。

4. 持续改进阶段（卓越型）

该等级的企业"智慧"已经融入企业的生产运营当中,企业具备了自我改进、自我提升的"智慧"能力。该等级的企业最关键的工作是持续优化智慧企业建设,帮助企业取得卓越绩效。

8.2.2 评价模型构建

融入智慧企业管理特征,深入提炼智慧内涵,结合智慧企业的必备要素,建立智慧企业评估模型（见图 8-2）,为智慧企业的建设评估提供体系化的方向指导。

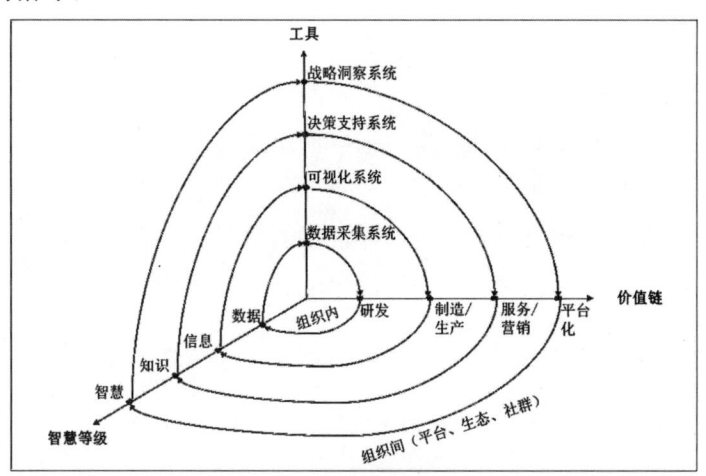

图 8-2 智慧企业评估模型

在工具维度上，企业根据发展阶段的不同选用不同的智慧化工具，实现产业链上和生态圈中企业的信息共享、协同研发、智能生产、精准物流和智能服务；在价值链维度上，对业务全价值链条进行数字化、网路化和智能化建设，实现各环节的资源要素重构和业务流程重组，建立系统间协同机制，打通信息通道，开展管理创新，实现流程增值最大化；在智慧等级维度上，各种资源要素经过系统集成产生大数据和信息；通过大感知、大传输、大存储、大计算等方式实现机器间、机器与控制系统间、企业间的互联互通；利用云计算、大数据分析和人工智能等新一代信息技术，实现信息协同共享，构建认知网络和知识网络，实现知识体系的集成、共享和创新。

8.2.3　指标体系设计

为实现智慧企业全面综合评价，建立一套合理的、科学的、客观的智慧企业评价指标体系非常重要。指标体系可以对企业战略规划的有效实施提供量化的目标指引，以及阶段性的修正依据，避免了实施可能出现的方向偏离，为优化实施资源配置、消除智慧瓶颈、全面建成智慧企业提供科学指导。一方面，一套合理的评价指标体系可以正确地反映出智慧企业建设的薄弱环节，明确后续智慧企业建设的方向；另一方面，只有一套好的评价指标体系才能正确反映出智慧企业建设的现状，有利于企业与竞争对手智慧现状的对比。

但目前在我国还没有一个系统权威的智慧企业评价指标体系，在此根据智慧企业评估原则和评估模型，采取模块化的构建方法，构建由基础设施（资源/平台）、企业数字化能力（3T融合）、生产力自动化和管理自动化4个一级指标所构成的智慧企业评价指标体系。智慧企业综合评价指标体系分为三个层级，包含4个一级指标、13个二级指标和40个三级指标。具体指标见下表。

表 8-1　智慧企业评价指标体系

一级指标	二级指标	三级指标
基础设施	技术创新	大数据平台的业务覆盖率 流程集成、信息集成、控制集成等统一平台的应用 智能传感/控制设备的覆盖率 云计算服务的普及率 信息采集覆盖率
	体系搭建	安全体系建设水平 全面风险管理体系建设水平 安全生产风险管控体系建设水平 内控体系建设水平 资产管理体系建设水平
	资金投入	年度智慧化投入 创新资金投入
数字化能力	客户体验	营销与实践数字化 界面交互性 与客户互动契合度
	平台设计	平台对业务支持度 界面设计感 互动社交性 平台完善度
	运营管理	在线支持度 运营成熟度 系统集成性 策略兼容性
价值链	物流智能化	供应链敏捷度 物流配送精准度
	设备管理智能化	全生命周期质量管理能力 设备全力保障能力
	生产智能化	智能化和柔性化生产体系的建设 核心业务智能化应用水平

续表

一级指标	二级指标	三级指标
组织运行	综合管理	资源管理智慧化水平 资产管理智慧化水平
	经营管理	内外部协同水平 智慧企业文化教育覆盖率 资源整合能力
	管理创新	管理模式创新 决策信息化水平
	组织管理	知识型组织 智慧员工

8.2.4 综合评价

综合评价的原理较为简单，首先得出每个详细指标的权重，然后收集定量指标的数据值，并采用专家打分得出定性指标的数据值；有两种处理办法：一种是直接把数据值标准化后求出其加权得分，另一种是把指标的数据值模糊化求加权得分；最后根据得分的高低区分智慧企业等级的高低，在此，我们以 100 分为例，分数与智慧企业等级的对应关系如下：萌芽型 [0，60]，成长型 [60，80]，成熟型 [81，90]，卓越型 [90，100]。

综合得分的计算公式如下：

$$Z = \sum_{i=1}^{4} m_i \times \sum_{j=1}^{p_i} m_{ij} \times \sum_{k=1}^{n_{ij}} (m_{ijk} \times r_{ijk})$$

其中，Z 是综合得分，由于指标体系有三个层次，因此有三级权重，m_i 代表一级指标的权重；m_{ij} 代表二级指标的权重；m_{ijk} 代表三级指标的权重；r_{ijk} 代表三级指标的数据值。i 代表一级指标的序号，共 4 个；j 代表二级指标的序号；k 代表三级指标的序号。p_i 代表第 i 个一级指标的二级指标个数；n_{ij} 代表第 ij 个二级指标的三级指标个数。

智慧企业的综合评价基于其评价指标体系，许多评价方法可以用于智慧企业的综合评价中，如主成分分析法、层次分析法、德尔菲法、数据包络法、统计分析法、熵权法、模糊综合评判法；还有一些新型评价的方法，如神经网络法、灰色综合评价法；相对复杂的混合方法，等等。下面，我们简单介绍几种常用的方法供大家参考。

1. 因子分析与主成分分析法

因子分析法是指从指标体系的关联关系出发，把一些信息重合、具有错综复杂关系的变量归结为几个不相关的综合因子的统计分析方法。基本思想是：根据相关性把变量分组，使得同组内的变量之间相关性较高而不同组的变量相关性较低，每组变量代表一个公共因子。

主成分分析法（PCA：Principal Component Analysis）是一种数学变换的方法，它把给定的一组相关变量通过线性变换，变换为另一组不相关的变量，依照方差递减的顺序排列这些新的变量。在数学变换里保持变量的总方差不变，具有最大方差的叫作第一变量，称为第一主成分；第二变量的方差次于第一变量，并且同第一变量不相关，叫作第二主成分。依次计算，一个变量对应一个主成分。

因子分析法与主成分分析法都属于因素分析法，目的都在于筛选变量，在智慧企业评价之前，可以使用此类方法筛除一些对本企业而言重复的变量，根据企业的实际情况量身打造指标体系。

2. 层次分析法

层次分析法（AHP：Analytic Hierarchy Process）是对一些较为复杂的、模糊的问题做出决策的简单方法，尤其适合那些难于完全定量分析的问题。它是美国运筹学家 T. L. Saaty 教授在 20 世纪 70 年代初期提出的一种简单、灵活而又实用的多准则决策方法。

智慧企业评价是一项系统的分析工作，面临的问题是一个由相互联系、相互制约的许多指标构成的困难而缺乏定量数据的系统，而层次分析法是一种简单而实用的评价方法，运用该方法获取每个层次每个指标的权重不失为一种聪明的选择。

3. 模糊综合评价法

智慧企业的综合评价需要综合考虑指标体系中所有因素，而由于定性指标的存在使得指标具有模糊性，因此，智慧企业综合评价非常适合选择模糊综合评价法。模糊综合评价法是一种基于模糊数学的综合评价方法，该综合评价法根据模糊数学的隶属度理论把指标值模糊化，减少其绝对性。模糊集合理论的概念于 1965 年由美国自动控制专家查德（L. A. Zadeh）教授提出，用以表达事物的不确定性。该方法适用于上文中提到的第二种处理思路。

4. 灰色综合评价法

灰色综合评价法是一种以灰色关联分析理论为指导，基于专家评判的综合性评估方法，在研究对象的信息明确与不明确共存的条件下非常适用。灰色关联度评价方法，处理复杂系统问题的基础是信息的非完备性，它通过比较、排列各种最优方案之间关联度的大小处理问题。它的优点是不过高要求数据量，是一种非统计的方法，而且计算方法简单，容易理解，因此适合智慧企业综合评价，但缺点在于对数据有时间序列特征的要求。

8.3 评价工作流程

智慧企业的建设是一个循序渐进、稳步推进的过程，每个阶段的建设任务和目标各有侧重又互为启承，各个阶段任务的完成质量将会直接影响后续阶段的建设工作，进而影响到整个智慧企业的建设进程。建立常态化的智慧企业综合评价机制，确定评价主体、类型、工作流程，将评价结果作为实施规划建设项目的验收考核，亦作为企业每年战略规划滚动修编的输入依据。

8.3.1 评价主体

智慧企业评价主体包括评价方和被评价方。评价方承担公司智慧企业建设成果综合评价工作，负责组织评价小组对智慧企业实施项目、企业智慧现状等进行综合评价。评价方可以由公司内部有经验的管理者和业务专家共同构成，也可以通过聘请外部专家或第三方权威机构组成，公司内部人员组成评价小组的优势在于成员对公司业务熟悉，指标收集等工作环节的开展更加快捷高效；而外部专家或第三方权威机构则可能更专业。被评价方是智慧企业建设的主体单位，评价的对象是公司的全业务范围。

8.3.2 评价类型

评价类型即评价的适用情景，共两种情景：一是在智慧企业实施项目的验收环节，需要评价项目实施的效果。此种情景需要邀请项目实施方共同开展，评价结果可以作为项目验收的依据；另一种情景是评价企业智慧现状，评价结果用于总结企业现状，作为规划下一阶段智慧企业实施项目的依据。根据情景的不同，评价的频率和参与方也有所不同。项目验收评价依据项目的周期进行，一般在项目开始前和验收时刻各进行一次，以此对比智慧企业实施项目的建设成果。而企业智慧现状评价频度建议一年一次，根据特殊情况可以适当增减，以此常态性掌握智慧企业建设的进程。

8.3.3 评价过程

智慧企业的评价需要按步骤循序渐进。评价的工作流程要规范标准，以保障评价结果的质量。评价工作的开展按照工作阶段和工作计划有序进行。整个评价过程可以分三个阶段：评价准备阶段、评价实施阶段、成果提交阶段。评价过程如下图所示：

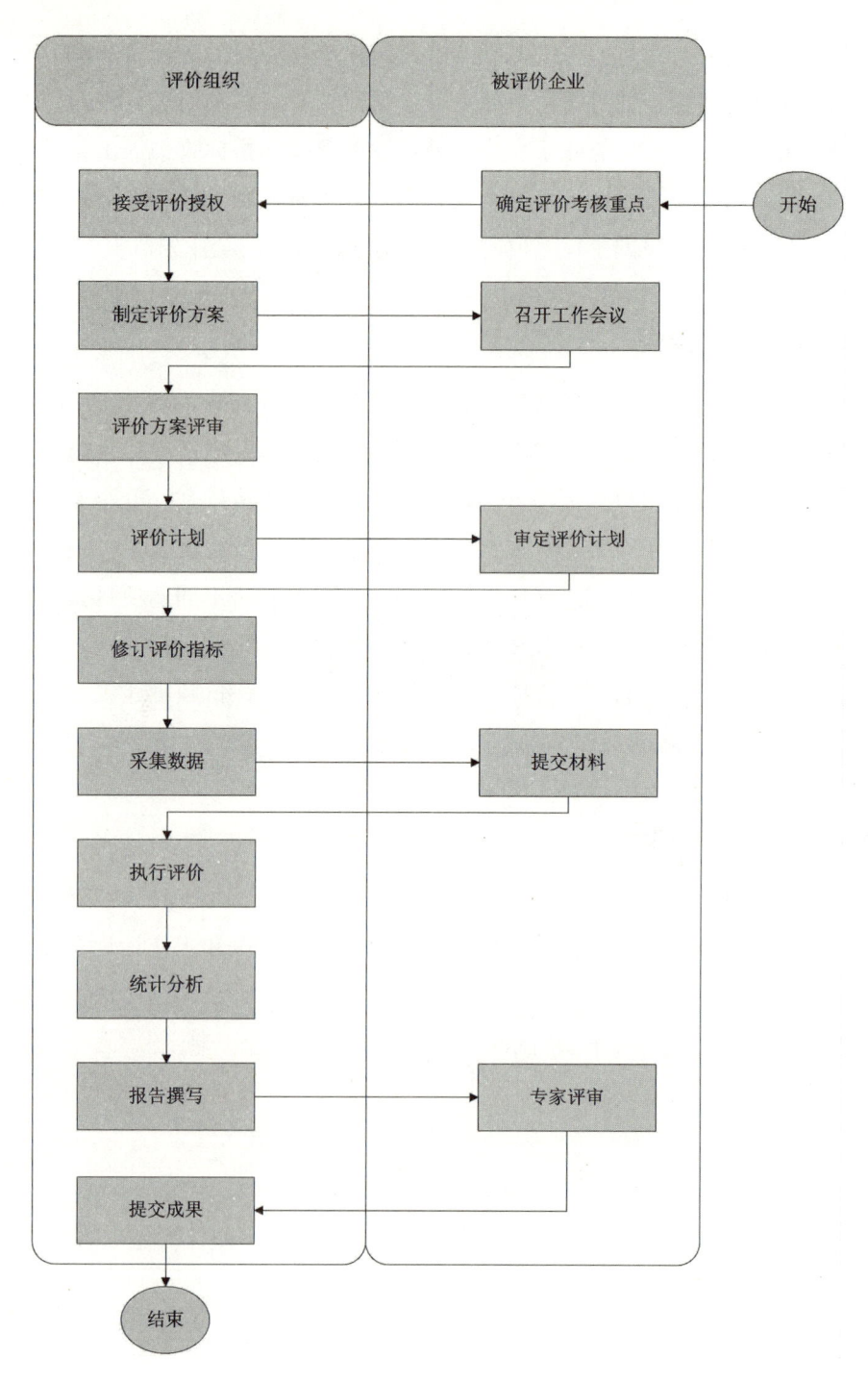

图 8-3 评价工作流程

1. 准备阶段

准备阶段负责前期准备工作，被评价企业首先确定评价考核重点，而评价组织在接受评价授权后开始着手准备工作。首先根据被评价方的考核重点制定评价方案，针对出稿的评价方案，被评价方召开工作会议，讨论评价方案的合理性；然后双方深入沟通，对评价方案做进一步的调整和完善；最后，评价组织召开评审会议，审定评价方案，评审通过后尽快制订评价计划。整个准备阶段是为实施阶段奠定基础。

2. 实施阶段

该阶段的主要工作是评价的执行，首先完成评价指标的修订，修订评价指标要结合企业的实际情况和需求，积极与被评估企业深入探讨，争取最大程度体现该企业的特色，突出当前智慧企业建设阶段的成效；指标被双方认可后即可着手开展数据采集，与此同时，被评估方提交相关材料用于评价。此环节需要评价组织严格把关材料的真实性和完整性，确保数据源头的准确性；最后，严格按照指标执行评价工作。

3. 成果提交阶段

该阶段评价组织主要完成统计分析、报告撰写，然后被评估企业内部组织专家评审项目的报告和成果是否符合预期，双方就评价结果深入讨论并做相应调整，双方意见达成一致后由评价组织提交最终成果。最终成果主要包括评价方案、评价计划、调研报告、评价指标体系、评价总报告、诊断报告等。

第 9 章　智慧企业建设实践

> 正如前面所说，第四次产业革命吹响了全球产业升级的冲锋号。中国制造 2025 决心从制造向创造彻底转变，电网侧智能化已步入了世界领先水平，电力体制改革又对发电侧技术管理升级提出了新要求。面对内忧外患，发电企业正在进行怎样的转变呢？本章，我们将以大渡河公司的智慧企业建设实践为例，为正在寻求智慧转型和管理升级的企业提供一种全新的途径和方向。

9.1 公司的基本情况

国家能源集团大渡河流域水电开发有限公司是集水电开发建设与运营管理于一体的大型流域水电开发公司,为世界500强国家能源投资集团有限责任公司所属特一类企业。公司于2000年11月在成都市高新区注册成立,公司股东分别为集团公司系统占90%,四川川投能源股份有限公司占10%。公司的主要任务是对四川大渡河和西藏帕隆藏布流域水电资源实施"流域、梯级、滚动、综合"开发利用,为我国经济发展和西电东送提供清洁能源保障。公司按照做新做精水电主业、做强做大多元业务的总体思路,坚持发展高质量、建设高标准、运营高效益、管理高水平,着力打造幸福大渡河、智慧大渡河,建设国际一流水电企业。

大渡河公司作为传统能源发电企业,拥有大渡河干流、支流以及西藏帕隆藏布流域水电资源约3000万千瓦。公司负责大渡河干流17个梯级电站的开发,涉及四川省三州两市(甘孜州、阿坝州、凉山州、雅安市、乐山市)14个县,总装机约1800万千瓦。目前,公司资产总额近1000亿元,投产装机1138万千瓦,在川投运装机约占四川统调水电总装机容量的四分之一;在建电站有沙坪二级、双江口(由公司代管)2个电站,总装机211.6千瓦;前期筹建项目有金川、巴底、丹巴、老鹰岩等8个项目,总装机约470万千瓦,形成了投产、在建、筹建稳步推进的可持续发展格局。帕隆藏布流域已初步规划了"一库九级"的方案,规划总装机1142万千瓦。

大渡河流域梯级电站群作为重大基础设施,其安全建设和运行事关国家防洪安全、能源安全和绿色发展,是国家唯一综合管理试点流域。公司所属的大渡河梯级电站群安全管控面临坝高、库大、库多、多库联调且流域洪峰流量大等世界级难题。公司所辖电站既有"文革"时期的老厂,也有近年投产以及正在兴建的新站,开发方式包括坝式、引水式、混合式等类型;机组类型包含轴流式、混流式、贯流式、冲击式等多种发电机组形式;枢纽大坝包括了心墙堆石坝、面板堆石坝、拱坝、重力坝、闸坝等坝型。

公司本部设有 14 个部门，有 20 家所属、控股及代管单位。公司共有职工 2155 名，其中 35 周岁以下青年 927 人，博士研究生 10 人，硕士研究生 220 人，本科毕业生 1294 人，具有中高级以上职称的有 217 人，职工队伍总体呈现高学历、高技能、年轻化特点。

这种大型流域水电开发公司作为智慧企业的探路者，非常具有代表性和典型性，从开发方式、机组类型到坝工结构几乎涵盖了国内常见水电发电技术，其管理模式变革的探索将为国内智慧企业建设提供宝贵的实践经验。目前，大渡河公司的智慧企业尝试已经得到了业内的广泛关注。

9.2 大渡河公司智慧企业建设的背景

9.2.1 形势所迫

近年来，云技术、移动互联网、物联网、大数据、人工智能等一大批新兴技术层出不穷。以"互联网+"为代表的管理创新模式，引发原有社会生产模式由大批量集中式向智能化、网络化、个性化发展，由生产型制造向服务型制造转变，并全方位改变社会经济活动。我们发现，包括大渡河公司在内的传统企业普遍存在管理层级偏多、管理链条过长、管理效率低下、管理手段落后等现象，与新技术的发展不相适应。面对新工业革命的兴起，传统企业的发展和经营管理也面临新机遇和新挑战。

当前，我国经济发展进入新常态，国资国企改革全面推进，电力工业发展环境发生了深刻变化，市场瞬息万变、竞争不断加剧，过去那种拼资源、比规模的时代已经结束，传统电力发展方式遇到了瓶颈。电力工业正经历从高速增长转变为平稳增长的过程，发电市场进入降电价、降利用小时、低电量增长率、低负荷率的"双降双低"通道。以前电力作为计划商品，不存在市场营销问题，电价由政府审批，发电量由政府下达；而今，国家深化电力体制改革，出台了电力体制改革系列配套文件，在这种大背景下，水电企业急需建立一种能够快速感知和适应市场变化、自我发现问题并不断自我修复的新型模式。

大渡河公司成立 18 年来，实现了从无到有、从小到大的跨越式发展，突破装机容量千万千瓦、资产规模千亿元"双千"大关。但在经济发展新常态下，面对新兴技术带来的不断冲击，大渡河公司作为大型流域水电公司，意识到只有敏锐把握科技创新发展趋势，加强管理创新与自身革新，引入新的技术知识与管理方式，重新构建一套先进的智慧企业管理系统，改变以往被动的、指令式的管理方式，才能提高自身可持续发展能力，使企业快速对外部条件做出预判与回应，增强内生动力。

因此，大渡河公司提出基于自主创新的智慧企业建设发展思路，将先进信息技术、工业技术和管理技术深度融合，扎实推进从基建生产型向经营型转变，从行政管理模式向智慧企业管理转变，明确打造"幸福大渡河、智慧大渡河，建设国际一流水电企业"的战略目标，着力通过云计算、大数据、物联网以及人工智能等先进智能分析手段，确保大渡河公司智慧企业战略的有效实施，引领现代水电行业发展。

9.2.2 发展所需

我国经济发展进入新常态，电力行业面对产能过剩、竞争日趋激烈、发电市场进入"双降双低"的局面，过去的工业化生产、规模化效益的线性利益增长思维已不能为发电企业带来新的效益增长，传统的发展方式遇到了瓶颈。而大渡河公司所面对的消费市场也已随着"互联网+"的技术革命即将发生巨大的变革，整个电力行业"发、输、配、售"模式的切割呈现，将发电企业直接推向了整个消费市场。而当前传统企业市场洞察和感知手段落后，难以快速适应变化、有效应对风险。公司需要对未来潜在消费群体有前瞻性的洞察力和战略性的分析能力，才能确保对盈利空间的牢牢把控。

随着时代的发展，越来越多的管理问题也一直困扰着发电企业。就大渡河公司而言，"无人值班"（少人值守）需要全流域各电站所有系统设备高度可靠运转。而在生产实践中，人们发现，由于主、辅设备以及监控等系统改造大多是分阶段独立实施的，且感应元件尚难以实现神经网络式覆盖，生产系统之间普遍存在协调配合与互动操作的技术壁垒，系统联动能力不强，应对紧急突发情况的能力有待提升。同时，对主机设备的振动和摆度、发电机的绝缘变化、尾水管真空压力脉动变化、定子的局部放电等异常情况，日常运行人员无法准确判断，有时根本不能判断，很难保障全厂设备万无一失。此外，"无人值班"（少人值守）要求运行值班人员是"一专多能，一人多岗"全能型人才，由于当下电力行业内这种人才相对紧缺，所以人才培养难、流失严重的问题普遍存在。虽然经过了几十年自动化改造，但是系统的联动能力不强，自动化系统逐渐显露出一体化及智能化程度低、标准差异性大、网厂协调能力差、电力安全防护较弱等问题，智能决策困难，难以实现效率和效益的最大化。生产管理中人为干扰较大、纵向统筹和横向联合效果不佳、成本控制乏力、盈利措施不强等管理问题逐步显现，制约发电产业的发展与壮大。与此同时，大渡河流域的水文、水情、气象资源也需要和流域梯级电站群进行运筹学机理整合，通过梯级调度实现大渡河流域水能资源利用率的最大化，满足企业经济效益的稳定增长。

因此，大渡河公司提出智慧企业建设，就是主动适应经济发展新常态和电力体制改革新要求，创新优化公司内部管理体系，以新技术、新模式、新管理培育敏锐市场洞察力和感知力，构筑公司未来发展的竞争优势，让数据驱动企业决策管理，让风险管控更加标准智能，推动公司健康可持续发展。

9.2.3 员工所求

水电行业由于其特殊性，电厂选址普遍处于大山深处，远离社会发展的城市群主体，加之传统施工环境、电厂设备和管理模式等均需要耗费大量的人、财、物来维持其正常的工作状态，迫使水电企业的大批员工必须长期坚守在远离家人、远离城市的工作现场，条件十分艰苦。同时，从大型流域水电公司的安全管控角度来讲，流域沿岸地质脆弱，重大高危边坡遍布全流域各个角落，传统流域公司的工作模式——现场工作、人工巡检、人工排查，对员工的安全生产因不可预见要素而难以有效控制，挑战着公司安全管控的"三零"红线。

每一次的科技革命带来的除了社会大发展，还有劳动力的解放、人的解放。随着社会的发展，员工对改善工作条件的期盼越来越高，员工个性化、多元化需求日益增多，仅靠传统思想政治工作和行政管理手段难以长期留住人才。员工追求柔性管理、舒适环境等诉求日益增多，而传统管理思想僵化，管理行政化，部分关键领域和环节管控不够。水电企业需要将提高工作效率和改善员工工作条件统一起来，将员工从环境恶劣、机械重复、艰苦繁重等工作中解脱出来，实现企业发展、员工幸福。智慧企业建设正是为了满足职工的所盼所想，从更加人性化的角度改进技术、提升管理。

因此，大渡河公司建设智慧企业，就是用物联网、大数据和人工智能等先进技术实现"人、机、物、环、管"的全面感知和全面物联，转变传统发展方式，激发企业内部潜在的创新创效活力，推动组织机构和管理模式变革，推进机构瘦身健体，构筑柔性化、人性化和智能化的新型管理模式，将职工从艰苦、繁重和危险的作业环境中解放出来，提高工作效率和职工幸福指数。

9.2.4 条件所具

生产力的发展是不可阻挡的，它的无穷力量千万年来推动着历史的车轮不断前进，使我们这颗蓝色星球的容貌不断发生着变化。这种变化在近两三百年尤为巨大：18 世纪末，蒸汽动力的发现引发了第一次工业革命；19 世纪末，电力能源的大规模出现引发了第二次工业革命；20 世纪 70 年代，电子和 IT 技术的革新引发了第三次工业革命；21 世纪初的今天，集"云、大、物、移、智"等信息物理融合系统为一身的智能科技迅猛出现，悄然拉开了第四次工业革命的序幕。信息技术（IT）、工业技术（OT）、管理技术（MT）三者融合（简称为 3T 融合）必将产生一种全新的企业组织形态和管理模式，层级制、管控型的组织管理模式将转变为扁平化、自主决策的新型管理模式。企业内部生态化、动态组织将促使流程大幅简化，信息技术的融合应用将快速提升企业自主决策的能力。一种全新的企业组织形态和管理模式必将随之诞生。

新兴技术发展呼唤企业主动适应。近年来，芯片微型化技术、嵌入式感知技术、人脸识别技术、语音识别技术、射频识别技术等大感知技术日渐成熟，互联网传输技术、通讯网传输技术、移动网传输技术（5G、Wifi）、卫星网传输技术（量子通讯、北斗卫星）等大传输技术日渐成熟，大容量、高性能、低延迟的新型大存储技术以及存储小型化、智能化、集成化、个性化技术等大存储技术日渐成熟，超级计算机（神威太湖之光、天河二号、曙光星云）、网络计算技术、量子计算技术、计算机虚拟化技术等大计算技术日渐成熟，语义引擎技术、潜在情绪智能视频分析技术、大数据挖掘算法（决策树、神经网络算法）等大分析技术日渐成熟，云技术、移动互联网、物联网、大数据、人工智能等一大批新兴技术层出不穷。信息技术在国外的应用领域主要包括虚拟建造与施工、数字工厂、建筑信息模型（BIM）、5D模拟（空间三维＋时间＋成本）、数字化移交、移动设备支持、工程全生命周期管理等。在核电、国防等高端建设领域和重大项目上，美英发达国家拥有十余年的工程数字化实践经验并取得大量的理论研究成果，部分国际型工程公司正在通过工程数字化技术手段快速发展新的业务领域，甚至有企业将数字化应用作为其发展战略方向之一。目前，不少巨型工程总承包项目在数字化条件下取得成功。例如，英国Cross Rail工程是全欧洲最大的基础设施建设项目，投入资金240亿美元，有14000项分包任务，通过数字化设计和管理手段节约成本超12亿美元。

　　发电侧智能化由来已久。20世纪80年代初期，我国发电侧就启动了自动化和信息化改造。以水电厂计算机监控技术为例，由20世纪80年代初的集中控制功能分散模式，逐步发展到80年代中后期的分层分布模式，再发展到90年代初的开放分布式模式，再发展到今天的"无人值班"（少人值守），自动化进程非常迅猛。经过近40年的硬件升级和技术积累，已为我们今天所说的智能化建设奠定了一定基础。在电网侧智能化技术的推动下，发电侧已争先恐后启动了智能化升级探索。大渡河公司历经10余年的发展，在工程建设、流域梯级电站群安全管控、经济运行与调度等方面均积累了一系列信息化手段、智能技术及生产管理经验。总体上看，全要素立体智慧化企业管理技术正在日趋成熟，新时代员工对于新技术的使用越来越熟练。

　　因此，大渡河公司提出智慧企业建设，就是要以重大工程建设和电厂技术改造为契机，充分发挥公司在信息化方面的设备技术和人才优势，引领行业发展，更好地提升企业发展质量效益。

　　形势所迫，发展所需，员工所求，条件所具，在这样的大背景下，大渡河公司在电力行业率先提出了"智慧企业"的概念。值得一提的是，正如前几章所讲，智慧企业不是简单的生产技术智能化改造，而是在推动机器替代并超越人工的同时，提炼高级智慧并挖掘拓展企业的无形价值，在产业链和价值链上跳出固有的藩篱，动态智能追求企业价值的最大化。它是技术变革推动下的管理变革，这种变革是符合企业管理和企业发展规律的，其自适应性和容错能力更强。这种管理有效的人本文化能够激发全员从胜任力到创造力的提升，使管理效能实现从管控到赋能的转变，更能够适应迅猛变化的国内外市场环境，改善环境，抗御风险，抢占先机，提升效益。

9.3 大渡河公司智慧企业建设的主要做法

9.3.1 绘蓝图，定目标，从组织领导上下功夫

大渡河公司坚持总体设计、分步实施、稳步推进，形成了智慧企业建设与改革发展相互融合、相得益彰的良性互动局面。

1. 坚持文化引领，营造创新氛围

大渡河公司大力培植创新文化理念，将创新文化全面融入企业整体战略，与企业管理实践紧密结合，强化思想引导，选派6批次干部职工前往深圳、杭州、南京、上海、北京等发达地区和华为公司、浙大网新、南瑞自动等领先企业学习，开阔员工视野；成立了智慧企业建设宣讲团队，公司主要领导先后7次宣讲授课，抽调各专业技术骨干与专家队伍广泛宣传和讲解智慧企业建设的好处，增强干部职工参与智慧企业建设的工作热情；积极打造创新工作平台，设立了青年创新工作站，通过项目自主申报、专家组评审等环节，引导青年职工提出好课题、好项目，孵化创新成果；坚持每周举办智慧企业沙龙，全面搭建知识共享平台和创新孵化体系；选树先进典型，每年评选"科技之星"，选聘"智慧专家"，发挥专家技术团队的创新引领作用，让创新人员在实践中有荣誉感和获得感，充分激发员工创新创造的活力，营造浓厚的创新氛围。

2. 加强顶层设计，制定战略规划

2014 年，大渡河公司成立了智慧企业建设领导小组作为专门工作机构，总经理、党委书记亲自抓，分管领导专业推进，形成了一个总体规划引领、多个专业规划协调推进的工作格局。2015 年，将公司信息中心改制为智慧企业办公室，全面负责智慧企业建设的规划统筹，协调推进智慧项目建设。2017 年，成立了智慧企业研究发展中心，由公司总经理任主任，下设综合服务部、业务保障部和咨询专家组，进一步加强了智慧企业统筹协调管理，确保智慧企业建设各项工作落实。

大渡河公司组建了由多名院士和专家构成的顾问团队，组织历时一年时间编制完成《智慧大渡河战略研究与总体规划报告》，明确了智慧企业建设总体部署；坚持理论与实践相结合，在实践中对智慧企业的基本概念、主要特征、建设目标、管理模型、关键路径、体系构架等进行了系统研究探索，创新性提出了较为完整的智慧企业理论体系建设系列观点，为智慧企业战略发展奠定了坚实的理论基础。

3. 整合内外资源，推动协同创新

大渡河公司充分利用内外部优质资源，在优势技术领域加强自主创新，在创新薄弱环节加大协同创新力度，开展校企合作，广泛引进清华大学、浙江大学、天津大学、复旦大学等高校资源力量，充实智慧企业建设专家团队，加强重点领域与重大技术难题攻关；开展企企合作，与华为集团、南瑞集团等行业优秀企业开展战略合作，有效发挥各自专业领域的技术专长，共同推进智慧企业建设有效落地；开展政企合作，与国家信息中心开展技术交流，重点推进在自动化、信息化以及网络安全等领域的合作，不断积累智慧企业建设有效成果与经验。分步分类推进，强化重点突破。

4. 紧密结合实际，分步分类推进

大渡河公司将智慧企业理论成果运用到重大工程建设、重点生产项目以及重要技改课题中，确保智慧企业创新成果稳步、有效、精准应用。以双江口、沙坪二级等在建工程为突破口，在项目建设初期的规划、设计以及设备选型阶段，超前部署智慧企业在工程建设领域的创新课题，避免了资源重复投入，提高了综合效益，形成了一批推动智慧企业建设的关键技术；以瀑布沟、大岗山等自动化程度高、专业力量充足的投产电站为着力点，有序推进智慧企业重点项目研究；安排龚嘴电厂等投产时间较早的发电企业，根据自身实际情况，开展阶段性优化，实现了智慧企业建设先行先试、重点突破和分步实施。

5. 注重总结改进，实现动态提升

大渡河公司注重智慧企业建设过程的总结与改进，每周召开智慧企业沙龙，召开科技创新大会、智慧企业创新论坛和智慧企业创新成果展等，及时发布智慧企业最新成果，评价规划实施和项目推进情况，探讨国家最新创新战略与政策方针，评价规划实施和项目推进情况，推动专业标准制定以及专利奖项申报，加强知识产权保护管理，及时锁定智慧企业建设成果；针对外部环境以及工作要求变化，及时调整优化智慧企业建设总体方案，总结存在的问题与不足，完善工作规划和措施，形成了动态优化、持续提升的建设格局。

9.3.2 夯基础，练内功，在数据挖掘中见成效

企业各项业务的标准化、数字化、信息化、网络化是智慧企业建设的重要前提和基础。大渡河公司按照业务量化、集成集中、统一平台、智能协同的建设路径，全面铺开智慧企业基础建设，运用先进的传感技术、在线监测技术来感知大数据、采集大数据，运用物联网、移动互联技术来传输大数据、存储大数据，运用云计算、人工智能技术来分析大数据、运用大数据，形成敏锐的感知能力、高效的传输能力、海量的存储能力、强大的计算能力、精确的分析能力，为智慧项目的后续落地创造了条件。

1. 推进标准化建设，打造数据"大感知"网络

标准化建设是提升大数据感知能力的基础，只有形成统一的标准、固化的流程，才能确保大数据的准确采集挖掘。

一是提升设备状态感知能力。推进检修作业标准化建设，制定《水轮发电机组智慧检修标准》白皮书，明确水轮机、发电机定转子、变压器、调速器等多部位共计128项常见故障监测指标，采集了7000余个状态监测量，及时掌握设备健康运行状况水平。

二是提升缺陷管理感知能力。推进缺陷管理标准化，建立了缺陷数据

库，围绕缺陷表象、缺陷部位、缺陷原因、缺陷处理四个方面，收录标准缺陷 2000 余条，提升了故障定位、隐患排查的精准度与及时性；开展了公司设备编码和物资编码标准化，形成了五段码 8 万余条的水电物资编码、六段码 26 万余条的设备编码，提升了设备物资管理科学化水平。

三是提升水情气象感知能力。建立了由 105 个水文遥测站点组成、覆盖全流域的水情自动测报系统，运用国家气象中心、美国国家气象中心和欧洲中期天气预报中心三大专业机构数据，每天开展 10G 容量的气象大数据分析，以网格式细分全流域降雨分布情况，准确掌握区域来水及降雨情况。

四是提升库坝安全感知能力。运用自动监测技术，在大渡河流域电站大坝及周边山体中安装了 1.9 万余个自动化监测点，实时收集掌握各类位移、变形、沉降等数据，解决了以往大部分测点依靠人工测报且数据量收集相对较少的弊端。（图 9-1，9-2）

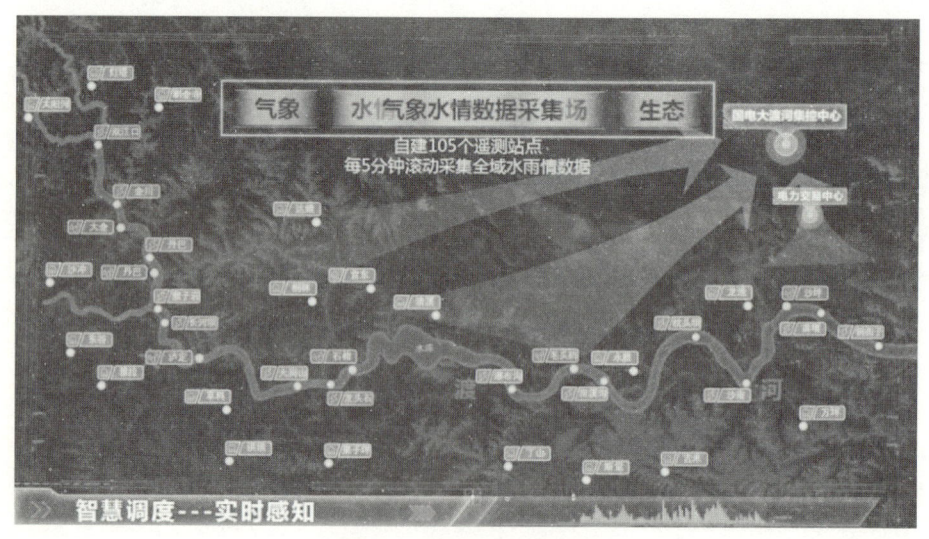

图 9-1　水情自动测报系统

图 9-2 库坝安全自动化检测点

2. 推进网络化构建，提高数据"大传输"效率（图 9-3）

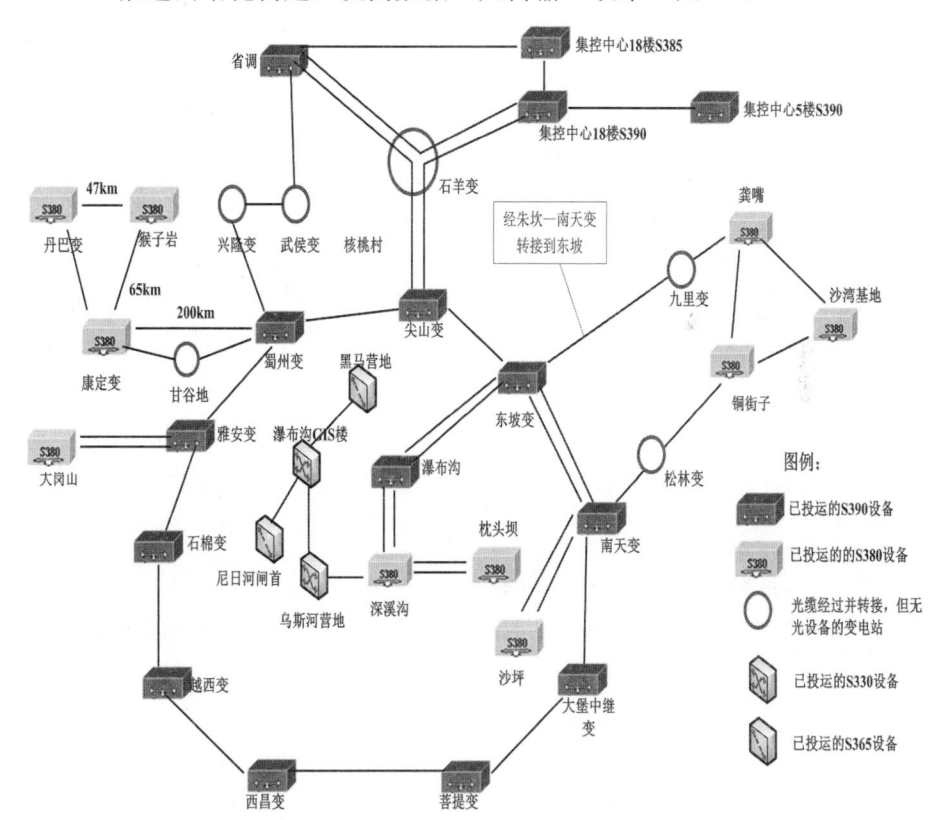

图 9-3 大渡河光纤环网示意图

先进的数据传输技术直接影响着信息交换与决策反馈效率，是开展大数据后续挖掘与运用的重要支撑。大渡河公司全面构建了由局域网、广域网、卫星网、移动网组成的四大数据传输通道，确保前端采集的数据资源与后台反馈的信息指令及时传输交换。

一是建立了万兆骨干、千兆到桌面的局域网，有力支撑了生产管理中大量数据、图像、视频等信息的传输，为设备在线监测、技术故障诊断以及专家远程会诊等工作提供了技术保障。

二是建立了与8M运营商专线、30M电力光纤专网相连接的广域网，确保及时将基层业务数据传输至公司云计算中心。

三是建立了覆盖流域生产区域的移动网，保证了智能安全帽、巡检预警机器人等现场移动生产设备数据实时上传、信息及时反馈。

四是建立了承担突发情况下应急通信的卫星网，增强了对紧急事件应急响应的能力。

3. 推进互通化建设，构建数据"大存储"平台

大渡河公司建立了云计算与大数据中心，集中整合全流域网络信息资源，将基层专业数据信息迁移上云，统一存储并开展数据运用。

从存储成本来看，存储硬件数量由600台减少为200台，运维人员由50余人减少为10余人，机房占地面积由1500平方米减少为500平方米，节约设备投入、机房建设成本、电费成本以及运维费用超过1亿元。

从存储效率来看，通过信息平台互通化构建，确保大量专业数据在统一的存储平台上集中共享，避免传统信息化建设过程中出现分类建设、重复建设和条块分割、数据孤岛等现象。计算机资源利用率从25%提高到65%以上。

从存储范围来看，公司将数据存储平台划分为设备域、安全域、物资域等11大主题域，横向覆盖了从工程规划、设计、施工、运行以及检修改造等各环节信息，纵向延伸至生产、工程、合同、财务、人资等各大业务领域，实现水电工程建设及生产数据全过程可追溯。

从存储保障来看，采用了"集中＋分布"式的混合存储模式，承载了具有高可靠性的"1+N"负载均衡模式，建立了以全网态势感知为核心的信息安全监管平台，实时监测网络内外数据流，动态感知各类安全风险，实现量化提示和自动预警，确保数据存储安全可靠。

4. 推进集中化整合，提升数据"大计算"能力

企业大数据的计算能力，直接影响着企业对市场环境变化、经营决策调整以及内外风险管控的响应效率和管控能力。公司建立了云计算中心，构建了服务器虚拟化的云计算构架，通过资源集中化整合，将企业各类大数据集中迁移上云，实现统一计算、统一处理；借助于高效的计算能力，有力支撑了企业生产经营工作。

一是实现水情信息精准预报。运用先进的 WRF 中尺度气象预报模式和本地混合同化技术，每天开展 10G 容量的气象大数据计算分析，以细分网格量化全流域降雨情况，准确掌握区域来水与降雨分布。公司水情周预报精度达到 92.27%，远高于行业内 85% 的平均水平。

二是实现发电负荷科学分配。建成了基于大数据的梯级电站联合调度决策支持系统，根据上下游多个电站的水头水位、发电耗水、市场电价以及机组工况等要素，自动计算各个电站、各台机组在各个时点的最优负荷分配方式，实现了经济效益最大化。

三是实现防洪调度有效控制。创新流域梯级电站闸门自动调度及远程控制技术，根据上游来水实时流量、历史流量以及自身泄洪能力，滚动计算各电站运行水位、泄洪流量等运行指标，自动推演未来 24 小时调度过程和闸门开度策略，确保在防洪安全的情况下，最大限度避免弃水损失。

5. 推进智能化运用，提升数据"大分析"水平

大渡河公司注重大数据成果运用，加强采集数据研究分析，为企业生产管理与风险防控提供有力支撑。

一是提升故障排查后台分析能力。公司所研发的巡检预警机器人，不仅具备在前端开展分析处理的能力，同时依托于实时联通的网络数据后台，将前端采集的各类图像、温度、震动、气体等异常情况信息传输至数据后台开展运算分析，大幅提升了应急事件的分析处理能力与效率。

二是提升设备运行趋势分析能力。采用多维建模专利技术的机器学习引擎，挖掘机组 29 个关键指标的历史数据，建立机组设备健康状态感知模型，实现设备健康度和发展趋势的数字化评价，科学判断发电机组健康趋势，为优化设备检修方案与策略提供了技术支持。

三是提升安防系统联动分析能力。开展多系统联动平台建设，改变以

往单系统之间或者部分系统之间的联动，实现电厂中监控、励磁、消防等10余个子系统间有机关联，增强生产现场应急处理能力。

四是提升工程数据综合分析能力。建立了工程数据中心，同步跟踪监测多个施工单位、多个承包标段的施工过程信息，强化了工程建设安全风险管控、质量实时监控、进度仿真分析、投资决策预警、环保在线监测，提升了工程建设"五控制"管控能力。

9.4 大渡河公司智慧企业建设实践成果

在智慧企业建设过程中，大渡河公司把整个企业作为一个人工智能"人"、决策指挥中心作为"人"的大脑、专业数据中心作为"人"的器官、基层业务单元作为"人"的四肢，并按照"总体规划、分步实施、成熟一个、推进一个"的建设思路，统筹推进各项目落地，努力让企业智能"人"大脑聪慧灵敏、器官耳聪目明、四肢协调发达。如前文所述，大渡河公司已经基本形成了"一中枢、多中心、四单元"的顶层设计架构。（图9-4）

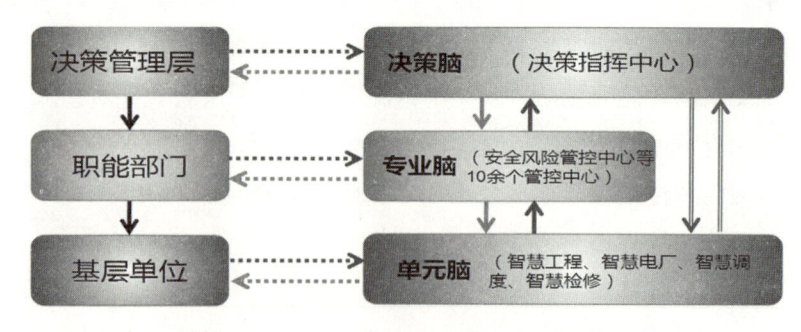

图9-4 大渡河公司智慧企业管理过渡模型

9.4.1 决策指挥中心（决策脑）

1. 总体概况

决策指挥中心是大渡河公司各项管控流程的决策指挥大脑，是人工智能"人"的大脑。其核心是基于大数据、云计算、人工智能等技术，实时监控公司经营管理各项综合KPI指标，动态实时展现公司各项业务进展，主要承担企业风险自动识别预警、"三重一大"过程管控、应急情况下指挥决策等功能，为公司领导层高效防控风险、持续提升效益、智慧决策管理提供全面、实时的数据和信息支撑；同时，实现基层业务单元的实时监管、追溯查询等，具备每天自动生成日报表以及发现重大风险自动预警到相关人员等功能。

决策指挥中心为企业的决策管理层提供企业的整体管控能力。从监控指标的角度看，决策脑为企业的目标管理提供企业运行成果的展现；从决策分析的角度看，决策脑为流程管理提供从系统解决单点问题的视角；从数据能力的角度看，决策脑通过对全企业大数据的分析提炼出企业的智慧。

2. 建设成果

全景展示：决策指挥中心与公司各个专业数据中心实现数据链打通，可直接查询各专业脑的实时数据情况；并提供了整个流域各电站机组的开停机状态、水库水位、日计划发电量等参数。（图9-5）

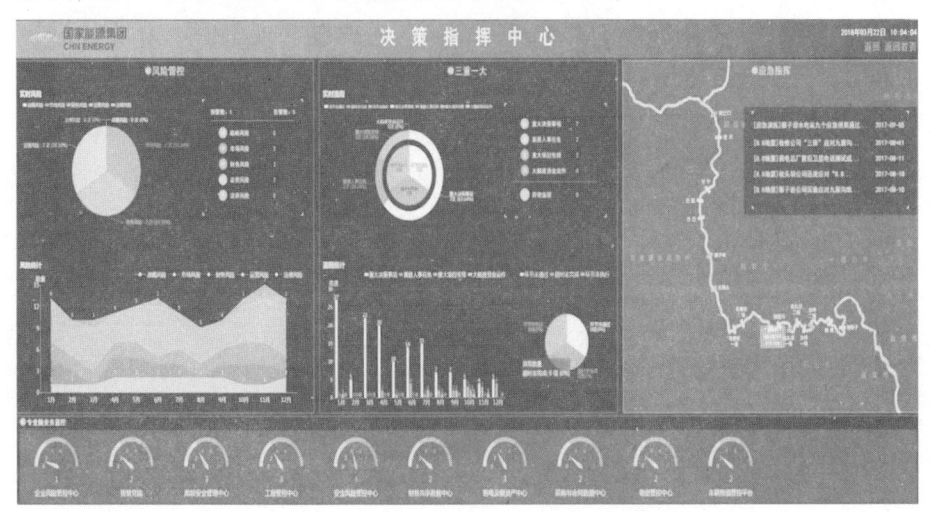

图 9-5　大渡河公司决策指挥中心

流程管控：展示了公司"三重一大"项目流程流转情况及年度"三重一大"项目实施数量、占比，各节点的责任单位、办理情况以及流程执行中的预警信息。

风险管控：一是展示当前公司系统存在的需要领导层关注的企业风险

数量、风险类别以及风险内容概览;二是通过海量数据积累以及优化预测算法模型,对企业风险进行统计分析,最终达到风险的"未卜先知",提前做好防范措施。目前公司已经在设备风险管控中实现了提前 3 至 6 个月预知预警设备性能及风险的能力。

应急指挥:设置了重点部位实时监控视频,方便决策层实时了解重点关注部位的状况,随时调取流域各电站任何区域的所有在线视频,为紧急情况下的应急救援指挥提供有力的保障。

3. 未来规划

为全面推进提升级决策指挥中心的智慧"决策"和"指挥"能力,加快智慧企业从量变阶段进入质变阶段进程,未来将着重提升以下方面的能力:

(1) 风险防控能力。实现从"风险管理"向"风险管控"功能的自我演进,完善优化自动风险提示、自动风险定级、自动风险预警功能,形成风险闭环管控,让风险管控成为决策脑深度探索的先行者。

(2) 智能决策能力。统筹全局数据,深入挖掘数据价值,研发数据分析模型及算法,预测环境动态变化,形成公司管理的智能决策能力。

(3) 应急指挥能力。实现应急资源、应急队伍的实时动态掌控,优化应急情况的系统联动和应急资源的合理优化调配,完善全过程、全方位、可视化应急指挥系统,全面提高决策脑应急指挥能力和可视化应急处置水平,确保应急处置的及时性、准确性和高效性。

9.4.2 专业数据中心(专业脑)

专业数据中心是各职能部门工作开展的有力支撑,是人工智能"人"的"器官",为企业的职能部门提供专业的数字化和数据分析能力,肩负着实现职能集中管控、打通信息交换壁垒、提高专业覆盖深度、优化人力资源配置等责任。

1. 财务共享数据中心

(1) 基本概况

大渡河公司贯彻落实集团公司财务集中管控要求,于 2014 年 7 月 1 日成为集团公司首家财务共享试点单位,为集团全面推开财务共享中心分中心建设工作提供了实践经验，实现了会计业务集中处理，构建了新型的财务管理模式，对于适用集中模式的业务管理变革具有示范效应。2015年10月实现财务集中管控大渡河流域所有单位全覆盖及中心内部专业化分工。2016年结合智慧企业建设依托下属工程公司成立财务共享数据中心，全面承接财务共享中心日常运营，承担财务数据标准化平台职能。2017—2018年持续提升，实行员工业务绩效看板管理，使共享中心成为企业监控的手段和纠偏的利器；完成中心发展规划，笃定前行方向；先后接待内外部单位参观交流60余次。

财务共享数据中心配置人员30人，设有费用报销处、资金收付处、资产投资处、总账报告处4个业务处室以及综合管理处且党工团组织健全，负责大渡河公司本部、所属及控股27家核算主体单位的资金集中结算、会计集中核算和财务报表集中编制工作。

财务共享中心成立后，公司整个财务实现战略财务、业务财务、共享财务的职能分离，业务财务人员将工作中心转移到财务管理（管理会计）领域，以成本管控、资金创效、纳税管理等工作为主业。财务共享中心通过对基层骨干人员的集中，充分发挥人才培养新平台作用，加大培训力度，中心集中培训、处室业务不定期培训，不断向战略财务、业务财务及相关部门输送人才，优化、提升公司财务整体水平。累计已有3名人员到财务产权部（战略财务）交流锻炼，4名新进财务专业毕业生完成中心岗位培训后返回基层财务（业务财务）从事财务管理工作，同时向财务产权部输送科级人员1名，向基层财务输送科级人员1名、会计人员1名；向集团所属金沙江旭龙（奔子栏）公司输送成熟会计人员2名。

以财务管控信息系统为平台，实行业务驱动财务，实现高效、协同运作。系统内所有财务工作流程均通过业务端发起，由业务经办人填制业务单据后，经标准化的审批流程传递至各审批岗位，实现业务审批线上无纸化，最终推送至中心财务人员审核，实现会计凭证、账簿自动生成。资金预算、费用预算管控实行按月分解后通过单据填制植入财务系统，实现人控到机控的转变；预算在预定额度内调整通过单据申请、审批，强化预算执行刚性约束。

(2) 建设成果

资源整合，效率提升：一是持续转型升级，建立战略财务、业务财务和共享财务相互监督、相互制约的"三位一体"财务管控模式。二是人员集中，实行了专业化分工，变相减少了重复性岗位，整合了人力资源，在业务量增加、管理要求更高、管控更严的情况下，制证核算人员降至9人，降低了约75%，出纳人员降至5人，降低了约60%。三是优化整合业务流程，将管控前1263项业务流程优化到目前的52项，办理业务平均时间较共享前的5.2天降低到2天左右。

管控有力，风险防控：通过业务风险分析，强化业务过程管控，提升管控能力。一是专人负责资金支付"四要素"审核，流程上控制资金凭证回退和建立资金支付台账，资金支付三级复核管理，确保资金安全。2018年上半年资金支付1.82万笔。二是以日现金流管控为抓手，加快资金周转效率，降低日均资金存量。大渡河公司月均资金归集率均在99%以上，归集率指标逐月提升，收入户归集比例达100%，日均存款余额3.47万元，较集团考核指标50万元下降93.06%，资金管控效益凸显。三是专人负责各单位银行账户、票据和印鉴管理，专项进行管控分析，监督各单位资金结算、归集、计划与使用情况，提高资金使用效益；四是强化会计稽核管控，闭环管理拦截不合规支出。

制度健全，管理规范：结合管控需要，明确职责，建章立制，强化管理。一是持续修订《财务工作职责划分管理办法》，明晰职责，明确了基层财务发起并推送数据，财务共享中心集中数据，战略财务进行财务筹划，通过建立全过程风险防控体系，促进财务管理工作的安全高效。二是陆续建立并出台了《运营管理办法》《会计稽核管理办法》等12项财务管控制度，建立多层次制度框架体系。三是按照集团公司"七统一"要求，建立并制定了包括《流程标准》《审核标准》在内的5项规范标准，消除个性化业务，业务标准统一规范。

多措并举，运营高效：财务集中管控后，通过政策宣贯、监督检查等多种方式，保障制度规范的执行，会计信息质量得以提升。一是共享中心已完成三批次共派出18人现场驻点，负责业务前端辅导，贴近业务，使管控关口前移，确保各项规范标准执行到位。二是出台《资金结算监管办法》《资金结算监控管理工作指引》，厘清中心与共享单位工作界面，指导资金结算工作，强化资金监管力度，确保资金管控效果。三是智能服务平台建设初见成效。积极推进票据集中托管及票据池建设，与招商银行成都分行对接，本部已实现智慧票据管理；2017年试点上线发票云管理平台，2018年上半年完成推广采购，近期全覆盖应用，实现发票自动验证、抵扣，建立公司发票信息库，进一步规范报销业务，降低纳税风险；探索商旅服务模式，总结2017年京东商旅试点情况，已调研远光、IBM、差旅壹号等第三方平台，完成草拟公司商旅服务方案，择机履行采购后实施；协助筹划沟通平台，已完成财务系统与微信的数据连通方案，提出完善建议待实施。

数据整合，服务增值：会计集中核算后，财务数据标准化程度提高。通过标准化体系建设不断完善，财务管控不断加强，增值服务持续推进。一是持续梳理业务单据、摘要、附件及业务全流程各岗位审核要点，针对关键风险点进行提示，下发指导各共享单位持续规范业务，强化过程风险管控；二是针对共性问题下发管理建议书，根据审计共性问题和纳税风险提示下发风险提示，以点带面，促进财务工作的全面提升；三是精准服务，按月对各共享单位下发财务共享业务运营通报，多维度对标分析，异常数据及时提示。

（3）未来规划

业财融合：推进财务系统与业务系统信息融合，打通系统间数据交换通道，建立公司核心大数据，实现互联互通；同时，通过财务管理风险指标植入，过程中对关键指标财务风险进行自动识别、风险预警，自动推送解决方案，实现财务风险管控智能化。

自动预警：通过业务系统和财务系统互联互通，实现数据自动推送。根据预先设定好的风险预警值，自动识别、自动拦截、预警回退的同时自动记录。

智能核算：通过将业务单据标准化，进一步提升财务系统智能化程度，实现会计凭证、会计账簿、会计报表自动生成。

智能决策：借助更加智能完善的财务信息系统，财务共享数据中心充分发挥财务管理专业脑作用，通过智能挖掘分析大数据，为公司经营层提供税收、资金等筹划方案，为管理者提供战略支持，为公司层面决策落地提供支撑，实现智慧财务建设目标。

2. 库坝安全管理中心

大渡河流域库坝安全管理中心（以下简称"库坝管理中心"）于2016年7月落成并投入运行。作为大渡河公司流域水电站群库坝安全管理的专业化单位，库坝管理中心依托基于现代信息技术建设的"大渡河流域库坝安全信息综合管理系统"，以实现大渡河流域水电站群大坝安全管理"集成集中、智能管控"为目标，不断推进"现代化监测标杆"建设，向着水库大坝安全管理"自动识别、自主决策、自我演进"迈进。

（1）基本概况

流域电站陆续投产，大坝安全管理重要性日益突出：随着大岗山、枕头坝一级的陆续投产，大渡河流域已投产的6座电站，涵盖重力坝、面板堆石坝、砾石土心墙堆石坝、拱坝4种坝型。其中，大岗山、瀑布沟为一等大（1）型电站。运行中的大坝是一个复杂的动力系统，坝体、库水和坝基相互作用使得系统具有内在的不确定性；此外，外部环境（如气温、降雨和地震等）多种因素的影响，使得系统具有高度的非线性特征。坝型多样的高坝大库、地质条件和环境条件的复杂多样，给大渡河流域库坝安全管理带来了较大的挑战。后期可预见的更多电站的投产运行，使得一个科学、高效、稳定的库坝安全信息综合管理平台的必要性日益凸显。

自动化高覆盖率，为库坝安全信息流域集中打下基础：经过多年的库坝监测自动化技术探索、研发和改造，监测信息实现了自动实时采集、传输、入库、校核和分析，大渡河流域库坝安全监测自动化覆盖率达到95%以上。随着真空激光准直系统、不锈钢堰槽量水堰、内观自动化采集等自动化监测系统在龚铜瀑深四站的陆续建成使用，以及高精度地表三维位移监测技术在瀑布沟电站的成功应用，自动、实时、高精度的采集终端为流域性的库坝安全信息综合管理平台的实现打下了基础。

数据自动实时采集，对传统人工数据分析提出了挑战：数据的自动、实时、高频率采集，使得采集频率和精度都较人工有了较大的提高，为及时了解和评价大坝运行状态提供了重要的依据。但数据量的迅速增多，系统误差的存在，对传统的"人工现场采集→人工现场校核→人工数据入库

→数据入库人工校核"的监测工作流程和人工数据处理分析方法提出了严峻的挑战，借助信息技术对监测工作流程和监测数据进行快速的传递、处理和分析，已成为信息时代的主流趋势。

开展智慧建设，需从规范数据储存和开放接口做起：大渡河流域库坝安全管理"智慧"建设的首要任务是建设一个库坝安全信息管理平台，将与库坝安全管理相关的流程数字化，并将安全监测信息、流程信息和其他相关信息在平台上集成集中、科学管理和综合分析。平台作为大渡河"智慧企业"的一个模块，采用统一的标准和开放的接口开发，以保证与其他管理管控系统的资源和信息共享。

（2）建设成果

基于大数据、云计算等现代技术建设的库坝安全信息综合管理统一平台，构建了完备的库坝安全技术档案，制定了相关的标准体系，实现了库坝安全综合信息管理数字化，信息采集与处理实时化，安全分析与评价专业化，全面提升了库坝安全科学化管理水平。

库坝信息系统由"技术管理""信息管理""分析评价""预警管理"等功能模块构成，以大渡河公司云计算平台为基础开发。（图9-6）

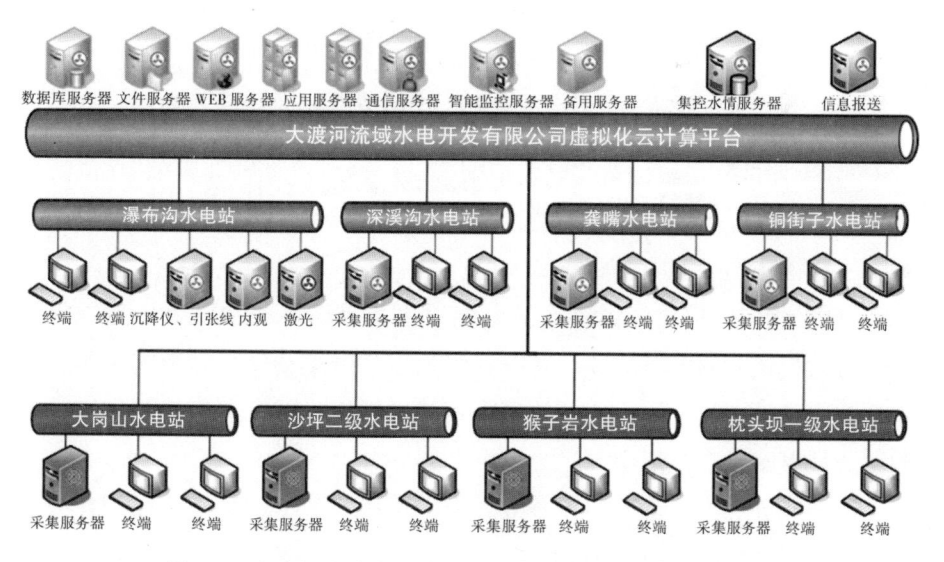

图9-6 大渡河流域库坝安全信息综合管理系统网络结构图

"技术管理"模块既涵盖了大坝注册定检、技术资料、工程档案资料、规程规范、工程大事记等文档管理,也纳入了工程缺陷、现场隐患、水工技术监督、技术管理指标统计等流程管理,将大坝安全管理全生命周期中的主要工作和管理内容,以便捷、完善的流程和高效查询的文件管理系统,实现规范化、高效化管理。

"信息管理"模块包括"信息录入""信息查询""数据检查""数据计算""数据传输"5个子模块。模块功能除包括常规的数据录入、查询和审核外,还集成了现场各厂家自动化系统的设备自检和采集服务,并纳入了外部变形测量和水库库容测量计算。(图9-7)

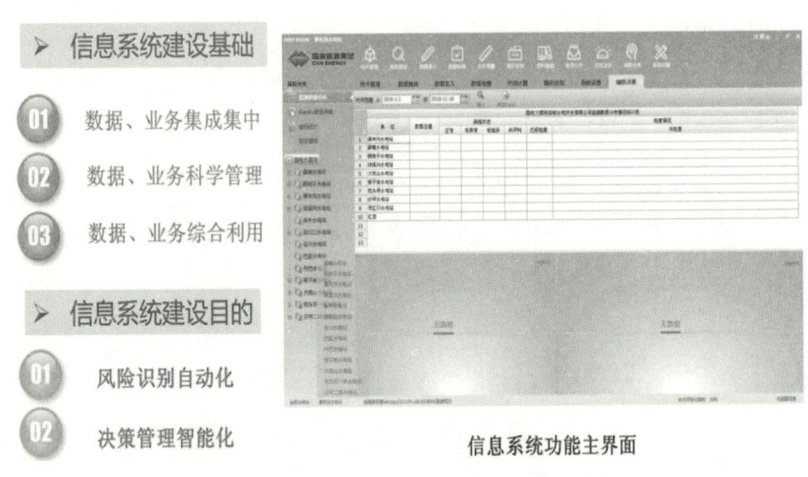

图 9-7 大渡河流域库坝安全信息综合管理系统功能主界面

"分析评价"模块包括"资料整编""资料分析""辅助决策",将传统的数据分析方式与数学统计模型、分析推理等相结合,并纳入内外部的专家决策系统,形成专家会商。

"预警管理"模块,将各电站可能发生的极端情况和重要测点预警测值作为监控预警的触发条件,后设一系列应急响应动作,达到监控预警和应急响应高效、精准结合的目的。预警管理系统目前正在积极开发和在大渡河流域电站逐步推广中。

已开发完成并初步应用在龚嘴、铜街子两站的"库坝安全风险在线监控与预警系统",作为库坝信息系统的子模块,以库坝大数据为基础,在对入库数据进行集环境关联、时空模拟、反馈效验于一体的异常数据智能识别和筛选的基础上,对单站的库坝安全风险进行实时和年度管控。大渡

河公司在单站管控的基础上，提出了梯级电站安全风险递进式预警、特殊工况下联动响应机制和管控体系。（图 9-8）

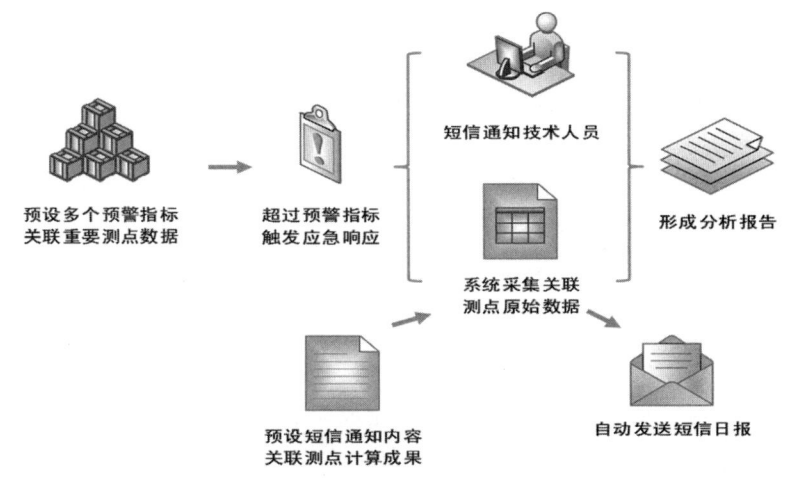

图 9-8 库坝安全监控预警与应急响应基本流程

（3）取得效益

中心基于云平台的大渡河流域库坝安全信息综合管理系统建成投入运行，实现了流域接入电站库坝安全信息集成集中、远程采集、数字巡检、实时评判分析、模型统计分析、信息预订与推送等功能，满足了流域各个单位的大坝安全管理需求。大渡河公司目前正在进行流域库坝安全风险预警管理与快速决策处置的开发研究建设，以期达到大坝安全"风险识别自动化、决策管理智能化"的建设目标。

3. 售电服务中心

（1）建设成果

政策研究方面：售电服务中心自成立以来，紧跟政策前沿，积极开展电改政策及专项课题研究工作；与华北电力大学联合完成了《大渡河公司售电平台可行性研究》，为大渡河公司组建售电公司提供了有力支撑；同时，开展了新增区域配售、分布式能源、煤改电、冰蓄能、新能源汽车充电桩等 12 项电改应对策略课题研究，为拓展电力市场、延伸业务渠道、推进业务开展提供可靠保障。

电力销售方面：自 2015 年起，售电服务中心积极协助大渡河公司所属流域发电单位开展市场电量销售工作，近三年销售市场电量近 170 亿千瓦时。

市场拓展方面：一是以市场电量销售为突破口，与大工业用户沟通联系，广泛拓展客户市场，与多个国际国内知名企业建立了长期业务合作，近三年中心完成了四川省内1000余家工业企业信息收集整理，培育培植客户近600家；二是近三年来，中心积极开展用户用电行为分析、销售电价分析等管控模型研究，加快"智慧营销系统"的开发建设，已实现了发电侧与集控中心、各发电厂的数据对接，实时掌控发电侧信息；完成了省内大用户信息数据整理分析，电力营销大数据平台构建已基本完成。

园区配售方面：中心以国家、省级重点经济开发区、工（产）业园区为重点，积极拓展区域配售业务。现与省内8个工业园区建立战略合作关系，潜在年用电量30亿千瓦时以上；完成5个园区合作项目报告及2个配电网项目投资分析报告。2016年，大渡河公司与广元国家级经济开发区合作的广元国开售电公司成功注册，开创了四川省以国有资本为主导、混合所有制配售电公司合作项目的先河，在四川省售电侧改革中极具示范效应。

电能替代方面：成功布局电能替代市场。根据国家能源发展战略和大气污染治理相关要求，结合四川实际，积极向四川省建言献策，大力推进四川"煤改电""冰储能""电动汽车联合推广"等项目，通过上述项目实施，理论上每年可增加50亿千瓦时的用电市场，为大渡河公司电量消纳探索新的出路。目前，与成都市政府达成"使用清洁能源推进绿色发展"战略合作。崇州永新、大邑黄土桥、温江洪汇等首批煤改电试点项目已启动。

（2）未来规划

随着四川电力市场化改革的逐步推进和电力市场建设的日臻完善，中心将依托国家能源集团在川能源规模、品质优势，深度挖掘电能产品价值，全面提升市场化服务水平，构建市场化、智慧化、一体化市场营销平台。

中心发展规划拟分"三步走"。近期（2018—2020年），全力拓展电力销售渠道，培育新型售电业务体系，完成售电服务公司注册运营。2018年5月首次作为电力市场交易主体为客户代理电量近40亿，成为四川交易电量最大的售电公司。中期（2021—2025年），全面铺开电力销售、配电投资、电能服务等核心业务，建设区域智能综合售电服务平台。远期（2025年以后），整合"发、配、售、用"电力价值链优势资源，创新能源服务模式，成为国内一流的绿色能源综合服务公司。

4. 安全风险管控数据中心

（1）基本情况

安全风险管控数据中心是按照大渡河公司"智慧企业"建设总体规划和"风险识别自动化和决策管理智能化"的总体要求建立的一套综合管理数据中心。该中心建设工作从2016年年初开始进行项目筹备工作，9月完成招投标工作，10月开始进行项目调研及建设工作。截至目前，已完成大渡河公司门户统一认证开发内容及安全风险管理、违章管理、专项管理、综合管理、可视化五大系统共36项功能建设并在全流域上线运行，实现与大渡河公司其他相关系统互联互通互动功能，完成了瀑布沟电站定位系统硬件部署，实现6种典型违章行为自动识别、自动预警功能。计划年内完成安全风险大数据挖掘分析模型，并结合已有的数据不断迭代演进和优化，发现数据背后重要的安全生产规律，提升现场安全生产管控能力。（图9-9）

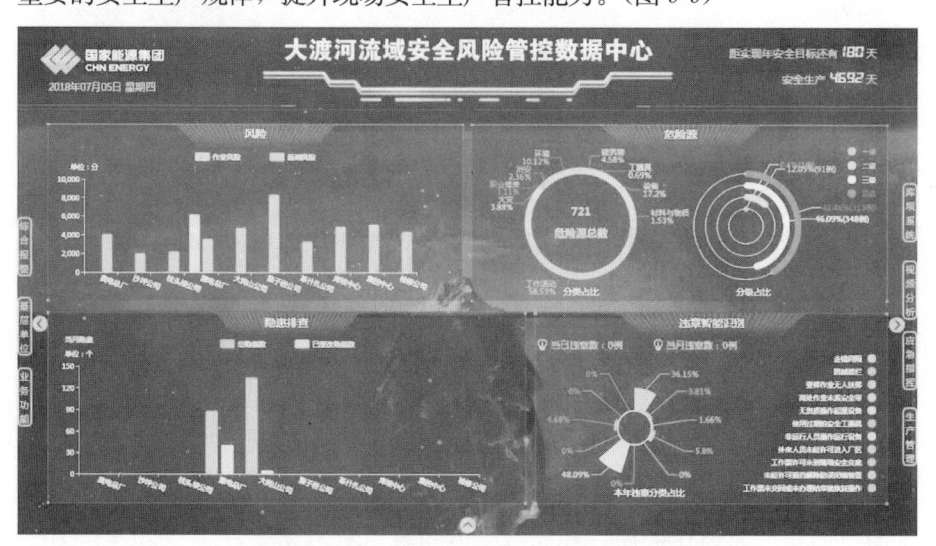

图9-9 大渡河安全风险管控数据中心主界面

（2）建设成果

成功研发了智能安全帽、安全梯、安全带等智能产品，其中，智能安全帽具备身份认证、精确定位（定位精度达 0.3 米以内）、违章提醒、视频采集、组网对讲、近电报警、头灯照明等功能，通过人员身份识别、精确定位、工作票（操作票）任务以及各种逻辑关系判断，与大渡河公司云服务器互联互通，系统自动辨识安全隐患和违章行为，并及时向当事人和相关管理人员发出预警信息，帮助管理人员随时掌握生产现场动态、当事人及时纠正错误，有效地预防了事故发生。智能安全梯能够检测现场作业中不按规范移动或摆放安全梯、无人扶梯等不安全行为。智能安全带能够智能检测到作业人员未扣好挂钩、锁扣或在高空作业出现"低挂高用"的违章行为。（图 9-10）

图 9-10　智能安全帽、安全梯、安全带

实现了 6 种违章行为自动识别：目前，通过智能安全帽、安全梯、安全带等智能产品及相关智能算法，自动识别"作业（操作）人员走错间隔进行作业（操作）""人员跨越遮栏或移动遮栏""工作票许可未到现场安全交底""非运行人员操作设备"、安全梯不按规范移动或摆放、无人扶梯等不安全行为和安全带"低挂高用"等违章行为，相关产品已经申报了国家专利。

（3）取得效益

该中心通过与大渡河公司云数据中心现有系统的互联互通，实现数据来源全面化、多样化管理；并通过建设与各电厂日常工作紧密相关的日常安全监管系统、安全风险管理系统、风险智能识别系统、安全绩效系统，实现"人、机、环、管"各要素在生产活动全过程中保持最佳匹配；实现生产现场全方位、全天候的监控，使安全隐患得到及时发现、消除，违章行为得到及时报警、纠正,增强员工的行为自律意识,各类安全标准、规章制度执行更加有力;实现突发事件(事故)应急处置从决策到行动更科学、更快捷、更顺畅,进一步促进大渡河公司实现智能化安全生产管理。

5. 采购与合同数据中心

(1) 基本概况

根据大渡河公司"智慧企业"建设总体规划,采购与合同数据中心是大渡河公司及所属单位综合计划、采购、合同、造价的数据枢纽,是智慧大渡河"专业脑"之一。中心按照"四个集中管控、业务数据驱动、风险自动预警、决策更加科学""制度流程落地、管理持续创新、一岗双责同步、提质增效明显"的总原则,落实"业务量化、集成集中、统一平台、智能协同",搭建业务板块统一数据平台,实现专业数据分析与运用;深入挖掘数据与数据间的关系,搭建多个辅助智能决策模型,实现采购与合同数据中心业务的智能化。

在传统管理基础上,中心运行形成"数据中心智能管控"横向主线,"决策层+专业部门+基层保障单元"为纵向主线的一横一纵的创新管理模式。通过业务的决策、管控、执行、反馈环节,形成全寿命周期动态管理格局,达到集中管控、业务数据驱动、风险自动预警、决策更加科学的管理效果。(图9-11)

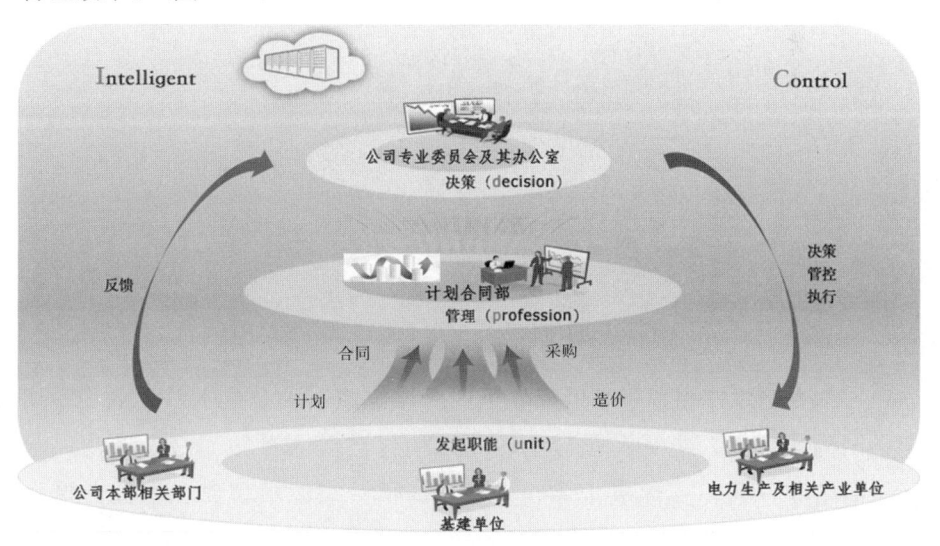

图9-11 采购与合同数据中心

(2) 建设成果

采购与合同数据中心搭建采购与合同管理统一的信息管理平台，实现综合计划管理、采购管理、合同管理、造价管理四大业务板块数据集成集中，并形成 PDCA 循环管控，建立一系列专题库帮助提高决策能力，应用模型实现采购与合同业务的智能化。

形成业务循环。采购与合同数据中心业务智能运行成果概括为"一目标、两能力、三循环"。"一目标"是指以采购风险防范、造价全程受控为目标；"两能力"是指采购与合同管理均要实现风险自动预判、管理自主决策的职能专业脑智慧能力；"三循环"是指综合计划、采购管理、合同管理、造价管理要形成控制→反馈→纠偏→提高的正、反循环，采购管理要形成计划→确定→实施，合同管理要形成签订→执行→评价的内循环。四个业务板块实现智能闭环运行，上一层数据输出作为下一层的重要输入，板块之间相互影响控制的正循环和反馈、纠偏、提高的反循环，形成 PDCA 循环管控。（图 9-12）

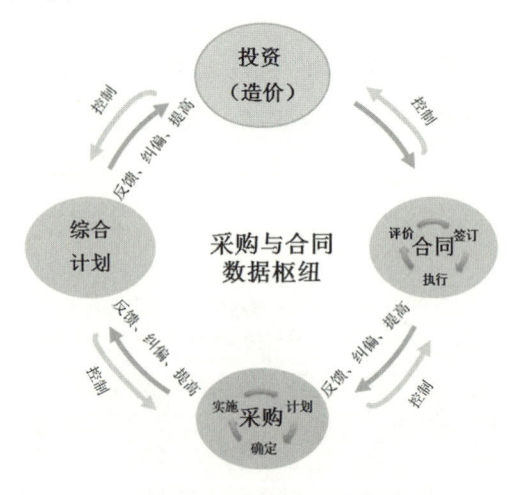

图 9-12 采购与合同数据中心业务循环示意图

发挥专题库作用。中心依托先进的跨媒体数据融合技术，建立一系列覆盖结构化数据、半结构化数据、非结构化数据的专题库（如廉洁风险库、制度库、采购文件范本库、资质库、单一来源项目库、中标人信息库、定额库、价格信息库、合同履约信息库等），大大拓展中心数据基础，为部门和公司提供强大的数据基础支撑，大幅提高部门和公司的决策能力。图示如下：

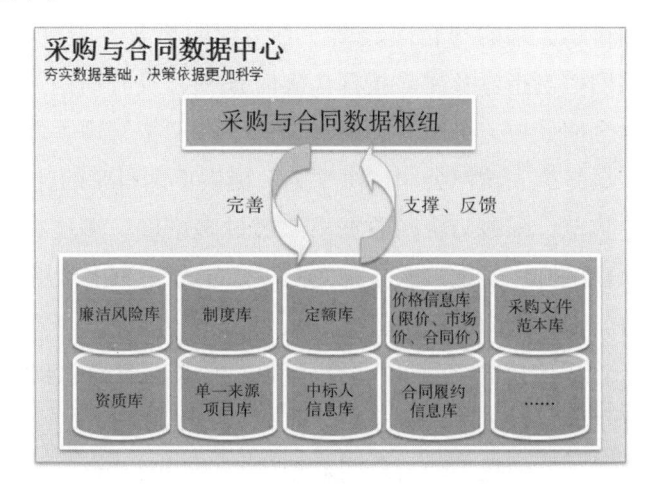

图 9-13　采购与合同数据中心专题库

管控模型应用。利用先进的信息技术，深入挖掘数据与数据之间的关系，形成多个辅助智能决策模型（如流程管控模型、合同变更原因分析模型等），实现采购与合同业务的智能化，做到业务可视化、对象可视化和数据可视化。（图 9-14）

图 9-14　采购与合同数据中心管控模型应用

采购与合同数据中心由数据来源层、数据基础层、数据分析层和数据应用层组成。采购与合同数据中心业务整合成为一张清晰的神经网络，各节点各司其职，集成集中资源共享，从技术上保障采购与合同业务实现"事前智能预测、事中智能控制、事后智能分析"，能力智能演进的智慧企业专业脑能力要求。

(3) 取得效益

决策更加科学。采购与合同数据中心实现四个业务板块全过程监控，通过设定一系列控制指标及风险指标，实时预警、及时纠偏，落实阳光采购、造价目标全面受控。采购与合同数据中心实现了管理手段的创新，提高工作效率，最终为大渡河公司"决策脑"提供更加科学的决策依据。

风险得到防范。采购与合同数据中心通过多维度、多层次、多渠道数据和业务的深度融合，实现采购与合同的风险自动识别和业务关键环节自动预警的能力，形成采购、合同、廉洁从业三大防控体系，具备智能辅助决策的能力。对风险点进行实时监控并及时预警，最终达到践行阳光采购、控制造价目标、防范廉洁风险的目标。

管理目标实现。依托采购与合同数据中心统一的平台，达到"投资的合理确定和采购风险的有效控制"，提升大渡河公司投资决策管控水平，真正实现整个采购与合同管理模式的创新与变革。

6. 工程管控中心

(1) 基本情况

工程数据管控中心是大渡河流域各电站工程建设大数据分析中心，通过汇聚全流域工程建设业务系统数据，构建工程管控大数据分析模型、风险预警模型及知识库，支持公司对各项目进行安全、质量、进度、投资、环水保等要素相关的风险分级预警及智能辅助决策，从而实现工程建设"全生命周期管理、全方位风险预判、全要素智能调控"的目标。

(2) 建设成果

建成了流域工程数据中心、工程管控平台和决策会商平台。

① 工程数据中心

采用云计算、大数据、物联网与移动互联技术，向下集成项目公司信息系统，横向对接公司工程建设相关业务系统，向上支撑集团水电工程基建管理系统，汇聚各电站从规划、设计、施工到运行的全生命周期工程数据，实现公司各信息系统互联互通，解决了数据孤岛和数据碎片化问题。

② 工程管控平台

基于物联网和大数据分析技术，搭建涵盖前期工程管理、建设期工程管理和后期工程评价的全生命周期一体化管控平台。前期工程管理可追踪电站核准进程、动态测算电站效益；建设期工程管理可提供流域级、电站级、部位级工程建设"五控制"风险分级预警及辅助决策支持；后期工程评价可实现工程验收、后评价和主要建筑物安全性态监控管理。通过工程管控平台，建立了标准统一、业务量化、分层分级的工程管控体系，实现项目立项、前期管理、建设实施、竣工验收、后评价、永久运行安全性态跟踪的全生命周期项目管理和全方位风险自动预判，有效规避工程管理系统性风险。

③决策指挥平台

利用移动端BIM、多端视频会商、远程控制等技术，以工程管控平台的智能决策为支撑，以远程会商平台为依托，构建了以数据驱动的工程建设决策指挥统一平台。通过决策指挥平台，将工程管理KPI统计、预警信息、知识库信息进行综合呈现，聚合公司内外部专家快速响应现场问题，根据多维度分析成果及时进行决策，有效地解决工程现场问题。

工程管控数据中心总体分两期建设：一期构建大渡河工程管控系统框架，并重点以工程建设质量、进度管控为核心业务需求，研发风险分级预警、智能分析和自动决策平台；二期扩展至大渡河流域基建"安全、质量、进度、投资、环水保"五控制智能管控，实现大渡河流域电站建设全生命周期、多维度综合的智能管控。目前已完成工程管控数据中心一期建设，正在开展二期建设。

（3）取得效益

一是通过建设工程数据中心，实现了工程建设数据集成集中，实现了公司和项目公司各信息系统互联互通，有效提升了工程建设管理效率，降低了因信息沟通不畅和数据来源不一误导决策的风险和损失。

二是通过工程管控平台，建设了标准统一、流程规范、业务量化的全生命周期工程管控体系，实现了从项目立项、前期管理、建设实施、竣工验收、后评价、安全性态跟踪评价到工程寿命终止的全阶段、全周期管理。

三是通过建立管控模型，实现了基于物联网和大数据技术的全方位风险预判，智能分析和自动监控、提前预警各在建工程项目的重大风险并自动提出决策措施，有效减少系统性的工程质量问题和进度滞后风险，减少因此带来的损失，创造显著的工程经济效益。

四是通过远程会商平台，将相关联的明细数据、KPI统计、预警信息、知识库信息进行综合呈现，聚合公司内外部专家快速响应现场问题，提供多维度的分析成果以辅助决策，及时有效地解决了现场技术问题。

五是建立工程建设知识库，通过多工程项目、全生命周期的数据持续积累和知识挖掘，形成了流域工程建设知识和经验教训库，对指导流域后续工程建设管理决策起到重要作用。

六是实现了基于智慧管控平台的流域工程建设管控模式创新，通过数据集成和系统集成实现了总部集中管控、多方联动管控、数据驱动管控、智能决策管控。

7. 后勤管控中心

（1）基本概况

确定了"国电大渡河公司智慧后勤"建设思路，力求通过智慧后勤职能板块建设，实现日常工作的信息化、数字化、智能化，为大渡河公司全局性的大数据和"决策脑"提供强有力的综合管理数据支撑。

（2）建设成果

制定了智慧后勤方案：方案规划了大渡河公司智慧后勤业务总体建设蓝图，主要包括内部管理、对外服务、信息展示、平台支撑、配套保障五大部分，利用"云、大、物、移、智"等新技术，将后勤业务板块涉及的物业、车辆、档案、文档文印、食堂、安保等业务融入平台中，分别对每个板块进行专业系统规划、开发、应用和数据采集。同时，方案充分考虑了目前已有系统和新开发平台的数据对接和融合，实现对现有的系统和数据库资源的提升和应用。

开展的工作和取得的成果：结合智慧后勤规划，近期重点加快推进三个系统建设。

公文流转系统（OA系统）：目前，大渡河公司OA系统已完成了对原有系统布局的科学性、系统完整性、系统开发技术的全面升级改造，实现了电子化协同工作，包括公文管理、协同办公、日常办公、个人办公四个大板块共14个子系统模块。会议管理系统初步建成。同时，通过OA移动办公系统的上线，进一步强化了办公管理水平，实现了分布式办公与移动办公的结合。（图9-15）

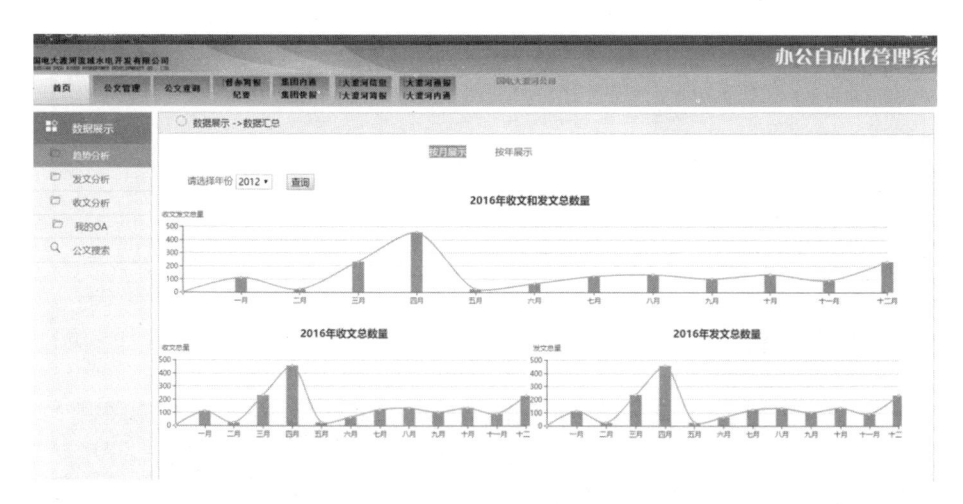

图 9-15　大渡河公司公文流转系统（OA 系统）

数字化档案管理系统：目前，大渡河公司本部和两家二级单位系统平台已搭建完毕，完成了历史数据迁移和导入，全公司档案资源一体化的、统一的大平台框架基本形成，初步具备了对业务档案数据和图片、视频、语音等媒体信息的智能采集和自动归档功能。同时，该系统与大渡河公司公文流转系统（OA 系统）进行了数据对接，可实现公文办结后的自动归档，简化了工作流程，提升了档案管理工作效率。

车辆智能管控系统：目前，该系统已完成了大渡河公司本部车辆硬件设备安装，个性化软件平台框架初步搭建完成，近 20 项单车数据已实现自动采集和实时监控。同时，大渡河公司系统车辆智能管控数据中心已完成投运，通过车载终端、数据平台、在线管理等端对端的硬件投入，提供包括车辆调度、位置服务、运行轨迹、轨迹回放、车况信息、车辆监控、电子栅栏设置等管理手段，实现对车辆的全方位管理。（图 9-16）

图 9-16　车辆智能管控系统

其他子系统如会议管理系统、一卡通、透明厨房、视频安防系统、车位管理系统均正在建设并持续提升中。

（3）取得效益

节约了办公时间：完善后的 OA 系统和移动办公系统使得文件流转更加高效，原来平均一个文件流转完要 7 天，现在只需要 5 天，文件流转速率提升了近 30%。系统建设促进了管理体系的高效运转。

提高了办公资源利用率：车位管理系统为解决员工停车难的问题提供了支撑，车位使用率提高了一倍，车位空缺现象大幅下降。

节约了管理成本：新搭建的车辆智能管控系统大大提升了行车安全管控力度、大大降低了人为造成的不安全因素，降低了安全行车风险。同时，通过系统对车辆进行监控，促使车辆使用管理更加精准和规范，有利于进一步降低车辆使用费用。另外，系统的建设基本实现了无纸化办公，节约了办公耗材费用。

提升了管控水平：通过数字化档案系统建设，进一步厘清了基层和本部的工作权责，节约了档案设备、人员和场地的投入，通过平台使档案工作实现了录入、查询、保存、管理等集成集中管控功能，推动了信息共享，提升了管理。

8. 碳资产管理中心

（1）建设成果

经营业绩初成气候：2016年，低碳环保业务完成创收突破1000万元。一是碳盘查圆满完成。高质量完成了集团公司内部40家企业109台机组碳盘查任务，获取了集团公司及各电厂碳资产情况。二是碳交易业绩突出。在国内开展了黄金CCER、碳配额置换、CCER销售等业务，在欧美碳市场完成了CDM和VER项目碳减排量交易。三是碳开发加速推进。完成了CCER项目开发备案28个，核证签发了6个，锁定了50个CCER项目资源。四是碳咨询成果丰硕。完成了集团公司《碳排放管理体系研究报告》《碳排放信息平台可研报告》《福建碳市场研究报告》等8项课题研究。五是碳培训拓展有力。成为四川环交所经纪会员，具备为四川碳市场近300家控排企业开展碳培训的资格，先后组织了53场培训研讨活动。

业务能力渐成体系：已建立了由课题研究、项目开发、交易服务、咨询服务、专业培训等构成的全业务产品体系。拥有9名专职人员，全部具有国家人社部认证的碳资产管理师资质。具备了风电、光伏、水电、交通、林业碳汇等9种类型CCER项目开发能力。截至目前，项目开发成功率100%。拥有配额交易、CCER交易、配额置换、配额托管等碳交易实战经验。研究了碳基金、碳信托、绿色债券等碳金融产品。

资源储备已成规模：集团公司已备案CCER项目51个，其中28个为大渡河公司开发，占55%。另外，还帮助外部企业开发CCER项目11个。目前，正在商谈合作开发的CCER项目45个，占集团公司CCER可开发量的57%。截至2017年年底，已累计储备CCER可开发量超过1000万吨/年，CCER已开发量达800万吨/年，已成为国内CCER储备量最大的碳资产管理公司。

发展平台日益巩固：中心已发展成为集团公司碳排放管理体系中两大经营服务平台，在国内碳资产管理业务领域具有较高的知名度，是四川打造西部碳中心战略的主要合作单位。2016年，中心的碳资产管理业绩得到了国务院国资委、发改委等的高度关注，并与国家发改委气候司、清华大学等建立了紧密的合作关系。

碳资产信息平台初步搭建：依托"智慧大渡河"建设和"一智二元"

发展战略，碳资产中心承担了集团公司碳资产管理信息系统的开发，能够实现集团公司全口径温室气体数据实时上报、配额及交易信息全程监控、CCER信息全程跟踪及市场信息展现。目前，该系统已完成数据库搭建和程序编写的Beta2.0版本，计划2018年年底上线，为服务的碳排放企业提供智慧化、专业化碳资产管理咨询。

（2）未来规划

未来建设目标：通过碳资产综合信息系统，按照风险自动预警、集团内部平衡等原则，为服务的碳排放企业提供集中管控，减少履约成本，降低碳资产管理风险。

建设原则："统一管理、统一核算、统一开发、统一交易"。

建设规划：按照"区域优先调剂、内部整体平衡、余量市场经营"的策略，对服务的企业碳资产进行智慧管理规划。

搭建信息系统：由数据报送、数据分析、数据测算等模块构成，形成大数据分析平台。主要功能：一是将火电企业、化工等控排企业按照区域划分，对逐月、逐年的排放数据集中填报和搜集，实时分析各电厂排放情况，测算配额盈缺数据。二是实时掌握CCER项目资源开发情况、签发情况和使用情况，测算CCER盈缺数据。对各电厂配额使用情况，系统集成排放数据报送、排放分析、配额管理、CCER管理、履约管理、交易支持等模块。三是为控排企业提供国家和地方碳排放数据直报服务，减少报送环节、优化报送流程。

搭建模拟交易系统：由配额获取、配额使用、配额交易、CCER交易等模块构成，形成内部交易平台，为外部交易提供技术分析支撑。主要功能：一是根据国家和省区制定的配额分配方案，测算各控排企业免费配额和有偿配额数量；二是对各控排企业供电排放强度、发电量、供热量等进行分析，获取逐月配额使用情况；三是分析预测配额盈缺情况，开展配额内部调剂，不足配额部分通过市场购买。

搭建决策系统：由产品服务、市场分析、决策审批、合同管理等模块构成，形成智能决策平台。一是通过对配额和CCER远期现货、期货及其他碳金融产品的灵活运用，降低服务企业履约成本，提高碳交易收益。二是通过搜集全球主要碳市场交易所、全国统一碳市场各交易所、地方碳交易所等信息，研究分析市场趋势和市场价值。三是建立交易决策审批流程，提高市场反应速度，把握市场机遇。四是通过合同立项、审批、执行、评价全过程管理，确保企业碳资产管理收益。

9. 审计信息管控中心

（1）基本概况

审计信息管控中心系统按照大渡河公司"智慧企业"建设总体要求，以建成管理集中、覆盖全面、分工合作、反应及时的一体化审计信息系统为目标。该系统规划分三期实施，一期是以审计作业、审计项目、审计门户模块为主的审计管理系统，二期是以辅助自动生成审计底稿为目的自动获取、筛选、分析数据的智能审计系统，三期是基于内控评价和风险管理审计预警系统。

（2）建设成果

审计信息管控中心系统一期于2016年4月5日开始研发，2017年1月1日顺利完成审计管理、审计作业和审计门户等主要模块上线并投入试运行。功能模块具体内容如下：

审计管理模块：包括审计计划管理、资源管理、档案管理、实务指南管理、报表管理、绩效考核和重大事项填报。

审计作业模块：主要包括审计准备（审计组织、资料清单、审计方案、审计通知书、分配审计任务）；审计实施（进点会、工作底稿、审计意见交流沟通会）；审计终结（审计报告征求意见、审计报告、审计意见、绩效考核、发送整改、整改跟踪）。

审计门户：主要包括审计任务待办、通知公告、内审动态、行业信息和报表报告。

（3）取得效益

通过推进审计信息管控中心系统一期建设，一方面，逐步建立健全分层次的审计数据库，包括宏观经济、法律法规、审计对象以及审计工作中形成的审计结果和审计专家经验等在内的信息都可以进行系统收集、有序整理，从而对审计计划管理、审计质量控制、资源整合和审计成果运用等提供一个强有力的信息平台支持。在审计网络系统条件下，能够使审计系统的信息传递大大提速，促进审计成果共享，进一步整合审计资源，使每个审计人员、各个审计项目共同形成一个环环相扣、密切相关、内部封闭、外部开放的审计监督系统,把分散的审计力量进一步聚合,对大渡河公司资金、国有资产进行密切跟踪和有效监督,从而进一步提高依法审计的能力和水平;另一方面,改善内部审计的整体知识结构,造就一支可支撑现代审计条件下的人才队伍。这些正是实现管理提升的基本目的。

10. 纪检监督中心

根据大渡河公司"智慧企业"建设总体规划,监督执纪智慧化管控平台是大渡河公司及所属单位重点人、重点事、重点问题的监督预警枢纽,是智慧大渡河"专业脑"之一。该平台充分发挥纪检监察机构的监督执纪问责职能,推进云计算、大数据、互联网等新兴技术与纪检监察业务深度融合,推动涉及公司人财物等重要数据监督全覆盖,实现廉洁风险识别及预警自动化,促进纪检监察工作水平全面提升。该平台从2017年开始进行项目筹备工作,2017年7月开始进行调研考察和规划设计。该平台建设规划分三期实施,一期建成统一指挥平台和廉情监管系统、廉情预警系统、廉情核查系统主体框架,二期建立问题线索核查模型、采购与招标数据分析预警模型,三期建立涉及"三重一大"决策、工程建设、后勤管理等数据分析模型。目前已完成了数据初步对接,设计了基本架构,制作了展示页面,计划2018年年底第一期建成投入使用。

平台具体功能如下:

一是监督重点人。通过建成党员干部廉情研判板块,对公司管理的170余名处级领导干部进行监督。党员干部廉情研判板块图标设计为温度计,构思出于纪委治病救人,从未病、小病、大病、绝症进行形象描绘,和监督执纪"四种形态"基本吻合。把分散在各个部门的关于干部的信息进行汇集,建立一套算法,综合考虑干部个人重大事项报告、考勤信息、干部履历等多种维度,进行干部廉情趋势分析和风险自动提示。

二是监督重点事。通过建成权力运行廉情监管板块,对财务、公车、采购与合同等重点领域进行监督上的再监督。权力运行廉情监管板块图标设计为笼子,构思出于把权力关进制度牢笼;不同领域出现潜在违规违纪问题,用不同颜色提示预警。围绕权力运行重点领域和关键环节,依托公司各专业数据中心,实施管理业务流程大数据实时监督,对苗头性问题及时预警，通过督促落实各级管理人员"一岗双责"，及时制止并督促整改，把纪委监督的关口前移，实现挺纪在前。同时，储存异常数据，推动管理行为流程追溯和业务还原，为廉情核查及责任追究提供支撑。

三是处置重点问题。通过建成问题线索廉情核查板块，使问题线索处置更加规范，案件信息分析研判更加智能。该板块图标设计为放大镜，构思出于不放过任何一条可疑的问题线索。问题线索廉情核查板块着眼问题线索处置管理、核查协同合作、强化纪委自我监督、决策支持服务等重点，建立党规党纪、典型案例信息库，强化互联网涉纪涉法信息抓取服务，依托纪检监察案件管理系统、公司云计算大数据中心、公司视频会议系统、政府公检法信息系统，实现谈话过程后台指挥、谈话记录自动生成、证据资料自动收集、相关问题线索自动采集、问题线索核查全程留痕、案件信息比对分析等功能，促进问题线索处置更加规范、案件信息分析研判更加智能、领导决策更加科学。

四是实现知识共享。开发手机APP，职工群众通过手机APP可以学习纪检监察法律法规等业务知识。平台上可以分享基层单位好的做法，在线对基层单位进行业务指导，实现互联互通、知识共享。

11. 智慧党建云中心

（1）基本概况

大渡河公司党委所属基层党委16个、党（总）支部82个、党员1418人。党员分布在大渡河流域各个水电站，呈现出流域化、分散化、项目化的特点，需要通过现代管理、技术等手段进一步提高基层党建工作的质量和实效。为进一步落实管党治党责任，提升党建工作科学化水平，按照《智慧大渡河战略研究与总体规划报告》，大渡河公司党委开展了智慧党建建设课题研究和工作调研，形成了《大渡河智慧党建建设课题研究成果》，制定了大渡河智慧党建建设工作规划方案，建设了智慧党建云一期，完成了基层智慧党建云建设试点，形成了大渡河公司智慧党建云建设阶段成果。

（2）建设成果

①工作规划情况

明确了基本思路：大渡河公司智慧党建中心按照"党员感知、过程管控、风险预警、智能决策"的思路，以党章为基本遵循，以国家能源集团

"六个起来"党建工作要求为指引,根据大渡河企业建设总体规划,构建党员管理、党务管理、分析决策的风险管控一体化平台,着力解决信息沟通不及时、党内政治生活不严肃、业务感知不全面、数据分析不高效、风险管控不到位、考核评价不规范等问题,进一步提升党建工作质量和实效。

构建了功能模块:根据智慧党建云的三大基本原则,我们从"管组织、管党员、管决策"三大层面,着力构建党务管理、党员管理、分析决策三大功能模块。党务管理模块包括组织管理、组织生活、信息沟通、日常活动管理等方面的内容,这是党务工作者开展党务工作管理的基础模块。党员管理模块包括党员信息管理、党员发展、思想动态分析、党费管理、组织关系转接及党员教育,这是党员进行自我管理、自我教育、主动参与党建工作的功能模块。分析决策模块包括数据统计、报表生成、考核评价,这是基层党组织全面把握所属基层党组织情况,开展统计、分析、评价的智慧模块。

制定了实施规划:按照"统一规划、分步实施;先行先试、整体融合"的原则,明确了"试点探索、拓展完善、融合发展"三个阶段,规划了三期建设方案。2015—2016年,试点探索阶段,完成大渡河公司智慧党建云整体规划,指导开展试点工作,在总结试点经验的基础上,开发大渡河智慧党建系统,使用对象定位为党务工作者。2016年,底具备党内统计、党员组织关系转接等党务组织管理功能。2017—2018年,拓展完善阶段,完善了报表统计、电子台账、思想动态分析等基本功能,建成了数据管控中心。2019—2020年,融合发展阶段,结合智慧企业各智慧单元的建设,逐步融合其他智慧职能单元,实现互联互通、数据共享。

②建设情况

目前,大渡河智慧党建建立了涵盖全公司的党组织和党员的大数据,完成智慧党建党务应用管理系统,主要是针对基层党委的管理,初步建成了党建数据管控中心,重点防范基层党建重点任务不按期完成、党组织不按期换届、组织生活不按期开展、预备党员不按期转正等风险。(图9-17)

图 9-17　党建数据管控中心界面

大渡河公司党委选择了具有工作流域化、党员分散化、管理项目化典型特征的国电大渡河检修安装有限公司党委作为试点单位，探索推进了基于基层党委对党支部全方位、全过程管理的智慧党建系统建设，主要侧重党员教育管理。检修公司根据党支部标准化管理和党员常态化教育要求，建立了党支部管理和党员教育管控平台，设置了 12 类功能模块、56 项子单元，形成了基层党委对党支部管理和党员教育新模式，实现了组织生活网上网下同步开展、痕迹管理、学习内容及时推送、在线测试，支部管理实时监控、自动考评等功能。（图 9-18）

图 9-18　智慧党建功能模块

（3）取得的效益

通过三年多的探索实践，大渡河智慧党建形成了网页应用端、客户管理端、移动智能端"三位一体"的数据管理体系（图9-19），开创了一站式服务、全方位沟通、便捷式管理、科学化决策的党建信息化新模式，加强了对党组织和党员的全生命周期管理、全过程管控，实现了从严管党治党责任落实更加到位、党建活动更加规范、党员服务更加便捷、党内统计更加高效、监督管理更加全面、考核评价更加科学。《以创新文化为引领的智慧企业建设》成果荣获全国企业文化优秀成果奖，党支部工作案例被评为全国第四届基层党建优秀创新案例。

图 9-19　智慧党建"三位一体"管理体系

该系统建成后的主要成效包括：

智慧化管控风险。强化了基层党委党建业务管理在线监控、数据实时采集、风险提示管控，避免了基层党建重点任务不按期完成、党组织不按期换届、组织生活不按期开展、预备党员不按期转正等若干风险，确保党的组织和党的工作有效覆盖，提升了党建工作质量和实效。

模块化管理业务。围绕新时代党的建设要求，开发了"三会一课"等功能应用平台，实现了组织生活网上网下同步开展、痕迹管理、学习内容及时推送、在线测试、党员思想分级管控，按照统计分析、关系挖掘、关键词搜索等方法手段进行数据采集分析，科学掌握职工思想动态和舆情动态，支部管理实时监控、自动考评等功能；打破了支部管理和党员教育时空和地域限制，实现了党建数据"一网集成"、工作动态"一目了然"、风险管理"一键可控"。

菜单化考评业绩。智慧党建每月将月度专项工作细化成任务清单，各党支部在对应的量化指标版块上传工作资料。对于"三会一课"、主题实践活动、"道德讲堂"等月度基础工作，智慧党建平台根据截止时间，提前发送提示信息，逾期未完成的，将在考核评价模块自动扣分。党委可随时查看各项工作进展情况，实现了动态远程管理和监控。

数据化分析决策。智慧党建通过分析"五好"党支部考核评价结果，准确判断党支部在组织建设、党员教育等方面存在的共性短板，形成考核分析报告。平台直观展现党员、支委会、党小组分布及工作情况，对党支部和党员进行实时、动态、精确管理，实现了管理由静态向动态、考核由关键指标向目标绩效指标的转变，量化了党建工作指标，提升了党建工作质量和实效。

(4) 下一步打算

深化需求分析：跟踪全国党员信息系统建设情况，结合大渡河公司智慧党建建设总体方案和智慧党建试点运行情况，总结分析一期运行情况，进一步完善建设方案，推动系统建设全面贯彻新时代党的建设总要求，进一步提升党建工作质量和实效。

持续完善功能：对功能模块进一步完善，逐步投入更加丰富的党建工作菜单，开发具有心情指数收集、心理状况测评、心态感知评判功能的思想动态管控模块，建立行为事件分析模型和留存分析模型，推进数据分析应用、风险纵深管控。

强化互联互通：按照国家能源集团"六个起来"党建工作要求和党建综合系统建设要求，推进党建数据、资源、平台的互联互通，进一步提升决策的智能化和科学化水平。

9.4.3 基层业务单元（单元脑）

基层业务单元是大渡河公司量化主营业务、实现内外感知的重要抓手，是人工智能"人"的"四肢"。公司将 20 多个单位划分为智慧工程、智慧电厂、智慧调度、智慧检修，通过深度融合物联网、移动互联、人工智能等先进技术，实现多系统联动和全面感知，目前已全面铺开并逐步完善。

1. 智慧工程

智慧工程是智慧企业建设业务单元之一。它以"全生命周期管理、全方位风险预判、全要素智能调控"为建设目标，将物联网、人工智能等前沿技术与工程安全、质量、进度、投资、环保"五控制"业务深度融合，通过大数据实现工程管理自动感知，通过管控模型实现自动预判，通过大数据及管控模型实现自主决策。从 2014 年启动智慧工程建设以来，大渡河公司开展了大量创新性的工作，取得的成效十分显著。

(1) 智慧工程建设工作进展

瞄准一流，完成了智慧工程规划设计：通过反复讨论和系统研究，完成了《"大渡河智慧企业"建设之智慧工程建设总体规划报告》，阐明了"一中心、两平台、三板块"智慧工程总体架构。其中，"一中心"是工程大数据中心；"两平台"是指工程管控平台和会商决策平台，分别是智慧工程专业脑和决策脑；"三板块"是指枢纽、移民、送出三大专业应用板块，是智慧工程的智能业务单元。

超前谋划，开展了智慧工程系统研究：为实现智慧工程的"自我感知、自动预判、自主决策"，需要建立智慧工程风险评价体系、事件预警体系、决策纠偏体系及考核评价理论体系。基于工程"五控制"中进度和质量数据全面便于业务量化和综合分析展示原因，以进度和质量为突破口，大渡河公司与科研机构共同开展智慧化管控模型课题研究，形成了智慧工程进度、质量管控模型研究成果，为智慧工程落地奠定了理论基础。

分步实施，推进了智慧工程整体建设：在智慧企业战略规划指引下，按照"总体规划、分步实施"的思路，大渡河公司和项目公司两个层面同步开展智慧工程建设。在大渡河公司层面，建立公司级的智慧工程管控平台，结合工程管控模型、风险预警模型及知识库，进行风险分级预警及智能辅助决策，支持大渡河公司职能部门对各工程项目进行安全、质量、进度、投资等信息的综合管控。目前，智慧工程管控平台正在抓紧建设。在项目公司层面，建立和实施单个工程的智慧工程管理系统。按照大渡河公司总体部署，大岗山、猴子岩水电站是智慧工程先期探索项目，沙坪二级水电站是智慧工程的试点实施项目，双江口是智慧工程的全面实践项目。

积极创新，改变了工程管理传统模式：传统企业"部门制"管理已不再适应智慧工程管理，智慧工程建设推动了生产力的进步，生产力又需要新的生产关系与之适应，故需要创新工程管理模式。双江口枢纽工程管理实行了"中心制"管理，设置工程指挥中心，工程指挥中心下设了大坝中心、厂房中心、泄洪中心、配套中心、机电物资中心共五个管控中心，以及综合保障部、业务保障部、安全保障部三个保障服务部门。在大渡河公司云计算中心的基础上，与各分中心、各平台紧密对接，打通了以往部门制、层级制传统管理模式下的信息壁垒，解决了信息孤立、单一、不对称等问题，提高了应变处理能力与决策判断水平。（图 9-20）

图 9-20　双江口枢纽工程管理模式示意图

（2）智慧工程建设具体成效及成果

①智慧工程先期探索项目建设成效

2014 年以前，大渡河公司建设了"数字大岗山"，实施了大坝智能温控系统、缆机防碰撞系统；建设了"智能猴子岩"，实施了大坝填筑质量监控系统和机电三维设计交互系统，为智慧工程进行了先期探索。

a."数字大岗山"建设成效

为了加强现场安全、质量、进度、投资等管理，大渡河公司建立了"数字大岗山"工程信息管理系统。该系统通过对大坝混凝土浇筑过程、温控过程、基础处理过程、安全监测、缆机运行监控、拌和楼运行监控等过程的综合管理，实现了施工全过程的安全、质量、进度、计量等数据的综合查询，达到了施工过程全面可控、施工质量全面管理、成果分析直观有效的管理目的，实现了工程建设过程控制的可追溯性。"数字大岗山"具体实施内容包括工程信息管理系统平台、混凝土生产监控系统、吊罐定位系统、缆机运行监控系统、大坝施工进度仿真系统、大坝混凝土数字测温系统、大坝混凝土温控仿真分析与决策支持系统、大坝基础灌浆过程管理系统、安全监测信息管理系统、数字监控图像信息采集系统等。

"数字大岗山"各系统的成功应用,实现了对大坝施工过程温度、进度仿真、基础处理、安全监测的全面控制。通过对数据的收集、处理和系统分析,实现了数据的统一管理,为大坝温度控制、基础处理的技术决策提供了可靠的数据支撑,对保证大岗山水电站2015年全部机组(260万kW装机)投产发电发挥了重要作用。

一在安全管理方面。缆机防碰撞系统保证缆机安全入仓运行50余万次,提供预警提示超过3000次,实现紧急避险5次,保证了大岗山工程连续安全生产无事故3409天。

二在质量管理方面。拌和楼监控平台采集混凝土系统生产的近70万罐混凝土实时生产数据和配合比信息,为混凝土制备质量提供了保证;大坝内部安装有2434支温度计,实时反映混凝土温度变化情况,温控决策系统累计收集大坝混凝土21项关键温控数据共450余万条,混凝土的浇筑温度合格率、最高温度合格率与日降温合格率达90%以上,其中大坝浇筑温度合格率提高10个百分点,大坝未出现一条危害性裂缝;坝体28条横缝安装测缝计517个,及时反馈横缝张开情况,指导现场接缝灌浆施工;灌浆监控系统收集灌浆记录近10万份,避免了人为因素弄虚作假,保证了灌浆质量;拱坝体型控制成绩显著,测量数据显示月合格逐步提升,始终保持优良;大坝强度指标高于设计要求,混凝土强度保证率达到99%。

三在进度管理方面。借助大坝施工进度仿真系统,将大坝施工进度计划编制的效率提高了50%以上,计划编制的科学性大大提高,保障工程工期2个月;通过拌和楼监控平台和缆机远程监控系统、缆机防碰撞系统联合作用,开展了施工技术研究。混凝土施工工效整体提高7%,最大月浇筑强度13.6万立方米,浇筑工期较原计划缩短68天。

四在投资控制方面。利用数字管控系统,拌和楼混凝土生产能力由4×4.5米/小时提高至4×5米/小时,缆机单罐调运混凝土方量由9立方米提高至9.6立方米,减少缆机吊罐吊运及运行次数超过2.2万次,减少了缆机及拌和楼损耗和运行费,取得直接经济效益7263万元;结合系统对灌浆数据统计和分析,帷幕灌浆优化工程量减少投资6060万元。缆机防碰撞等相关智能化管理技术已应用在溪洛渡、藏木等水电工程，取得经济效益2.4亿元。

此外，利用系统成功预警了库区S211郑家坪变形体滑坡，避免了重大人财物损失。

b."智能猴子岩"建设成效

为解决好大坝填筑和机电施工等重大技术问题，结合猴子岩水电站工程特点，大渡河公司从2012年起实施了"智能猴子岩"建设，建立了面板堆石坝填筑碾压质量监控系统和智能机电工程系统。"智能猴子岩"建设为电站2017年全部机组（170万千瓦装机）提供了坚强保障。

猴子岩大坝填筑质量监控系统通过对大坝填筑碾压的重要技术参数的监控，实现对碾压全过程、全天候、实时在线监控，确保了工程质量始终处于受控状态；同时，建立了以监控系统为核心的"监测—分析—反馈—处理"的施工质量监控体系，显著提高了猴子岩大坝建设管理水平。截至目前，大坝坝体累计沉降为坝高的0.51%，一期混凝土面板裂缝条数控制在1.9条/千平方米，达到国际先进水平。（图9-21）

图 9-21 猴子岩大坝碾压机械 GPS 机箱集成图

猴子岩智能机电工程系统主要实施内容包括：三维整体展示机电工程，直观表达机电设备、管路系统、桥架等与建筑物的空间逻辑关系，设计主要设备的主要技术参数，设计主厂房、副厂房、主变洞、开关站各层各主要部位的设备布置三维图和母线洞设备布置三维图，设计主要设备、

管路、桥架的三维图，完成动力电缆、控制电缆及通信电缆的路径设计等。（图 9-22）

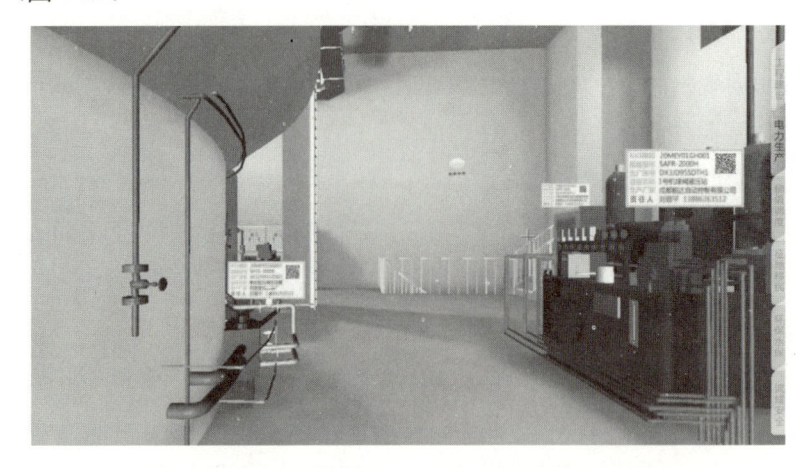

图 9-22　猴子岩智能机电工程系统可视化管理示意图

该系统实施后的主要成效包括：

一是实现了方案仿真与优化。以三维精细化、多专业协同设计为基础，通过模型碰撞检测，从设计源头减少机电设备布置方案的错漏碰缺，减少施工过程中的返工。

二是使得技术交底更加直观有效。利用三维模型的可视化特点，辅助工程技术人员以任意视角观察结构设备的动态装配过程并直观展现建筑物和机电设备的三维形象面貌及时空逻辑关系，提高设计与施工环节的信息沟通效率，避免基于二维图纸的技术交底引起的信息沟通不畅和返工。

三是有利于精细控制安装质量。基于 BIM 技术，在三维模型的基础上，集成厂房机电设备设计数据、厂家数据、施工工艺要求、安装验收标准等信息，并全面移交施工阶段应用，用于指导安装方案设计、施工组织、物资采购和质量验评。

四是科学监控安装进度。基于机电安装过程仿真，预演施工过程，实现工程方案优化及多方案的比较，以提高工程的技术指标和质量、减少施工冲突、缩短安装周期，并为二次设计提供参照和依据。

五是实现机电物资精准采购。三维设计可以更为精确地统计物资、材料工程量，结合施工仿真，可以将机电设备清单、招标采购情况、设备信息与设备安装进度等信息进行关联汇总,科学准确制定机电物资需求计划,以便指导精准采购与物流。

六是奠定智能运维基础。将集成了设计信息和施工信息的三维电站模型进行数字移交,进行电站实时状态和缺陷信息的可视化展示,可视化管理水电站机组单元、公用系统、各功能系统、主要设备、主要部件5个层级的空间对象属性、状态、检修、知识技术标准等生产管理数据和实时监控数据。智能机电工程系统集成了电站设计信息、设备属性信息、施工进度与质量信息,为电站运行、维护、检修提供接口和依据。

②智慧工程试点实施项目建设成效

2014年,智慧工程在沙坪二级水电站试点建设。通过工程建设与电站运行的经验总结和系统思考,为实现智慧工程与智慧电厂互联互通,大渡河公司在沙坪二级水电站以物联网、大数据、虚拟模型为创新驱动,应用大数据分析技术,打通工程与电厂之间的专业壁垒。沙坪二级水电站智慧工程建设主要包括施工资源监控、混凝土生产监控、3D数字厂房建设等。

施工资源监控系统利用GIS技术、GPS定位及手机APP+WIFI技术,实现对工区范围内车辆及人员坐标方位的全过程、全天候在线实时监控。同时,实施轨迹回放,查询任意时段人员、车辆的行走轨迹。此外,对人员和车辆监控数据进行统计分析,提高对施工资源的管理水平。(图9-23)

图 9-23 沙坪二级水电站施工资源定位图

混凝土生产监控系统基于现场真实数据实现传统混凝土制备、运输与生产等工作任务的量化管理，为工程现场混凝土制备、运输、浇筑全过程提供信息查阅、实时监控、统计分析、预警报告等数据服务，提升混凝土生产管理效益。（图 9-24）

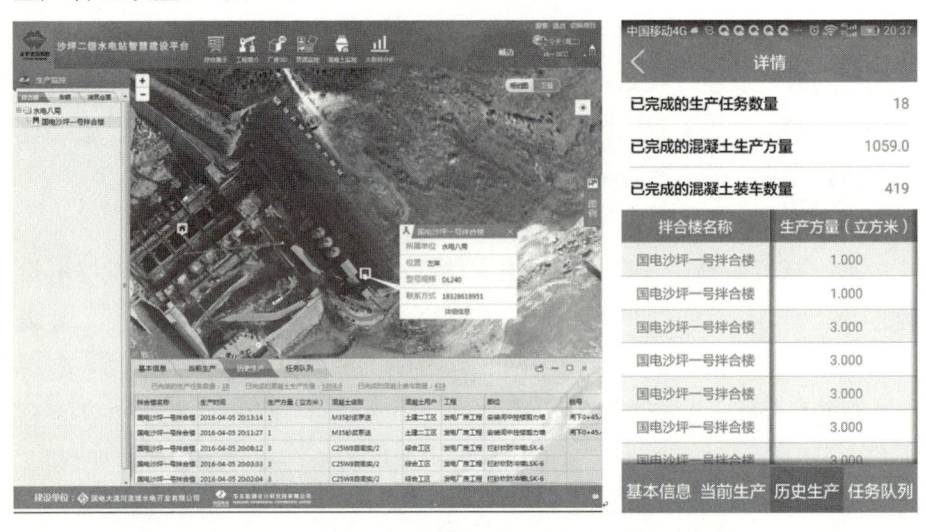

图 9-24　沙坪二级水电站混凝土生产监控信息图

3D 数字厂房建设系统包含三维进度面貌查询、三维可视化施工仿真、仓面统计分析、埋管埋件管理等模块。系统基于 BIM、RIFD 等技术，对施工过程中的施工进度进行量化分析，对埋管埋件进行统计，实现工程建设的计划进度和实际进度之间的差异分析，并提供三维动态可视化模拟演示、任意时刻工程形象面貌的查询，防止埋管埋件过程中的错埋漏埋，全面提升水电工程施工精细化管理水平。

智慧工程在沙坪二级的试点探索产生巨大的经济效益，有效管控住了工程安全、质量和进度，节约工程投资数亿元。其中，混凝土生产监控单元的建成运行，使得工程进度的周完成率由约 80% 提高到 100% 左右，混凝土浪费率减少约 10%，节约投资约 2000 万元。2016 年 8 月 28 日，沙坪二级水电站管理模型研究与管控平台开发应用项目通过了行业科技鉴定，3 项开拓性创新成果达到了国际领先水平。

③智慧工程全面实践项目建设成效

先期探索和试点建设更多侧重在"五控制"中的进度、质量方面，

"五控制"还没有全面实施。2016 年,大渡河公司在世界第一高坝——双江口水电站开启了智慧工程全面实践。

双江口智慧工程构建了"7+1"技术保障体系。"7 大专业系统",即智能大坝工程系统、智能地下工程系统、智能机电工程系统、智能安全管控系统、智能服务保障系统、人力资源管理系统和环保水保管理系统。"1 中心"是预警决策中心。其中,智能大坝工程系统、智能地下工程系统、智能安全管控系统、智能服务保障系统和预警决策中心的主要功能模块基本建成;智能机电工程系统完成初步建设方案,环保水保管理以及人力资源管理系统正在逐步实施。

预警决策中心是工程建设管理各专业系统的集中集成、综合分析和预警决策会商平台。目前,各功能模块均已建成,能够进行安全隐患实时预警、施工资源实时定位和工程管理及时通讯,构建工程管控平台与决策会商平台,实现以数据驱动的工程建设科学管控。(图 9-25)

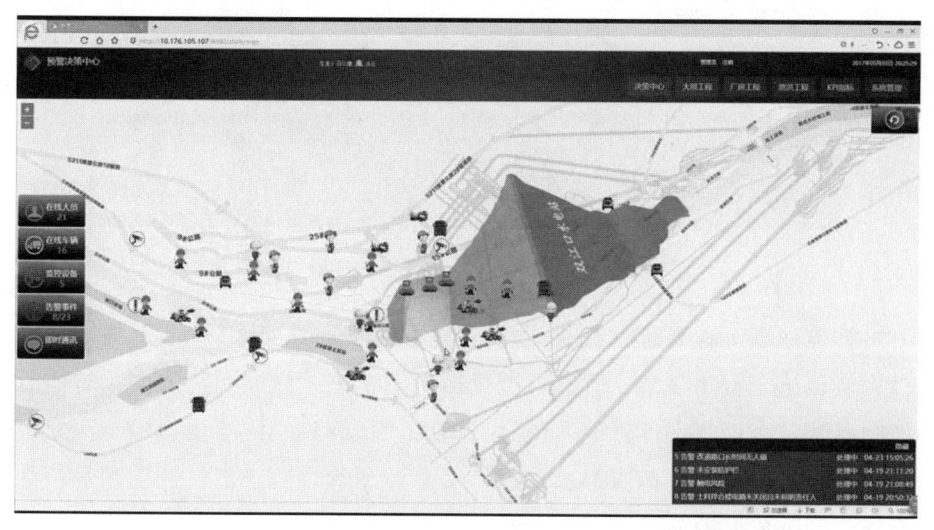

图 9-25 双江口工程预警决策中心可视化界面图

智能大坝工程系统包括碾压监控、进度管控、运输监控、质量验评、灌浆监控、碾压导航、自动驾驶等功能模块(图 9-26),已实现以下功能:

一是碾压监控。对大坝碾压全过程实现 X、Y、Z 三个维度厘米级高精度监控,对碾压参数异常自动报警和传递,确保碾压工艺和工序到位。

二是进度管控。根据料场开采条件、挖运碾压设备、各种料源每月填筑天数及质检耗时等参数模拟任意时刻大坝的形象进度,并与计划值对比,对滞后进度的情况进行资源优化配置建议。

三是运输监控。动态规划运输线路,并实现工程运输车、混凝土罐车、物资运输车辆实时、轨迹监控,确保各类料源和材料到正确的地方和场所。

四是质量验评。实现手机等移动终端现场开展工序及单元工程质量验评,确保正确的人在正确的时间和地点做出正确的质量验评,并实时传送验评结果到后台。以上功能已在围堰填筑近 100 个仓面施工中发挥重要作用。

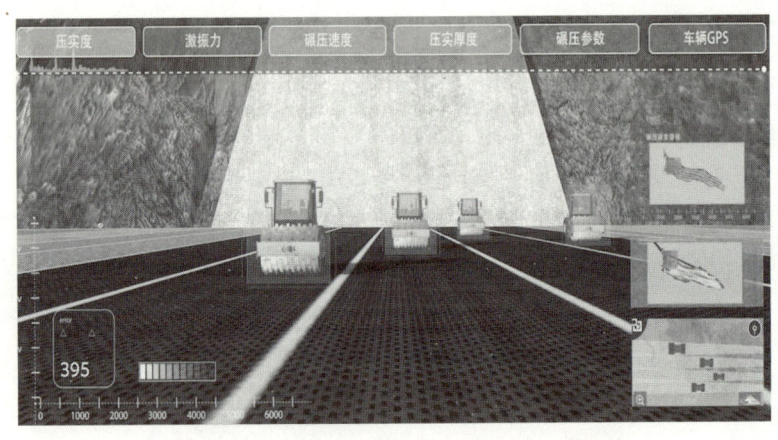

图 9-26　双江口智能大坝工程之碾压监控图

智能地下工程系统(又称厂房与泄洪系统),是针对地下工程地质条件多变、施工程序复杂、质量管控严格、安全风险较高等特点实施智能管控的系统,由埋管埋件管理、快速高精度计量管理、混凝土运输与浇筑监管、施工进度管理、地质编录管理、安全监测管理、动态设计管理等模块组成(图 9-27)。该系统主要实现以下目标:

一是进度管控系统化。实时采集施工资源及监理、施工人员的数据,建立工程进度三维仿真模型,采用大数据分析与挖掘技术,合理配置施工资源,优化施工方案,及时分析和预警,有效管控进度。

二是工程设计信息化。利用 BIM 技术建立多维度、多信息的设计模型,将图纸、规范、图片、文档、计划等内容集成在模型中,通过地质预报、安全监测、进度管理等模块对现场实时数据的自动采集和关联分析,不断优化调整工程设计方案，实现设计方案与施工现场的无缝对接和动态管理。

三是计量管理精细化。采用三维激光扫描等计量手段和施工现场图像采集与处理技术，快速、准确地进行隐蔽工程计量和现场信息收集，高标准开展质量验收与评定，有效控制工程投资。

四是管件管理可视化。建立全方位、全角度、可任意切割的地下工程三维模型，实现各仓位埋管、埋件的自动统计并生成报表清单，指导土建工程专业与机电金结专业的紧密配合施工，避免管件漏埋、错埋及交叉，有效提高工程管控水平。

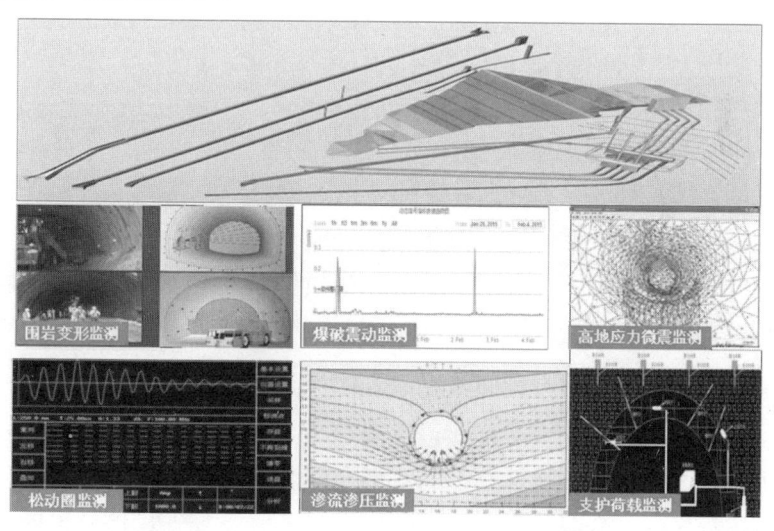

图 9-27　双江口水电站智能厂房与泄洪系统

智能机电工程系统是电站机电设备全生命周期管理系统，由设备全生命周期管理、设备验收标准管理、安装施工仿真及进度管理、设备综合信息管理等模块组成（图 9-28）。该系统主要实现以下目标：

一是质量验收标准化。在行业标准基础上，融入生产管理经验，优化机电设备出厂、运输、安装、启动、检修质量验收标准，通过现场采集指标，系统自动评定验收结果，规范验收程序，严格把控设备及安装质量。

二是全生命周期管理。根据建设期和运维期设备管理要求，建立统一的机电设备信息管理库，使两阶段机电设备信息统一管理，充分共享，顺利移交，实现工程建设与电站运营的无缝衔接，提高生产筹备效率。

图 9-28　双江口水电站智能机电系统

智能服务保障系统为通用系统，包括投资管控、合同管理、安全管理、质量管理、物资管理、设计管理、预警决策中心、承包人管理、计量签证、文档管理等功能模块（图 9-29），目前已实现以下功能：

一是投资管控。通过合同清单与工程项目概算相关联，实现合同费用自动归概，保证合同执行完毕即具备决算条件。同时，对投资指标异常进行自动预警。已完成所有合同清单与概算对应。

二是合同管理。实现了合同、变更及支付结算在线审批，解决异地审批的困难，大大提升支付结算审批效率，审批时间减少 80% 以上。完成了双江口工程 835 个合同（合同金额约 140 亿元）及其支付信息入库和在线流转。

三是安全管理。实现了安全组织机构、安全会议、安全检查、安全培训、安全隐患及危险源等信息化管理，并在线闭环处理。目前，资料还在录入中。

四是设计管理。根据设计任务，自动催图，并进行供图计划提交、设计成果分发、设计交底等处理，提高设计管理效率。

五是物资管理。在原有物资管控系统的基础上补充了物资现场运输和仓促管理，能实现物资计划、采购、运输、出入库、核销等全过程信息化管理，并自动预警物资超耗等异常情况。

六是文档管理。集成分公司日常工程文档管理信息，实现工程文档流转分发无纸化办公，提高了文档流转审批效率。

七是承包商管理。系统包括市场分包管理、作业人员管理、民技工工资发放、施工车辆准入管理、施工资源投入管理五个功能模块。系统将以作业人员信息为核心，覆盖分包与准入、施工单位车辆办证申请与审批流程，并且将提供作业人员动态信息采集平台，对协作队伍与农民工数据信息进行全过程、全方位的控制与管理。

八是质量管理。系统提供一套对施工质量中从原材料、半成品到成品各个环节质量控制跟踪信息的录入、查询、制表等强有力的现代化管理手段，用于保证与实施施工质量管理。主要功能：单元工程分解与定义、施工工序检测、材料与试件检测、工程施工质量事故、工程验收与评定。

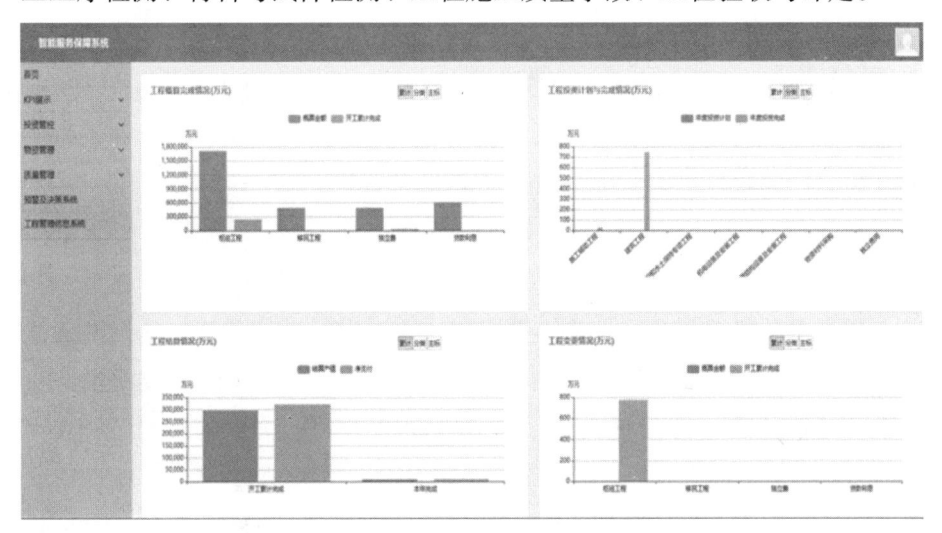

图 9-29　双江口智能服务保障系统可视化界面图

双江口水电站大坝、地厂、泄洪三大主体建筑物工程已全面进场施工，双江口智慧工程建设正结合主体工程施工全面有序实施。同时，以"中心制"为核心的智慧工程管理模式已在双江口水电站枢纽工程管理中正常运行。在智慧工程支持下，双江口水电站将建成技术先进、管理高效的创新工程，实现智慧工程建设目标。

（3）智慧工程实施后的预期效果

投资管控更加精准。可实现 0.1 数量级的精准计量，可实时对超合同量、超进度投资预警，并提供决策支持。

进度管控更加科学。可模拟任意时段内的工程面貌，并与计划值进行匹配分析和预警，对进度滞后的自动提出资源优化建议。

质量管控更加有效。可实现从人、材、机、时间和空间方面对每一个最终产品进行全过程的跟踪和预警，确保质量。

安全管控更加到位。可实现对人员、设备、施工环境和现场管理四个环节的在线监控、预警，安全风险可以得到及时处理。

环保管控更加深入。可实现环保项目与检测指标的在线跟踪和预警，确保环保项目按时保质完成。

经济效益更加显著。沙坪二级电站实施混凝土监控系统后，减少混凝土损失节约的投资近2000万元。双江口电站智慧工程预期效益超过亿元。

全生命周期管控更加可行。随着智慧工程将工程管理过程和成果的全面信息化、数字化和智能化，打造了智慧电厂建设的基础，有助于将这些信息、数据直接与智慧电厂相关系统实现无缝对接、全面兼容，为水电工程全生命周期管控奠定了坚实的技术基础。

2. 智慧电厂

（1）智慧电厂实践规划

智慧电厂的规划原则是"统筹规划、试点先行、稳步推进、标准化建设、典型设计、后续推广"，着眼点是可复制性。智慧电厂建设的主要实施任务是"搭建智慧基础平台、开展智慧水电模型研究、构建智慧管理体系"。以上目标通过集中力量重点突破巡检自动化管理、IEC61850全建模通讯系统、SMA2000在线监测、多系统智能联动、缺陷标准化、屏柜智能钥匙、智能安全帽以及流域决策平台、设备数据管控中心、虚拟成像技术等可行技术研究，在典型电站试点完善后全面推广应用，进而逐步组建与智慧电厂管理体系相适应的智慧电厂新型组织构架，探索智慧电厂的发展新模式。

（2）智慧电厂已开展的实践探索

①巡检自动化管理。巡检自动化管理是一项国内电力行业管理创新，主要基于卷积神经网络等前沿科技理论，以状态传感、图像处理、缺陷搜索与定位为核心技术，实现巡检自动化。智能巡检主要包括室内机器人和室外机器人，并采用工业摄像头智能巡屏和无人机辅助智能管理。以智能

代替人工是智慧电厂建设改变传统生产管理模式的出发点，巡检自动化管理是智能代替人工的突破口。

在传统电力生产中，人工巡检普遍存在面广、点多、盲区多等特点，需要消耗各级管理人员大量的时间精力。以大渡河瀑布沟水电站为例，每次巡回作业巡检人员要步行 20000－30000 步，耗时 2－4 小时，并且传统人工巡检还存在及时性、可靠性、针对性、效率性等方面的弊端，受到安全风险、环境、气候等方面制约。巡检自动化管理即能有效弥补人员的生理、心理、技能、经验等的不足，使巡检工作实现频次更高、规范高效、绝对服从、全面覆盖、历史推演、经验整合等多项技术提升，还能有效避免人身安全事故。这项创新管理举措旨在取代人工作业，有望引发发电产业技术变革，在电力行业中具有十分重要的借鉴意义。

目前，该探索正在稳步提升智能多维感知能力，强化复杂混合气体感知和空间精确对焦等技术攻关，构建基于智能机器人为感知终端的智能后台分析模型。目前，第三代智能巡检机器人巡检构架模型已经确立，并在实验室和现场均进行了验证试验，基本解决了在水电站巡检过程的重要问题，相关技术正在有序开发，2017 年已在流域装机最大的瀑布沟电站和近年投产的枕头坝一级、沙坪二级电站等投入试运行。（图 9-30）

图 9-30　智能巡检机器人图解

②IEC61850 全建模水电站技术。IEC61850 全建模水电站技术采用"软联接"感知信息和传递指令，将流域电站所有生产管理信号运用全球通用标准 IEC61850 全面数字化管理，进而利用流域水电智能专家系统提

供和优化决策方案，为机组操作提供科学指导。目前，国内少数火电厂已开始尝试应用该标准来升级生产通讯系统，水电行业中只有大渡河公司等极少数发电企业在涉猎尝试，并且引入了智能决策逻辑判断功能。2017年6月，大渡河公司在干流下游新投产的沙坪二级水电站投用了IEC61850全建模水电站技术，此举为国内首次在水电站开展的IEC61850全建模水电站技术。该项技术实现了过程层、间隔层、站控层网络建设，其智能开关站和主辅控通信网络均完成了IEC61850构架，初步实现了监控系统与现地控制单元、辅机监控、闸门控制、励磁系统、继电保护、调速器系统的交互与共享，大幅降低了电站建设成本和维护成本，提高上网电量，减少设备故障，为电厂的安全、经济运行和节能增效提供有力保障。经一年的生产实践检验，"虚拟端子"从根本上解决了传统"硬连接"的频繁故障缺陷，可靠性大幅提升。

③SMA2000在线监测。该模块旨在充分发挥设备智能自主管理的主体责任，依靠趋势分析、状态分析等技术手段，对设备进行状态评估，并根据评估成果合理编制设备检修计划，杜绝检修中不必要的大拆大换，减少检修工作量，缩短检修工期。通过状态分析，系统能够实时掌握全厂重要设备工况。状态分析系统自动采集压力、电流、电压、频率、功率、振摆、抬机量、油位、温度、辅机启停次数、运行时间等设备特征数据，进行精确统计分析，采用趋势线、棒图进行设备特征数据对比分析，从而判定参数变化趋势，及早发现充油、充压、高温、高压、旋转设备等潜在隐患，为设备隐患处理提供技术决策支持，防止故障扩大。该模块已经在瀑布沟投入使用，通过状态分析及时发现了深溪沟2F机组推力瓦温异常、瀑布沟1F机组上导油槽油位上涨等重大及一般安全隐患，为设备安全稳定运行提供了有力保障。

④多系统智能联动。多系统智能联动通过打破传统管理中各大生产系统相对独立的技术壁垒，整合全站所有生产系统资源，在安全Ⅲ区建立多系统联动交互平台，将计算机监控、生产管理、防汛应急等10余个核心管理系统智能联动，建立强大高效的设备自我控制功能。传统管理中，各生产系统相对独立，当发生警报时，监控管理人员必须逐个进入各业务系统进行操作。各业务系统只是向第三方系统开放自己接口，作为一个子系统

存在，而不是作为一个综合安防管理平台一起联动的子系统。正在探索的多系统智能联动平台，不只是视频监控、报警、门禁软件，更是一个可以作为综合指挥调度中心的管理平台，从而对其他子系统的软硬件和信息进行整合，打破各子系统界限，完成信息规范、实现数据融合，提供一个操作简单、功能强大、智能联动的操作平台，有效地整合全站所有系统资源，进而逐步升级大渡河流域系统联动功能，建立健全流域智能联动体系。通过在安全Ⅲ区建立多系统联动交互平台，在计算机监控系统、生产管理信息系统、智能巡检、屏柜智能钥匙、保护系统、防汛应急控制系统、泄洪报警系统、消防监控系统、通风系统、安防系统、工业电视、门禁系统等系统设备间的智能联动，将电厂的各个系统协调联动，构建系统间潜在逻辑联系，打破各系统界限，实现数据的共享与集中、功能的搭配与延伸，建立强大高效的设备自我控制功能。

⑤缺陷标准化。缺陷标准化对所有缺陷采用标准化管理，规范统一了缺陷的全生命周期管理，可以有效杜绝传统生产管理中的歧义概念和模糊表述引发的管理问题，有利于迅速准确分析统计故障原因和解决方案，有效降低系统和设备的故障频率。同时，缺陷标准化还对已发生的历史缺陷进行系统分类统计，提炼共性特征，按照"专业属性、缺陷表象、缺陷原因、处理方式"四段码方式统一编码，得出详细和准确的事故统计报表，建立缺陷标准库，实现"缺陷用语规范化，处理流程化，登记、交代菜单化"管理，为设备的状态检修积累基础数据。它既有利于迅速准确了解故障，又利用大数据、云平台等科技手段迅速制定处理方案，统计分析缺陷发生规律，指导设备检修、维护策略，保障设备长期处于健康稳定状态，并推进流域决策云平台逐步自我完善。该探索已在瀑布沟电站投入使用。

⑥屏柜智能钥匙。屏柜智能钥匙以"硬件一把钥匙、软件区分授权、简化管理难度、提高安全水平"为目标，旨在摆脱传统繁杂的钥匙管理。该智能管理系统由智能软件系统和一把带液晶显示屏的电子钥匙组成，通过授权可以打开相应电气设备对应锁具，还可以通过系统授权实现"五防隔离""提示报警"和"信息追溯"等功能，使得生产管理更加迅捷流畅。应用中，系统预先储存电站内各类开锁操作信息与操作规则，通过加装专用的锁具对其操作实施强制闭锁，只有通过系统核审权限后才能操作解

锁。这样就能实现对高压电气场所开锁操作的统一权限管理，能够有效防止工作人员擅自扩大工作范围、误入带电间隔等安全隐患，同时对进入带电区域的相关人员进行了有效的控制，任何人未经授权无法进入相关区域，能够杜绝无票操作或无票作业等情况。另外，智能钥匙还具有身份识别功能，只有具备授权的工作负责人才能使用智能钥匙进行解锁操作，防止智能钥匙在班组成员间随意借用而引起的误操作事故，为安全操作实现把关作用。对于操作过程能够实现"云统计"，有效保证信息的上传与查询，实时进行数据的监控与分析，为电站的运行操作提供了可靠的依据。目前，屏柜智能钥匙技术正在逐步完善，并已分别在瀑布沟电站、大岗山电站、沙坪二级水电站投入使用。(图 9-31)

传统钥匙管理　　　　　　　　智能钥匙

图 9-31　智能钥匙应用

⑦智能安全帽。智能安全帽是一项国内创新探索，这种安全帽在具备传统安全帽安全防护作用的同时，兼顾近电报警、行走定位、视图拍摄、小组通话、灯光照明等功能，可以使佩带者的视觉、听觉、嗅觉等感官能力大幅提升，提供安全警示和轨迹追溯等功能，并可实现视野实时共享、虚拟场景模拟等功能，为安全运维和技术作业提供有力保障（图 9-32）。智能安全帽已经过 6 个版本的迭代升级，生产出了适用于水电站基建和生产不同工种管理要求的多种定型产品，已经在大渡河系统逐步投入使用。目前，正在着力提升量产能力，为满足集团系统内外用户需求提供有力保障。

图 9-32　智能安全帽

（3）智慧电厂主要成效

生产管理更加安全高效。经过不断的探索实践，设备控制更加自主、生产管理更加智能、风险决策更加智慧，大渡河生产管理正在逐步转型升级。巡检自动化管理、屏柜智能钥匙、ICE61850全建模通讯系统、多系统智能联动、智能安全帽等软硬件升级，可有效促进全方位管理提升。同时，依托流域决策平台，将流域电站已经投用的缺陷标准化、SMA2000在线监测等功能模块以及将要研发投用的机电设备全生命周期数据管理等功能模块的生产大数据进行整合，集散电厂机电设备管控、生产业务管控中的人、机、物、环、管信息，将电力流、信息流、业务流充分融合统一，汇集系统专家生产实践经验，经"中枢大脑"最优计算模型、云平台大数据分析、专家会商等技术完成电厂决策功能，逐步用数据智能管理代替人工经验管理，在设备更加智能的基础上促进决策更加科学，为智慧调度和智慧检修提供了强大的技术支撑，以保障生产管理更加安全高效。

经营管理更加灵活自主。在由人工向智能的管理升级中，企业管理更加趋于扁平化，节约更多人力、财力、物力，腾出更多人力投入发电侧改革大潮。智慧电厂的自平衡优势为生产系统自身安全稳定运行提供了强大的保障，其强大的智力共享和自主学习能力促进了电力生产技术的迅猛提升。智慧电厂与智慧调度的有机结合，为流域多电站联合调度提供了更加经济高效的调度运行方案，为拓展电力市场提供了更多的政策依据和技术支持。智慧电厂与智慧检修的密切协作，在进一步强化安全保障的同时，也疏通了生产设备及备品备件等上游供应链条，促进了从被动维护向主动保养的前瞻性管理转变。同时，智能安全帽、智能安全带等多项技术产品具有较大的市场空间，正在研究完善的信息智库，有望开辟一条全新的难以估量的无形资产增值通道，正在探索的储能技术等电力衍生产品为打通下游产业链条提供了无限可能。以上多项举措，使得经营管理更加灵活自主，为快速适应市场变化、国有资产保值增值提供了有力保障。

人才队伍更加高端优质。在现场基础作业逐步由智能化机器自主完成的同时，大渡河公司正在尝试将提高工作效率和改善员工工作条件统一起来，使员工逐步脱离条件恶劣、机械重复、有毒有害的工作环境，将高学历人才逐步从简单重复的低端劳动中解脱出来，通过培训和实践大幅提升队伍素质和品质，使其逐步向数据分析工程师、技术分析工程师和智能分析工程师发展，人员工作向着分析数据、建立模型、制定标准、输出管理发展，使其成为多电站同类型系统的专家和巧将，成为数据的开发者和拥有者，在强化职工队伍建设、开发人才资源力量的同时，进一步让企业发展的红利惠及职工。

(4) 智慧电厂下一步探索打算

流域决策平台。流域决策平台的目的是实现从点到面的效益提升。基础是电厂数据中心，发挥"子脑"功能，主要负责对电厂机电设备管控以及生产业务管控中的人、机、物、环、管信息进行集散和预处理。流域决策平台发挥"中枢大脑"功能，汇聚流域各"子脑"传递的信息，利用最优计算模型、云平台大数据分析、流域专家会商等技术，形成风险预判、自主决策、自主管理、自动演进的电厂决策形式。

机电设备全生命周期数据管理。电站设备正常运转的时候，部分零件或系统可能已经处于亚健康状态，该技术是通过设备数据管控中心，将设备系统从方案设计、厂家生产、长途运输、安装调试、生产服役、检修维护到退库报废的全流程动态信息管理数据与标准数据比对，科学分析正常运转零件、设备和系统的亚健康水平，从而改变原有的A、B、C修模式，动态调整最优工况以延长设备系统使用寿命，并及时发现生产运行的各种隐患，提前预知设备及零部件的检修需求，自动给出健康保养建议和每个设备的详细检修维护计划，解决零部件更换预警预报、下一次检修维护时间预测、下一步运行改进建议等问题，动态经济保养设备，提升安全性和经济性。

虚拟成像技术。将虚拟成像技术应用到企业管理、生产指导和人员培训三个方面。传统管理中，一个成熟的行政管理人员需要熟练掌握管理幅度范围内的管理制度、工作流程以及企业内外相关人员的各种微妙动态变化所组成的庞大信息，一个成熟的生产管理人员需要熟记相关系统的各种图纸和技术规范等信息，认知能力随着精神状态和生理年龄等因素会产生波动并逐步下降。由于人类大脑的能力限制，通常只能在很大局限程度上较为正确地管理部分业务职能或设备系统，其局限性、波动性及知识更新能力十分有限。因此，用智能机器脑来代替人类大脑，将在管理技术上产生质的飞跃，可使管理者的管理幅度和深度大幅提高。

3. 智慧调度

（1）智慧调度建设实践规划

①"智慧调度"定义

智慧调度是在梯级水电站集中控制调度基础上，以"实时感知、精准预测、智能调控"为目标，全面搜集、深度挖掘流域气象、水情、防洪、发电、设备、市场等海量数据，打造数据驱动，人机协同，知识共享，集预测、管控、决策、评价于一体的流域调控新模式。

通俗地讲，智慧调度通过精准、高效预测天上的云、地上的雨、库里的水，结合设备、市场等情况，优化调节、科学调度各梯级水库蓄水发电，实现水资源利用的最大化。

②"智慧调度"目标

可概括为："实时感知、精准预测、智能调控。"

实时感知：是指利用完善的基础物联网和现代化信息通信技术，以智慧企业各大业务单元专业数据中心为基石，对水电站生产的度过程相关基础信息进行自动采集、传输、汇总、存储，从而实现对设备、水情、气象、市场、防洪等生产状态的实时同步感知。

精准预测：是指在数据充分采集、系统互联互通、人人知识共享的基础上，运用大数据分析技术，实现气象、水情、市场等关键生产要素的精细准确预测。

智能调控：是指在传统远方集中控制"遥控""遥调"的基础上，依托实时感知、精准预测、智慧电厂、智慧检修成果，运用人工智能技术和多维目标的优化调度模型，优化调控流程、重塑调控模式，实现梯级电站设备健康状态自动诊断、故障自动判断、调度自动控制，实现客观、科学地调度和滚动优化。

③智慧调度主要特征

一是更加注重数据驱动。智慧调度通过对调度过程全要素及各种边界条件的自动感知、搜集分析和深度挖掘，实现调度的自动预判、自主决策。

二是更加注重人机协同。智慧调度通过灵活、专业、协同的调度平台，自动迭代优化决策模型，实现调度的人机交互、自主操控。

三是更加注重知识共享。智慧调度通过建立可表达、可计算的算法和模型，形成人人互学、群体智能的共享平台，实现调度的群智开放、知识共享。

④智慧调度功能架构

基于大渡河流域的首创应用，智慧调度建设采用"1＋3"的总体架构，即1个经济运行多维决策核心模型；数据感知预测中心、调度决策指挥中心、智能调控应用中心3个中心。（图9-33）

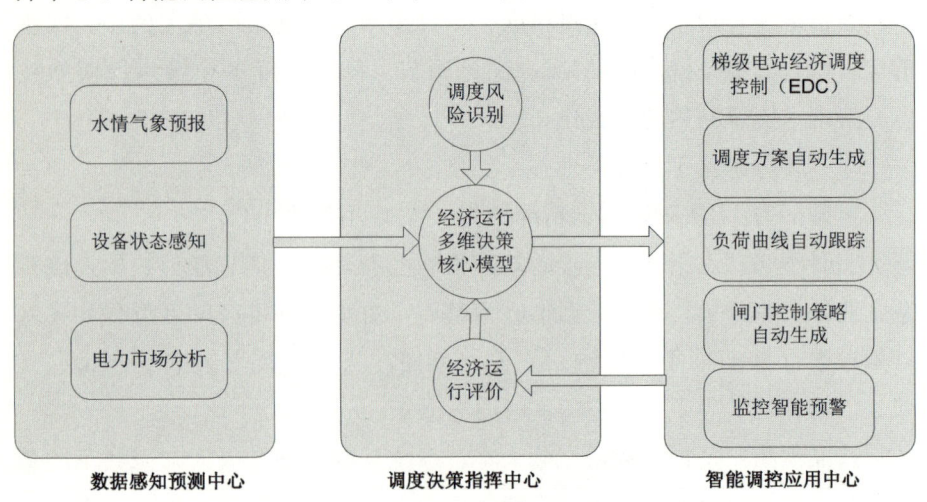

图 9-33　智慧调度功能架构

数据感知预测中心，包含水情气象预报、设备状态感知、电力市场分析三个单元，实时感知、收集、挖掘和预测水情、气象、设备、市场等海量数据，是智慧调度的"数据仓库"。

调度决策指挥中心，利用精准预测的各生产要素数据，通过经济运行多维决策模型自动计算、自动匹配，快速生成最优调度决策方案，自动滚动识别调度过程中的偏差和风险，实现决策方案的迭代优化，是智慧调度的"中枢大脑"。经济运行多维决策模型还具有自动学习和演进的特点，在不断积累的数据支持下，通过经济运行后评价单元，实现经济运行多维决策核心模型参数的滚动优化。

智能调控应用中心，是数据驱动的智能协同中心，包含调度方案自动生成、负荷自动分配和闸门自动调度三个单元，是智慧调度人机交互的"智能管家"。

（2）智慧调度分项实践成果

①海量数据感知，扩大预报数据采集源

作为"实时感知"的落地的项目之一，大渡河公司已建成国内首套大型流域梯级水电站预报调控一体化平台，通过该平台可以随时掌握全流域的气象、雨情、水情、市场等要素数据，精准预测来水情况，科学安排蓄水发电。为提高预报水平，主要从技术和人员两个方面提供保障支撑。技术方面，首先是数据来源丰富，拥有三个数据来源：一是自建有 105 个遥测站、覆盖全流域的水情自动测报系统；二是有中央气象台卫星云图数据；三是有美国国家气象中心和欧洲气象中心数据。

为精确掌握大渡河流域未来的降雨、产汇流情况，大渡河集控中心每天收集下载约 10G 的海量数据，其中包括分辨率高达 0.25 度的地面和高空标准气压层的风速、风向、温度、湿度、位势高度、气压，以及全球网格化降水分布数据、流域各电站入库、出库流量、水位，等等。

②海量数据挖掘处理，提高预报精度

作为"精准预测"的抓手，在预报方面，将业界最先进的天气研究与预报模型运用于大渡河，采用多模型会商、全方案印证、本地数据混合同化及气象、水情自动耦合等先进技术，开展变尺度滚动预报。

人员方面，大渡河公司拥有一支素质过硬、经验丰富的专业团队，每天滚动开展变尺度来水预报。

目前，大渡河中期预报精度 92.27%，高于行业先进预报精度在 85% 左右，在四川省同类水电企业及集团水电企业中处于领先水平。

预报调控一体化平台得到了长江防办、四川防办、四川省调等单位的高度评价，在洪水资源化利用、经济运行方面每年取得经济效益超过 5000

万元，先后荣获中国水力发电工程学会、中国电机工程学会、四川省科技厅等颁发的多项科技进步奖。

③计划曲线自动跟踪，大幅减少人工调节

水电站由于其负荷调节速度快、可调范围大的特点，大多承担着电力系统调峰调频任务。以大渡河流域大岗山、瀑布沟、龚嘴等站为例，每日负荷调节大概在1000—2000次之间。如此烦琐、复杂的操作让调度值班人员常常感到压力巨大，疲惫不堪。

计划曲线跟踪功能作为"智能调控"的"手脚"，在满足安全要求的前提下，实现自动将省调实时下发的各站有功计划曲线按要求下发至各电站AGC，从而代替人工手动调整负荷跟踪计划曲线，减少负荷调节次数，提高工作效率和安全性。

④从AGC到EDC（经济调度控制），经济效益明显

针对瀑布沟、深溪沟、枕头坝三站负荷与水量不能相互匹配的问题，依托监控、水调系统及大数据技术，通过建立最大蓄能、少调负荷、水位平稳等六大负荷调节模型，首创瀑深枕三站负荷实时自动分配、自动控制功能。据估算，三站EDC的投运，每年可减少人为负荷调节次数3万余次，通过提高水位控制、优化机组运行方式可增发枯期电量约1.2亿千瓦时，缓解汛期三站负荷不匹配导致的弃水问题，减少闸门操作次数150次以上。随着EDC的投运，"智能调控"取得实质性突破。

⑤自动推演调度过程，生成流域电站闸门启闭方案

梯级水电站彼此之间时刻受到水力和自身工况的约束，针对梯级各级水电站存在距离远、地域分散、信息不集中的情况，同时上游水电站的调节对下游电站存在不同程度的影响，梯级水电站的运行涉及电力调峰、水量调洪、环境调节等多方面问题，首创性地依据来水情况、实时发电、泄流情况滚动计算梯级电站运行水位、弃水量等运行指标，采用科学合理的模型，实时计算出流域梯级电站闸门启闭方案，实现对调洪过程中的库水位进行合理的控制，使梯级调节性能和水资源得到充分利用，提高梯级水电站的安全和经济效益。

⑥研究经济运行多维决策模型，打造"智慧调度"大脑

2013年，集控中心开展了以瀑布沟水库为龙头的"一库四级"梯级优

化调度系统研究，打破传统梯级优化调度仅限于根据来水进行水量时空分布调配的计算条件，开展了适合于电网给定潮流、安全运行约束信息条件下的流域梯级优化调度智能决策规则研究，调度策略从单一边界条件向多个边界条件转变，形成了"经济运行多维决策模型"的雏形。

2015年，大岗山、枕头坝一级电站投产，水库调度研究从"一库四级"拓展到"一库六级"，决策模型适应复杂水力联系及调度情境的能力显著增强。

2016年，集控中心牵头开发了以中长期、短期优化调度和实时经济运行校核为主要模型的智能调度系统，成功实现流域气象与水情耦合、预报与调控耦合的双耦合模式，使调度决策向实质"多维化"迈进。

2017年，开展"猴子岩、长河坝、瀑布沟"多主业、多库联合优化调度技术研究，将不同来水情况、不同市场环境与不同初末水位边界条件形成108种组合，考虑安全约束进行优化计算，总结出猴子岩、长河坝、瀑布沟三库逐月优化运行水位的一般规律，为"智能调控"经济运行策略提供了保障。

⑦突出业务量化特点，推广实施水电站考核模型算法

根据集团所属各种调节类型水电站的流量系列等资料，分析各电站在不同来水情况的理论发电能力、市场环境下的预测发电量，为"利用小时数完成差异率"等指标考核提供支持，并在此基础上开发了集团公司水电经济运行信息分析系统，将考核评价模型和经济运行管控模型软件化，使集团指标考核管理更加精细、快捷、透明。

⑧经济运行风险识别预警，研究实施经济运行辅助决策功能

依托水调自动化系统升级，研究实施了一系列经济运行辅助决策功能：一是调度方案自动寻优。构建了5个经济运行方案计算模型，滚动计算梯级电站运行过程，实现多维度调度方案寻优。二是经济运行实时滚动纠偏。依据运行策略（计划曲线或固定出力等）滚动计算梯级电站运行水位、电量、耗水率、负荷率、弃水量等经济运行指标，实现预估经济指标偏离值分级报警和调度方案的动态优化调整。三是智能防洪调度决策功能。依据来水及发电情况，实时自动计算出流域梯级电站闸门启闭方案，推演洪水过程，实现预估水位安全报警。

(3) 智慧调度建设成效

①科技成果丰硕

近年来，大渡河公司在中尺度气象定量预报、气象水情预报自动耦合、洪水资源化利用等方面取得突破性进展，有力推动了流域梯级水电站群从集控运行向经济运行转变，部分成果达到国内领先水平。经统计，取得的科技成果先后荣获四川省科技进步奖、中国电力科技进步奖、水力发电科技进步奖等省部级奖励15项，取得专利及软件著作权20余项，发表论文100余篇。其中，"节能调度机制下大渡河下游梯级电站发电及水沙协调运行方式研究与实施"获水力发电科学技术奖一等奖；"瀑布沟水库汛末分期蓄水研究与实施""瀑布沟水库中小洪水实时预报调度技术研究与应用"项目获原中国国电集团科技进步一等奖；"大渡河下游梯级电站群变尺度预报调控一体化技术研究及实施"获四川省科学技术进步奖三等奖及中国电力科学技术奖三等奖。

②应用转化效益显著

一是预报准确度行业领先。大渡河中期径流预报92.27%，远高于行业平均预报水平。二是三站EDC项目成效初显。据估算，三站EDC项目投运后，每年可减少人为负荷调节次数3万余次，通过提高水位控制、优化机组运行方式可增发枯期电量约1.2亿千瓦时，缓解汛期三站负荷不匹配导致的弃水问题，减少闸门操作次数150次以上。三是洪水资源化成效显著。2010年以来，通过应用中小洪水、分期蓄水等先进调度技术，累计利用洪水50亿立方米，增发清洁水电35亿千瓦时，增加售电收入7亿元。四是防洪效益充分发挥。2010年以来，通过调节拦蓄洪水，成功应对尼日河特大暴雨等大洪水10余次，最大削峰率达到40%，调蓄大洪水总量超过40亿立方米，为减轻下游洪水压力做出了重要贡献。2017年6月，通过精准预测、洪水资源化利用等技术支持，成功应对了大渡河流域70年一遇的特大洪水，有效保障了下游沿江两岸的自然生态与群众生产生活安全。

③利用小时数持续区域领先

大渡河处于严重限电区域，四川电网统调水电利用小时数持续下滑，2014—2016年电网统计的调峰调度弃水电量分别为96.8、102、200亿千瓦时，水电企业打折让利成为常态。面对近年来严峻复杂的经营形势，我们咬定目标不放松，多措并举挖潜力，打了一场场覆盖全员的利润保卫战。大渡河公司每月召开经营例会，滚动预判形势，压实电厂主体责任，加强调度月、周、日会商，优化经济运行，深化对标考核，三年来存量电站发电设备利用小时数分别高出省网存量电站平均水平386、178、153小时。龚铜两站作为母体电厂，老厂焕发青春，管理和效益都上了新台阶，水电站经营后期的价值创造能力得到充分彰显。

④青年水电智慧调度人才涌现

在智慧调度的建设过程中，大渡河公司特别注重发挥青年职工的创造力，既锻炼了职工队伍，也有力地助推了智慧调度的建设。大渡河集控中心建成了集团公司首批四家试点青年创新工作室之一，除了前述水电考核利用小时完成差异率模型、流域信息共享平台由集控中心青年职工独立完成以外，青年创新工作室开展的"大渡河短期降雨径流预报研究""不同流量级下梯级流达时间研究"等课题成果也已内嵌到高精度水情气象预报系统、水调自动化系统升级等项目中。

4. 智慧检修

（1）智慧检修实践规划

智慧检修系统实现对设备的状态监测、数据采集、故障诊断、状态评估、检修决策以及检修管理等内容，系统主要由在线数据采集站、离线数据采集装置、系统主机服务器、数据库服务器、数据分析平台等部分组成。智慧检修系统建成后，将实现从在线或离线装置获取设备状态监测数据，通过分析和特征提取，评估设备状态，根据设备的健康状态，制定维护和检修策略，打破传统计划检修模式，实现智慧检修。

智慧检修系统面向大渡河公司生产业务，汇聚所有运行、设备数据，集成高级应用分析功能，提供一整套信息展示、数据处理和设备状态分析手段，使其成为检修中心的统一数据中心、全景监视中心和智能分析中心，实现数据统一采集、存储、分发，满足大渡河公司领导、职能部门、各专业运行人员不同层面的需求，建成"统一开放、结构合理、技术先进、安全可靠"的智慧检修平台。

系统建成后，将以标准、统一、开放的规约采集变电站、水电机组运行信息、设备状态信息。不论采用何厂家的采集设备，各类数据将以统一格式存储，以便数据挖掘。系统的基础平台承担绝大多数公共服务，包括为应用功能提供数据服务、维护服务、告警服务、人机界面服务，而上层应用平台则关注于专业需求。

智慧检修要实现以下目标：

一是统筹考虑数据采集内容和传输通道，建成检修中心统一的数据存储和共享平台。

根据各级运行管理人员对于设备信息和管理信息查阅的需求，统一安排变电站和水电机组的数据采集内容和设备，安排数据经由网络传输至主站，消除数据采集重复、通道繁杂、维护困难等问题。同时，在新系统中建设检修中心统一的数据存储模块，在汇聚全部运行、设备信息的基础上，按照部门需求实现可定义的数据编组、订阅、分发服务，使得各部门只需与统一的数据平台接口即可获得所需格式和内容的数据，实现统一数据中心职能，为设备状态实时监控、智能分析等应用的开展奠定基础。

二是根据日常业务需求，采集各类运行数据，建成检修中心全景监视中心。

根据各级运行管理人员对于日常业务开展的需求，在统一显示界面、统一数据源的基础上，将数据服务、网络服务、告警服务、界面服务等通用服务项目归并智慧检修中心平台之上，而各功能模块仅专注于设备监视和设备状态分析功能，从而降低软硬件维护开销，提高运行人员工作效率。

三是开发基于数据仓库模式的智能应用工具，对数据之间的关联和隐含信息进行深度挖掘，打造先进的检修中心智能分析平台。

利用各专业、各系统数据集中存储的便利条件，以数据中心的方式对同构或异构的数据库进行统一管理，按照自定义的主题抽取多个库中的数据，开发诸如设备状态多维度分析和评价功能、专家诊断系统等，全面提升检修中心的运维管理能力。

四是开发检修管理系统，实现检修作业管理工作的智能化、标准化，提升检修管理效率和管理水平。

检修管理系统按照"互联网＋智慧检修"的建设思路，构建纵向贯通、横向集成的流域级检修管理平台，重点开发并建成设备检修工作通知、实施、流程审批、作业审批汇报、电子签章的全程电子化操作，实现检修报告电子化生成、检修工作竣工报告电子化生成，以及建立完善的检修设备库、检修知识库、标准作业库和标准业务流程工序卡。并建设 Android、苹果 IOS 智能手机的信息管理系统 APP，最终建成一套真正的"电子化、智慧化、可追溯化"的信息管理系统，全面实现大渡河公司上下信息渠道畅通和数据共享与应用，推进大渡河公司检修信息化。

（2）智慧检修实践成果

按照大渡河公司智慧企业建设的总体要求，以实现"风险识别自动化、决策管理智能化、纠偏升级自主化"为目标，结合自身实际，不断探索总结、完善智慧检修建设工作。经过努力，主要取得了以下成果：

①水电机组故障预警系统建成投运

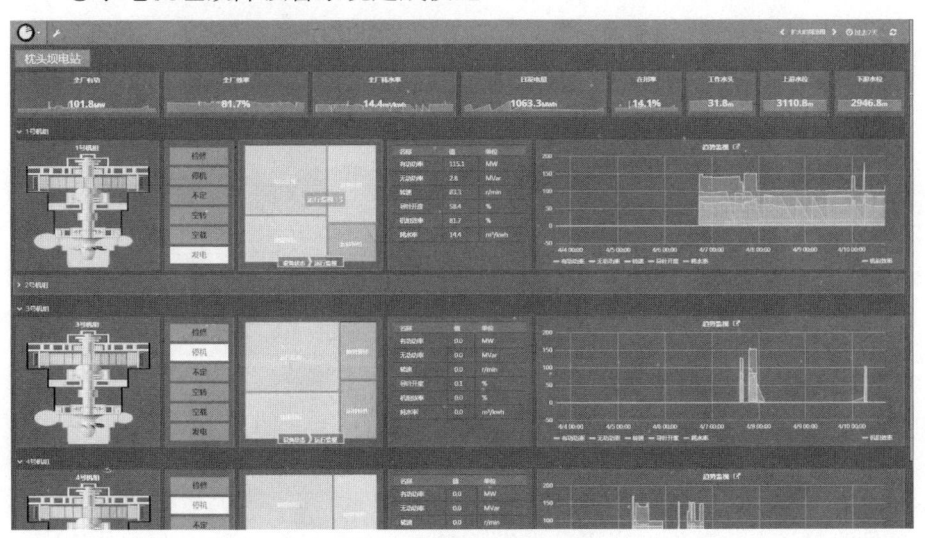

图 9-34　机组状态监测平台

水电机组故障预警系统依托于工业数据挖掘平台，将水电机组设备分为定子、转子、导水机构等 19 个设备单元，汇集了水轮发电机组及辅助设备重要指标量，集成了电力生产所需数据信息，具备实时数据的采集、汇聚、存储、共享、分布等功能，在线分析计算各种特征量和指标量，对机组各个部件的状态进行实时监测和故障分析、精准定位。同时，该系统还

具有机组效率特性三维图分析、机组轴线分析、振动频谱分析等功能,辅助技术人员分析机组故障。(图 9-34)

目前,水电机组故障预警系统已在大渡河枕头坝一级水电站试点建设完成,实现了 7000 余个状态监测量的数据编码和实时远程传输,确立了定子不圆度、导瓦荷载系数等影响机组运行的 46 个重要指标量,设定了阈值范围。当指标量超出阈值范围时,系统将自动报警,并确定报警部位,实现对发电设备运行状态的远程集中监控及设备故障的精准定位。

②健康度评价及趋势预警板块日趋完善

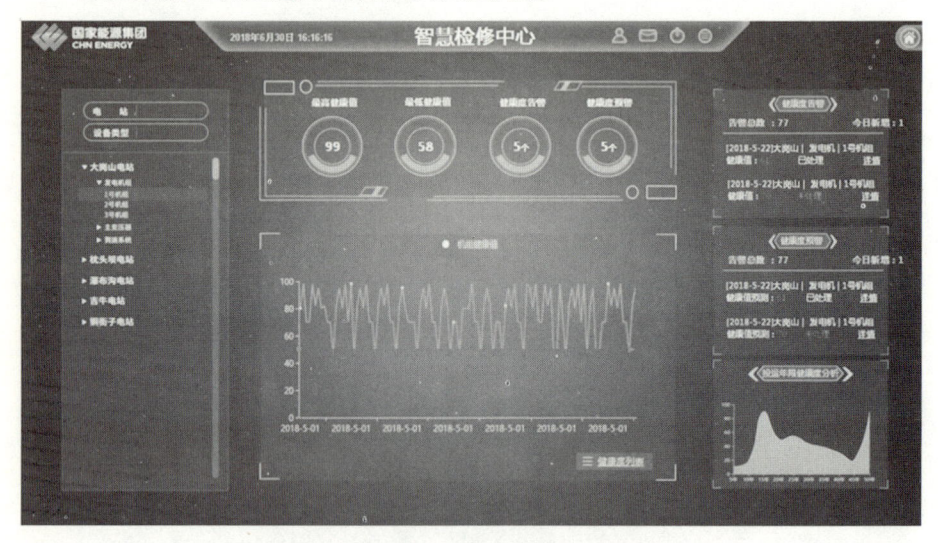

图 9-35　健康度评价及趋势预警板块

健康度评价及趋势预警板块是通过对历史工况的大数据分析、多维算法计算,实现对机组整体的健康、安全、性能等的在线感知计算和状态预测分析,起到早期预警、预测作用。该板块以工业企业生产设备实时历史数据为基础,创造性地应用多维建模方法,由计算机自动从工业设备的实时测点数据中建立设备运行的状态模型,通过多维建模、状态感知、健康感知、关联分析、预测分析等功能,自动对工业对象合成一个"健康度 HPI"值,实现机组实时健康状况的判断。

目前,健康度评价及趋势预警板块已完成了全流域机组的健康模型、故障模型、最优性能模型的建立,形成了四台机组健康度的基准值(Hth),实时与机组健康度曲线(HPI)分析比较,当设备状态持续劣化时，可自动发布设备状态潜在故障的早期预警。通过对历史工况的大数据分析、超球算法计算，成功实现了机组运行工况的大致趋势走向预测。（图9-35）

③智慧检修管理板块更加丰富

智慧检修管理板块根据故障特点，自动生成工作票、检修方案、工序卡等文件包，科学指导、管理、监督检修作业。同时，通过业主需求，整合、检修队伍管理、任务分派等，实现人工检修的效率提升。初步实现风险识别的自动化和检修决策的智能化，有效提升设备安全可靠性，解决水电检修季节性对人力资源的需求，降低检修成本。

智慧检修管理板块在继承和发扬传统检修管理的成熟经验上，引入大数据、物联网平台对检修技术组织、风险分析与决策、备品备件的管理、过程管控、质量验收进行了统筹优化。较传统检修管理相比，智慧检修管理是建立在科学分析及组织的基础上融合传统的经验，代替主要依赖经验制定的检修规定、检修工艺及评估标准，使得检修作业更加标准化、科学化，提升了设备检修质量。（图9-36）

图 9-36　智慧检修管理板块界面

④智慧检修标准基本形成

检修公司加快智慧检修标准建设步伐，完成了《水轮发电机组智慧检修标准》（以下简称《标准》）初稿编制，并分别于 2016 年 6 月 2 日、

2017年4月21日进行了两次审查，得到了大渡河公司内外部专家的肯定。该标准规定了水轮发电机组智慧检修体系的构成、工作流程、技术支持系统功能及技术要求，是水电行业的首个水轮发电机组智慧检修标准，对下一步智慧检修工作起到纲要性的指导作用。

《标准》涵盖智慧检修管理体系及职责、系统结构及功能、智慧检修评价标准、智慧检修工作流程等板块，详细阐述了智慧检修管理体系及职责、智慧检修建设工作流程及要求，明确了智慧检修系统结构及功能，制定了智慧检修设备实时状态诊断评价系统主要的在线监测量，包含定子、转子变压器等多部位128项监测数据量及常见故障。《标准》附录中对水轮机、发电机、调速器、主变压器部分共46项重要健康指标量进行了详细的列表说明，并给出了与指标量关联的监测数据量，并对指标量影响机组健康度的权重确定给出了详细科学的功能指标重要性系数评价法，使得对机组健康度评价的结果更加符合实际情况。

⑤水电智慧检修管理中心初具规模（图9-37）

图9-37　水电智慧检修管理中心展示厅

在水电机组智慧检修的基础上，协助大渡河公司建成了国内首个中国工业设备管理平台，形成了"互联网＋智慧检修"管理中心，实现对工业设备管理的智能化、网络化、安全化、灵活化和专业化管控，智慧检修初具雏形，以物联网模式扎实推进检修管理信息化、市场化、商业化。

目前，完成了大渡河流域全部电站以及系统外 100 余台设备接入，并投入试点运行。

9.5 大渡河公司智慧企业管理成果

四年多来，随着智慧企业建设深入推进，大渡河公司智慧企业实践取得了丰富成果和显著效益。

注重管理变革，企业管理进一步规范。通过智慧企业建设，推进了管理模式优化和体制机制变革。在公司层面，专业数据中心变革传统部门制管理，打通了部门间信息交换壁垒，提高了专业覆盖深度，提升了企业规范管理水平与风险防控能力；在基层层面，实现了工程建设的全过程周期管理和建设过程风险预警预判及智能决策，实现了对电力生产和工程建设的物资计划、采购、运输、出入库、核销等全过程信息化、可溯化。

注重创新运用，管控效能进一步提升。在双江口、沙坪二级等在建项目中，创新运用了大坝智能温控、碾压无人驾驶等智能系统；在瀑布沟、大岗山、枕头坝一级、猴子岩等电站，采用空中无人机、水下机器人以及智能无人船等技术手段，大力推广自主研发的智能安全帽、智能钥匙、巡检预警机器人等智能产品，利用智能化系统进行大数据精准计算分析和管理决策。采用智慧党建云系统，实现党员日常教育管理工作网络化，在试点单位较好解决了党员分散广、组织生活集中开展难、监督考核不便的问题。员工的工作重心逐渐向专业数据维护应用以及创新产品研发转变，有效推动了机构编制进一步压缩，职工队伍进一步精简。在 2014 年至 2017 年间，公司投产装机容量实现了翻番，而总体人数始终保持在 2000 人左右。

注重数据管理，决策水平进一步提升。按照现代企业制度建设要求，公司充分运用大数据分析处理技术，着力提升企业科学管理水平。建成了覆盖电力生产全过程的大型流域梯级电站预报调控一体化平台，在国内首创应用多项智能调度决策支持技术；研发了瀑布沟、深溪沟、枕头坝一级梯级电站经济调度控制（EDC）技术，首次实现了大型流域调度由单机组直调向多电站一键调的转变，有效发挥了梯级电站联合调度优势；建立了设备在线状态检测平台，深入开展设备运行大数据分析，促使检修管理模式由计划性检修、事后检修逐步向状态检修、改进型检修转变。2017 年，通过分析铜街子电站检修前状态数据，简化相关检修项目，13 号机组检修工期由 20 天缩短为 5 天，大大缩短了检修工期，节约了检修费用。

注重安全防控，风险管理进一步强化。建立了安全风险分级预警模型及决策知识库，动态感知大坝及山体边坡变形风险，确保了风险预警及时准确、安全隐患及时治理。2016 年 4 月 30 日通过大数据监测分析，提前 4 小时成功预警了位于大岗山电站库区的当时主要的川藏通道省道 S211 郑家坪道路边坡出现大规模垮塌风险；建立了国内首个电力设备健康诊断物联网平台，成功预测了龚嘴电站 7F 机组固定导叶裂纹等设备重大安全隐患，同时根据设备状态数据分析结果，开展了流域电站设备状态检测试点及推广工作。充分运用高精度水情气象测报手段，自动推演洪水调度过程，为防洪调度提供决策依据。2017 年 6 月，成功应对了大渡河流域丹巴地区 70 年一遇大洪水。近年来，通过调节拦蓄洪水，成功应对了 10 余次丹巴、尼日河特大暴雨汛情，确保了下游沿河两岸地方防汛安全。

注重降本增效，经济效益进一步凸显。通过云计算与大数据中心建设，整合全系统网络信息资源，大幅减少设备及人力资源投入，节约设备投入、机房建设成本、电费成本以及运维费用超过 1 亿元。通过智慧工程建设，在沙坪二级水电站产生直接综合效益 4500 余万元。在电力生产现场，运用巡检预警机器人取代人工作业，每年减少人工成本、管理成本 400 万元；运用基于 IEC61850 全建模的智能水电站技术，每年节约费用 400 万元。通过智慧调度建设，实施定量降水预报、洪水资源化利用、智能调度决策支持等先进研究成果的应用，累计增发电量 35 亿千瓦时，减少电煤消耗 110 余万吨，减少电煤消耗 110 余万吨，减排二氧化碳 290 万吨。通过智慧检修建设，超前预警预知运行状态趋势，优化设备检修策略，每年可节约检修费超过 1000 万元。

注重成果转换，创新活力进一步增强。成立了中国工业设备管理平台，为全国各地发电企业提供状态诊断与趋势分析等增值服务，接入业内设备 30 万个，用户 240 余家，形成了全新的商业模式。积极拓展水电上下游相关产业，形成了物联网技术运用、智能产品推广、低碳减排服务以及智慧企业咨询等新的产业链条，创造了经济效益预期增长点。公司创新成果大量涌现，2014年以来新增知识产权128项，4项科技创新成果获得2018年度国家科技进步奖提名。公司还获得第二十四届全国管理现代化创新一等奖1项，中国电力创新奖一、二等奖各1项，四川省企业管理创新成果一等奖1项，水力发电科学技术奖一等奖2项，中国电力科学技术奖二等奖1项，中国施工企业管理协会科学技术奖特等奖、一等奖各1项，中国土木工程詹天佑奖1项，集团公司科技进步奖一等奖3项、二等奖7项。获奖数量及奖励等别均高于往年。

注重经验推广，社会影响进一步扩大。公司承办了首届智慧企业创新发展峰会和2017年智慧企业创新发展论坛，承办了"十九大精神进央企"智慧企业成果发布会，得到了国资委新闻中心、人民日报、光明日报等20余家主流媒体的相继报道。大渡河公司智慧企业建设获得了业界"三个首次"的高度评价。清华大学和四川省企业联合会分别授予公司"管理创新实践基地"和"智慧企业示范基地"称号。编著出版《智慧企业——框架与实践》，智慧企业建设经验在亚欧数字互联互通高级别论坛、四川省国资委智慧企业现场会上作专题交流，并入选清华大学商学院授课案例。公司被授予四川省信息化建设示范单位，在百度、搜狗等主流网站均创建了智慧企业搜索词条。公司以创新文化引领智慧企业建设分别获得全国企业文化建设优秀成果、国务院国资委创新文化优秀成果。向社会展示了大渡河智慧企业建设成果，推广了大渡河智慧企业建设经验。

综上所述，智慧企业将通过智慧输入，指导机器自主学习、自我演进，促进人工智能逐步替代并超越人类智慧，实现生产系统和管理体系的自主管理，兼顾有形资产和无形资产，并引导企业打通上下游产业链，向整个市场纵深贯穿的革命性全新企业组织形态和管理模式。这种管理模式具有"自主管理、自主学习、机器为主、人工为辅"的特点，它追求的不是智能化设备的物理叠加，也不仅仅是简单的数字化、信息化、智能化，而是将现代智能技术与多年来各领域专家的管理经验和生产技术相融合，从庞大生产管理的历史数据中提炼生产规律，完善机器的智能思维，打破组织形态、管理逻辑、生产流程以及市场理念的固有藩篱，从而引起管理的化学反应，提升管理张力，以求管理效益指数倍增长。这种更加符合新时期生产力的发电侧全新管理模式和管理思维，必将引发新一轮生产关系变革，笔者认为这种新型管理思维代表了业界发展的新方向。

《道德经》中说道："有之以为利，无之以为用。"从 B2C 到 C2B 再到 C2C，产业革命就在你我身边。从出售有形产品到出售价值经验，有形的资源正在改变形式，无形的资源正在翻倍增值。产业转型促进了企业界的整合重组，现在全球的百年企业正在逐步减少，固守陈旧的管理思维，必将错失良机沦为被动。让我们永葆一颗年轻的心，主动适应不可逆转的变化，用智慧企业开启产业革命新纪元。

参考文献

一、著作

[1]［美］彼得·德鲁克. 管理的实践［M］. 北京：机械工业出版社，2007.

[2]［美］冯·贝塔朗菲. 一般系统论［M］. 北京：清华大学出版社，1987.

[3] 陈威如，余卓轩. 平台战略：正在席卷全球的商业模式革命［M］. 北京：中信出版社，2013.

[4] 夸克商学院. 企业量化管理［M］. 北京：中国经济出版社，2012.

[5] 王良明. 云计算通俗讲义［M］. 北京：电子工业出版社，2015.

二、期刊论文

[1]［美］马克·麦克唐纳. 企业数字化能力锻造秘诀［J］. 中国工业评论，2015（7）：28—34.

[2] 艾睿铂. 数字化转型决胜秘诀［J］. IT经理世界，2016（7）：68—72.

[3] 曾智，丁家永. 新消费者的消费行为研究与营销策略［J］. 商业研究，2008（10）：148—151.

[4] 陈功. 从明茨伯格看战略管理箴言［J］. 现代企业教育，2006（7）：60—61.

［5］陈立枢. 中国大数据产业发展态势及政策体系构建［J］. 改革与战略, 2015 (6): 144—147.

［6］董明荣. 智慧城市建设制造业企业转型升级的新机遇［J］. 发展探索, 2010 (11): 35—38.

［7］范鹏飞, 焦裕乘, 黄卫东. 物联网业务形态研究［J］. 中国软科学, 2011 (6): 57—64.

［8］方巍, 文学志, 潘吴斌, 等. 云计算: 概念、技术及应用研究综述［J］. 南京信息工程大学学报（自然科学版）, 2012, 4 (4): 351—361.

［9］黄楚新, 王丹. 互联网意味着什么？对互联网的深层认识［J］. 新闻与写作, 2015 (5): 5—9.

［10］梁燕. 从 ZARA 看服装品牌全新运营模式［J］. 山东纺织经济, 2005 (3): 33—37.

［11］刘爱军. 物联网技术现状及应用前景展望［J］. 物联网技术, 2012, 2 (1): 69—73.

［12］刘正伟, 文中领, 张海涛. 云计算和云数据管理技术［J］. 计算机研究与发展, 2012, 49 (S1): 26—31.

［13］刘智慧, 张泉灵. 大数据技术研究综述［J］. 浙江大学学报: 工学版, 2014, 48 (6): 957—972.

［14］孙其博, 刘杰, 黎羴, 等. 物联网: 概念、架构与关键技术研究综述［J］. 北京邮电大学学报, 2010, 33 (3): 1—9.

［15］佚名. 打造智慧工厂实现企业转型现代化智慧工厂提升之路［J］. 智慧工厂, 2015 (12): 23—23.

［16］龚园. 关于人工智能的哲学思考［D］. 武汉: 武汉科技大学, 2010.

三、网站

［1］360doc 个人图书馆. 国内著名科技公司组织结构图一览［EB/OL］. 2014-05-12. http://www.360doc.com/content/14/0512/11/151978_

376884964.shtml，

［2］199IT网．阿里研究院：2015年3月互联网＋研究报告［EB/OL］．2015-03-12．http：//www.199it.com/archives/332572.html．

［3］199IT网．企鹅智酷：2015年互联网终极报告——解读九大行业红利［EB/OL］．2015-05-05．http：//www.199it.com/archives/344871.html．

［4］199IT网．阿里巴巴的10个最有价值创新［EB/OL］．2014-09-19．http：//www.199it.com/archives/275766.html．

［5］百度百科．两化融合［EB/OL］．http：//baike.baidu.com/link?url=H6gEbt_A7ybvhbSXizeUp31TG3aitszCGkhEAHxJeog8D5a1BY1MeUsh6ws_e-uq4VvCITkKrtHeYapIIgKXDx7BrO6pK_Sy4i4mmgP8eanJhSBLh28cqJ1XiCYb5p0q．

［6］百度百科．大众创业万众创新［EB/OL］．http：//baike.baidu.com/link?url=7Yl3HbjN_9Fs1IW7XnoJVJWZXGv8H2MYbM8_iYn0XM3FbxikxGCemcsR1VHKvwvMHodtO8wYtOKiwR8U8UHnlde1mMiymtPQUhApfsCxUp-qryOLiAvthQaxTWJLjua_AtlBuNIUCX2qDW_H0kmc446wDVqZMWFgnewEsRC91EIIUUBDtvQdwJr8j5GTgG3G．

［7］百度百科．霍桑实验［EB/OL］．http：//baike.baidu.com/link?url=md--R21KfQaUPNIgxejFnCL_9miDs_PT3MBoaMwLzvfdOTspsTwa4E8KsQFpbYadQ6Si0yUuzT4KMUJbmTgguK．

［8］百度百科．霍桑效应［EB/OL］．http：//baike.baidu.com/link?url=OavF0M0c_xh5eeJi6zBWe5XCsl-5cCWVouf0CLwFUYQKvTI5cRvsa3BJIomPvYkc．

［9］百度百科．强人工智能［EB/OL］．http：//baike.baidu.com/view/591829.htm．

［10］百度文库．数字化企业课题报告［EB/OL］．2012-12-11．http：//wenku.baidu.com/link?url=NsjCQbeh9jQ9EENoVqfJwDripuClzeItYSSBo8D7dAsvDrKxv3r6LjAkFvjS2TuOM793JvIsj5ObJHLL3pJM1O7GMYwDNYFl9OO5jdDz7je．

［11］百度百科．智慧城市［EB/OL］．2016-08-11．http：//baike．

baidu.com/item/.

［12］百度知道. 智慧地球的解读［EB/OL］. 2016-05-13. https://zhidao.baidu.com/question/243596865553639924.html.

［13］百度文库. 智慧企业信息化实现探讨［EB/OL］. 2014-04-13. http://wenku.baidu.com/link?url＝3IumMXCOss1P0CUsQQadMaaf7－RrDdM9wBDw1DSEff7NjmkwCn0qEY6CkIvMa－8ZByjMQqtEvCm3b0Bzjxcdkwl7Sxv7_V1RjjupNpsuyNm.

［14］北京炫亿时代科技有限公司官网. 2015思科全球合作伙伴大会主题思科万物互联、云服务和解决方案［EB/OL］. 2015-05-11. http://www.xetimes.com/news/hotproit/3166.html.

［15］陈永东的飞象博客. 数字化时代员工做事没激情怪谁？［EB/OL］. 2010-05-31. http://blog.cctime.com/?uid－73208－action－viewspace－itemid－43524.

［16］凤凰网. 阿里下注100亿布局农村电商 张勇解读农村发展战略［EB/OL］. 2014-10-16. http://tech.ifeng.com/a/20141016/40838204_0.shtml.

［17］凤凰网. 海尔试水全面互联网化 转型为"出创客"互联网平台型企业［EB/OL］. 2016-01-27. http://finance.ifeng.com/a/20160127/14192677_0.shtml.

［18］工控网. 工业4.0与两化融合异曲同工［EB/OL］. 2016-05-17. http://gongkong.ofweek.com/2016－05/ART－310000－8100－29097531.html.

［19］贵阳网. 方正电子：大数据助力企业智慧决策［EB/OL］. 2016-05-25. http://epaper.gywb.cn/gyrb/html/2016－05/25/content_470408.htm.

［20］虎嗅网. 朱海对话刘世锦：从"制造"到"智造"，就像习武之人打通任督二脉［EB/OL］. 2016-06-06. https://www.huxiu.com/article/151394/1.html.

［21］虎嗅网. 超级人工智能：大数据的未来？［EB/OL］. 2014-04-28. https://www.huxiu.com/article/32717/1.html.

[22] IT时代网. 雷军领导的扁平化管理在创业之初的确帮助小米实现了腾飞，但现在这种架构已经不能"满足"小米的体量了 [EB/OL]. 2015-04-01. http://news.ittime.com.cn/news/news_4142.shtml?utm_source=tuicool.

[23] 经济参考报. 海尔新模式探索"三化" [EB/OL]. 2015-09-22. http://jjckb.xinhuanet.com/2015-09/22/c_134646434.htm.

[24] 牛华网. 王新宇，无边界的乐视：盛大发布会背后贾跃亭想要得到什么？ [DB/OL]. 2015-10-28. http://news.newhua.com/2015/1028/303888.shtml.

[25] 人人都是产品经理网. 互联网时代的降维打击 [EB/OL]. 2014-10-16. http://www.woshipm.com/pmd/111767.html.

[26] 三亿文库. 智慧的地球 [EB/OL]. 2016-07-21. http://3y.uu456.com/bp-ss12s8ba1a37f111f18ssb84-1.html.

[27] 思科官网. 思科官网. 万物互联（Internet of Everything）如何将世界变得更好 [EB/OL]. http://www.cisco.com/c/zh_cn/about/social-media/internet-of-everything/ioe-infographic.html.

[28] 搜狐网. "互联网+"可以涉及到的12个风口行业 [EB/OL]. 2015-03-22. http://mt.sohu.com/20150322/n410139669.shtml.

[29] 钛媒体. 苹果玩跨界，要让VR与iPhone擦出火花 [EB/OL]. 2016-05-08. http://www.tmtpost.com/1708331.html.

[30] 钛媒体. 别再提什么云计算，你需要的只是云服务 [EB/OL]. 2016-05-17. http://www.tmtpost.com/1711366.html.

[31] 中国城市网. 潘云鹤：智能城市的内涵分析 [EB/OL]. 2013-11-19. http://www.urbanchina.org/n/2013/1119/c371361-23581275.html.

[32] 中国信息产业网. 安筱鹏解读智能制造之一：产业互联网的核心 [EB/OL]. 2015-01-04. http://www.cnii.com.cn/gyhxxh/2015-01/04/content_1508431_2.htm.

[33] 中央政府门户网站. 国务院办公厅印发《关于建设大众创业万众创新示范基地的实施意见》 [EB/OL]. 2016-05-12. http://www.gov.cn/

xinwen/2016—05/12/content_5072748.htm.

[34] 作文网. 关于大数据产业发展的三条建议 [EB/OL]. 2016-10-31. http://sanwen8.cn/p/100zn1B.html.

四、微信公众号

[1] BCG 波士顿咨询. 战略规划过时了？NO 是你用错了！

[2] 哈佛商业评论. 迪士尼的成功告诉我们：没有理论，真的不配谈战略.

[3] 智选堂. 企业大数据战略指南.

[4] 数字化企业. 组织扁平化、管理极简化！

[5] 智选堂. 麦肯锡从鸳鸯阵到阿米巴：小而美柔可变的组织.